高等教育工程造价系列教材

公路工程计量与计价

第2版

主　编　钟晓红　董　立

副主编　李　晶　范　令　张　杰

参　编　潘志忠　黄世斌　张彩霞

　　　　王家全　韩旭永　赵　倩

主　审　任瑞波

机械工业出版社

本书以公路工程各分部工程的计量与计价为主线，依据《公路工程标准施工招标文件》（2018 年版）、《公路工程建设项目概算预算编制办法》（JTG 3830—2018）、《公路工程预算定额》（JTG/T 3832—2018）及国家现行的其他公路工程相关规范编写。全书内容系统，有大量的工程案例，将先进的理论和工程实际相结合。

全书共 11 章，主要内容包括：公路工程建设项目投资组成，公路工程计价依据，公路工程招标投标，公路工程工程量清单，路基工程工程量清单计量与计价，路面工程工程量清单计量与计价，桥梁涵洞工程工程量清单计量与计价，隧道工程工程量清单计量与计价，安全设施及预埋管线工程工程量清单计量与计价，绿化及环境保护工程工程量清单计量与计价，山东某高速公路 A1 合同段工程施工投标案例。

本书主要作为普通高等院校土木工程、工程管理、工程造价等相关专业的本科教材，也可供从事公路工程造价管理的专业人员学习参考。

图书在版编目（CIP）数据

公路工程计量与计价/钟晓红，董立主编. —2 版. —北京：机械工业出版社，2019.8（2023.12 重印）
高等教育工程造价系列教材
ISBN 978-7-111-63493-5

Ⅰ.①公… Ⅱ.①钟…②董… Ⅲ.①道路工程-工程造价-高等学校-教材 Ⅳ.①U415.13

中国版本图书馆 CIP 数据核字（2019）第 180189 号

机械工业出版社（北京市百万庄大街 22 号 邮政编码 100037）
策划编辑：冷 彬 责任编辑：冷 彬 高凤春
责任校对：黄兴伟 封面设计：张 静
责任印制：郜 敏
北京富资园科技发展有限公司印刷
2023 年 12 月第 2 版第 8 次印刷
184mm×260mm·23.25 印张·649 千字
标准书号：ISBN 978-7-111-63493-5
定价：58.00 元

电话服务 网络服务
客服电话：010-88361066 机 工 官 网：www.cmpbook.com
　　　　　010-88379833 机 工 官 博：weibo.com/cmp1952
　　　　　010-68326294 金 书 网：www.golden-book.com
封底无防伪标均为盗版 机工教育服务网：www.cmpedu.com

前 言

自《中华人民共和国招标投标法》实施以来，招标投标制在公路工程建设市场得到广泛的推广及应用。目前，公路工程普遍依据交通运输部颁布的《公路工程标准施工招标文件》（2018年版）开展招标投标工作，这就要求相关从业人员掌握招标投标的各项技能、流程，而普通高等院校的土木工程、工程管理、工程造价等相关专业的学生也迫切需要一本及时反映行业发展的公路工程计量与计价教材。本书就是为满足上述需要，依据国家现行的《公路工程标准施工招标文件》（2018年版）、《公路工程建设项目概算预算编制办法》（JTG 3830—2018）、《公路工程预算定额》（JTG/T 3832—2018）及公路工程的新规范编写而成的。

本书在编写过程中参考了其他高校教材等相关资料，同时，编者深入工程现场收集了很多工程案例，结合各章节内容加入了有针对性的例题，力求做到理论和实践相结合。读者通过本书的学习，能合理确定工程造价并在工程实践中有效控制工程造价，提高编制公路工程造价文件的水平与质量。

本书由山东交通学院钟晓红、董立任主编，钟晓红负责全书的统稿工作。具体的编写分工为：第1章由山东交通学院董立和济南四建（集团）有限责任公司韩旭永共同编写；第2章由山东交通学院张杰和中交第三公路工程局有限公司赵倩共同编写；第3章由湖南理工学院范令和佳木斯大学张彩霞共同编写；第4章由张杰编写；第5章和第6章由钟晓红编写；第7章由山东交通学院李晶和佳木斯大学潘志忠共同编写；第8章由李晶和广西工学院黄世斌共同编写；第9章由范令编写；第10章由范令和广西工学院王家全共同编写；第11章由张杰编写。

本书由山东建筑大学任瑞波教授担任主审，任教授工作认真、严谨，提出了很多宝贵的修改意见，在此深表感谢。

由于编者水平有限，书中难免有不妥和疏漏之处，请广大读者批评指正。

编　者

目 录

第 1 章 公路工程建设项目投资组成

1.1 公路工程建设项目投资组成概述

1.1.1 我国现行建设工程项目投资构成

建设工程项目总投资的构成按照国家发布的《投资项目可行性研究指南》的规定，现行建设工程项目投资包括固定资产投资和流动资产投资。固定资产投资即工程造价。公路工程建设项目的投资是一个涉及面广而且复杂的活动，贯穿项目的决策阶段、设计阶段、施工阶段和交付使用阶段。前面三个阶段是投资的投入阶段，最后一个阶段是投资的回收阶段。

公路工程不同于一般的商品，它的工程造价有自己的特点，这些特点是：

（1）单件性

公路工程的造型和结构要适合工程所在地的地质、气候、水文等自然因素，也要适应当地的政治、人文等因素，所以公路建筑产品的结构和造型千差万别。公路建筑产品不能像其他工业产品那样批量定价，只能单价计价。

（2）多次计价

公路建设工程规模都比较大，周期比较长，要在不同阶段多次计价。多次计价分别是：

1）投资估算。在项目建议书阶段和可行性研究阶段要根据《公路工程建设项目投资估算编制办法》（JTG 3820—2018）编制投资估算，工程可行性研究的投资估算与初步设计概算之差，应该控制在 10% 以内。

2）设计概算。在项目的初步设计阶段根据设计图、《公路工程概算定额》（JTG/T 3831—2018）、《公路工程建设项目概算预算编制办法》（JTG 3830—2018）等编制设计概算。经批准后的概算，是公路建设项目投资的最高限额。

3）修正概算。在项目的技术设计阶段编制，编制方法与设计概算基本一样。对于工程中重大、复杂的部分，要在初步设计的基础上进行技术设计，并编制相应的修正概算。

4）施工图预算。在施工图设计阶段编制，根据施工图设计、《公路工程预算定额》（JTG/T 3832—2018）、《公路工程建设项目概算预算编制办法》等编制施工图预算。施工图预算是编制标底的依据。

5）招标控制价上限或标底。在招标阶段编制，根据《公路工程标准施工招标文件》（2018 年版）等编制招标控制价上限或标底。招标控制价上限或标底是招标工作的核心内容。

6）投标报价。在投标阶段编制，投标单位根据招标文件的要求、相关定额、施工组织方案等编制投标报价。投标报价是投标工作的核心内容。

7）工程结算。建设单位（业主）和施工单位之间根据合同进行计量支付的过程。实行 FIDIC 条款的合同对结算程序、结算方式、结算内容等做了详细规定。

8）竣工决算。在工程竣工验收阶段编制，反映工程项目消耗的全部资金，一般为建设单位的竣工决算。

（3）组合计价

公路工程项目结构复杂、造价较高，要使计价准确，就要把一个大的工程项目逐步分解为小的分部分项工程，分别计价，再组合成全部工程的费用。

1.1.2　概算、预算费用组成

在投资的组成中，工程概预算具有特别重要的意义和作用，是除投资估算外其他测算方式的基础，也是招标投标工作的基础。根据我国现行的《公路工程建设项目概算预算编制办法》，公路工程建设项目的概算、预算费用组成包括五大部分，即建筑安装工程费、土地使用及拆迁补偿费、工程建设其他费、预备费及建设期贷款利息。

（1）建筑安装工程费

建筑安装工程费包括直接费、设备购置费、措施费、企业管理费、规费、利润、税金及专项费用。其中直接费包括：人工费、材料费、施工机械使用费。措施费包括：冬季施工增加费、雨季施工增加费、夜间施工增加费、特殊地区施工增加费、行车干扰施工增加费、施工辅助费、工地转移费。企业管理费包括：基本费用、主副食运费补贴、职工探亲路费、职工取暖补贴、财务费用。规费包括：养老保险费、失业保险费、医疗保险费、工伤保险费、住房公积金。专项费用包括：施工场地建设费、安全生产费。

（2）土地使用及拆迁补偿费

土地使用及拆迁补偿费包括永久占地费、临时占地费、拆迁补偿费、水土保持补偿费、其他费用。

（3）工程建设其他费

工程建设其他费包括建设项目管理费、研究试验费、建设项目前期工作费、专项评价（估）费、联合试运转费、生产准备费、工程保通管理费、工程保险费、其他相关费用。

（4）预备费

预备费包括基本预备费和价差预备费。

（5）建设期贷款利息

建设期贷款利息是指工程项目使用的贷款部分在建设期内应计取的贷款利息，包括各种金融机构贷款、建设债券和外汇货款等利息。

1.2　建筑安装工程费

建筑安装工程费除专项费用外，其他均按"价税分离"计价规则计算，即各项费用均以不含增值税可抵扣进项税额的价格（费率）进行计算，具体要素价格适用增值税税率执行财税部门的相关规定。定额建筑安装工程费包括定额直接费、定额设备购置费的40%、措施费、企业管理费、规费、利润、税金和专项费用，定额直接费包括定额人工费、定额材料费、定额施工机械使用费。

定额人工费、定额材料费、定额施工机械使用费以及定额设备购置费均按《公路工程预算定额》附录四"定额人工、材料、设备单价表"及《公路工程机械台班费用定额》（JTG/T 3833—2018）中规定的人工、材料、设备、机械的相应基价计算的定额费用计取。

1.2.1　直接费

直接费是指施工过程中耗费的构成工程实体和有助于工程形成的各项费用，包括人工费、材料费、施工机械使用费。

1. 人工费

人工费是指列入概算、预算定额的直接从事建筑安装工程施工的生产工人开支的各项费用。

1）人工费包括以下内容：

① 计时工资或计件工资：指按计时工资标准和工作时间或对已做工作按计件单价支付给个人的劳动报酬。

② 津贴、补贴：指为了补偿职工特殊或额外的劳动消耗和因其他特殊原因支付给个人的津贴，以及为了保证职工工资水平不受物价影响支付给个人的物价补贴。如流动施工津贴、特殊地区施工津贴、高温（寒）作业临时津贴、高空津贴等。

③ 特殊情况下支付的工资：指根据国家法律、法规和政策规定，因病、工伤、产假、计划生育假、婚丧假、事假、探亲假、定期休假、停工学习、履行国家或社会义务等原因按计时工资标准或计件工资标准的一定比例支付的工资。

2）人工费以概算、预算定额人工工日数乘以综合工日单价计算。

3）人工费标准按照本地区公路建设项目的人工工资统计情况以及公路建设劳务市场情况进行综合分析、确定人工工日单价。人工工日单价由省级交通运输主管部门制定发布，并适时进行动态调整。

人工工日单价仅作为编制概算、预算的依据，不作为施工企业实发工资的依据。

人工费的计算公式为：

$$人工费 = \sum 分项工程数量 \times 相应定额单位工日数 \times 工日单价 \qquad (1-1)$$

式中，分项工程数量根据设计图按工程量计算规则计算得到；定额单位工日数由定额查得。

【例 1-1】　某公路工程人工夯实填土，工程量为 3000 m^3，在该地区发布的人工单价是 105 元/工日，试确定该项目的预算人工费。

解： 查《公路工程预算定额》中表 1-1-7 "夯实填土"，定额值为 85 工日/1000 m^3。

$$人工费 = (3000 \times 85/1000 \times 105) 元 = 26775 元$$

2. 材料费

材料费是指施工过程中耗用的构成工程实体的原材料、辅助材料、构配件、零件、半成品或成品等，按工程所在地的材料价格计算的费用。

材料费在建筑安装工程费用计算中占主要地位，准确计算材料费对概预算工作有巨大意义。其计算公式如下：

$$材料费 = \sum (分项工程数量 \times 相应定额单位材料消耗量 \times 材料预算价格 +$$
$$分项工程数量 \times 其他材料费) \qquad (1-2)$$

式中，分项工程数量根据设计图按工程量计算规则计算得到；定额材料消耗量以及其他材料费由定额查得。

（1）材料预算价格的计算

材料预算价格由材料原价、运杂费、场外运输损耗、采购及保管费组成。

$$材料预算价格 = (材料原价 + 运杂费) \times (1 + 场外运输损耗率) \times$$
$$(1 + 采购及保管费费率) - 包装品回收价值。 \qquad (1-3)$$

各种材料原价按下列规定计算：

1）外购材料：外购材料价格参照本行政区域内交通运输主管部门发布的价格和按调查的市场价格进行综合取定。

2）自采材料：自采的砂、石、黏土等自采材料，按定额中开采单价加辅助生产间接费和矿产资源税（如有）计算。

（2）运杂费

运杂费是指材料自供应地点至工地仓库（施工地点存放材料的地方）的费用，包括装卸费、运费，如果发生，还应计囤存费及其他杂费（如过磅、标签、支撑加固、路桥通行等费用）。

通过铁路、水路和公路运输的材料，按调查的市场运价计算运费。

有容器或包装的材料及长大轻浮材料，应按表1-1规定的毛重计算。桶装沥青、汽油、柴油按每吨摊销一个旧汽油桶计算包装费（不计回收）。

材料单位运杂费的计算如下：

$$材料单位运杂费 = 单位运费 + 单位装卸费 + 单位杂费 \qquad (1-4)$$

$$单位运费 = 运价率 × 运距 × 单位毛重 \qquad (1-5)$$

式中   运价率——运输每吨每公里材料的费用［元/（t·km）］，按当地运输部门规定计列；

运距——由料的起点到运料终点间的距离（km）。

$$单位装卸费 = 装卸费率 × 单位毛重 \qquad (1-6)$$

毛重系数、单位毛重按表1-1确定。

表1-1 材料毛重系数及单位毛重表

材料名称	单位	毛重系数（%）	单位毛重
爆破材料	t	1.35	—
水泥、块状沥青	t	1.01	—
铁钉、铁件、焊条	t	1.10	—
液体沥青、液体燃料、水	t	桶装1.17，油罐车装1.00	—
木料	m³	—	原木0.750t，锯材0.65t
草袋	个	—	0.004t

（3）场外运输损耗

场外运输损耗是指有些材料在正常的运输过程中发生的损耗。材料场外运输操作损耗率见表1-2。

表1-2 材料场外运输操作损耗率（%）

材料名称		场外运输（包括一次装卸）	每增加一次装卸
块状沥青		0.5	0.2
石屑、碎砾石、砂砾、煤渣、工业废渣、煤		1.0	0.4
砖、瓦、桶装沥青、石灰、黏土		3.0	1.0
草皮		7.0	3.0
水泥（袋装、散装）		1.0	0.4
砂	一般地区	2.5	1.0
	风沙地区	5.0	2.0

注：汽车运水泥，如运距超过500km时，袋装水泥损耗率增加0.5个百分点。

（4）采购及保管费

采购及保管费是指在组织采购、保管过程中，所需的各项费用及工地仓库的材料储存损耗。材料采购及保管费，以材料的原价加运杂费及场外运输损耗的合计数为基数，乘以采购及保管费费率计算。

钢材的采购及保管费费率为0.75%。燃料、爆破材料为3.26%，其余料为2.06%。商品水泥混凝土、沥青混合料和各类稳定土混合料、外购的构件、成品及半成品的预算价格计算方法与材料相同。商品水泥混凝土、沥青混合料和各类稳定土混合料不计采购及保管费，外购的构件、成品及半成品的采购及保管费费率为0.42%。

【例 1-2】　某箱形拱桥工程中预制主拱圈 300m³，需要运输水泥，水泥原价为 350 元/t，运距 40km，运价率为 0.3 元/(t·km)，装卸费为 1.0 元/t，试计算水泥的材料费。

解：

1）计算水泥的材料预算价格。查得水泥的毛重系数为 1.01。

水泥的单位运杂费 = $[(0.3 \times 40 + 1.0) \times 1.01]$ 元/t = 13.13 元/t

水泥的场外运输损耗率为 1.0%，采购及保管费费率为 2.06%，则：

水泥的预算价格 = $[(350 + 13.13) \times (1 + 1.0\%) \times (1 + 2.06\%)]$ 元/t = 374.32 元/t

2）计算该项目中水泥的材料费。查《公路工程预算定额》表 4-7-23 "预制、安装箱形拱桥构件" 知每 10m³ 实体需要 42.5 级水泥 4.474t。

水泥的材料费 = 工程量 × 相应的定额 × 材料预算价格

$= (300 \times 4.474/10 \times 374.32)$ 元 = 50241.23 元

3. 施工机械使用费

施工机械使用费是指列入概算、预算定额的工程机械和工程仪器仪表台班数量，按相应的施工机械台班费用定额计算的费用等。其计算公式为：

施工机械使用费 = $\sum$（分项工程数量 × 相应定额单位机械台班消耗量 ×

机械台班单价 + 分项工程数量 × 小型机具使用费）　　　　（1-7）

（1）工程机械使用费

机械台班预算价格应按现行《公路工程机械台班费用定额》计算，机械台班单价由不变费用和可变费用组成。不变费用包括折旧费、检修费、维护费、安拆辅助费等；可变费用包括机上人员人工费、动力燃料费、车船税。可变费用中的人工工日数及动力燃料消耗量，应以机械台班费用定额中的数值为准。台班人工费工日单价同生产工人人工费单价。动力燃料费用则按材料费的计算规定计算。

（2）工程仪器仪表使用费

工程仪器仪表使用费是指机电工程施工作业所发生的仪器仪表使用费，以施工仪器仪表台班耗用量乘以施工仪器仪表台班单价计算。

当工程用电为自行发电时，电动机械每度（1 度 =1kW·h）电的单价可由下述近似公式计算：

$$A = 0.15K/N \qquad (1-8)$$

式中　A——每度（1kW·h）电单价（元）；

K——发电机组的台班单价（元）；

N——发电机组的总功率（kW）。

【例 1-3】　某路基工程土方约为 3000m³，土为普通土，推土机施工，功率 90kW 以内，推土机运距 50m，柴油单价为 6.3 元/kg，人工单价为 105 元/工日，试确定推土机的机械费。

解：（1）确定推土机的定额。查《公路工程预算定额》表 1-1-12 "推土机推土"，得推土机的定额值：

$(2.15 + (50 - 20) \times 0.72 \div 10)$ 台班 = 4.31 台班

（2）计算推土机的台班单价。查《公路工程机械台班费用定额》，90kW 推土机的不变费用是 347.89 元/台班；可变费用是，人工：2 工日/台班，柴油：65.37kg/台班。

推土机的台班单价 = 不变费用 + 可变费用 = $(347.89 + 2 \times 105 + 65.37 \times 6.3)$ 元/台班

= 969.72 元/台班

（3）计算推土机的机械费用。

$$(3000 \times 4.31 \div 1000 \times 969.72) 元 = 12538.48 元$$

1.2.2　设备购置费

设备购置费是指为满足公路初期运营、管理需要购置的构成固定资产标准的设备和虽低于固定资产标准但属于设计明确列入设备清单的设备的费用，包括渡口设备，隧道照明、消防、通风的动力设备，公路收费、监控、通信、路网运行监测、供配电及照明设备等。

1）设备购置费应列出计划购置的清单（包括设备的规格、型号、数量），以设备预算价计入。

2）设备购置费包括设备原价、运杂费、运输保险费、采购及保管费，各种税费按编制期有关部门规定计算。

3）需要安装的设备，按建筑安装工程费的有关规定计算设备的安装工程费。设备与材料的划分标准参见《公路工程建设项目概算预算编制办法》的附录 C。

1.2.3　措施费

措施费包括冬季施工增加费、雨季施工增加费、夜间施工增加费、特殊地区施工增加费、行车干扰施工增加费、施工辅助费、工地转移费。由于工程项目千差万别，所以无法按各具体工程项目来制定费率标准，因此，只能将性质相近的工程项目合并成若干类别来制定费率。措施费的取费费率必须按工程类别来取。

1. 工程类别划分

1）土方：指人工及机械施工的土方工程、路基掺灰、路基换填及台背回填。

2）石方：指人工及机械施工的石方工程。

3）运输：指用汽车、拖拉机、机动翻斗车、船舶等运送土石方、路面基层和面层混合料、水泥混凝土及预制构件、绿化苗木等。

4）路面：指路面所有结构层工程、路面附属工程、便道以及特殊路基处理（不含特殊路基处理中的圬工构造物）。

5）隧道：指隧道土建工程（不含隧道的钢材及钢结构）。

6）构造物 I：指砍树挖根、拆除工程、排水、防护、特殊路基处理中的圬工构造物、涵洞、交通安全设施、拌和站（楼）安拆工程、便桥、便涵、临时电力和电信设施、临时轨道、临时码头、绿化工程等工程。

7）构造物 II：指小桥、中桥、大桥、特大桥工程。

8）构造物 III：指商品水泥混凝土的浇筑、商品沥青混合料和各类商品稳定土混合料的铺筑、外购混凝土构件、设备安装工程等。

9）技术复杂大桥：指钢管拱桥、斜拉桥、悬索桥、单孔跨径在 120m 以上（含 120m）和基础水深在 10m 以上（含 10m）的大桥主桥部分的基础、下部和上部工程（不含桥梁的钢材及钢结构）。

10）钢材及钢结构：指所有工程的钢材及钢结构等工程。

2. 措施费相关内容

（1）冬季施工增加费

冬季施工增加费是指按照公路工程施工及验收规范所规定的冬季施工要求，为保证工程质量和安全生产所需采取的防寒保温设施、工效降低和机械作业效率降低以及技术操作过程的改变等所增加的有关费用。

1）冬季施工增加费的内容包括：因冬季施工所需增加的一切人工、机械与材料的支出；施工机械所需修建的暖棚（包括拆、移），增加其他保温设备购置费用；因施工组织设计确定，需增加的一切保温、加温等有关支出；清除工作地点的冰雪等与冬季施工有关的其他各项费用。

2）全国冬季施工气温区划分见《公路工程建设项目概算预算编制办法》附录 D。

3）冬季施工增加费的计算方法，是根据各类工程的特点，规定各气温区的取费标准。为了简化计算手续，采用全年平均摊销的方法，即不论是否在冬季施工，均按规定的取费标准计取冬季施工增加费。

4）一条路线穿过两个以上的气温区时，可分段计算或按各区的工程量比例求得全线的平均增加率，计算冬季施工增加费。

5）冬季施工增加费以各类工程的定额人工费和定额施工机械使用费之和为基数，按工程所在地的气温区选用表 1-3 的费率计算。

表 1-3　冬季施工增加费费率（%）

工程类别	冬季期平均气温/℃								准一区	准二区
	−1 以上		−1 ~ −4		−4 ~ −7	−7 ~ −10	−10 ~ −14	−14 以下		
	冬一区		冬二区		冬三区	冬四区	冬五区	冬六区		
	Ⅰ	Ⅱ	Ⅰ	Ⅱ						
土方	0.835	1.301	1.800	2.270	4.288	6.094	9.140	13.720	—	—
石方	0.164	0.266	0.368	0.429	0.859	1.248	1.861	2.801	—	—
运输	0.166	0.25	0.354	0.437	0.832	1.165	1.748	2.643	—	—
路面	0.566	0.842	1.181	1.371	2.449	3.273	4.909	7.364	0.073	0.198
隧道	0.203	0.385	0.548	0.710	1.175	1.52	2.269	3.425	—	—
构造物 Ⅰ	0.652	0.940	1.265	1.438	2.607	3.527	5.291	7.936	0.115	0.288
构造物 Ⅱ	0.868	1.240	1.675	1.902	3.452	4.693	7.028	10.542	0.165	0.393
构造物 Ⅲ	1.616	2.296	3.114	3.523	6.403	8.680	13.020	19.520	0.292	0.721
技术复杂大桥	1.019	1.444	1.975	2.230	4.057	5.479	8.219	12.338	0.170	0.446
钢材及钢结构	0.04	0.101	0.141	0.181	0.301	0.381	0.581	0.861	—	—

（2）雨季施工增加费

雨季施工增加费是指雨季期间施工为保证工程质量和安全生产所需采取的防雨、排水、防潮和防护措施、工效降低和机械作业率降低以及技术操作过程的改变等，所需增加的有关费用。

1）雨季施工增加费的内容包括：因雨季施工所需增加的工、料、机费用的支出，包括工作效率的降低及易被雨水冲毁的工程所增加的清理坍塌基坑和堵塞排水沟、填补路基边坡冲沟等工作内容；路基土方工程的开挖和运输，因雨季施工（非土壤中水影响）而引起的黏附工具、降低工效所增加的费用；因防止雨水必须采取的挖临时排水沟、防止基坑坍塌所需的支撑、挡板等防护措施费用；材料因受潮、受湿的耗损费用；增加防雨、防潮设备的费用。因河水高涨致使工作困难等其他有关雨季施工所需增加的费用。

2）全国雨季施工雨量区及雨季期划分见《公路工程建设项目概算预算编制办法》附录 E。

3）雨季施工增加费的计算方法，是将全国划分为若干雨量区和雨季期，并根据各类工程的特点规定各雨量区和雨季期的取费标准。为了简化计算手续，采用全年平均摊销的方法，即不论是否在雨季施工，均按规定的取费标准计取雨季施工增加费。

4）一条路线通过不同的雨量区和雨季期时，应分别计算雨季施工增加费或按工程量比例求得平均的增加率，计算全线雨季施工增加费。

5）雨季施工增加费以各类工程的定额人工费和定额施工机械使用费之和为基数，按工程所在地的雨量区、雨季期选用表 1-4 的费率计算。

表1-4　雨季施工增加费费率（%）

工程类别	雨季期（月数）雨量区 1 (I)	1.5 (I)	2 (I)	2 (II)	2.5 (I)	2.5 (II)	3 (I)	3 (II)	3.5 (I)	3.5 (II)	4 (I)	4 (II)	4.5 (I)	4.5 (II)	5 (I)	5 (II)	6 (I)	6 (II)	7 (II)	8 (II)
土方	0.140	0.175	0.245	0.385	0.315	0.455	0.385	0.525	0.455	0.595	0.525	0.700	0.595	0.805	0.665	0.939	0.764	1.114	1.289	1.499
石方	0.105	0.140	0.212	0.349	0.280	0.420	0.349	0.491	0.418	0.563	0.487	0.667	0.555	0.772	0.626	0.876	0.701	1.018	1.194	1.373
运输	0.142	0.178	0.249	0.391	0.320	0.462	0.391	0.568	0.462	0.675	0.533	0.781	0.604	0.888	0.675	0.959	0.781	1.136	1.314	1.527
路面	0.115	0.153	0.230	0.366	0.306	0.480	0.366	0.557	0.425	0.634	0.501	0.710	0.578	0.825	0.654	0.940	0.749	1.093	1.267	1.459
隧道	—	—	—	—	—	—	—	—	—	—	—	—	—	—	—	—	—	—	—	—
构造物Ⅰ	0.098	0.131	0.164	0.262	0.196	0.295	0.229	0.360	0.262	0.426	0.327	0.491	0.393	0.557	0.458	0.622	0.524	0.753	0.884	1.015
构造物Ⅱ	0.106	0.141	0.177	0.282	0.247	0.353	0.282	0.424	0.318	0.494	0.388	0.565	0.459	0.636	0.530	0.742	0.600	0.883	1.059	1.201
构造物Ⅲ	0.200	0.266	0.366	0.565	0.466	0.699	0.565	0.832	0.665	0.998	0.765	1.164	0.898	1.331	1.031	1.497	1.164	1.730	1.996	2.295
技术复杂大桥	0.109	0.181	0.254	0.363	0.290	0.435	0.363	0.508	0.435	0.580	0.580	0.689	0.580	0.798	0.653	0.907	0.725	1.052	1.233	1.414
钢材及钢结构	—	—	—	—	—	—	—	—	—	—	—	—	—	—	—	—	—	—	—	—

（3）夜间施工增加费

夜间施工增加费是指根据设计、施工技术规范和合理的施工组织要求，必须在夜间施工或必须昼夜连续施工而发生的夜班补助费、夜间施工降效、施工照明设备摊销及照明用电等费用。

夜间施工增加费以夜间施工工程项目的定额人工费与定额施工机械使用费之和为基数，按表1-5给出的费率计算。

表1-5 夜间施工增加费费率

工 程 类 别	费率（%）	工 程 类 别	费率（%）
构造物Ⅱ	0.903	构造物Ⅲ	1.702
技术复杂大桥	0.928	钢材及钢结构	0.874

（4）特殊地区施工增加费

特殊地区施工增加费包括高原地区施工增加费、风沙地区施工增加费和沿海地区施工增加费三项。

1）高原地区施工增加费是指在海拔高度2000m以上地区施工，由于受气候、气压的影响，致使人工、机械效率降低而增加的费用。一条路线通过两个以上（含两个）不同的海拔高度分区时，应分别计算高原地区施工增加费或按工程量比例求得平均的增加率，计算全线高原地区施工增加费。

高原地区施工增加费以各类工程的定额人工费与定额施工机械使用费之和为基数，按表1-6给出的费率计算。

表1-6 高原地区施工增加费费率（%）

工程类别	海拔高度/m						
	2001~2500	2501~3000	3001~3500	3501~4000	4001~4500	4501~5000	5000以上
土方	13.295	19.709	27.455	38.875	53.102	70.162	91.853
石方	13.711	20.358	29.025	41.435	56.875	75.358	100.223
运输	13.288	19.666	26.575	37.205	50.493	66.438	85.040
路面	14.572	21.618	30.689	45.032	59.615	79.500	102.640
隧道	13.364	19.850	28.490	40.767	56.037	74.302	99.259
构造物Ⅰ	12.799	19.051	27.989	40.356	55.723	74.098	95.521
构造物Ⅱ	13.622	20.244	29.082	41.617	57.214	75.874	101.408
构造物Ⅲ	12.786	18.985	27.054	38.616	53.004	70.217	93.371
技术复杂大桥	13.912	20.645	29.257	41.670	57.134	75.640	100.205
钢材及钢结构	13.204	19.622	28.269	40.492	55.699	73.891	98.930

2）风沙地区施工增加费是指在沙漠地区施工时，由于受风沙影响，按照施工及验收规范的要求，为保证工程质量和安全生产而增加的有关费用。内容包括防风、防沙及气候影响的措施费，材料费，人工、机械效率降低增加的费用，以及积沙、风蚀的清理修复等费用。

全国风沙地区公路施工区划见《公路工程建设项目概算预算编制办法》附录F。当地气象资料及自然特征与附录F中的风沙地区划分有较大出入时，由项目所在地省级交通运输主管部门按当地气象资料和自然特征及上述划分标准确定工程所在地的风沙区划。一条路线穿过两个以上不同风沙区时，按路线长度经过不同的风沙区加权计算项目全线风沙地区施工增加费。

风沙地区施工增加费以各类工程的定额人工费和定额施工机械使用费之和为基数，根据工程所在地的风沙区划及类别，按表1-7给出的费率计算。

表 1-7　风沙地区施工增加费费率（%）

工程类别	风沙一区			风沙二区			风沙三区		
	沙　漠　类　型								
	固定	半固定	流动	固定	半固定	流动	固定	半固定	流动
土方	4.558	8.056	13.674	5.618	12.614	23.426	8.056	17.331	27.507
石方	0.745	1.490	2.981	1.014	2.236	3.959	1.490	3.726	5.216
运输	4.304	8.608	13.988	5.380	12.912	19.368	8.608	18.292	27.976
路面	1.364	2.727	4.932	2.205	4.932	7.567	3.365	7.137	11.025
隧道	0.261	0.522	1.043	0.355	0.783	1.386	0.522	1.304	1.826
构造物Ⅰ	3.968	6.944	11.904	4.960	10.912	16.864	6.944	15.872	23.808
构造物Ⅱ	3.254	5.694	9.761	4.067	8.948	13.828	5.694	13.015	19.523
构造物Ⅲ	2.976	5.208	8.928	3.720	8.184	12.648	5.208	11.904	17.226
技术复杂大桥	2.778	4.861	8.333	3.472	7.638	11.805	8.861	11.110	16.077
钢材及钢结构	1.035	2.070	4.140	1.409	3.105	5.498	2.070	5.175	7.245

3）沿海地区施工增加费是指工程项目在沿海地区受海风、海浪和潮汐的影响，致使人工、机械效率降低等所需增加的费用。本项费用，由沿海各省级交通运输主管部门制定具体的适用范围（地区）。

沿海地区施工增加费以各类工程的定额人工费和定额施工机械使用费之和为基数，按表 1-8 给出的费率计算。

表 1-8　沿海地区施工增加费费率

工 程 类 别	费率（%）	工 程 类 别	费率（%）
构造物Ⅱ	0.207	构造物Ⅲ	0.195
技术复杂大桥	0.212	钢材及钢结构	0.200

（5）行车干扰施工增加费

行车干扰施工增加费是指由于边施工边维持通车，受行车干扰的影响，致使人工、机械效率降低而增加的费用。

该费用以受行车影响部分的工程项目的定额人工费和定额施工机械使用费之和为基数，按表 1-9 给出的费率计算。

表 1-9　行车干扰施工增加费费率（%）

工程类别	施工期间平均每昼夜双向行车次数（机动车、非机动车合计）							
	51～100	101～500	501～1000	1001～2000	2001～3000	3001～4000	4001～5000	5000 以上
运输	1.451	2.230	3.041	4.001	4.641	5.164	5.719	6.285
路面	1.390	2.098	2.802	3.487	4.046	4.496	4.987	5.475
隧道	—	—	—	—	—	—	—	—
构造物Ⅰ	0.924	1.386	1.858	2.320	2.693	2.988	3.313	3.647
构造物Ⅱ	1.007	1.516	2.014	2.512	2.915	3.244	3.593	3.943
构造物Ⅲ	0.948	1.417	1.896	2.365	2.745	3.044	3.373	3.713
技术复杂大桥	—	—	—	—	—	—	—	—
钢材及钢结构	—	—	—	—	—	—	—	—

（6）施工辅助费

施工辅助费包括生产工具用具使用费、检验试验费和工程定位复测、工程点交、场地清理等费用。施工辅助费以各类工程的定额直接费为基数，按表1-10给出的费率计算。

表 1-10　施工辅助费费率

工 程 类 别	费率（%）	工 程 类 别	费率（%）
土方	0.521	构造物 I	1.201
石方	0.470	构造物 II	1.537
运输	0.154	构造物 III	2.729
路面	0.818	技术复杂大桥	1.677
隧道	1.195	钢材钢结构	0.564

1）生产工具用具使用费是指施工所需不属于固定资产的生产工具、检验、试验用具及仪器、仪表等的购置、摊销和维修费，以及支付给生产工人自备工具的补贴费。

2）检验试验费是指施工企业对建筑材料、构件和建筑安装工程进行一般鉴定、检查所发生的费用，包括自设试验室进行试验所耗用的材料和化学药品的费用，以及技术革新和研究试验费，不包括新结构、新材料的试验费和建设单位要求对具有出厂合格证明的材料进行检验、对构件破坏性试验及其他特殊要求检验的费用。

3）高填方和软基沉降监测、高边坡稳定监测、桥梁施工监测、隧道施工监控量测、超前地质预报等施工监控费含在施工辅助费中，不得另行计算。

（7）工地转移费

工地转移费指施工企业迁至新工地的搬迁费用。

1）工地转移费内容包括：施工单位职工及随职工迁移的家属向新工地转移的车费、家具行李运费、途中住宿费、行程补助费、杂费等；公物、工具、施工设备器材、施工机械的运杂费，以及外租机械的往返费及施工机械、设备、公物、工具的转移费等；非固定工人进退场的费用。

2）工地转移费以各类工程的定额人工费和定额施工机械使用费之和为基数，按表1-11给出的费率计算。

3）高速公路、一级公路及独立大桥、独立隧道项目转移距离按省会城市至工地的里程计算；二级及二级以下公路项目转移距离按地级城市所在地至工地的里程计算。

4）工地转移里程数在表列里程之间时，费率可用内插法计算。工地转移距离在50km以内的工程按50km计算。

表 1-11　工地转移费费率 （%）

工程类别	工地转移距离/km					
	50	100	300	500	1000	每增加 100
土方	0.244	0.301	0.470	0.614	0.815	0.036
石方	0.176	0.212	0.363	0.476	0.628	0.030
运输	0.157	0.203	0.315	0.416	0.543	0.025
路面	0.321	0.435	0.682	0.891	1.191	0.062
隧道	0.257	0.351	0.549	0.717	0.959	0.049
构造物 I	0.262	0.351	0.552	0.720	0.963	0.051
构造物 II	0.333	0.449	0.706	0.923	1.236	0.066
构造物 III	0.622	0.841	1.316	1.720	2.304	0.119
技术复杂大桥	0.389	0.523	0.818	1.067	1.430	0.073
钢材及钢结构	0.351	0.473	0.737	0.961	1.288	0.063

1.2.4　企业管理费

企业管理费由基本费用、主副食运费补贴、职工探亲路费、职工取暖补贴和财务费用五项组成。

1. 基本费用

基本费用是指建筑安装企业组织施工生产和经营管理所需的费用。

基本费用包括：

1）管理人员工资：管理人员的基本工资、绩效工资、津贴补贴及特殊情况下支付的工资以及缴纳的养老、医疗、失业、工伤保险费和住房公积金等。

2）办公费：企业管理办公用的文具、纸张、账表、印刷、通信、网络、书报、办公软件、会议、水电、烧水和集体取暖降温（包括现场临时宿舍取暖降温）用煤（电、气）等费用。

3）差旅交通费：职工因公出差、调动工作的差旅费、住勤补助费，市内交通费和误餐补助费，劳动力招募费，职工退休、退职一次性路费，工伤人员就医路费以及管理部门使用的交通工具的油料、燃料等费用。

4）固定资产使用费：管理部门及附属生产单位使用的属于固定资产的房屋、设备等的折旧、大修、维修或租赁费。

5）工具用具使用费：企业管理使用的不属于固定资产的工具、器具、家具、交通工具和检验、试验、测绘、消防用具等的购置、维修和摊销费。

6）劳动保险费：企业支付的离退休职工的易地安家补助费、职工退职金、6 个月以上的病假人员工资、职工死亡丧葬补助费、抚恤费、按规定支付给离休干部的各项经费。

7）职工福利费：按国家规定标准计提的职工福利费。

8）劳动保护费：企业按国家有关部门规定标准发放的劳动保护用品的购置费及修理费、防暑降温费、在有碍身体健康环境中施工的保健费用等。

9）工会经费：指企业根据《中华人民共和国工会法》的规定按全部职工工资总额比例计提的工会经费。

10）职工教育经费：按职工工资总额的规定比例计提，企业为职工进行专业技术和职业技能培训，专业技术人员继续教育、职工职业技能鉴定、职业资格认定以及根据需要对职工进行各类文化教育所发生的费用，不含职工安全教育、培训费用。

11）保险费：企业财产保险、管理用及生产用车辆等保险费用及人身意外伤害险费用。

12）工程排污费：施工现场按规定缴纳的排污费用。

13）税金：指企业按规定缴纳的城市维护建设税、教育费附加、地方教育附加、房产税、车船使用税、土地使用税、印花税等。

14）其他：上述项目以外的其他必要的费用支出，包括技术转让费、技术开发费、竣（交）工文件编制费、招标投标费、业务招待费、绿化费、广告费、公证费、定额测定费、法律顾问费、审计费、咨询费以及施工标准化、规范化、精细化管理等费用。

基本费用以各类工程的定额直接费为基数，按表 1-12 给出的费率计算。

表 1-12　基本费用费率

工 程 类 别	费率（%）	工 程 类 别	费率（%）
土方	2.747	构造物 I	3.587
石方	2.792	构造物 II	4.726
运输	1.374	构造物 III	5.976
路面	2.427	技术复杂大桥	4.143
隧道	3.569	钢材及钢结构	2.242

2. 主副食运费补贴

主副食运费补贴是指施工企业在远离城镇及乡村的野外施工购买生活必需品所增加的费用。

该费用以各类工程的定额直接费为基数，按表1-13给出的费率计算。

表1-13 主副食运费补贴费率（%）

工程类别	综合里程/km										
	3	5	8	10	15	20	25	30	40	50	每增加10
土方	0.122	0.131	0.164	0.191	0.235	0.284	0.322	0.377	0.444	0.519	0.070
石方	0.108	0.117	0.149	0.175	0.218	0.261	0.293	0.346	0.405	0.473	0.063
运输	0.118	0.130	0.166	0.192	0.233	0.285	0.322	0.379	0.477	0.519	0.073
路面	0.066	0.088	0.119	0.130	0.165	0.194	0.224	0.259	0.308	0.356	0.051
隧道	0.096	0.104	0.130	0.152	0.185	0.229	0.260	0.304	0.359	0.418	0.054
构造物Ⅰ	0.114	0.120	0.145	0.167	0.207	0.254	0.285	0.338	0.394	0.463	0.062
构造物Ⅱ	0.126	0.140	0.168	0.196	0.242	0.292	0.338	0.394	0.467	0.540	0.073
构造物Ⅲ	0.225	0.248	0.303	0.352	0.435	0.528	0.599	0.705	0.831	0.969	0.132
技术复杂大桥	0.101	0.115	0.143	0.165	0.205	0.245	0.280	0.325	0.389	0.452	0.063
钢材及钢结构	0.104	0.113	0.146	0.168	0.207	0.247	0.281	0.331	0.387	0.449	0.062

注：综合里程 = 粮食运距×0.06 + 燃料运距×0.09 + 蔬菜运距×0.15 + 水运距×0.70；粮食、燃料、蔬菜、水的运距均为全线平均运距；综合里程数在列表之间时，费率采用内插；综合里程在3km以内的工程，按3km计取本项费用。

3. 职工探亲路费

职工探亲路费是指按照有关规定施工企业职工在探亲期间发生的往返交通费和途中住宿费等费用。

该费用以各类工程的定额直接费为基数，按表1-14给出的费率计算。

表1-14 职工探亲路费费率

工 程 类 别	费率（%）	工 程 类 别	费率（%）
土方	0.192	构造物Ⅰ	0.274
石方	0.204	构造物Ⅱ	0.348
运输	0.132	构造物Ⅲ	0.551
路面	0.159	技术复杂大桥	0.208
隧道	0.266	钢材及钢结构	0.164

4. 职工取暖补贴

职工取暖补贴是指按规定发放给施工企业职工的冬季取暖费或在施工现场设置的临时取暖设施的费用。

该费用以各类工程的定额直接费为基数，按工程所在地的气温区（根据《公路工程建设项目概算预算编制办法》附录D）选用表1-15给出的费率计算。

表1-15 职工取暖补贴费费率（%）

工程类别	气 温 区						
	准二区	冬一区	冬二区	冬三区	冬四区	冬五区	冬六区
土方	0.060	0.130	0.221	0.331	0.436	0.554	0.663
石方	0.054	0.118	0.183	0.279	0.373	0.472	0.569

（续）

工程类别	气温区						
	准二区	冬一区	冬二区	冬三区	冬四区	冬五区	冬六区
运输	0.065	0.130	0.228	0.336	0.444	0.552	0.671
路面	0.049	0.086	0.155	0.229	0.302	0.376	0.456
隧道	0.045	0.091	0.158	0.249	0.318	0.409	0.488
构造物 I	0.065	0.130	0.206	0.304	0.390	0.499	0.607
构造物 II	0.070	0.153	0.234	0.352	0.481	0.598	0.727
构造物 III	0.126	0.264	0.425	0.643	0.849	1.067	1.297
技术复杂大桥	0.059	0.120	0.203	0.310	0.406	0.501	0.609
钢材及钢结构	0.047	0.082	0.141	0.222	0.293	0.363	0.433

5. 财务费用

财务费用是指施工企业为筹集资金提供投标担保、预付款担保、履约担保、职工工资支付担保等所发生的各种费用，包括企业经营期间发生的短期贷款利息净支出、汇兑净损失、调剂外汇手续费、金融机构手续费以及企业筹集资金发生的其他财务费用。

该费用以各类工程的定额直接费为基数，按表1-16给出的费率计算。

表1-16　财务费用费率

工 程 类 别	费率（%）	工 程 类 别	费率（%）
土方	0.271	构造物 I	0.466
石方	0.259	构造物 II	0.545
运输	0.264	构造物 III	1.094
路面	0.404	技术复杂大桥	0.637
隧道	0.513	钢材及钢结构	0.653

1.2.5　规费

规费是指按法律、法规、规程规定施工企业必须缴纳的费用。

1. 规费内容

1）养老保险费：施工企业按规定标准为职工缴纳的基本养老保险费。

2）失业保险费：施工企业按规定标准为职工缴纳的失业保险费。

3）医疗保险费：施工企业按规定标准为职工缴纳的医疗保险费（含生育保险费）。

4）工伤保险费：施工企业按规定标准为职工缴纳的工伤保险费。

5）住房公积金：施工企业按规定标准为职工缴纳的住房公积金。

2. 规费的计算

各项规费以各类工程的人工费之和为基数，按国家或工程所在地法律、法规、规章、规程规定的标准计算。

1.2.6　利润

利润是指施工企业完成所承包的工程应取得的盈利，按定额直接费及措施费、企业管理费之和的7.42%计算。

1.2.7 税金

税金是指按国家税法规定应计入建筑安装工程造价的增值税销项税额。

$$税金 =（直接费 + 设备购置费 + 措施费 + 企业管理费 + 规费 + 利润）\times 10\% \qquad (1-9)$$

1.2.8 专项费用

专项费用包括施工场地建设费和安全生产费。

1. 施工场地建设费

1）按照工地建设标准化要求进行承包人驻地、工地试验室建设，钢筋集中加工、混合料集中拌制、构件集中预制等所需的办公、生活居住房屋（包括职工家属房屋及探亲房屋），公用房屋（如广播室、文体活动室、医疗室等）和生产用房屋（如仓库、加工厂、加工棚、发电站、变电站、空压机站、停机棚、值班室等）等费用。

2）包括场区平整（山岭重丘区的土石方工程除外）、场地硬化、排水、绿化、标志、污水处理设施、围墙隔离设施等的费用，不包括钢筋加工的机械设备、混合料拌和设备及安拆、预制构件台座、预应力张拉设备、起重及养护设备，以及概算、预算定额中临时工程的费用。

3）包括以上范围内的各种临时工作便道（包括汽车、人力车道）、人行便道、工地临时用水、用电的水管支线和电线支线，临时构筑物（如水井、水塔等）、其他小型临时设施等的搭设或租赁、维修、拆除、清理的费用；但不包括红线范围内贯通便道、进出场的临时道路、保通便道。

4）工地试验室所发生的属于固定资产的试验设备和仪器等折旧、维修或租赁费用。

5）施工扬尘污染防治措施费：指裸露的施工场地覆盖防尘网、施工便道和施工场地洒水或喷洒抑尘剂、运输车辆的苫盖和冲洗、环境敏感区设置围挡，防尘标识设置，环境监控与检测等所需要的费用。

6）文明施工、职工健康生活的费用。

施工场地建设费以施工场地计费基数，按表1-17给出的费率，以累进法计算。施工场地计费基数为定额建筑安装工程费减去专项费用。

表 1-17 施工场地建设费费率

施工场地计费 基数（万元）	费率 （%）	算例（万元）	
		施工场地计费基数	施工场地建设费
500 及以下	5.338	500	$500 \times 5.338\% = 26.69$
500 ~ 1000	4.228	1000	$26.69 +（1000 - 500）\times 4.228\% = 47.83$
1000 ~ 5000	2.665	5000	$47.83 +（5000 - 1000）\times 2.665\% = 154.43$
5000 ~ 10000	2.222	10000	$154.43 +（10000 - 5000）\times 2.222\% = 265.53$
10000 ~ 30000	1.785	30000	$265.53 +（30000 - 10000）\times 1.785\% = 622.53$
30000 ~ 50000	1.694	50000	$622.53 +（50000 - 30000）\times 1.694\% = 961.33$
50000 ~ 100000	1.579	100000	$961.33 +（100000 - 50000）\times 1.579\% = 1750.83$
100000 ~ 150000	1.498	150000	$1750.83 +（150000 - 100000）\times 1.498\% = 2499.83$
150000 ~ 200000	1.415	200000	$2499.83 +（200000 - 150000）\times 1.415\% = 3207.33$
200000 ~ 300000	1.348	300000	$3207.33 +（300000 - 200000）\times 1.348\% = 4555.33$
300000 ~ 400000	1.289	400000	$4555.33 +（400000 - 300000）\times 1.289\% = 5844.33$

（续）

施工场地计费基数（万元）	费率（%）	算例（万元）	
		施工场地计费基数	施工场地建设费
400000～600000	1.235	600000	5844.33 + (600000 - 400000) × 1.235% = 8314.33
600000～800000	1.188	800000	8314.33 + (800000 - 600000) × 1.188% = 10690.33
800000～1000000	1.149	1000000	10690.33 + (1000000 - 800000) × 1.149% = 12988.33
1000000 以上	1.118	1200000	12988.33 + (1200000 - 1000000) × 1.118% = 15224.33

2. 安全生产费

安全生产费包括完善、改造和维护安全设施设备费用，配备、维护、保养应急救援器材、设备费用，开展重大危险源和事故隐患评估和整改费用，安全生产检查、评价、咨询费用，配备和更新现场作业人员安全防护用品支出，安全生产宣传、教育、培训费用，安全设施及特种设备检测检验费用，施工安全风险评估、应急演练等有关工作及其他与安全生产直接相关的费用。

安全生产费按建筑安装工程费乘以安全生产费费率计算，费率按不少于 1.5% 计取。

1.3　土地使用及拆迁补偿费

土地使用及拆迁补偿费包含永久占地费、临时占地费、拆迁补偿费、水土保持补偿费、其他费用。

永久占地费包括土地补偿费、征用耕地安置补助费、耕地开垦费、森林植被恢复费、失地农民养老保险费。临时占地费包括临时征地使用费、复耕费。拆迁补偿费是指被征用或占用土地地上地下的房屋及附属构筑物、公用设施、文物等的拆除、发掘及迁建补偿费，以及拆迁管理费等。水土保持补偿费根据国家相关法律、法规规定缴纳。其他费用是指国务院行政主管部门及省级人民政府规定的与征地拆迁相关的费用。

土地使用及拆迁补偿费计算方法：

1）应根据设计文件确定的建设工程用地和临时用地面积及其附着物的情况，以及实际发生的费用项目，按国家有关规定及工程所在地的省（自治区、直辖市）颁布的有关规定和标准计算。

2）森林植被恢复费应根据审批单位批准的建设工程占用林地的类型及面积，按国家有关规定及工程所在地的省（自治区、直辖市）颁布的有关规定和标准计算。

3）当与原有的电力电信设施、管线、水利工程、铁路及铁路设施互相干扰时，应与有关部门联系，商定合理的解决方案和补偿金额，也可由这些部门按规定编制费用以确定补偿金额。

4）水土保持补偿费按各省（自治区、直辖市）制定的水土保持补偿费收费标准进行计算。

1.4　工程建设其他费

工程建设其他费包括建设项目管理费、研究试验费、建设项目前期工作费、专项评价（估）费、联合试运转费、生产准备费、工程保通管理费、工程保险费、其他相关费用。

1.4.1　建设项目管理费

建设项目管理费包括建设单位（业主）管理费、建设项目信息化费、工程监理费、设计文件审查费、竣（交）工验收试验检测费。其中建设单位（业主）管理费、建设项目信息化费和工程监理费均为实施建设项目管理的费用，可根据建设单位（业主）、施工单位、监理单位所实际承担的工作内容和工作量统筹使用。

1. 建设单位（业主）管理费

建设项目管理费是指建设单位（业主）为进行建设项目的立项、筹建、建设、竣（交）工验收、总结等工作所发生的费用。

建设单位（业主）管理费包括工作人员的工资、工资性津贴、施工现场津贴，社会保险费用（基本养老、基本医疗、失业、工伤保险）、住房公积金、职工福利费、工会经费、劳动保护费、办公费、会议费、差旅交通费、固定资产使用费（包括办公及生活房屋折旧、维修或租赁费，车辆折旧、维修、使用或租赁费，通信设备购置、使用费，测量、试验设备仪器折旧、维修或租赁费，其他设备折旧、维修或租赁费等）、零星固定资产购置费、招募生产工人费，技术图书资料费、职工教育培训经费，招标管理费，合同契约公证费、法律顾问费、咨询费，建设单位的临时设施费、完工清理费、竣（交）工验收费［含其他行业或部门要求的竣工验收费用、建设单位负责的竣（交）工文件编制费］、各种税费（包括房产税、车船使用税、印花税等），对建设项目前期工作、项目实施及竣工决算等全过程进行审计所发生的审计费用；境内外融资费用（不含建设期贷款利息）、业务招待费及工程质量、安全生产管理费和其他管理性开支。

建设单位（业主）管理费以定额建筑安装工程费为基数，按表 1-18 的费率，以累进方法计算。

表 1-18　建设单位（业主）管理费费率

定额建筑安装工程费（万元）	费率（％）	算例（万元）	
		定额建筑安装工程费	建设单位（业主）管理费
500 及以下	4.858	500	$500 \times 4.858\% = 24.29$
500~1000	3.813	1000	$24.29 + (1000 - 500) \times 3.813\% = 43.355$
1000~5000	3.049	5000	$43.355 + (5000 - 1000) \times 3.049\% = 165.315$
5000~10000	2.562	10000	$165.315 + (10000 - 5000) \times 2.562\% = 293.415$
10000~30000	2.125	30000	$293.415 + (30000 - 10000) \times 2.125\% = 718.415$
30000~50000	1.773	50000	$718.415 + (50000 - 30000) \times 1.773\% = 1073.015$
50000~100000	1.312	100000	$1073.015 + (100000 - 50000) \times 1.312\% = 1729.015$
100000~150000	1.057	150000	$1729.015 + (150000 - 100000) \times 1.057\% = 2257.515$
150000~200000	0.826	200000	$2257.515 + (200000 - 150000) \times 0.826\% = 2670.515$
200000~300000	0.595	300000	$2670.515 + (300000 - 200000) \times 0.595\% = 3265.515$
300000~400000	0.498	400000	$3265.515 + (400000 - 300000) \times 0.498\% = 3763.515$
400000~600000	0.450	600000	$3763.515 + (600000 - 400000) \times 0.450\% = 4663.515$
600000~800000	0.400	800000	$4663.515 + (800000 - 600000) \times 0.400\% = 5463.515$
800000~1000000	0.375	1000000	$5463.515 + (1000000 - 800000) \times 0.375\% = 6213.515$
1000000 以上	0.350	1200000	$6213.515 + (1200000 - 1000000) \times 0.350\% = 6913.515$

2. 建设项目信息化费

建设项目信息化费是指建设单位（业主）和各参建单位用于建设项目的质量、安全、进度、费用等方面的信息化建设、运维及各种税费等费用，包括建设项目全寿命周期的建筑信息模型（Building Information Modeling）等相关费用。建设项目信息化费以定额建筑安装工程费为基数，按表 1-19 给出的费率，以累进方法计算。

表1-19　建设项目信息化费费率

定额建筑安装工程费（万元）	费率（%）	算例（万元）	
		定额建筑安装工程费	建筑项目信息化费
500 及以下	0.600	500	$500 \times 0.600\% = 3$
500～1000	0.452	1000	$3 + (1000 - 500) \times 0.452\% = 5.26$
1000～5000	0.356	5000	$5.26 + (5000 - 1000) \times 0.356\% = 19.5$
5000～10000	0.285	10000	$19.5 + (10000 - 5000) \times 0.285\% = 33.75$
10000～30000	0.252	30000	$33.75 + (30000 - 10000) \times 0.252\% = 84.15$
30000～50000	0.224	50000	$84.15 + (50000 - 30000) \times 0.224\% = 128.95$
50000～100000	0.202	100000	$128.95 + (100000 - 50000) \times 0.202\% = 229.95$
100000～150000	0.171	150000	$229.95 + (150000 - 100000) \times 0.171\% = 315.45$
150000～200000	0.160	200000	$315.45 + (200000 - 150000) \times 0.160\% = 395.45$
200000～300000	0.142	300000	$395.45 + (300000 - 200000) \times 0.142\% = 537.45$
300000～400000	0.135	400000	$537.45 + (400000 - 300000) \times 0.135\% = 672.45$
400000～600000	0.131	600000	$672.45 + (600000 - 400000) \times 0.131\% = 934.45$
600000～800000	0.127	800000	$934.45 + (800000 - 600000) \times 0.127\% = 1188.45$
800000～1000000	0.125	1000000	$1188.45 + (1000000 - 800000) \times 0.125\% = 1438.45$
1000000 以上	0.122	1200000	$1438.45 + (1200000 - 1000000) \times 0.122\% = 1682.45$

3. 工程监理费

工程监理费是指建设单位（业主）委托具有监理资格的单位，按施工监理规范进行全面的监督和管理所发生的费用。

1）工程监理费内容包括工作人员的工资、工资性津贴、施工现场津贴、社会保险费用（基本养老、基本医疗、失业、工伤保险）、住房公积金、职工福利费、工会经费、劳动保护费，办公费、会议费、差旅交通费，办公、试验固定资产使用费（包括办公及生活房屋折旧、维修或租赁费，车辆折旧、维修、使用或租赁费，通信设备购置、使用费，测量、试验、检测设备仪器折旧、维修或租赁费，其他设备折旧、维修或租赁费等）、零星固定资产购置费、招募生产工人费，技术图书资料费、职工教育经费、投标费用，合同契约公证费、法律顾问费、咨询费、业务招待费，财务费用、监理单位的临时设施费、完工清理费、竣（交）工验收费、各种税费、安全生产管理费和其他管理性开支。

2）工程监理费以定额建筑安装工程费为基数，按表1-20给出的费率，以累进方法计算。

表1-20　工程监理费费率

定额建筑安装工程费（万元）	费率（%）	算例（万元）	
		定额建筑安装工程费	工程监理费
500 及以下	3.00	500	$500 \times 3.00\% = 15$
500～1000	2.40	1000	$15 + (1000 - 500) \times 2.40\% = 27$
1000～5000	2.10	5000	$27 + (5000 - 1000) \times 2.10\% = 111$
5000～10000	1.94	10000	$111 + (10000 - 5000) \times 1.94\% = 208$
10000～30000	1.87	30000	$208 + (30000 - 10000) \times 1.87\% = 582$
30000～50000	1.83	50000	$582 + (50000 - 30000) \times 1.83\% = 948$

（续）

定额建筑安装工程费（万元）	费率（%）	算例（万元）	
		定额建筑安装工程费	工程监理费
50000～100000	1.78	100000	948 +（100000 - 50000）×1.78% = 1838
100000～150000	1.72	150000	1838 +（150000 - 100000）×1.72% = 2698
150000～200000	1.64	200000	2698 +（200000 - 150000）×1.64% = 3518
200000～300000	1.55	300000	3518 +（300000 - 200000）×1.55% = 5068
300000～400000	1.49	400000	5068 +（400000 - 300000）×1.49% = 6558
400000～600000	1.45	600000	6558 +（600000 - 400000）×1.45% = 9458
600000～800000	1.42	800000	9458 +（800000 - 600000）×1.42% = 12298
800000～1000000	1.37	1000000	12298 +（1000000 - 800000）×1.37% = 15038
1000000 以上	1.33	1200000	15038 +（1200000 - 1000000）×1.33% = 17698

4. 设计文件审查费

设计文件审查费是指在项目审批前，建设单位（业主）为保证勘察设计工作的质量，组织有关专家或委托有资质的单位，对提交的建设项目可行性研究报告和勘察设计文件进行审查所需要的相关费用。

设计文件审查费以定额建筑安装工程费为基数，按表 1-21 给出的费率，以累进方法计算。

表 1-21　设计文件审查费费率

定额建筑安装工程费（万元）	费率（%）	算例（万元）	
		定额建筑安装工程费	设计文件审查费
5000 以下	0.077	5000	5000 ×0.077% = 3.85
5000～10000	0.072	10000	3.85 +（10000 - 5000）×0.072% = 7.45
10000～30000	0.069	30000	7.45 +（30000 - 10000）×0.069% = 21.25
30000～50000	0.066	50000	21.25 +（50000 - 30000）×0.066% = 34.45
50000～100000	0.065	100000	34.45 +（100000 - 50000）×0.065% = 66.95
100000～150000	0.061	150000	66.95 +（150000 - 100000）×0.061% = 97.45
150000～200000	0.059	200000	97.45 +（200000 - 150000）×0.059% = 126.95
200000～300000	0.057	300000	126.95 +（300000 - 200000）×0.057% = 183.95
300000～400000	0.055	400000	183.95 +（400000 - 300000）×0.055% = 238.95
400000～600000	0.053	600000	238.95 +（600000 - 400000）×0.053% = 344.95
600000～800000	0.052	800000	344.95 +（800000 - 600000）×0.052% = 448.95
800000～1000000	0.051	1000000	448.95 +（800000 - 600000）×0.051% = 550.95
1000000 以上	0.050	1200000	550.95 +（800000 - 600000）×0.050% = 650.95

1）建设项目若有地质勘察监理，费用在此项目开支。

2）建设项目若有设计咨询（或称设计监理、设计双院制），其费用在此项目内开支。

5. 竣（交）工验收试验检测费

竣（交）工验收试验检测费是指在公路建设项目竣（交）工验收前，由建设单位（业主）或工程质量监督机构委托有资质的公路工程质量检测单位按照有关规定对建设项目的工程质量进行检测并出具检测试验意见，以及进行桥梁动（静）载试验或其他特殊检测等所需的费用。

1）竣（交）工验收试验检测费按表 1-22 规定的费率计算。道路工程按主线路基长度计算，桥梁工程以主线桥梁、分离式立交、匝道桥的长度之和进行计算，隧道按单洞长度计算。

2）道路工程，高速公路、一级公路按四车道计算，二级及二级以下公路按两车道计算，每增加 1 个车道，按表 1-22 的费用增加 10%。桥梁和隧道按双向四车道计算，每增加 1 个车道费用增加 15%。二级及二级以下公路的桥隧工程，按表 1-22 费用的 40% 计算。

表 1-22　竣（交）工验收试验检测费

检测项目			竣（交）工验收试验检测费	备　注
道路工程（元/km）	高速公路		23500	包括路基、路面、涵洞、通道、路段安全设施和机电、房建、绿化、环境保护及其他工程
	一级公路		17000	
	二级公路		11500	
	三级及三级以下公路		5750	
桥梁工程（元/延米）	一般桥梁		—	40	包括桥梁范围内的所有土建、安全设施和机电、声屏障等环境保护工程及必要的动（静）载试验
	技术复杂桥梁	钢管拱	750	
		连续刚构	500	
		斜拉桥	600	
		悬索桥	560	
隧道工程（元/延米）		单洞	80	包括隧道范围内的所有土建、安全设施、机电、消防设施等

1.4.2　研究试验费

研究试验费是指按项目特点和有关规定，在建设过程中必须进行的研究和试验所需的费用，以及支付科技成果、专利、先进技术的一次性技术转让费。

1）研究试验费不包括以下内容：

① 应由前期工作费（为建设项目提供或验证设计数据、资料等专题研究）开支的项目。

② 应由科技三项费用（即新产品试制费、中间试验费和重要科学研究补助费）开支的项目。

③ 应由施工辅助费开支的施工企业对建筑材料、构件和建筑物进行一般鉴定、检查所发生的费用及技术革新研究试验费。

2）计算方法：按设计提出的研究试验内容和要求进行编制。

1.4.3　建设项目前期工作费

建设项目前期工作费是指委托勘察设计单位、咨询单位对建设项目进行可行性研究、工程勘察设计，以及设计、监理、施工招标文件及招标标底或造价控制值文件编制时，按规定应支付的费用。

1. **建设项目前期工作费内容**

1）编制项目建议书（或预可行性研究报告）、可行性研究报告、投资估算，以及相应的勘察、设计等所需的费用。

2）通过风洞试验、地震动参数、索塔足尺模型试验、桥墩局部冲刷试验、桩基承载力试验等为建设项目提供或验证设计数据所需的专题研究费用。

3）初步设计和施工图设计的勘察费、设计费、概（预）算编制及调整概算编制费用等。

4）设计、监理、施工招标及招标标底（或造价控制值或清单预算）文件编制费等。

2．计算方法

建设项目前期工作费以定额建筑安装工程费为基数，按表1-23给出的费率，以累进方法计算。

表1-23 建设项目前期工作费费率

定额建筑安装 工程费（万元）	费率 （%）	算例（万元）	
		定额建筑安装工程费	建设项目前期工作费
500及以下	3.00	500	500 × 3.00% = 15
500 ~ 1000	2.70	1000	15 + (1000 - 500) × 2.70% = 28.5
1000 ~ 5000	2.55	5000	28.5 + (5000 - 1000) × 2.55% = 130.5
5000 ~ 10000	2.46	10000	130.5 + (10000 - 5000) × 2.46% = 253.5
10000 ~ 30000	2.39	30000	253.5 + (30000 - 10000) × 2.39% = 731.5
30000 ~ 50000	2.34	50000	731.5 + (50000 - 30000) × 2.34% = 1199.5
50000 ~ 100000	2.27	100000	1199.5 + (100000 - 50000) × 2.27% = 2334.5
100000 ~ 150000	2.19	150000	2334.5 + (150000 - 100000) × 2.19% = 3429.5
150000 ~ 200000	2.08	200000	3429.5 + (200000 - 150000) × 2.08% = 4469.5
200000 ~ 300000	1.99	300000	4469.5 + (300000 - 200000) × 1.99% = 6459.5
300000 ~ 400000	1.94	400000	6459.5 + (400000 - 300000) × 1.94% = 8399.5
400000 ~ 600000	1.86	600000	8399.5 + (600000 - 400000) × 1.86% = 12119.5
600000 ~ 800000	1.80	800000	12119.5 + (800000 - 600000) × 1.80% = 15719.5
800000 ~ 1000000	1.76	1000000	15719.5 + (1000000 - 800000) × 1.76% = 19239.5
1000000以上	1.72	1200000	19239.5 + (1200000 - 1000000) × 1.72% = 22679.5

1.4.4 专项评价（估）费

专项评价（估）费是指依据国家法律、法规规定进行评价（评估）、咨询，按规定应支付的费用。

1）专项评价（估）费包括内容：环境影响评价费、水土保持评估费、地震安全性评价费、地质灾害危险性评价费、压覆重要矿床评估费、文物勘察费、通航论证费、行洪论证（评估）费、使用林地可行性研究报告编制费、用地预审报告编制费、项目风险评估费、节能评估费和社会风险评估费、放射性影响评估费、规划选址意见书编制费等费用。

2）计算方法：依据委托合同，或参照类似工程已发生的费用进行计列。

1.4.5 联合试运转费

联合试运转费是指建设项目的机电工程，按照有关规定标准，需要进行整套设备带负荷联合试运转所需的全部费用，不包括应由设备安装工程费中开支的调试费用。

1）费用包括：联合试运转期间所需的材料、燃料和动力的消耗，机械和检测设备使用费，工具用具和低值易耗品费，参加联合试运转的人员工资及其他费用等。

2）计算方法：联合试运转费以定额建筑安装工程费为基数，按0.04%费率计算。

1.4.6　生产准备费

生产准备费是指为保证新建、改扩建项目交付使用后满足正常的运行、管理发生的工器具购置、办公和生活用家具购置、生产人员培训、应急保通设备购置等费用。

1. 工器具购置费

工器具购置费是指建设项目交付使用后为满足初期正常运营必须购置的第一套不构成固定资产的设备、仪器、仪表、工卡模具、器具、工作台（框、架、柜）等的费用，不包括构成固定资产的设备、工器具和备品、备件，及已列入设备费中的专用工具和备品、备件。工器具购置费由设计单位列出计划购置清单（包括规格、型号、数量），计算方法同设备购置费。

2. 办公和生活用家具购置费

办公和生活用家具购置费是指新建、改扩建工程项目，为保证初期正常生产、使用和管理所购置的办公和生活用家具、用具的费用，包括行政、生产部门的办公室、会议室、资料档案室、阅览室、宿舍及生活福利设施等的家具、用具。办公和生活用家具购置费按表 1-24 的规定计算。

表 1-24　办公和生活用家具购置费标准

工程所在地	路线（元/公里）				单独管理或单独收费的桥梁、隧道（元/座）		
	高速公路	一级公路	二级公路	三级、四级公路	特大、大桥		特长隧道
					一般桥梁	技术复杂大桥	
内蒙古、黑龙江、青海、新疆、西藏	21500	15600	7800	4000	24000	60000	78000
其他省、自治区、直辖市	17500	14600	5800	2900	19800	49000	63700

注：改（扩）建工程按表列费用的 70% 计。

3. 生产人员培训费

生产人员培训费是指为保证生产的正常运行，在工程交工验收交付使用前对运营部门生产人员和管理人员进行培训所需的费用，包括培训人员的工资、工资性津贴、职工福利费、差旅交通费、劳动保护费、培训及教学实习费等。该费用按设计定员和 3000 元/人的标准计算。

4. 应急保通设备购置费

应急保通设备购置费是指新建、改扩建工程项目，为满足初期正常营运，购置保障抢修保通、应急处置，且构成固定资产的设备所需的费用。该费用由设计单位列出计划购置清单，计算方法同设备购置费。

1.4.7　工程保通管理费

工程保通管理费是指新建或改扩建工程需边施工边维持通车或通航的建设项目，为保证公（铁）路运营安全、船舶航行安全及施工安全而进行交通（公路、航道、铁路）管制、交通（铁路）与船舶疏导所需的和媒体、公告等宣传费用及协管人员经费等。

工程保通管理费应按设计需要进行列支。涉水项目施工期通航安全保障费用计算方法按《公路工程建设项目概算预算编制办法》附录 G 执行。

1.4.8　工程保险费

工程保险费是指在合同执行期内，施工企业按合同条款要求办理保险的费用，包括建筑工程一切险和第三方责任险。

1）建筑工程一切险是为永久工程、临时工程和设备及已运至施工工地用于永久工程的材料和设备所投的保险。

2）第三方责任险是对因实施合同工程而造成的财产（本工程除外）损失或损害，或人员（业主和承包人雇员除外）的死亡或伤残所负责进行的保险。

3）工程保险费以建筑安装工程费（不含设备费）为基数，按0.4%费率计算。

1.4.9　其他相关费用

其他相关费用是指国务院行政主管部门及省级人民政府规定的其他与公路建设相关的费用，按其相关规定计算。

1.5　预备费

预备费由基本预备费和价差预备费两部分组成。

1.5.1　基本预备费

基本预备费是指在初步设计和概算、施工图设计和施工图预算中难以预料的工程费用。

1）基本预备费包括：

① 在进行技术设计、施工图设计和施工过程中，在批准的初步设计和概算范围内所增加的工程费用。

② 在设备订货时，由于规格、型号改变的价差，材料货源变更、运输距离或方式的改变以及因规格不同而代换使用等原因发生的价差。

③ 在项目主管部门组织竣（交）工验收时，验收委员会（或小组）为鉴定工程质量必须开挖和修复隐蔽工程的费用。

2）基本预备费的计算。基本预备费以建筑安装工程费、土地使用及拆迁补偿费、工程建设其他费之和为基数，按下列费率计算：

① 设计概算按5%计列。

② 修正概算按4%计列。

③ 施工图预算按3%计列。

1.5.2　价差预备费

价差预备费是指设计文件编制年至工程交工年期间，建筑安装工程费用的人工费、材料费、设备费、施工机械使用费、措施费、企业管理费等由于政策、价格变化可能发生上浮而预留的费用，及外资贷款汇率变动部分的费用。

价差预备费以建筑安装工程费用总额为基数，按设计文件编制年始至建设项目工程交工年终的年数和年工程造价增涨率计算。计算公式如下：

$$价差预备费 = P[(1+i)^{n-1} - 1] \qquad (1-10)$$

式中　P——建筑安装工程费总额（元）；

　　　i——年工程造价增涨率（%）；

　　　n——设计文件编制年至建设项目开工年 + 建设项目建设期限（年）。

年工程造价增涨率按有关部门公布的工程投资价格指数计算。设计文件编制至工程交工在1年以内的工程，不列此项费用。

1.6　建设期贷款利息

建设期贷款利息是指工程项目使用的贷款部分在建设期内应计取的贷款利息，包括各种金融机构贷款、建设债券和外汇贷款等利息。

建设期贷款利息计算方法：根据不同的资金来源分年度投资计算所需支付的利息。计算公式如下：

建设期贷款利息 = ∑（上年末付息贷款本息累计 + 本年度付息贷款额 ÷ 2）× 年利率　　（1-11）

即：

$$S = \sum_{n=1}^{N} (F_{n-1} + b_n \div 2)i$$

式中　S——建设期贷款利息；

N——项目建设期（年）；

n——施工年度；

F_{n-1}——建设期第（$n-1$）年末需付息贷款本息累计；

b_n——建设期第 n 年度付息贷款额；

i——中国人民银行公布的贷款基准年利率。

1.7　公路工程概算、预算项目及文件组成

1.7.1　概算、预算项目

《公路工程建设项目概算预算编制办法》对全国的公路工程基本建设概算、预算的编制做了规范化的规定，防止出现混乱、漏列、错列的现象。具体规定是：概算、预算项目应按项目表的序列及内容编制。当实际出现的工程和费用项目与项目表的内容不完全相符时，第一、二、三、四、五部分和"项"的序号、内容应保留不变，项目表中的"项"以下的分项在引用时应保持序号、内容不变，缺少的分项内容可随需要就近增加，并按项目表的顺序以实际出现的级别依次排列，不保留缺少的"项"以下的项目序号。

概算、预算项目主要包括以下内容：

第一部分　建筑安装工程费

　　　　第一项　临时工程

　　　　第二项　路基工程

　　　　第三项　路面工程

　　　　第四项　桥梁涵洞工程

　　　　第五项　隧道工程

　　　　第六项　交叉工程

　　　　第七项　交通工程及沿线设施

　　　　第八项　绿化及环境保护工程

　　　　第九项　其他工程

　　　　第十项　专项费用

　　　　　　1. 施工场地建设费

　　　　　　2. 安全生产费

第二部分　土地使用及拆迁补偿费

第三部分　工程建设其他费

第四部分　预备费

第五部分　建设期贷款利息

项目表的详细内容见《公路工程建设项目概算预算编制办法》附录 B。

1.7.2　概算、预算文件组成

概算、预算文件由封面、扉页、目录、编制说明及全部计算表格组成。

1. 封面、目录

概算、预算文件应按《公路工程基本建设项目设计文件编制办法》的规定制作，扉页应有建设项目名称，编制单位，编制、复核人员姓名并加盖执业（从业）资格印章，编制日期及第几册、共几册等内容。目录应按概算、预算表的表号顺序编排。

2. 概算、预算编制说明

概算、预算编制完成后，应写出编制说明，文字力求简明扼要。叙述的内容一般如下：

1）建设项目设计资料的依据及有关文号，如建设项目可行性研究报告批准文号、初步设计和概算批准文号（编修正概算时），以及概算、预算是根据何时的测设资料及比选方案进行编制的等。

2）采用的定额、费用标准，人工、材料、机械台班单价的依据或来源，补充定额及编制依据的详细说明。

3）与概预算有关的委托书、协议书、会谈纪要等的主要内容（或将抄件附后）。

4）总概预算金额，人工、钢材、水泥、木料、沥青的总需要量情况，各设计方案的经济比较以及编制中存在的问题。

5）其他与概算、预算有关但不能在表格中反映的事项。

1.7.3　概算、预算表格

公路工程概算、预算应按统一的概算、预算表格计算，表格样式见《公路工程建设项目概算预算编制办法》附录 A，其中概算、预算相同的表式，在印刷表格时，应将概算表与预算表分别印刷。

1.7.4　甲组文件和乙组文件

概算、预算文件是设计文件的组成部分，按不同的需要分为两组，甲组文件为各项费用计算表；乙组文件为建筑安装工程费各项基础数据计算表。两组文件应按《公路工程基本建设项目设计文件编制办法》关于设计文件报送份数要求，随设计文件一并报送，并同时提交可计算的造价电子数据文件和新工艺单价分析的详细资料。

当一个建设项目概算、预算需要分段或分部编制时，应根据需要分别编制，但必须汇总编制"总概（预）算汇总表"。

1. 甲组文件

甲组文件包括以下内容：

1）编制说明。

2）项目前后阶段费用对比表。

3）建设项目属性及技术经济信息表。

4）总概（预）算汇总表。

5）总概（预）算人工、主要材料、施工机械台班数量汇总表。

6）总概（预）算表。

7）人工、主要材料、施工机械台班数量汇总表。

8）建筑安装工程费计算表。

9）综合费率计算表。

10）综合费用计算表。

11）设备费计算表。

12）专项费用计算表。

13）土地使用及拆迁补偿费计算表。

14）工程建设其他费计算表。

15）人工、材料、施工机械台班单价汇总表。

2. 乙组文件

乙组文件包括以下内容：

1）分项工程概（预）算计算数据表。

2）分项工程概（预）算表。

3）材料预算单价计算表。

4）自采材料料场价格计算表。

5）材料自办运输单位运费计算表。

6）施工机械台班单价计算表。

7）辅助生产人工、材料、施工机械台班单位数量表。

1.7.5　概算、预算编制步骤

1）收集资料。

2）熟悉设计图、资料。

3）熟悉施工组织设计。

4）对工程进行概算、预算项目划分。

5）计算工程量。

6）按照预算文件的计算顺序进行计算。

7）编制说明、目录及封面设计。

1.7.6　软件在概算、预算中的应用

公路工程结构复杂，进行概算、预算的计算很烦琐，使用公路工程造价管理软件系统，如纵横软件、同望软件等，可以大大提高计算的速度和准确度。

1.7.7　公路工程建设项目各项费用计算程序及计算方式

公路工程建设项目各项费用计算程序及计算方式见表1-25。

表1-25　公路工程建设项目各项费用计算程序及计算方式

序号	项目	说明及计算式
（一）	定额直接费	Σ人工消耗量×人工基价＋Σ（材料消耗量×材料基价＋机械台班消耗量×机械台班基价）
（二）	定额设备购置费	Σ设备购置数量×设备基价

（续）

序号	项　　目	说明及计算式
（三）	直接费	∑人工消耗量×人工单价 + ∑（材料消耗量×材料预算单价 + 机械台班消耗量×机械台班预算单价）
（四）	设备购置费	∑设备购置数量×预算单价
（五）	措施费	（一）×施工辅助费费率 + 定额人工费和定额施工机械使用费之和×其余措施费综合费率
（六）	企业管理费	（一）×企业管理费综合费率
（七）	规费	各类工程人工费（含施工机械人工费）×规费综合费率
（八）	利润	[（一）+（五）+（六）]×利润率
（九）	税金	[（三）+（四）+（五）+（六）+（七）+（八）]×10%
（十）	专项费用	
	施工场地建设费	[（一）+（五）+（六）+（七）+（八）+（九）]×累进费率
	安全生产费	建筑安装工程费（不含安全生产费本身）×（≥1.5%）
（十一）	定额建筑安装工程费	（一）+（二）×40% +（五）+（六）+（七）+（八）+（九）+（十）
（十二）	建筑安装工程费	（三）+（四）+（五）+（六）+（七）+（八）+（九）+（十）
（十三）	土地使用及拆迁补偿费	按规定计算
（十四）	工程建设其他费	
	建设单位(业主)管理费	（十一）×累进费率
	建设项目信息化费	（十一）×累进费率
	工程监理费	（十一）×累进费率
	设计文件审查费	（十一）×累进费率
	竣(交)工验收试验检测费	按规定计算
	研究试验费	
	建设项目前期工作费	（十一）×累进费率
	专项评价(估)费	按规定计算
	联合试运转费	（十一）×费率
	生产准备费	
	工器具购置费	按规定计算
	办公和生活用家具购置费	按规定计算
	生产人员培训费	按规定计算
	应急保通设备购置费	
	工程保通管理费	按规定计算
	工程保险费	[（十二）-（四）]×费率
	其他相关费用	
（十五）	预备费	
	基本预备费	[（十二）+（十三）+（十四）]×费率
	价差预备费	（十二）×费率
（十六）	建设期贷款利息	
（十七）	公路基本造价	（十二）+（十三）+（十四）+（十五）+（十六）

1-1　公路工程的造价有哪些特点？

1-2　叙述概算、预算费用的组成。

1-3　直接费的组成是什么？

1-4　建筑安装工程费的组成是什么？

1-5　概算、预算文件分甲、乙两组，甲组文件和乙组文件各包括什么内容？

1-6　某工程需要 500m³ 混凝土，该工程项目定额中每 10m³ 实体需要 C20 混凝土 10.10m³。试计算水泥、中（粗）砂、碎（砾）石的材料费（材料的已知条件见表 1-26）。

表 1-26　材料的已知条件

材　料	原　价	运价率 [元/(t·km)]	运距/km	装卸费费率 [元/(t·次)]	杂费费率 (元/t)	单位毛重系数
32.5 级水泥	350 元/t	0.8	30	2	1	1.01
中（粗）砂	26 元/m³	0.8	15	2	1	1.2
碎（砾）石	20 元/m³	0.8	20	2	1	1.2

1-7　某工程的工程量为 2000m³，每 100m³ 需要挖掘机 3.5 台班，挖掘机一个台班的不变费用为 219.84 元，一个台班需要人工 2 工日，柴油 38kg。计算该工程挖掘机的机械单价和机械费（人工单价：105 元/工日，柴油的预算单价：6.3 元/kg）。

1-8　某工程计划贷款 5 亿元，贷期 3 年，第 1 年贷 2 亿元，第 2 年贷 2 亿元，第 3 年贷 1 亿元，贷款利率为 7%。计算建设期贷款利息（小数点后保留 4 位有效数字）。

第 2 章 | 公路工程计价依据

2.1 公路工程计价依据概述

所谓工程造价计价依据，是用以计算工程造价的基本资料的总称，包括工程定额，人工、材料、机械台班及设备单价，工程量清单，工程造价指数，工程量计算规则，以及政府主管部门发布的有关工程造价的经济法规、政策等。根据工程造价计价依据的不同，目前我国处于工程定额计价和工程量清单计价两种计价模式并存的状态。

2.1.1 工程定额

工程定额是在合理的劳动组织和合理地使用材料与机械的条件下，完成一定计量单位合格建筑产品所消耗资源的数量标准。

我国公路工程定额具有科学性、系统性、统一性、权威性、稳定性的特点。

1. 定额的科学性

定额的科学性，第一表现在用科学的态度制定定额，尊重客观实际，排除主观臆断，力求定额水平合理；第二表现在技术方法上，吸取了现在科学管理的成就，具有一套严密的、科学的确定定额的技术方法；第三则表现在定额制定和贯彻的一体化上。

2. 定额的系统性

定额是一个完整独立的系统，公路工程定额从测定到使用，直至修订，都是为了全面反映公路工程所有的内容和项目。与公路技术标准、规范相配套，完全准确反映公路工程施工工艺流程的每一个环节。

公路工程定额是为公路建设这个庞大的实体系统服务的，公路项目可以分解为成千上万道工序，而其内部层次分明，如项、目、节的划分。任何一个分部分项工程在公路工程定额中都能一一确定，而且在编制定额的过程中，每一个不同工作都有不同的计算规则或计算模型，它们互相协调组成一个完整的系统。

3. 定额的统一性

公路工程定额由初期借助于国家统一的技术标准、规范到现在依据交通工程的统一标准、规范，在交通部定额总站的统一领导下，按照定额的制定、颁布和贯彻执行的统一行动，使定额工作和定额的管理工作有统一的程序、统一的原则、统一的要求、统一的用途。

国家对经济发展有计划的宏观调控职能决定了定额的统一性。公路工程定额的一系列工作的全面进行，需要巨大的人力、财力投入，同时它也给社会以巨大的回报。我国是以公有制为主体的社会主义国家，所以我国的定额与西方发达资本主义国家定额相比，除了具有与其同样的技术比较、计算规则、信息交流等作用外，还具有从行政角度干预工程投资规模和建设项目的经济效益，保证有限的资金投入发挥最大作用的特点。我国公路工程定额的出现正是为了统一和指导公路建筑市场，在计划经济向市场经济转轨的初期以定额保证市场正常有序地进行。

4. 定额的权威性和强制性

我国定额的特点表现在权威性和强制性两方面，而且在一定条件下具有经济法规的性质。同时也可看出，我国定额的信誉和信赖程度极高，也说明定额及定额管理的刚性约束和严肃性。

只有科学的定额才具有权威性。在社会主义市场经济的条件下，定额必然牵涉到各有关方面的经济关系和利益关系。赋予定额以一定的强制性，就意味着在规定的范围内，对于定额的使用者和执行者来说，不论主观上是否愿意，都必须严格按定额的要求和规定执行。特别是在目前建筑市场不太规范的情况下，定额的权威性显得尤其重要，它可以帮助理顺与建设项目有关的各方面的经济关系和利益关系。所以，这一特点是对生产消费水平的合理限制，不是降低或提高消费水平，更不是限制和约束生产力的发展，而是最大限度地保证生产力水平的提高。

值得注意的是，定额毕竟是主观对客观的反映，定额的科学性受人们认识水平的限制，所以定额的权威性也不能绝对化。随着投资体制的改革和投资主体多元化格局的形成，以及企业经营机制的转变，施工企业本身的定额管理能力的逐渐提高，定额权威性的特点就会弱化。定额管理工作本身也要求改革自身的缺点，以适应市场经济形式下的经济政策。

5. 定额的稳定性和时效性

定额所反映的是一定时期内的施工技术和先进工艺的水平，所以表现为一定的稳定性。一般在5~10年之间，是公路工程定额的稳定期。另一方面，定额的稳定给政府决策和经济的宏观调控带来有力的保证。如果定额经常变动，今天的造价明天就变成另外一个数值，这是不允许的。总之，定额的稳定是必须的，也是相对的；定额的变化是绝对的，定额修改及完善是不断进行的。

任何一种定额，只能反映一定时期的生产力水平，当生产力向前发展了，定额就会与已经发展了的生产力不相适应。这样，它原有的作用就会逐步减弱以致消失，甚至产生负效应。所以，定额在具有稳定性的同时，也具有显著的时效性。定额不再能起到促进生产力发展的作用时，就要重新编制或修订了。

2.1.2　工程量清单计价基本方法

工程量清单计价方法是由建设产品的买方和卖方在建设市场上根据供求状况、信息状况进行自由竞价，从而最终能够签订工程合同价格的方法，是一种区别于定额计价模式的新计价模式，是一种主要由市场定价的计价模式。因此，可以说工程量清单计价方法是在建设市场建立、发展和完善过程中的必然产物。从定额计价方法到工程量清单计价方法的演变是伴随着我国建设产品价格的市场化过程进行的。

1. 工程量清单计价的基本方法与程序

工程量清单计价的基本过程可以描述为：在统一的工程量清单项目设置的基础上，制定工程量清单计量规则，根据具体工程的施工图计算出各个清单项目的工程量，再根据各种渠道所获得的工程造价信息和经验数据计算得到工程造价。这一基本的计算过程如图2-1所示。

从工程造价工程量清单计价过程示意图中可以看出，其编制过程可以分为两个阶段：工程量清单的编制和利用工程量清单来编制投标报价（或招标控制价）。投标报价是在业主提供的工程量计算结果的基础上，根据企业自身所掌握的各种信息、资料，结合企业定额编制得出的。

分部分项工程费 = ∑分部分项工程量×相应分部分项综合单价

措施项目费 = ∑各措施项目费

其他项目费 = 暂列金额 + 暂估价 + 计日工 + 总承包服务费

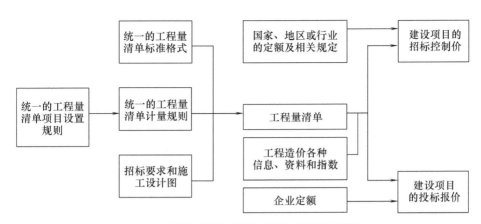

图 2-1 工程造价工程量清单计价过程示意图

单位工程报价 = 分部分项工程费 + 措施项目费 + 其他项目费 + 规费 + 税金

单项工程报价 = ∑单位工程报价

建设项目总报价 = ∑单项工程报价

上述中，综合单价是指完成一个规定计量单位的分部分项工程量清单项目或措施清单项目所需的人工费、材料费、施工机械使用费和企业管理费与利润，以及一定范围内的风险费用。

暂估价是指招标人在工程量清单中提供的用于支付必然发生但暂时不能确定价格的材料的单价以及专业工程的金额。

暂列金额是指招标人在工程量清单中暂定并包括在合同价款中的一笔款项，用于施工合同签订时尚未确定或者不可预见的所需材料、设备、服务的采购，施工中可能发生的工程变更、合同约定调整因素出现时的工程价款调整以及发生的索赔、现场签证确认等的费用。

计日工是指在施工过程中，对完成发包人提出的施工图以外的零星项目或工作，按合同中约定的综合单价计价的一种计价方式。

总承包服务费是指总承包人为配合协调发包人进行的工程分包，对自行采购的设备、材料等进行管理、提供相关服务以及施工现场管理、竣工资料汇总整理等服务所需的费用。

2．工程量清单计价的特点

（1）工程量清单计价的使用范围

全部使用国有资金（含国家融资资金）投资或国有资金投资为主（二者以下简称国有资金投资）的工程建设项目应按工程量清单计价方式确定和计算工程造价。

1）国有资金投资的工程建设项目包括：

① 使用各级财政预算资金的项目。

② 使用纳入财政管理的各种政府性专项建筑资金的项目。

③ 使用国有企事业单位自有资金，并且国有资产投资者实际拥有控制权的项目。

2）国家融资资金投资的工程建设项目包括：

① 使用国家发行债券所筹资金的项目。

② 使用国家对外借款或者担保所筹资金的项目。

③ 使用国家政策性贷款的项目。

④ 国家授权投资主体融资的项目。

⑤ 国家特性的融资项目。

3）国有资金（含国家融资资金）为主的工程建设项目是指国有资金占投资总额 50% 以上，或虽不足 50% 但国有资金投资者实质上拥有控股权的工程建设项目。

（2）工程量清单计价的操作过程

工程量清单计价活动涵盖施工招标、合同管理以及竣工交付全过程，主要包括：工程量清单的编制，招标控制价、投标报价的编制，工程合同价款的约定，竣工结算的办理以及施工过程中的工程计量、工程价款支付、索赔与现场签证、工程价款调整和工程计价争议处理等活动。

3．工程量清单计价的作用

（1）提供一个平等的竞争条件

采用施工图预算来投标报价，由于设计图的缺陷，不同施工企业的人员理解不同，计算出的工程量也不同，报价更相去甚远，也很容易产生纠纷。而工程量清单报价为投标者提供了一个平等竞争的条件，相同的工程量，由企业根据自身的实力填写不同的单价。投标人的这种自主报价，使得企业的优势体现在投标报价中，可在一定程度上规范建筑市场秩序，确保工程质量。

（2）有利于提高工程计价效率，能真正实现快速报价

采用工程量清单计价方式，避免了传统计价方式下招标人与投标人在工程量计算上的重复工作，各投标人以招标人提供的工程量清单为统一平台，结合自身的管理水平和施工方案进行报价，促进了各投标人企业定额的完善和工程造价信息的积累和整理，体现了现代工程建设中快速报价的要求。

（3）满足市场经济条件下竞争的需要

招标投标过程是竞争的过程，招标人提供工程量清单，投标人根据自身情况确定综合单价，利用单价与工程量逐项计算每个项目的合价，再分别填入工程量清单表内，计算出投标总价。单价成了决定性的因素，定高了不能中标，定低了又要承担过大的风险。单价的确定直接取决于企业管理水平和技术水平，这种局面促成了企业整体实力的竞争，有利于我国建设市场的快速发展。

（4）有利于业主对投资的控制

采用现在的施工图预算形式，业主对因设计变更、工程量的增减所引起的工程造价变化不敏感，往往等到竣工结算时才知道这些变更对项目投资的影响有多大，但此时常常为时已晚。而采用工程量清单报价的方式则可对投资变化一目了然，在设计变更时，能马上知道它对工程造价的影响，业主就能根据投资情况来决定是否变更或进行方案比较，以采取最恰当的处理方法。

（5）有利于工程款的拨付和工程造价的最终结算

中标后，业主要与中标单位签订施工合同，中标价就是确定合同价的基础，投标清单上的单价就成了拨付工程款的依据。业主根据施工企业完成的工程量，可以很容易地确定进度款的拨付额。工程竣工后，根据设计变更、工程量增减等，业主也很容易确定工程的最终造价，可在某种程度上减少业主与施工单位之间的纠纷。

2.1.3　两种计价方法的联系和区别

1．两种计价方法的联系

工程计价就是指按照规定的计算程序和方法，用货币的数量表示建设项目（包括拟建、在建和已建的项目）的价值。无论是工程定额计价方法还是工程量清单计价方法，它们的工程造价计价都是一种自下而上的分部组合计价方法。

工程计价的基本原理就在于项目的分解与组合。建设项目是兼具单件性与多样性的集合体。每一个建设项目的建设都需要按业主的特定需要进行单独设计、单独施工，不能批量生产和按整个项目确定价格，只能采用特殊的计价程序和计价方法，即将整个项目进行分解，划分为可以按有关技术经济参数测算价格的基本构造要素（或称分部、分项工程），这样就很容易地计算出基本构造要素的费用。一般来说，分解结构层次越多，基本子项也越细，计算也越精确。

在我国，工程造价计价的主要思路也是将建设项目细分至最基本的构成单位（如分项工程），

用其工程量与相应单价相乘后汇总，即为整个建设工程造价。

工程造价计价的基本原理可用下式表达：

$$建筑安装工程造价 = \sum [\,单位工程基本构造要素工程量（分项工程）\times 相应单价\,] \quad (2\text{-}1)$$

无论是定额计价还是工程量清单计价，式（2-1）都同样有效，只是式中的各要素有不同的含义：

1）单位工程基本构造要素即分项工程项目。定额计价时是按工程定额划分的分项工程项目，工程量清单计价时是指清单项目。

2）工程量是指根据工程项目的划分和工程量计算规则，按照施工图或其他设计文件计算的分项工程实物量。工程实物量是计价的基础，不同的计价依据有不同的计算规则。目前，工程量计算规则包括两大类：

① 国家标准《建设工程工程量清单计价规范》各附录中规定的计算规则。

② 各类工程定额规定的计算规则。

3）工程单价是指完成单位工程基本构造要素的工程量所需要的基本费用。

① 工程定额计价方法下的分项工程单价是指概算、预算定额基价，通常是指工料单价，仅包括人工、材料、机械台班费用，是人工、材料、机械台班定额消耗量与其相应单价的乘积。可用下式表示：

$$定额分项工程单价 = \sum （定额消耗量 \times 相应单价） \quad (2\text{-}2)$$

② 工程量清单计价方法下的分项工程单价是指综合单价，包括人工费、材料费、机械台班费，还包括企业管理费、利润和风险因素。综合单价应该根据企业定额和相应生产要素的市场价格来确定。

2. 两种计价方法的区别

工程量清单计价方法与工程定额计价方法相比有一些重大区别，这些区别也体现出了工程量清单计价方法的特点。

（1）反映我国建筑市场不同发展阶段的不同定价模式

两种模式的最大差别在于体现了我国建筑市场发展过程中的不同阶段的定价模式。

1）我国建筑产品价格市场化经历了"国家定价—国家指导价—国家调控价"三个阶段。工程定额计价是以概预算定额、各种费用定额为基础依据，按照规定的计算程序确定工程造价的特殊计价方法。

2）工程量清单计价模式反映了市场定价阶段的定价模式。在该阶段中，工程价格是在国家有关部门间接调控和监督下，由工程承包发包双方根据工程市场中建筑产品供求关系变化自主确定工程价格。其价格的形成可以不受国家工程造价管理部门的干预，而是根据市场的具体情况来确定，有竞争形成、自发波动和自发调节的特点。

（2）两种模式的主要计价依据及其性质不同

1）工程定额计价模式的主要计价依据为国家、省、有关专业部门制定的各种定额，其性质为指导性，定额的项目划分一般按施工工序分项，每个分项工程项目所含的工程内容一般是单一的。

2）工程量清单计价模式的主要计价依据为《建设工程工程量清单计价规范》，其性质是含有强制性条文的国家标准，清单的项目划分一般是按"综合实体"进行的，每个分项工程一般包含多项工程内容。

（3）编制工程量的主体不同

在工程定额计价方法中，建设工程的工程量由招标人和投标人分别按图计算。而在工程量清单计价方法中，工程量由招标人统一计算或委托有关工程造价咨询资质单位统一计算，工程量清单是招标文件的重要组成部分，各投标人根据招标人提供的工程量清单，根据自身的技术装备、施工经验、企业成本、企业定额、管理水平自主填写单价与合价。

（4）单价与报价的组成不同

定额计价法的单价包括人工费、材料费、机械台班费，而清单计价方法采用综合单价形式，综合单价包括人工费、材料费、机械使用费、管理费、利润，并考虑风险因素。工程量清单计价的报价除包括定额计价法的报价外，还包括预留金、材料购置费和零星工作项目费等。

（5）适用阶段不同

从目前我国现状来看，工程定额主要用于项目建设前期各阶段对于建设投资的预测和估计，在工程建设交易阶段，工程定额通常只能作为建设产品价格形成的辅助依据，而工程量清单计价依据主要适用于合同价格形成以及后续的合同价格管理阶段。这体现出我国"工程造价"的一词两义，并对工程造价采用了不同的管理方法。

（6）合同价格的调整方式不同

定额计价方法形成的合同价格，其主要调整方式有：变更签证、定额解释、政策性调整。而工程量清单计价方法在一般情况下单价是相对固定的，减少了在合同实施过程中的调整活口。通常情况下，如果清单项目的数量没有增减，能够保证合同价格基本没有调整，既保证了其稳定性，也便于业主进行资金准备和筹划。

（7）工程量清单计价把施工措施性消耗单列并纳入了竞争的范畴

定额计价未区分施工实体性损耗和施工措施性损耗，而工程量清单计价将施工措施与工程实体项目进行分离，这项改革的意义在于突出了施工措施费用的市场竞争性。工程量清单计价规范的工程量计算规则的编制原则一般是以工程实体的净尺寸计算，没有包含工程量合理损耗，这一特点也就是定额计价的工程量计算规则与工程量清单计价规范的工程量计算规则的本质区别。

2.2　公路工程定额体系

定额的分类方式有多种，可以按定额的用途分类，也可以按定额反映的生产要素消耗内容分类，还可以按编制单位和执行定额的范围不同分类，本章重点介绍前面两种。

2.2.1　按定额的用途分类

公路工程的造价是多次计价的，工程建设项目所处的阶段不同，编制工程造价文件依据的定额是不同的，按使用要求可分为：施工定额、预算定额、概算定额、估算指标等。

1. 施工定额

施工定额是在建筑安装工人的正常施工条件下，完成单位合格产品的劳动力、材料、机械消耗的数量标准。它是施工单位组织生产、编制施工阶段施工组织设计、签发任务单、计算计件工资、进行经济核算的依据。定额水平是先进的，但各个企业的施工定额不一定相同。在某种意义上说，企业的施工定额应该是保密的。

2. 预算定额

预算定额是在施工定额的基础上经综合扩大通过一定的计算方法编制出来的。它是按分项工程和结构构件的要求，以一定产品单位来规定劳动力、材料和机械的消耗数量。预算定额采用的产品单位比施工定额大，如时间以工日、以台班计，产品以 $10m$、$1000m^3$、$10m^3$ 等计，主要是为了满足编制施工图预算的要求。它是编制施工图预算的基本依据；是确定和控制基本建设投资额，对结构的设计方案进行技术经济比较，对新结构、新材料进行技术经济分析的依据；是编制施工组织计划，确定劳动力、材料和机械需要量的依据；是工程结算、施工企业进行经济核算和经济活动分析的依据；是编制概算定额和概算扩大定额的基础。预算定额水平是社会平均水平，它比施工定额的定额水平低。

3. 概算定额

概算定额是在预算定额的基础上加以综合扩大而形成的，因而产品常使用更大的单位来表示，如小桥涵以 1 座（道）等表示。概算定额的定额水平也是社会平均水平，但相比而言要比预算定额的定额水平低，它是编制设计概算、修正概算的主要依据；是进行设计方案和施工方案经济比较和选择的重要依据；是主要材料采购，供应计划的计算基础；也是编制估算指标的基础。

4. 估算指标

估算指标是在研究阶段编制投资估算文件的依据，而估算的总费用仅仅只作为社会效益或内部收益率，及投资回收期计算的参考，所以它的作用和重要性是特别的。随着市场经济的发展，工程项目的研究及可行性越来越受到重视，估算指标更加表现出其重要性。

估算指标根据国家发改委统一安排，由交通部公路工程定额站主编，各省、自治区、直辖市交通厅（局）和部属公路设计单位共同参与完成。估算指标是在有关单位总结多年全国公路建设项目的设计资料和竣工文件的基础上，选用合理的工程量，以各种标准施工图，现行的公路工程技术标准、技术规范和《公路工程概算定额》，以及各项费用定额为依据制定的。

（1）综合指标

综合指标是以人工、主要材料和其他材料费、机械使用费消耗量及各项费用指标等全部工程造价为表现形式的指标。综合指标按全国省区、公路等级、地质地貌区划的类型划分项目它是以公路公里为单位编制的实物量指标，是编制建设项目建议书（预可行性研究）投资估算的依据。

（2）分项指标

分项指标是以各项工程的人工、主要材料和其他材料费、机械使用费消耗量及施工管理费用指标为表现形式的指标。其项目的划分与概算定额十分接近。它是编制设计计划任务书前的工程可行性研究投资估算的依据。

2.2.2　按定额反映的生产要素消耗内容分类

公路工程定额是按实物量法编制的定额，所以劳动力、材料、机械三种因素在公路定额中是主要内容。因此将工程定额分为劳动消耗定额、材料消耗定额和机械消耗定额三种。另外介绍公路工程费用定额中的机械台班费用定额。

1. 劳动消耗定额

劳动消耗定额也称工时定额或人工定额，是指在正常的生产技术和生产组织条件下，为完成单位合格产品所规定的劳动量消耗标准。劳动定额的主要表现形式是时间定额，但同时也表现为产量定额。时间定额与产量定额互为倒数。

（1）时间定额

时间定额是指在技术条例正常、生产工具使用合理和劳动组织正常的条件下生产单位合格产品所消耗的劳动时间。每一工日一般均按 8 小时计算，潜水工作按 6 小时、隧道工作按 7 小时计算。时间定额的计算方法如下：

$$单位产品的时间定额 = \frac{1}{每工产量定额} = \frac{班组成员工日数总和}{班组完成产品数量总和} \tag{2-3}$$

例如，《公路工程预算定额》（JTG/T 3832—2018，下同）查得，人工挖土质台阶，定额单位为 1000m³，挖普通土的时间定额是 28.1 日。它的工作内容包括画线挖土，台阶宽不小于 1m，将土抛到填方处等全部操作过程。

（2）产量定额

产量定额是指在技术条件正常、生产工具使用合理和劳动组织正常的条件下，工人在单位时间内完成合格产品的数量。产量定额计算方法如下：

$$产量定额 = \frac{1}{单位产品的时间定额} = \frac{班组完成产品数量总和}{班组成员工日数总和} \qquad (2-4)$$

接上例，完成 1000m³ 普通土的时间定额为 28.1 工日，则每工日产量定额为（1000m³）/（28.1 工日）= 35.59m³/工日。

2. 材料消耗定额

材料消耗定额简称材料定额，是指在节约和合理使用材料的条件下，完成一定合格产品所需消耗材料的数量标准。它包括材料的净用量和必要的工艺性损耗及废料数量。

材料是指工程建设中使用的原材料、产品、半成品、构配件、燃料以及水、电等动力资源的统称。材料作为劳动对象构成工程的实体，需要数量很大，种类繁多。所以材料消耗量的多少，消耗是否合理，不仅关系到资源的有效利用，影响市场供求状况，而且对建设工程的项目投资、建筑产品的成本控制都起着决定性作用。材料消耗定额的计算方法如下：

材料的消耗定额 = 完成单位合格产品的材料净用量 ×（1 + 材料损耗率）

材料消耗定额还有下述两种表现形式，即材料产品定额和材料周转定额。

材料产品定额是指用一定规格的原料，在合理的操作条件下获得的标准产品的数量。

材料周转定额即周转性材料（如模板、支撑等所需之木材等）的周转定额，是指周转性材料在施工中合理周转使用的次数和用量的标准。在现行预算定额中，周转性材料均按正常周转次数摊入定额之中，具体规定详见《公路工程预算定额》总说明及附录。

3. 机械消耗定额

机械消耗定额是指在正常施工条件下，合理地组织生产与合理地利用某种机械完成单位合格产品所必需的施工机械消耗的数量标准，或在单位时间内机械完成的产品数量。机械台班定额也具有两种表现形式：机械时间定额和机械产量定额。

机械时间定额是指在一定的工作内容和质量安全要求的条件下，规定某种机械完成单位产品所需要的作业量（如"台时"或"台班"等）标准。

机械产量定额是指在一定的操作内容以及质量安全要求的前提下，规定每单位作业量（如"台时"或"台班"等）完成的产品的数量标准。

机械产量定额与机械时间定额互成倒数。例如：《公路工程预算定额》第二章"2-2-7 沥青表面处治路面"第 5 栏中规定，产品单位为 1000m²，12 ~ 15t 光轮压路机的时间定额是 0.49 台班。其产量定额可以利用和时间定额的倒数关系求出，即 12 ~ 15t 光轮压路机的产量定额是 2040.8m²/台班。

4. 机械台班费用定额

机械台班费用定额是以机械的一个台班为单位，规定其所消耗的工时、燃料及费用等数量标准并可折算为货币形式表现的定额。施工中的机械使用费、驾驶工人数、燃料数等，均可按照机械台班费用定额并根据工程数量计算。

机械台班费用定额的主要用途是：

1）可以直接用定额中的基价作为机械的台班单价编制预算。

2）计算机械台班消耗人工、燃料等实物量。有关机械所消耗的各种物资的实物量，要根据机械台班费用定额计算确定。

3）分析计算台班单价。

2.3　运用公路工程定额的基本方法

正确地使用定额关系到公路工程建设项目造价的准确性。为了正确使用定额，必须全面了解定额，深刻理解定额，熟练地掌握定额。由于公路工程定额种类多，现在以公路工程项目常用的《公路工程预算定额》和《公路工程概算定额》为主，介绍其运用方法。

2.3.1 定额的编号的引用

1. 定额的基本组成

现行的《公路工程概算定额》和《公路工程预算定额》的组成部分均包括：颁发定额的文件号；目录；总说明；章、节说明；定额表；《公路工程预算定额》还包括附录。

（1）总说明

在使用定额时应特别注意《公路工程概算定额》和《公路工程预算定额》在总说明中的规定。因为总说明规定使用范围、使用条件、定额使用中的一般规定（如特殊符号、文字）等，对正确运用定额具有重要作用。

（2）章、节说明

章、节说明对于正确运用定额具有重要作用。要想准确又熟练地运用定额，必须透彻地理解这些说明，而且争取全面记住。章、节说明对每一章、节的具体使用要求及注意事项做出了说明，特别是工程量计算规则。

（3）定额表

定额表是各类定额的最基本的组成部分，是定额指标数额的具体表示；概算定额和预算定额的表格形式基本形同。其基本组成有：表号及定额表名称、工程内容、计量单位、顺序号、项目、代号、细目及栏号、小注等。现将定额表的构成和主要栏目说明如下：

1）表号及定额表名称。如《公路工程预算定额》"1-1-9 挖掘机挖装土、石方"，见表 2-1。表号是编制概算、预算文件时与其对应定额时的一一对应的关系符号，名称表达了一张定额表的基本属性或分类。

表 2-1 1-1-9 挖掘机挖装土、石方

工程内容：挖掘机就位，开辟工作面，挖土或爆破后石方，装车，移位，清理工作面。

（单位：1000m³ 天然密实方）

顺序号	项 目	单位	代号	挖掘机斗容量/m³					
				0.6 以内			1.0 以内		
				松土	普通土	硬土	松土	普通土	硬土
				1	2	3	4	5	6
1	人 工	工日	1001001001	2.7	3.1	3.4	2.7	3.1	3.4
2	0.6m³ 以内履带式液压单斗挖掘机	台班	8001025	2.7	3.16	3.64	—	—	—
3	1.0m³ 以内履带式单液压斗挖掘机掘机	台班	8001027	—	—	—	1.7	1.98	2.26
4	2.0m³ 以内履带式单液压斗挖掘机	台班	8001030	—	—	—	—	—	—
5	基价	元	9999001	2535	2960	3391	2318	2696	3062

注：土方不需装车时，应乘以 0.87 系数。

2）工程内容。主要说明本定额表所包括的操作内容及对应详细工艺流程。查定额时，将实际发生的操作内容与表中的工程内容进行比较，若不一致时，应进行补充或采取其他措施。

3）定额单位及工程项目计量单位。如 10m、10m³ 构件、1000m、1km、1 公路公里、1 道涵长及每增减 1m 等。

4）顺序号。表征人、料、机及费用的顺序号，起简化说明的作用。

5）项目。项目即本定额表的工程所需人工、材料、机具、费用的名称、规格。

6）代号。代号也称数组变量代号。当采用计算机来编制公路工程概算、预算时，可引用表中代号作为对工、料、机名称的识别符号。

7）工程细目。如《公路工程预算定额》"1-1-9"表中的"松土""普通土"等。工程细目也称"子目""栏目"。

8）栏号。栏号指工程细目编号，如《公路工程预算定额》"1-1-9"表中的"松土"栏号为1，"普通土"栏号为2。栏号也称栏目号。

9）定额值。定额值即定额表中各种资源的消耗量数值。其中括号内的数值，是计量不计价的。如《公路工程预算定额》"4-6-3"表中的"C30 水泥混凝土"所对应的"（10.2m³）"是指现浇 10m³ 墩、台帽，需消耗 C30 水泥混凝土 10.2m³。注意此值在编制概算、预算文件时不可直接列入。

10）基价。基价也称定额基价。它是用《公路工程预算定额》附录的工、料、机单价计算的该工程细目的工程价格。

11）注。使用定额时，必须仔细阅读小注，以免发生错误。定额表下面的"注"，是对该表的特别说明。

（4）附录

《公路工程预算定额》中有四个附录，如"路面材料计算基础数据""基本定额""材料周转及摊销"和"定额基价人工、材料单价质量、单价表"。《公路工程预算定额》的附录是预算定额所特有的，也是编制补充定额的依据，同时还是定额抽换的依据。

2. 定额的编号

1）[页号-表号-栏号]。[页号-表号-栏号] 的编写方法。例如《公路工程预算定额》中 [29-1-1-18-3] 就是指引用 29 页的表 1-1-18-3（即第一章 1-1-18 表）中的第 3 栏，即 10t 以内振动压路机碾压高速、一级公路土方。这种编号方法容易查找，复核检查方便，不易出错。但书写字码较多，在概算、预算表中占格较宽。

2）[章-表-栏]，如《公路工程预算定额》中浆砌片石基础的定额号为 [4-5-2-1]。

3）目前一般情况下采用电算法编制概算、预算文件，在编制预算文件时，采用 8 位数进行编码，即章占 1 位，节占 2 位，表占 2 位，栏占 3 位。如 40405102 表示预算定额第 4 章第 4 节第 5 个表第 102 栏。

定额编号在概算、预算文件中十分重要。一是保证复核、审查人员利用编号快速查找、核对所用定额的准确性；二是对如此繁多的工程细目的工作内容以编号形式建立一一对应的模式，便于计算机处理及修编定额人员的统计工作；三是在概算、预算文件的 21-2 表中，"定额代号"一栏必须填上对应的定额细目代号。无论手工计算，还是计算机处理，都必须保证该栏目的准确性。

2.3.2 定额的运用步骤

运用定额就是平时所说的"查定额"，是根据编制概算、预算的具体条件和目的，查得需要的、正确的定额的过程。要正确地运用定额，首先必须反复学习定额，熟练掌握定额；其次必须收集并熟悉中央及地方交通主管部门有关定额运用方面的文件和规定。在此前提下，运用定额的基本步骤如下：

1）根据运用定额的目的，确定所用定额的种类（是概算定额还是预算定额）。

2）根据概（预）算项目表，依次按目、节确定欲查定额的项目名称，再据此在定额目录中找到其所在页次，并找到所需定额表。

但要注意核查定额的工作内容、作业方式是否与施工组织设计相符。如人工挖土这项作业，在路基工程中有表 1-1-6，桥梁工程中有表 4-1-1，等等。

3）查到定额表后再进行如下步骤：

① 看看定额表"工程内容"与设计要求、施工组织要求有无出入，若无出入，则可在表中找到相应的细目，并进一步确定子目（栏号）。

② 检查定额表的计量单位与工程项目取定的计量单位是否一致、是否符合规定的工程量计算规则。

③ 看看定额的总说明、章说明、节说明及主表下的小注是否与所查子目的定额有关，若有关，则采取相应措施。

④ 根据设计图和施工组织设计检查一下子目中有无需要抽换的定额，是否允许抽换，若应抽换，则进行具体抽换计算。

⑤ 依子目各序号确定各项定额值，可直接引用的就直接抄录，需要计算的则在计算后抄录。

4）重新按上述步骤复核。

5）该项目的细目定额查完后，再查定该项目的另外细目的定额，依次完成后，再查另一项目的定额。

运用熟练之后，上列步骤可不必依次进行。

2.3.3 定额的直接套用

如果设计图的要求、工作内容及确定的工程项目与相应定额的内容完全符合，可直接套用定额。

【例 2-1】 确定人工挖运普通土（手推车运土）运 50m 的预算定额，重载运输中遇 8% 的升坡。

解：（1）由《公路工程预算定额》目录可知该定额在第 10 页，定额表号为 1-1-6。

（2）确定定额号为 [10-1-1-6-2+4] 或 [10106002，辅助定额 10106004]。

（3）该定额小注 4 规定：如遇升降坡时，除按水平运距计算运距外，并按坡度不同需增加运距，重新计算运距为 50m+50×8%×15m=110m，具体规定见《公路工程预算定额》第 10 页。

（4）计算定额值。

人工：$\left(145.5+5.9\times\dfrac{110-20}{10}\right)$ 工日/1000m^3 = 198.6 工日/1000m^3

基价：$\left(15464+627\times\dfrac{110-20}{10}\right)$ 元 = 21107 元

【例 2-2】 某桥的草袋围堰工程，装草袋土的运距为 220m，围堰高 2.2m，确定该工程的预算定额值。

解：（1）由《公路工程预算定额》目录可知该定额在 430 页，定额表号为 4-2-2。

（2）确定定额号为 [430-4-2-2-6] 或 [40202006]。

（3）该定额节说明 2 规定，草土、草、麻袋、竹笼、木笼铁丝围堰定额中已包括 50m 以内人工挖运土方的工日数量，定额中括号内所列"土"的数量不计价，仅限于取土运距超过 50m 时，按人工挖运土方的增运定额，增加运输用工。人工挖运土方增运定额编号为 [10-1-1-6-4]。

（4）计算定额值。

人工定额 = 26 工日 + 增列超距运输用工 = $\left(26+5.9\times\dfrac{220-50}{10}\times\dfrac{68.41}{1000}\right)$ 工日 = (26+6.86) 工日 = 32.86 工日，草袋 1139 个，土（68.41m^3）不计价。

【例 2-3】　青银高速的沥青混凝土路面基层摊铺工程，厚度 36cm，路面宽 26.0m，路段长 10km，查定额知：人工 4.2 工日/1000m²，6 ~ 8t 光轮压路机定额 0.14 台班/1000m²，12 ~ 15t 光轮压路机定额 1.27 台班/1000m²，计算所需人工劳动量及压路机作业量。

解：

$$工程量 = 26.0 \times 10000 m^2 = 260(1000 m^2)$$

根据章说明第一条（定额 163 页）知：各类稳定土基层、级配碎石、级配砾石基层的压实厚度在 15cm 以内，填隙碎石一层的压实厚度在 12cm 以内，垫层、其他种类的基层和底基层压实厚度在 20cm 以内，拖拉机、平地机和压路机的台班消耗按定额数量计。如超过以上压实厚度进行分层拌和、碾压时，拖拉机、平地机和压路机的台班消耗按定额数量加倍计算，每 1000m² 增加人工 1.5 工日。

$$本工程所需人工劳动量 = (4.2 + 1.5) \times 260 工日 = 1482 工日$$
$$6 ~ 8t 光轮压路机的作业量 = 0.14 \times 2 \times 260 台班 = 72.8 台班$$
$$12 ~ 15t 光轮压路机的作业量 = 1.27 \times 2 \times 260 台班 = 660.4 台班$$

【例 2-4】　某水泥、石灰稳定土基层工程，筛拌法，设计配合比为 5.5∶3.5∶91，厚度 23cm，确定水泥、石灰、土的实用预算定额值。

解：水泥、石灰稳定土基层见 [190-2-1-6-1 + 2]，定额表中的配合比与实际设计的配合比不符，根据本节的说明 2：各类稳定土基层定额中的材料消耗系按一定配合比编制的，当设计配合比与定额标明的配合比不同时，有关材料可按下式进行换算：

$$C_i = \left[C_d + B_d (H - H_0) \right] \frac{L_i}{L_d} \tag{2-5}$$

式中　C_i——按设计配合比换算后的材料数量；

$\quad\quad C_d$——定额中基本压实厚度的材料用量；

$\quad\quad B_d$——定额中压实厚度每增减 1cm 的材料数量；

$\quad\quad H_0$——定额的基本压实厚度；

$\quad\quad H$——设计的压实厚度；

$\quad\quad L_d$——定额中标明的材料百分率；

$\quad\quad L_i$——设计配合比的材料百分率。

计算：水泥：$[20.392 + 1.02 \times (23 - 20)] \times (5.5 \div 6) t = 21.498 t$

石灰：$[14.943 + 0.747 \times (23 - 20)] \times (3.5 \div 4) t = 15.036 t$

土：$[268.07 + 13.4 \times (23 - 20)] \times (91 \div 90) m^3 = 311.695 m^3$

2.3.4　定额抽换

1. 定额抽换的条件

只有在以下几种情况下，才允许对定额中某些项目进行抽换，使定额的使用更符合实际情况。

1）就地浇筑钢筋混凝土梁用的支架及拱圈用的拱盔、支架，如确因施工安排达不到规定的周转次数时，可根据具体情况进行换算并按规定计算回收。

2）在使用预算定额时，路面基层材料、混凝土、砂浆的配合比与定额不相符时，以及水泥强度等级与定额中的水泥强度等级不同时，水泥用量可按《公路工程预算定额》附录二的基本定额中的混凝土、砂浆配合比表进行换算。

3）钢筋工程中，当设计用Ⅰ、Ⅱ级钢筋比例和定额比例不同时，可进行换算。

4）如施工中必须使用特殊机械时，可按具体情况进行换算。

2. 定额抽换实例

【例 2-5】　某浆砌片石基础工程，设计采用 M10 砂浆，问编制预算时是否要进行定额抽换？如何进行抽换？

解：（1）由《公路工程预算定额》目录可知定额在 628 页，定额表号为 4-5-2。

（2）定额中需砂浆 M7.5，而设计是 M10，需进行定额抽换。

（3）抽换方法：

1）由［628-4-5-2-1］定额查得：每 $10m^3$ 的实体需 M7.5 砂浆 $3.5m^3$，32.5 级水泥 0.931t；砂 $3.82m^3$（其余不需抽换）。

2）由 1213 页基本定额知：$1m^3$ M10 砂浆需 32.5 级水泥 311kg，砂 $1.07m^3$。

3）采用 M10 砂浆时 32.5 级水泥为 $3.5 \times 0.311t = 0.89t$，中砂为 $3.5 \times 1.07m^3 = 3.745m^3$。

【例 2-6】　某石砌桥墩高 19m，用 M12.5 砂浆砌料石、镶面。试确定该项目的预算定额。

解：根据《公路工程预算定额》砌筑工程节说明 1 可知，因采用 M12.5 砂浆砌筑，应对定额中的 M7.5 砂浆进行抽换。

（1）料石砌筑、镶面定额，定额表号为 4-5-4。

（2）抽换说明：由于镶面料石的砌筑砂浆采用 M12.5 取代原 M7.5，所以应进行抽换。

1）由 4-5-4 表查得 M7.5 砂浆 $2.00m^3/10m^3$；水泥 0.56t、中砂 $2.28m^3$。

2）由"基本定额"的砂浆配比表查得：每配制 $1m^3$ M12.5 砂浆，需 32.5 级水泥 345kg、砂 $1.07m^3$；而每砌筑 $10m^3$ 料石需砌筑砂浆 $2.0m^3$ 和勾缝砂浆 $0.09m^3$，那么根据此比例得出如下抽换计算：

水泥：$(2.0 \times 345 + 0.09 \times 345)kg = 721kg = 0.721t$

中砂：$(1.07 \times 2.0 + 0.09 \times 1.07)m^3 = 2.24m^3$

【例 2-7】　某跨径 16m 的石拱桥，制备 1 孔木拱盔，满堂式，周转 2 次。确定木拱盔实际周转次数的周转性材料预算定额。

解：（1）由《公路工程预算定额》目录可知定额在 836 页，定额表号为 4-9-2。

（2）确定定额号为［836-4-9-2］或［40902］。

（3）该定额总说明第八条规定：就地浇筑钢筋混凝土用的支架及拱圈用的拱盔、支架，如确因施工安排达不到规定的周转次数时，可根据具体的情况换算并按规定计算回收。其具体规定见《公路工程预算定额》总说明第八条。

在《公路工程预算定额》的附录中编制有材料的周转及摊销定额，它的主要用途有：

① 规定各种周转性材料的周转、摊销次数。

② 对达不到规定周转次数的材料定额进行抽换。

③ 具体计算可按下式进行：

$$E' = EK \tag{2-6}$$

式中　E'——实际周转次数的周转性材料定额；

　　　E——定额规定的周转性材料定额；

　　　K——调整系数，$K = n/n'$，其中 n 为定额规定的材料周转次数；n' 为实际的材料周转次数。

（4）计算。

① 材料定额：原木 $0.47m^3$，锯材 $1.63m^3$，铁件 41.8kg，铁钉 1.1kg。

② 1231 页，附录三，查得木拱盔的周转性材料的规定周转次数是：木材 5 次，铁件 5 次，铁钉 4 次。而实际周转次数为 2 次。

③ 则实际定额为：原木 $= 0.47 \mathrm{m}^3 \times (5 \div 2) = 1.175 \mathrm{m}^3$，锯材 $= 1.63 \mathrm{m}^3 \times (5 \div 2) = 4.075 \mathrm{m}^3$，铁件 $= 41.8 \mathrm{kg} \times (5 \div 2) = 104.5 \mathrm{kg}$，铁钉 $= 1.1 \mathrm{kg} \times (4 \div 2) = 2.2 \mathrm{kg}$。计算结果见表 2-2。

表 2-2　计算结果

序号	材料规格名称	单位	定额值 E	n	n'	K	换算值 E'
1	原木	m^3	0.47	5	2	2.5	1.175
2	锯材	m^3	1.63	5	2	2.5	4.075
3	铁件	kg	41.8	5	2	2.5	104.5
4	铁钉	kg	1.1	4	2	2	2.2

2.3.5　定额的补充

随着科学技术的发展，新结构、新工艺、新材料、新设备在公路工程上广泛使用。但是，定额的制定必须有一定的周期，在新定额未颁布以前，为了合理正确地反映工程造价和经济效益，在现行使用的概算、预算定额基础上，又编制有部颁补充定额、地区补充定额和个别工程项目的一次性补充定额等。所以在查用现行定额时，应注意定额表左上方的"工程内容"所包含的项目与实际工程项目是否完全一致，结构形式、施工工艺是否相同。要正确选用补充定额，做到不重不漏。

2.3.6　定额运用的要点

1）正确选择子目，不多不漏。已知工程项目，查找章、节、表号及栏号时要特别注意，栏号可能有两个。如土石方增运的问题，要查 1-1-6-2，4。查定额时，首先要鉴定工程项目是属于哪种工程，以免盲目随意确定而在表中找不到栏目、无法计算或错误引用定额。如"汽车运土"与"汽车运输"（构件）就是如此，前者为路基工程，而后者为材料运输。

2）子目名称简练直观，尤其在修改子目名称时。如人工挖运土方。

3）认真核对工程内容，防止漏列或重列。例如：在混凝土施工中是否有模板制作工作，基础开挖中是否有抽水工作。

4）详细阅读总说明、章节说明及小注。

5）设计图要求和定额子目或序号一致，特别是在抽换、增量计算时更应注意。

6）施工方法要根据施工组织设计及现场条件来确定。如人工拌和、浇捣。

7）看清工程量计量单位，特别在抽换、增量计算时更应注意。

8）多实践、多练习、熟能生巧。

复习题

2-1　定额的定义和特点是什么？

2-2　定额按实物量消耗的分类有哪几种？按使用要求分类有哪几种？

2-3　什么是时间定额和机械定额？

2-4　机械台班费用定额的用途是什么？

2-5　定额抽换的条件是什么？

2-6 概算定额与预算定额的主要区别是什么？

2-7 什么是基本定额？其作用是什么？

2-8 浆砌块石拱圈工程，跨径 50m 以内，砂浆 M10，水泥 42.5 级。问编制预算是否要抽换？怎样抽换？

2-9 水泥石灰砂砾基层，定额取定配合比是 5:5:90，基本压实厚度 15cm，设计配合比为 4:8:88，设计厚度为 18cm。试按设计配合比计算水泥、石灰、砂砾的定额。已知定额：15cm 厚度：水泥 16.065t/1000m^2，石灰 16.223t/1000m^2，砂砾 180.73m^3/1000m^2。每增减 1cm 厚度：水泥增减 1.071t/1000m^2，石灰增减 1.082t/1000m^2，砂砾增减 12.05m^3/1000m^2。

2-10 浆砌片石基础工程 56.71m^3，设计采用与定额相同编号的砂浆。其用量为 M7.5 砂浆 3.5m^3/10m^3 砌体，每 1m^3 M7.5 砂浆需 32.5 级水泥 292kg，中粗砂 1.09m^3。试计算该工程中水泥和中粗砂的用量。

2-11 列出水泥混凝土构件预制场在准备、建造、施工直到安装前的工艺流程中，所牵涉的预算定额的工程内容。

2-12 列出沥青混合料的施工过程中，在集中拌和条件下，从准备、建造、拌和直到摊铺所牵涉的预算定额的工程内容或预算定额栏目。

第 3 章 | 公路工程招标投标

3.1 概述

3.1.1 我国招标投标发展的状况

公路工程建设项目招标投标是国际通行做法。最早的公路工程招标投标应该从 1984 年我国使用世界银行贷款的公路项目说起，要利用国际贷款修建公路，就要按照国际贷款组织的要求和模式管理使用资金，按国际惯例招标。世界银行要求借款国通过"国际竞争性招标"，向世界银行各成员国的承包商提供平等的公开的投标机会，世行、亚行贷款项目工程虽然是国际公开招标，但由于我国劳动力价格低廉等原因，外商很难打入我国的公路市场，因此最后的夺标竞争仍在国内施工队伍之间进行。通过世行、亚行贷款公路项目的成功招标，我国公路建设行业开始大规模在国家和地方投资的所有公路工程项目中推行招标投标制，实际上国内公路工程招标投标是国际招标投标制度结合我国公路行业具体情况的产物。

我国各省的地方项目的招标投标制度从 20 世纪 80 年代末期开始大规模推行，90 年代初基本上形成了适合我国公路行业情况的模式，但是由于政企不分、局部利益、体制问题等多方面因素，国内公路工程项目的招标投标水平参差不齐，公开性、公正性、公平性都较世行、亚行贷款项目差，国际公路工程招标投标一般较国内正规，实际上国内公路项目的投标更不容易把握，因而投标难度也较大。

3.1.2 招标投标的概念

招标投标是指在市场经济条件下进行大宗货物、工程及服务的采购与提供时，招标人提出招标条件，投标人投标竞争获得交易资格的行为。货物是指各种形态和种类的物品，包括原材料、燃料、设备、产品等。工程是指建设工程，包括建筑物和构筑物的新建、改建、扩建、装修、拆除、修缮等。服务是指为他人利益或为某种事业进行的工作，如工程监理、科研服务、保险、金融、出版等。一个完整的招标投标过程包括招标、投标、开标、评标和定标等环节。

3.1.3 实施与规范招标投标制度的意义

实施与规范招标投标制度的意义在于：

1）引进竞争机制，防止地方保护主义。

2）保护建设市场，减少建设市场的行政干预，规范业主行为。

3）控制工程质量，保证工期，降低工程造价。

3.1.4 招标投标的基本性质和基本原则

1. 招标投标的基本性质

1）招标投标是在双方（业主与承包商，业主与监理单位等）同意的基础上进行的买卖行为。

2）招标投标是市场竞争的表现形式，是竞争机制在建设市场产生作用的体现。

3）招标投标方式是建筑产品的价格形成方式，是价格机制（价值规律和供求规律）在建设市场产生作用的体现。

4）招标投标的结果是招标人和中标人订立合同，是要约和承诺的合同。当事人双方的合同关系是一种法律关系，因此，招标投标是一种法律行为。

在招标投标工作中，必须明确政府、业主、承包商、监理四者之间的关系，以确保招标投标工作有序而顺利地进行，四者之间的关系如图 3-1 所示。

在工程承包合同实施过程中，可以用图 3-2 来表示业主、承包商、监理工程师及分包商、贷款方之间的关系。

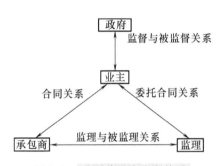

图 3-1 工程建设中四方关系

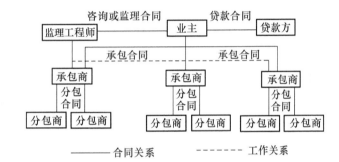

图 3-2 工程建设项目实施阶段各方关系图

2. 招标投标的基本原则

1）公开原则。

2）公平原则。

3）公正原则。

4）诚实信用原则。

3.1.5 招标投标的法律与法规

改革开放以来，我国的公路建设取得了空前的高速发展，今后的公路建设任务十分巨大。为了控制工程质量，保证工期和降低工程造价，我国比较早地推行了业主负责制、工程监理制和承包合同制，但在实施中仍存在各种问题，给建设工程造成重大损失。因此，招标投标必然要受到法律的规范和约束，要服从法律的规范和要求。主要的法律法规有以下几种：

1)《中华人民共和国合同法》《中华人民共和国招标投标法》及其他有关的合同法规，它们是招标文件内容规范化的依据。

2)《中华人民共和国反不正当竞争法》及其他有关法律，它们是招标投标规范化的法律依据。

3)《公路建设市场管理办法》。

4)《公路工程施工招标投标管理办法》，它是规范公路施工招标投标工作的主要法规。

5)《公路工程施工监理招标投标管理办法》，它是规范公路建设市场监理招标投标工作的主要法规。

6)《世界银行贷款项目：公路工程国际招标文件范本》，它是与国际接轨，吸引和正确合理使用外资的依据。

3.2　公路工程招标

3.2.1　招标的概念

招标是指招标人为有偿获得货物、工程和服务等活动的交易资格，提出招标条件，公开或书面邀请投标人前来投标，从中择优选定中标人的行为。

3.2.2　招标范围

1. 必须进行招标的项目

根据《公路工程标准施工招标文件》以及配套规定，在我国境内进行的下列工程项目必须进行招标：

（1）根据工程性质划分

1）大型基础设施、公用事业等关系社会公共利益、公众安全的项目。

2）全部或部分使用国有资金或国家融资的项目。

3）使用国际组织或者外国政府贷款、援助资金的项目。

（2）根据工作内容划分

1）施工单项合同估算价在200万元人民币以上的。

2）重要设备、材料等货物的采购，单项合同估算价在100万元人民币以上的。

3）勘察、设计、监理等服务的采购，单项合同估算价在50万元人民币以上的。

4）单项合同估算价低于上述规定的标准，但项目总投资在3000万元人民币以上的。

由于我国幅员辽阔、地区经济发展不均衡，各省、直辖市、自治区可以在上述规定的指导下，对当地工程招标的范围做出更具体的规定。

2. 可以不进行招标的项目范围

根据《公路工程标准施工招标文件》以及配套规定，属于下列情形之一的，经县级以上地方人民政府建设行政主管部门批准，可以不进行施工招标：

1）涉及国家安全、国家秘密、抢险救灾或者属于利用扶贫资金实行以工代赈、需要使用农民工等特殊情况。

2）需要采用不可替代的专利或者专有技术。

3）采购人自身具有工程施工或者提供服务的资格和能力，且符合法定要求。

4）已通过招标方式选定的特许经营项目投资人依法能够自行施工或者提供服务。

5）需要向原中标人采购工程或者服务，否则将影响施工或者功能配套要求。

6）国家规定的其他特殊情形。

3.2.3　招标条件

1. 招标单位应具备的条件

1）必须是法人或依法成立的其他组织。

2）必须履行报批手续并取得批准。

3）项目资金或资金来源已经落实。

4）有与招标工程相适应的经济、技术管理人员。

5）有组织编制招标文件的能力。

6）有审查投标单位资质的能力。

7）有组织开标、评标、定标的能力。

如果招标单位不具备上述 4）～7）项条件，需委托具有相应资质的咨询、监理等中介服务机构代理招标。

2．招标项目应具备的条件

1）初步设计和概算文件已被批准。

2）工程已正式列入国家或地方公路建设计划，业主已办理工程项目报建手续。

3）建设资金已经落实。

4）征地拆迁工作已基本完成或落实，能保证分年度连续施工。

5）招标文件编制完毕。

3.2.4　招标形式

1．招标形式按照招标目的不同的分类

（1）勘察设计招标

1）勘察设计单位的选定。业主提出勘察设计的基本原则和要求，主要包括：公路等级、路线走向、桥址位置、特别控制点、计划工期等，再由勘察设计单位提出方案，最后由业主选择设计方案优秀、设计报价适中的单位作为勘察设计单位。

2）业主应认真评价勘察设计方案，主要评价的内容包括方案的可行性和可靠性、技术实施的难易性、工期的保证性和经济性及环保的优越性等。

3）业主对投标的设计单位的业绩、技术经历、技术等级、社会信誉等应作充分了解，而勘察设计费和报价适中即可。

（2）施工监理招标

1）监理单位的选定。业主制定一份招标文件，投标单位按照此文件的要求提出监理大纲及监理费报价并送达业主，然后业主选择一家监理方案优秀、监理实施能力可靠的单位来承担监理工作。监理大纲的优劣是确定监理单位的主要因素，而监理费用的高低是次要的。

2）业主对拟承担本项目监理工作的单位进行评价，主要评价的内容包括监理单位的业绩、水平、信誉、人员组成等内容。因为监理人员的质量决定了监理工作的质量，而监理工作的质量对工程投资、质量及进度的控制尤为重要，所以对承担实际监理工作人员的素质、经验、资质等方面要更加注意。

（3）材料设备招标

公路工程建设中的材料和设备数量大、种类多、费用所占比例大，材料设备招标主要是对一些特种材料和机械设备（依赖进口）进行招标，其要点如下：

1）由业主提出所需材料、设备的品种和规格及数量要求，发出招标书。

2）供应商或制造商根据招标书的要求，提供自己的材料设备性能，可供日期等，并提出相应的报价。

3）业主按照价廉物美及在供应时间上能满足施工进度需要的原则，在各投标单位中，选择材料和设备的供应单位。

4）业主应通过收集信息等方法对投标单位的经济实力、生产规模、社会信誉、售后服务等情况进行调查了解，并与其所报情况进行核对、落实。

（4）施工招标

通过招标的方式来选择施工单位是关系工程目标能否实现的关键一环，因为施工单位是在不突破工程投资的前提下，确保工程质量和工期的直接实施者和责任者。施工招标的要点如下：

1）做好招标准备工作。

2）做好投标组织工作。

3）做好评标定标工作。

4）设计施工总招标（由设计单位和施工单位组成设计施工联合体进行投标）。

2. 招标形式按照是否限制投标单位数量的分类

（1）公开招标

公开招标是指招标人以招标公告的方式邀请不特定的法人或者其他组织投标，不限制投标单位的数量，凡符合条件的单位均可参加投标的招标方式，这种招标方式使招标单位优选投标单位的范围增大，有助于开展全面竞争，打破垄断和地区保护，有利于促使投标单位提高管理水平，提高工程质量、缩短工期、降低造价。但增加了招标投标的工程量及费用，同时，由于招标单位多，使投标的社会成本增大，从而增大了建设单位的建设成本。

（2）邀请招标

邀请招标是指招标人以投标邀请函的方式邀请特定的法人或者其他组织投标。限制投标单位的数量，一般选择5~8家符合规定条件的单位投标（同一合同段不得少于3家），向其发出邀请参加投标，称为邀请招标，也称有限竞争招标。这种招标方式会对被邀请投标单位的业绩、社会信誉等方面进行评价，选择处于同一水平均能胜任工程要求的施工单位为投标单位，这样，招标单位在评标中主要看报价是否有竞争力。这种招标形式具有降低招标投标费用、减少评标难度的优点。同时，这种招标方式对社会上的投标单位有很大的促进作用，此方式在国际招标中广为采用。符合下列条件之一的，经批准可以进行邀请招标：

1）受自然地域环境限制的。

2）项目技术复杂或有特殊要求，只有少量几家潜在投标单位可供选择的。

3）涉及国家安全、国家秘密或者抢险救灾，适宜招标但不宜公开招标的。

4）拟公开招标的费用与项目的价值相比，不值得招标的。

5）法律、法规规定不宜公开招标的。

在招标中还有一种排他性邀请招标。被邀请的投标单位不是经过公开资格预审后选择的，而是出于排斥某些单位、地区保护、工程保密等考虑由招标单位确定的。这种方式限制了竞争，违反了机会均等原则，不宜采用。

3.2.5　招标的组织机构及其职能

公路工程施工招标的管理工作，按工程项目的隶属关系分别由交通运输部和地方交通主管部门负责。地方交通主管部门设立相应机构，负责招标工作的领导。根据以往公路工程施工招标的经验，国内招标机构基本采用"决策机构"和"日常工作机构"相结合的办法。

1. 决策机构及其职责

（1）审定或编制招标工作计划

工作计划应明确各标段各项招标工作的内容、要求和时间安排。

（2）确定招标方式

采用哪种招标方式，由领导小组在招标单位推荐后予以确定。

（3）选定承包方式

招标和投标的工作，最重要的是与中标者按确定的承包方式签订承包合同。按计价方式的不同，施工承包合同有以下多种类型：

1）总价合同。

2）单价合同。

3）成本补偿合同。

（4）划分标段，确定各标段的承发包范围

标段划分中应注意的主要要点是：

1）认真分析工程的技术特点、要求。

2）承包队伍的能力。

3）工程是否有条件分包。

4）标段划分不宜过小，以免使施工成本增加、施工干扰增多、业主和监理的协调管理工作量增加。

5）注意设计方案的整体关系性，例如，标段划分不合理，破坏了原设计中的土石方调配方案，会因此增大施工的组织协调难度和提高工程造价。

6）注意标段的工程内容的有序衔接。

（5）审定标底

对咨询单位或定额站编制的标底的准确性和编制方法的科学性进行审查，然后确定标底。

（6）确定投标单位和中标单位

在资格预审中确定投标单位，在评标定标中确定中标单位。

（7）确定招标文件的合同参数

这些合同参数主要包括：工期、预付款比例、缺陷责任期、保留金比例、迟付款利息的利率、拖期损失赔偿金或按时竣工奖金的额度、开工时间等。

2. 日常工作机构及其职责

日常工作可由业主组织项目管理班子或委托给专业监理单位或咨询单位来承担，监理单位应在施工招标前选定或通过招标方式确定。

日常工作机构的主要职责是：

1）准备招标文件和资格预审文件。

2）组织投标单位资格预审。

3）发布招标广告或投标邀请函。

4）发售招标文件。

5）组织现场勘察。

6）组织标前会议。

7）组织开标评标。

3.2.6 招标的基本程序

招标的基本程序如图3-3所示。

针对上述招标程序就其中主要内容说明如下：

1. 编制招标文件

招标人应当根据招标项目的特点和需要编制招标文件，招标文件应当包括招标项目的技术要求、对投标人资格审查的标准、投标报价要求和评标标准等所有实质性要求和条件以及拟签订合同的主要条款。国家对招标项目的技术、标准有规定的，招标人应当按照其规定在招标文件中提出相应要求。招标文件规定的各项技术标准应符合国家强制性标准。

2. 组织编制标底

招标人可根据项目特点决定是否编制标底。招标项目可以不设标底，进行无标底招标；设有标底的招标项目，标底应由招标人负责编制，可采用单价合同或总价合同两种形式。标底高或低会造成不良后果。明标标底应明确公布，暗标标底应严格保密。

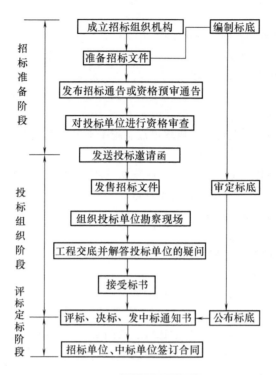

图 3-3　招标程序框图

招标项目编制标底的，应根据批准的初步设计、投资概算，依据有关计价办法，结合市场供求状况，综合考虑投资、工期和质量等方面的因素确定标底。标底由招标人自行编制或委托中介机构编制。一个工程只能编制一个标底。任何单位和个人不得强制招标人编制或报审标底，或干预其确定标底。招标标底编制的依据为：

1）国务院和省、自治区、直辖市人民政府建设行政主管部门制定的工程造价计价办法及其他有关规定。

2）市场价格信息。

3. 发布招标广告或投标邀请函

如果是公开招标，招标人通过报刊、广播电视等新闻媒介公开发布招标广告。如果是邀请招标，招标人选择3家以上（含3家）施工单位发出投标邀请函。招标公告或者投标邀请函应至少载明下列内容：

1）招标人的名称和地址。

2）招标项目的内容、规模、资金来源。

3）招标项目的实施地点和工期。

4）获取招标文件或者资格预审文件的地点和时间。

5）对招标文件或者资格预审文件收取的费用。

6）对投标人的资质等级的要求。

4. 对投标人进行资格审查

招标人可以根据招标项目本身的特点和需要，要求潜在投标人或者投标人提供满足其资格要求的文件，对潜在投标人或者投标人进行资格审查，详细内容见表3-1。资格审查的目的在于限制不符合条件的单位盲目投标。资格审查实行资格预审，投标人向招标人递交资格预审申请书，审查合格者才准许购买招标文件。邀请招标有时也使用资格后审，即在评标时进行。资格审查应主要审查潜在投标人或者投标人是否符合下列条件：

1）具有独立订立合同的权利。

2）具有履行合同的能力，包括专业、技术资格和能力，资金、设备和其他物质设施状况，管理能力、经验、信誉和相应的从业人员。

3）没有处于被责令停业，投标资格被取消，财产被接管、冻结，破产状态。

4）在最近 3 年内没有骗取中标和严重违约及重大工程质量问题。

5）法律、行政法规规定的其他资格条件。

表 3-1　资格预审申请表

内　容		评审意见（合格、不合格及说明）
公路工程业绩		
主要人员资历		
财务状况		
投入人员的数量、资历及结构情况		
投入施工机械设备的数量、品种与配套情况		
社会信誉		
其他	资质等级	
	营业执照	
	⋮	
评定结论		
招标单位评审组负责人：（签字） 日期：　年 月 日		

5. 勘察工程现场

招标人不得组织单个或部分投标人勘察项目现场，勘察现场应满足下列要求：

1）招标公告或投标邀请函规定组织勘察现场的，招标人按规定的时间、地点组织投标人勘察项目现场。

2）投标人勘察现场发生的费用自理。

3）除招标人的原因外，投标人自行负责在勘察现场中所发生的人员伤亡和财产损失。

4）招标人在勘察现场中介绍工程场地和相关的周边环境情况，供投标人在编制投标文件时参考，招标人不对投标人据此做出的判断和决策负责。

5）招标人提供的本合同工程的水文、地质、气象和料场分布，取土场、弃土场位置等参考资料，并不构成合同文件的组成部分，投标人应对自己就上述资料的解释、推论和应用负责，招标人不对投标人据此做出的判断和决策承担任何责任。

6. 解答投标人的疑问

对于潜在投标人在阅读招标文件和勘察现场中提出的疑问，招标人可以以书面形式或召开投标预备会的方式解答投标人以书面形式提出的问题，并在会后以书面形式正式通知所有购买招标文件的潜在投标人，该解答的内容是招标文件的组成部分。

7. 接受投标人的标书和投标保函

在招标人编制标底的同时，通过资格预审的投标人也在编制标书。投标人编制完标书后，按规定时间、地点把投标书投递或递交给招标人，投递和递交投标书时，必须同时提交保证金或保函，否则招标人拒收标书。对于哄抬标价、串通作弊，对招标人行贿的投标人，取消其投标资格，并没收其保证金。招标人收到投标书后，应验密封，发给收条，妥善保管，不得拆看、涂改和丢失。

投标书送交招标人后，在投标截止日期前，投标人如调整已报的报价，应以正式文件提出，并附说明。上述条件应使用与投标书相同的密封方式投递，与投标书具有同等法律效力。因此对上述函件，招标人也必须同标书一样进行收管。投标人的任何函件，包括投标书，在投标截止时间后送达的，招标人不予接受，原封退回。

8. 开标

招标人在规定时间、地点，有招标、投标单位，建设银行和建设主管部门，以及项目监理工程师及其代表，公证机关参加，当众启封标函，宣布各投标人的标价等主要内容，这个过程就是开标。

（1）开标时间和地点

1）若采用双信封形式，招标人在招标公告或投标邀请函规定的投标截止时间（开标时间）和投标人须知前附表规定的地点对收到的投标文件第一个信封（商务及技术文件）公开开标，并邀请所有投标人的法定代表人或其委托代理人准时参加。

招标人在投标人须知前附表规定的时间和地点对投标文件第二个信封（报价文件）公开开标，并邀请所有投标人的法定代表人或其委托代理人准时参加。

投标人若未派法定代表人或委托代理人出席开标活动，视为该投标人默认开标结果。

2）若采用单信封形式，招标人在招标公告或投标邀请函规定的投标截止时间（开标时间）和投标人须知前附表规定的地点公开开标，并邀请所有投标人的法定代表人或其委托代理人准时参加。投标人若未派法定代表人或委托代理人出席开标活动，视为该投标人默认开标结果。

（2）开标程序

1）若采用双信封形式，一般分两步进行。

① 主持人按下列程序对投标文件第一个信封（商务及技术文件）进行开标：

a. 宣布开标纪律。

b. 公布在投标截止时间前递交投标文件的投标人数量。

c. 宣布开标人、唱标人、记录人等有关人员姓名。

d. 按照投标人须知前附表规定由投标人推选的代表检查投标文件的密封情况。

e. 按照投标人须知前附表规定的开标顺序当众开标，公布标段名称、投标人名称、投标保证金的递交情况、工期及其他内容，并记录在案。

f. 投标人代表、招标人代表、记录人等有关人员在开标记录上签字确认。

g. 开标结束。

在投标文件第一个信封（商务及技术文件）开标现场，投标文件第二个信封（报价文件）不予开封，由招标人密封保存。

② 招标人将按照投标人须知前附表规定的时间和地点对投标文件第二个信封（报价文件）进行开标。主持人按下列程序进行开标：

a. 宣布开标纪律。

b. 当众拆开投标文件第一个信封（商务及技术文件）评审结果的密封袋，宣布通过投标文件第一个信封（商务及技术文件）评审的投标人名单。

c. 宣布开标人、唱标人、记录人等有关人员姓名。

d. 按照投标人须知前附表规定由投标人推选的代表检查投标文件的密封情况。

e. 按照投标人须知前附表规定的开标顺序当众开标，开标人只拆封通过投标文件第一个信封

（商务及技术文件）评审的投标文件第二个信封（报价文件），公布标段名称、投标人名称、投标报价及其他内容，并记录在案。

f. 计算并宣布评标基准价。

g. 将未通过投标文件第一个信封（商务及技术文件）评审的投标文件第二个信封（报价文件）退还给投标人。

h. 投标人代表、招标人代表、记录人等有关人员在开标记录上签字确认。

i. 开标结束。

若采用合理低价法或综合评分法，在投标文件第二个信封（报价文件）开标现场，招标人将按"评标办法"规定的原则计算并宣布评标基准价。若招标人发现投标文件出现以下任一情况，其投标报价将不再参加评标基准价的计算：

a. 未在投标函上填写投标总价。

b. 投标报价或调价函中的报价超出招标人公布的最高投标限价（如有）。

c. 投标报价或调价函中报价的大写金额无法确定具体数值。

d. 投标函上填写的标段号与投标文件封套上标记的标段号不一致。

如果投标人认为某一标段的评标基准价计算有误，有权在开标现场提出，经招标人当场核实确认之后，可重新宣布评标基准价。开标现场宣布的评标基准价除计算有误经评标委员会修正外，在整个评标期间保持不变，不随任何因素发生变化。

在投标文件第一个信封（商务及技术文件）或第二个信封（报价文件）开标过程中，若招标人宣读的内容与投标文件不符，投标人有权在开标现场提出疑问，经招标人当场核查确认之后，可重新宣读投标文件。若投标人现场未提出疑问，则认为投标人已确认招标人宣读的内容。

2）若采用单信封形式，主持人按下列程序进行开标：

① 宣布开标纪律。

② 公布在投标截止时间前递交投标文件的投标人数量。

③ 宣布开标人、唱标人、记录人等有关人员姓名。

④ 按照投标人须知前附表规定由投标人推选的代表检查投标文件的密封情况。

⑤ 按照投标人须知前附表规定的开标顺序当众开标，公布标段名称、投标人名称、投标保证金的递交情况、投标报价、工期及其他内容，并记录在案。

⑥ 计算并宣布评标基准价。

⑦ 投标人代表、招标人代表、记录人等有关人员在开标记录上签字确认。

⑧ 开标结束。

若采用合理低价法或综合评分法，在开标现场，招标人将按"评标办法"规定的原则计算并宣布评标基准价。若招标人发现投标文件出现以下任一情况，其投标报价将不再参加评标基准价的计算：

① 未在投标函上填写投标总价。

② 投标报价或调价函中的报价超出招标人公布的最高投标限价（如有）。

③ 投标报价或调价函中报价的大写金额无法确定具体数值。

④ 投标函上填写的标段号与投标文件封套上标记的标段号不一致。

如果投标人认为某一标段的评标基准价计算有误，有权在开标现场提出，经招标人当场核实确认之后，可重新宣布评标基准价。开标现场宣布的评标基准价除计算有误经评标委员会修正外，在整个评标期间保持不变，不随任何因素发生变化。

若招标人宣读的内容与投标文件不符，投标人有权在开标现场提出疑问，经招标人当场核查确认之后，可重新宣读投标文件。若投标人现场未提出疑问，则认为投标人已确认招标人宣读的内容。

3）开标异议。投标人对开标有异议的，应在开标现场提出，招标人当场做出答复，并制作记录，有异议的投标人代表、招标人代表、记录人等有关人员在记录上签字确认。

9. 评标、定标

（1）评标委员会

评标由招标人依法组建的评标委员会负责。评标委员会由招标人或其委托的招标代理机构熟悉相关业务的代表，以及有关技术、经济等方面的专家组成。评标委员会成员人数以及技术、经济等方面专家的确定方式见《公路工程标准施工招标文件》投标人须知前附表。

评标委员会成员有下列情形之一的，应主动提出回避：

① 负责招标项目监督管理的交通运输主管部门的工作人员。

② 与投标人法定代表人或其委托代理人有近亲属关系的人员。

③ 投标人单位的工作人员或退休人员。

④ 与投标人有其他利害关系，可能影响评标活动公正性的人员。

⑤ 在与招标投标有关的活动中有过违法违规行为、曾受过行政处罚或刑事处罚。

评标过程中，评标委员会成员有回避事由、擅离职守或因健康等原因不能继续评标的，招标人有权更换。被更换的评标委员会成员做出的评审结论无效，由更换后的评标委员会成员重新进行评审。

（2）评标工作步骤

1）成立评标委员会或评标小组。评标工作由招标单位主持，成立评标委员会或评标小组，其成员不得索贿，不得泄漏评议及其他工作情况。

2）评价标书。按报价总额的大小，由低标到高标排队。对报价低于标底 20% 的投标书，如无充分理由评标时不予考虑。对每一份投标文件进行列表分析对比，写出评语。

3）澄清问题。评标委员会可请投标人就投标书的有关问题提供补充说明和有关资料，投标人应做出书面答复。补充说明和有关资料作为投标书的组成部分。

4）采用具体方法评标、定标。评标活动遵循公平、公正、科学和择优的原则。评标委员会按照《公路工程标准施工招标文件》中"评标办法"规定的方法、评审因素、标准和程序对投标文件进行评审。"评标办法"没有规定的方法、评审因素和标准，不作为评标依据。

5）编写评标报告。评标完成后，评标委员会应向招标人提交书面评标报告和中标候选人名单。评标报告既要全面反映评标情况，又要简单明了。评标报告包括评标委员会或评标小组人员，投标单位基本报价，投标的基本情况及评语等内容，提出中标的单位及理由并形成文字资料。评标委员会推荐中标候选人的人数见投标人须知前附表。

（3）发中标通知书及拟定承包合同

在投标有效期内，招标人以投标人须知前附表规定的形式向中标人发出中标通知书，同时将中标结果通知未中标的投标人。中标通知书的主要内容有：标价总金额；签约的时间、地点；递交履约保函的要求等。

10. 签订施工承包合同

招标人和中标人应在中标通知书发出之日起 30 日内，根据招标文件和中标人的投标文件订立书面合同。签订合同的唯一依据是招标文件、投标书及有效的补充文件和信函。在签订合同前，中标人应按投标人须知前附表规定的形式、金额和招标文件"合同条款及格式"规定的或事先经过招标人书面认可的履约保证金格式向招标人提交履约保证金。除投标人须知前附表另有规定外，履约保证金为签约合同价的 10%。采用银行保函时，应由符合投标人须知前附表规定级别的银行开具，所需的费用由中标人承担，中标人应保证银行保函有效。合同签订之后，招标工作即告结束，签约双方都必须严格执行合同。

3.2.7　招标文件的组成

在招标前，必须把拟建公路工程的技术经济条件编写成文件，供投标单位阅读和了解，这些资料统称为招标文件。国际上招标文件已基本规范化。我国已组织编成《公路工程国际招标范本》和《公路工程标准施工招标文件》，供建设单位招标时参考。

招标文件包括：

1）招标公告（或投标邀请函）。

2）投标人须知。

3）评标办法。

4）合同条款及格式。

5）工程量清单。

6）设计图。

7）技术规范。

8）工程量清单计量规则。

9）投标文件格式。

10）投标人须知前附表规定的其他材料。

对招标文件所做的澄清、修改，构成招标文件的组成部分。当招标文件、招标文件的澄清或修改等在同一内容的表述上不一致时，以最后发出的书面文件为准。

3.2.8　招标文件的澄清

1）投标人应仔细阅读和检查招标文件的全部内容。如发现缺页或附件不全，应及时向招标人提出，以便补齐。如有疑问，应按投标人须知前附表规定的时间和形式将提出的问题送达招标人，要求招标人对招标文件予以澄清。

2）招标文件的澄清以投标人须知前附表规定的形式发给所有购买招标文件的投标人，但不指明澄清问题的来源。

澄清发出的时间距规定的投标截止时间不足 15 日，且澄清内容可能影响投标文件编制的，将相应延长投标截止时间。

3）投标人在收到澄清后，应按投标人须知前附表规定的时间和形式通知招标人，确认已收到该澄清。

4）除非招标人认为确有必要答复，否则，招标人有权拒绝回复投标人在规定的时间后提出的任何澄清要求。

3.2.9　招标文件的修改

1）招标人以投标人须知前附表规定的形式修改招标文件，并通知所有已购买招标文件的投标人。

修改招标文件的时间距规定的投标截止时间不足 15 日，且修改内容可能影响投标文件编制的，将相应延长投标截止时间。

2）投标人收到修改内容后，应按投标人须知前附表规定的时间和形式通知招标人，确认已收到该修改。

3.3　公路工程投标

3.3.1　投标的概念

投标是指符合招标文件规定资格的投标人根据招标人的招标条件，向招标人提交其依照招标文件的要求所编制的投标文件，即向招标人提出自己的报价，以期承包到该招标项目的行为。

3.3.2　投标人资格要求

1) 投标人应具备承担本标段施工的资质条件、能力和信誉。投标人是响应招标、参加投标竞争的法人或其他组织。招标人的任何不具独立法人资格的附属机构（单位），或者为招标项目的前期或者监理工作提供设计、咨询服务的任何法人及其任何附属机构（单位），都无资格参加该招标项目的投标。

2)《公路工程标准施工招标文件》（即本书提到的"本招标文件"）投标人须知前附表规定接受联合体投标的，联合体除应符合投标人应具备承担本标段施工的资质条件、能力、信誉和投标人须知前附表的要求外，还应遵守以下规定：

① 联合体各方应按招标文件提供的格式签订联合体协议书，明确联合体牵头人和各方权利义务，并承诺就中标项目向招标人承担连带责任。

② 由同一专业的单位组成的联合体，按照资质等级较低的单位确定资质等级。

③ 联合体各方不得再以自己名义单独或参加其他联合体在同一标段中投标。

④ 联合体各方应分别按本招标文件的要求，填写投标文件中的相应表格，并由联合体牵头人负责对联合体各成员的资料进行统一汇总后一并提交给招标人；联合体牵头人所提交的投标文件应认为已代表了联合体各成员的真实情况。

⑤ 尽管委任了联合体牵头人，但联合体各成员在投标、签约与履行合同过程中，仍负有连带的和各自的法律责任。

3.3.3　投标文件

投标人应当按照招标文件的要求编制投标文件。投标文件应当对招标文件提出的实质性要求和条件做出反应。

1. 双信封形式

1) 第一个信封（商务及技术文件）应包括下列内容：

① 投标函及投标函附录。

② 授权委托书或法定代表人身份证明。

③ 联合体协议书。

④ 投标保证金。

⑤ 施工组织设计。

⑥ 项目管理机构。

⑦ 拟分包项目情况表。

⑧ 资格审查资料。

⑨ 投标人须知前附表规定的其他材料。

2) 第二个信封（报价文件）应包括下列内容：

① 调价函及调价后的工程量清单（如有）。

② 投标函。

③ 已标价工程量清单。

④ 合同用款估算表。

投标人在评标过程中做出的符合法律法规和招标文件规定的澄清确认，构成投标文件的组成部分。

2. 单信封形式

若采用单信封形式，投标文件应包括下列内容：

1）投标函及投标函附录。

2）授权委托书或法定代表人身份证明。

3）联合体协议书。

4）投标保证金。

5）已标价工程量清单。

6）施工组织设计。

7）项目管理机构。

8）拟分包项目情况表。

9）资格审查资料。

10）调价函及调价后的工程量清单（如有）。

11）投标人须知前附表规定的其他材料。

投标人在评标过程中做出的符合法律法规和招标文件规定的澄清确认，构成投标文件的组成部分。

投标人须知前附表规定不接受联合体投标的，或投标人没有组成联合体的，投标文件不包括联合体协议书。

投标人须知前附表未要求提交投标保证金的，投标文件不包括投标保证金。

3.3.4　投标有效期

1）除投标人须知前附表另有规定外，投标有效期为 90 日。

2）在投标有效期内，投标人撤销投标文件的，应承担招标文件和法律规定的责任。

3）出现特殊情况需要延长投标有效期的，招标人以书面形式通知所有投标人延长投标有效期。

投标人应予以书面答复，同意延长的，应相应延长其投标保证金的有效期，但不得要求修改其投标文件；投标人拒绝延长的，其投标失效，但投标人有权收回其投标保证金及以现金或支票形式递交的投标保证金的银行同期活期存款利息。

3.3.5　投标保证金

1）投标人在递交投标文件的同时，应按投标人须知前附表规定的金额和"投标文件格式"规定的投标保证金格式递交投标保证金，并作为其投标文件的组成部分。联合体投标的，其投标保证金由牵头人递交，并应符合投标人须知前附表的规定。

投标保证金应采用现金、支票、银行保函或招标人在投标人须知前附表规定的其他形式。

① 若采用现金或支票，投标人应在递交投标文件截止时间之前，将投标保证金由投标人的基本账户转入招标人指定账户，否则视为投标保证金无效。招标人指定的开户银行及账号见投标人须知前附表。

② 若采用银行保函，则应由符合投标人须知前附表规定级别的银行开具，并采用招标文件提供的格式。银行保函复印件装订在投标文件内，原件应在递交投标文件截止时间之前单独密封递交给招标人。

无论采取何种形式的投标保证金，投标保证金有效期均应与投标有效期一致。招标人如果按规定延长了投标有效期，则投标保证金的有效期也相应延长。

2）投标人不按要求提交投标保证金的，评标委员会将否决其投标。

3）招标人最迟将在中标通知书发出后 5 日内向中标候选人以外的其他投标人退还投标保证金，与中标人签订合同后 5 日内向中标人和其他中标候选人退还投标保证金。投标保证金以现金或支票形式递交的，招标人应同时退还投标保证金的银行同期活期存款利息，且退还至投标人的基本账户。

利息计算原则见投标人须知前附表。

4）有下列情形之一的，投标保证金将不予退还：

① 投标人在规定的投标有效期内撤销投标文件。

② 中标人在收到中标通知书后，无正当理由不与招标人签订合同，在签订合同时向招标人提出附加条件，或不按照招标文件要求提交履约保证金。

③ 发生投标人须知前附表规定的其他可以不予退还投标保证金的情形。

3.3.6　投标文件的密封和标识

1. 采用双信封形式

若采用双信封形式，投标文件第一个信封（商务及技术文件）以及第二个信封（报价文件）应单独密封包装。商务及技术文件的正本与副本应统一密封在一个封套中。报价文件的正本与副本、投标文件电子版文件（如需要）以及填写完毕的工程量固化清单电子文件（如采用工程量固化清单形式）应统一密封在另一个封套中。封套应加贴封条，并在封套的封口处加盖投标人单位章或由投标人的法定代表人或其委托代理人签字。

采用银行保函形式提交投标保证金的，银行保函原件应密封在单独的封套中。

投标文件第一个信封（商务及技术文件）、第二个信封（报价文件）以及银行保函封套上应写明的内容见投标人须知前附表。

2. 采用单信封形式

若采用单信封形式，投标文件的正本与副本、投标文件电子版文件（如需要）以及填写完毕的工程量固化清单电子文件（如采用工程量固化清单形式）应统一密封在一个封套中。封套应加贴封条，并在封套的封口处加盖投标人单位章或由投标人的法定代表人或其委托代理人签字。

采用银行保函形式提交投标保证金的，银行保函原件应密封在单独的封套中。

投标文件以及银行保函封套上应写明的内容见投标人须知前附表。

未按要求密封的投标文件，招标人将予以拒收。

3.3.7　投标文件的递交

1）投标人应在招标公告或投标邀请函规定的投标截止时间前递交投标文件。

2）投标人递交投标文件的地点：见招标公告或投标邀请函。

3）除投标人须知前附表另有规定外，投标人所递交的投标文件不予退还。投标人少于 3 个的，投标文件当场退还给投标人。

4）招标人收到投标文件后，向投标人出具签收凭证。

5）逾期送达的或未送达指定地点的投标文件，招标人将予以拒收。

3.3.8　投标文件的修改与撤回

1）在招标公告或投标邀请函规定的投标截止时间前，投标人可以修改或撤回已递交的投标文件，但应以书面形式通知招标人。

2）投标人修改或撤回已递交投标文件的书面通知应按要求签字或盖章。招标人收到书面通知后，向投标人出具签收凭证。

3）投标人撤回投标文件的，招标人自收到投标人书面撤回通知之日起 5 日内退还已收取的投标保证金。

4）修改的内容为投标文件的组成部分。修改的投标文件应按照规定进行编制、密封、标记和递交，并标明"修改"字样。

3.3.9 投标程序

投标人必须按投标程序展开投标的各项工作，公路工程施工投标程序如图 3-4 所示。以下针对投标程序的主要内容进行说明：

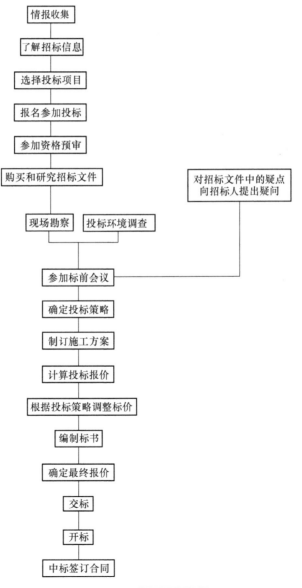

图 3-4 投标程序框图

1. 投标项目的选择

企业为了选择适当的投标项目，首先要广泛地了解和掌握招标项目的分布和动态，通过及时掌握招标项目的情况，对其进行有效跟踪，选择对自己有利的招标项目，有目的地做好投标的各项准备工作。对大型高速公路建设项目来说，从招标广告发布到投标，往往时间紧迫，仓促上阵则会处于被动，造成失误或失去中标良机。

选择投标项目包括的内容如下：

（1）决定是否投标

投标人在进行投标时主要考虑的因素如下：

1）能充分利用企业现有施工设备，减少新设备购置或租用数量，从而发挥企业资产的潜力，加大资金回收率，减少资金投入。

2）能充分利用企业及其人员的施工经验，充分发挥企业的管理水平，有把握创造优质工程，并降低施工成本，从而获得良好信誉和经济效益。

3）选择工程分项较少、工程量比较集中、工期相对较长的项目，有利于减少施工环节，提高设备工作效率和施工设备的利用率，减少设备闲置时间，降低施工成本，提高效益。

4）为了合理利用已有施工设备和人员，保持生产的连续性至关重要。为此，在承建工程施工后期，就应积极寻觅后续项目。后续项目最好是在本地区内，或在附近地区，以便减少设备迁移时间和费用，同时也可发挥企业熟悉环境的优势。其时间衔接得越紧越好。

对于符合上述条件的项目，不但要积极参加投标，而且可以以较低标价投标，力争中标；反之，对于不具备上述条件的项目，则要慎重行事，仔细衡量利弊后再决定是否参加投标，如果参加投标，也要充分考虑不利因素，把标价报高些。

（2）决定投什么性质的标

一般可分为以下四种性质，投标人应根据实际情况进行具体分析，做出决定：

1）风险标：明知工作难度大、风险大，但因其利润丰厚，或施工机械闲置，或为了开拓新市场或新的技术领域而决定参加投标。此时应设法对风险进行详细分析，采取规避或转移风险措施，争取得到较好的经济效益，并占领市场。

2）保险标：投标项目为本公司的强项，从技术、经济等方面看都没有重大问题。但这种标的竞争比较激烈，因此要充分发挥自己的优势，适当降低标价。中标后应采取加强管理的措施，以提高效率，降低成本，还可以通过可能的变更和索赔，获得较好的经济效益。

3）盈利标：投标项目既是本公司的强项，又是竞争对手的弱项；或者该项目能充分利用已有施工设备，发挥现有资源的潜力，并能利用本公司已取得的良好信誉，获得较好的价格；或者已经与供货和分包方建立了密切的合作关系，确实能降低成本、提高竞争力。在此种情况下，可以较高的价格竞标。

4）保本标：当在建工程即将完成，急需后续工程，或资源潜力很大，而近期投标项目不多，且竞争对手很多时，为力争中标，只好投保本标或薄利标。中标后再采取加强管理或通过变更、索赔等方式来取得微薄的利润以渡过难关，争取在以后的工程中创效益。

2. 参加资格预审

投标企业参加资格预审的目的：

1）投标企业只有通过了资格预审，才有参加投标竞争的资格。

2）当投标企业对拟投标工程的情况了解得不全面，可通过资格预审文件进一步了解，从而进一步决定是否参加该工程投标竞争。

投标企业取得资格预审文件后应组织经济、技术、文秘、翻译等有关人员严格按要求填写，其资料要从本单位最近的统计、财务等有关报表中摘录，不得随意更改文件的格式和内容。

3. 研究招标文件

投标人员对购回的标书要认真研读，检查招标文件是否齐全，有无缺页和遗漏，对疑问之处整理记录。通过研究招标文件对工程的总体概况做到心中有数，为参加现场考察和标前会议做好准备。研究招标文件应重点研究投标人须知、特别条款、设计图、工程范围，以及工程量清单，对技术规范要看其是否有特殊要求。研究标书的目的是：

1）弄清投标人的责任和报价范围，不要发生任何遗漏。

2）弄清各项技术要求，以便确定合理的施工方案。

3）找出需要询价的特殊材料与设备，及时调查价格，以免因盲目估价而失误。

4）理出含糊不清的问题，及时提出，请招标人予以澄清。

投标人在领到招标文件以后，首先要搞清上述各项问题，这是十分重要的，它有利于投标人确定报价策略，正确计算报价，及时研究合同条件以便采取必要的对策，是避免工作失误的先决条件。

在研究招标文件时还有一个不容忽视的问题，即"标准语言"的使用问题。按照国际惯例，合同的特殊条款中明确规定了何种语言为"标准语言"。当合同来往函件中其他语言与"标准语言"不符时，应以"标准语言"为准。例如，某招标合同的标准语言为英文，而中文版合同中所要求购买小汽车的数量比英文版合同中少一辆，某投标单位按中文版中小汽车的需要量做标价，倘若该单位中标，就要无偿为招标人买一辆小汽车。

4. 勘察现场和标前会议

投标企业应参加由招标人安排的正式现场勘察，未参加正式勘察者，可能会被拒绝投标。按照国际惯例，投标人提出的报价单一般被认为是在现场勘察的基础上提出的，一旦标书交出并在投标截止日期之后，投标人就无法因现场勘察不周、情况了解不细或考虑不全面而提出个性标书、调整报价或给予补偿等要求。另外编制标书需要的许多数据和情况也要从现场勘察中得到。因此，投标人在报价以前必须认真地进行施工现场勘察，全面、细致地了解工地及周围的经济、地理等情况。

现场考察应注意的问题：

1）现场勘察人员的任务应各有侧重。

2）现场勘察时口头提问要避免暴露本企业的真实意图，以防给其他投标人分析本企业报价水平和施工方案留下依据。

3）现场勘察之前一定要仔细研究招标文件，把需要搞清的问题理出，做到心中有数，有重点地勘察。

标前会是由招标人以正式会议的形式口头解答投标人在勘察前勘察后以书面形式提出的各种问题，并在会议结束后以"会议纪要"的文字形式通知投标人。

5. 校核工程量、编制施工方案

1）招标文件中工程量清单上开列的工程数量属于估算的工程量，不能作为投标人在履行合同义务过程中应予以完成的实际工程量。一般来说，招标文件中给出的工程量都比较准确，但投标人还应进行核实，否则一旦有漏项或其他错误，就会影响中标或造成不应有的经济损失甚至亏本。核实工程量不必要重新计算一遍，只选择工程量大、造价高的项目抽查若干项，按设计图核对即可。如果发现工程量有重大出入，可找业主核对，要求业主认可或在标前函中说明，待得标后签订合同时再加以认证，切记不要随意加以更改或补充，以免造成废标。

2）施工方案是标书的重要组成部分，包括下列内容：

① 施工总体布置图。

② 施工机械配置及水电容量。

③ 主要施工项目的施工方法、工艺流程。

④ 工、料、机来源及运输方式。

⑤ 临建工程及其他。

选择和确定施工方法时应注意：对于比较简单的工程，应结合已有的施工机械及工人技术水平确定施工方法，努力做到节省开支，加快速度。对于复杂工程则要考虑多种方案，综合比较，择优选择，必须结合施工进度计划及施工机械设备能力来研究，充分考虑可能发生的情况，并采取相应措施后再决定。

6. 计算报价

无论是国内公路工程招标还是国际公路工程招标，公路工程施工费用的构成是基本相同的，但不同工程的招标要求不尽相同，在计算报价时的方法也有区别。

（1）编制依据

编制投标文件时，必须严格按照投标文件有关规定办理。投标人在编制报价时参考最新公路工程概算、预算定额，同时可根据工程所在地的实际情况对各项定额及费率做适当的调整。

先进合理的施工方案和工程实施计划，是编制和合理确定工程造价的重要因素，投标人可把自拟的施工方案和工程实施计划作为报价的编制依据。

（2）衡量报价的标准

衡量投标人报价成功与否的标准是：其报价应足够低，从而赢得项目，同时又应足够高，以至能完成合同，并有一定利润。一般说来估算成本费占总标价90%～95%的合同标价竞争力最强。

（3）计算报价的步骤

1）"吃透"标书。

2）复核工程量。

3）编制初步的施工方案。

4）根据标书格式及填写要求计算报价。

7. 投标文件的编制

1）投标文件应按"投标文件格式"进行编写，如有必要，可以增加附页，作为投标文件的组成部分。其中，投标函附录在满足招标文件实质性要求的基础上，可以做出比招标文件要求更有利于招标人的承诺。

2）投标文件应对招标文件有关工期、投标有效期、质量要求、安全目标、技术标准和要求、招标范围等实质性内容做出响应。

3）投标文件应用不褪色的材料书写或打印。投标文件格式中明确要求投标人法定代表人或其委托代理人签字之处，必须由相关人员亲笔签名，不得使用印章、签名章或其他电子制版签名代替；明确要求投标人加盖单位章之处，必须加盖单位章。其中投标函、调价函及对投标文件的澄清和说明应加盖投标人单位章，或由投标人的法定代表人或其委托代理人签字。

如果投标文件由委托代理人签署，则投标人须提交授权委托书，授权委托书应按"投标文件格式"的要求出具，并由法定代表人和委托代理人亲笔签名，不得使用印章、签名章或其他电子制版签名代替。

如果由投标人的法定代表人亲自签署投标文件，则投标人须提交法定代表人身份证明，身份证明应符合"投标文件格式"的要求。

以联合体形式参与投标的，投标文件由联合体牵头人的法定代表人或其委托代理人按上述规定签署并加盖联合体牵头人单位章。法定代表人授权委托书或法定代表人身份证明须由联合体牵头人按上述规定出具。

投标文件应尽量避免涂改、行间插字或删除。如果出现上述情况，改动之处应由投标人的法定代表人或其授权的代理人签字或盖单位章。

4）投标文件正本一份，副本份数见投标人须知前附表。正本和副本的封面右上角上应清楚地标记"正本"或"副本"字样。投标人应根据投标人须知前附表要求提供电子版文件。当副本和正本不一致或电子版文件和纸质正本文件不一致时，以纸质正本文件为准。

5）投标文件的正本与副本应分别装订成册（A4 纸幅），并编制目录和逐页标注连续页码。投标文件不得采用活页夹装订，否则，招标人对由于投标文件装订松散而造成的丢失或其他后果不承担任何责任。装订的其他要求见投标人须知前附表。

3.4 公路工程投标技巧

投标技巧的研究，其实质是在保证工期与质量的前提下，寻找出一个更好的报价方案，以求获得更多的中标机会和更大的经济效益。对某一具体工作做出投标的决策之后，为了争取中标，要有一定的投标技巧，投标人为了使自己的报价有竞争力，就要使自己的预算成本尽可能低，同时为了在合同实施过程中获取一定的效益，还必须确定适当的利润，充分考虑风险。

3.4.1 开标前的投标技巧

1. 多方案报价

多方案报价即在招标人许可的前提下，提出更加合理的方案，提出更有竞争力的比较方案和报价。

（1）优化设计

如科威特的布比桥，原设计为预应力混凝土箱梁，某公司投标时除按原设计报价外，还做了一个相同跨径的预应力混凝土桁架桥的比较方案，该方案利用了投标人开发的桁架预制件制作技术和装备，不仅减轻了自重，减少了工程量，大幅度降低了工程成本和增大了经济效益，而且大大地提高了竞争力，使该项承包工程因优化设计而中标，并取得了丰厚的利润。又如某桥原设计跨径为 40m，标书中明确投标人可以按跨径 20m 报比较方案，投标人考虑到自身的特长和设备优势，做出跨径 20m 的比较方案，既满足了招标人要求，又降低了成本，获得中标机会，同时也为投标人取得较好的经济效益。

（2）优化结构

如非洲某公路项目，原设计路面基层为级配碎石结构，投标人在投标时提出了红土砂砾掺碎石的比较方案。因当地的红土砂砾质量较好，可就近取材，运距很短，大大降低了成本，采用这种结构既为招标人节省大量投资，也使投标人获得了较高的利润。

（3）提出两个报价

由于招标人拟定的合同要求过于苛刻，为使招标人修改合同要求，可提出两个报价，并阐明，按原合同要求规定，投标报价为某一数值，若合同要求做某些修改，可降低报价一定百分比，以此来吸引对方，增加中标的可能性。

（4）修改设计施工方案

若自己的技术和设备满足不了原设计的要求，但在修改设计以适应自己的施工能力的前提下仍希望中标，则可以报一个按原设计施工的报价（投高标），再按修改设计施工报一个比原设计低得多的报价，以诱导和影响招标人。这里要指出的是，修改的设计施工方案一定要能使招标人相信是能满足工程质量和工期要求的。

2. 补充优惠条件

当投标人的价格在招标人规定的合理范围内时（一般是前三名），招标人还将通过技术答辩和合同谈判等手段，进一步反复评审，综合各方面的因素，经比较后优选中标人。因此，投标人可在投标时，或在谈判过程中承诺一些招标人喜欢的优惠条件，如缩短工期、提高质量、降低支付条件、提出新技术和新材料，以及提出补充物资和设施，如赠送学校、电站、水站等的设施，在缺水地区赠送钻井设备，甚至把投标人的营地设施无偿赠送给当地政府等。以此优惠条件争取得到招标人的赞许，变自己的不利为有利，大大提高中标机会。

3. "单价重分配"报价

当投标人的报价确定以后，还要采用"单价重分配"的方法来调整单价，以期在工程结算时取得最好的经济效益。"单价重分配"是尽量在保持总标价不变的前提下，通过增加工程量清单中的一些项目的单价，同时降低另外一些项目的单价来使工程所需资金达到最小的方法。"单价重分配"的目的并不是靠降低报价来提高投标的竞争力，也不是靠提高报价来使中标后能取得较好的经济效益，而是赚取由于工程量改变而增加的额外收入，或改善工程项目的资金流动，赚取由通货膨胀指数变化带来的额外收入。"单价重分配"通常的做法如下：

1) 对能早期结算、回收工程款较快的项目，如土方、构造物基础和营地建设等，单价可适当提高，以利于资金周转（如果存入银行还可得到利息）；对后期项目，如路面和交通工程等，单价可适当降低。

2) 对标书中工程量可能增加的项目，其单价可适当提高，以利于结算更多的工程款；而工程量可能减少的项目，其单价可适当降低，这在工程结算时损失并不大。以避免由于标书中的虚假工程量使报价金额虚高，这两点要统筹考虑。也就是，对于工程量可能减少的早期工程不能盲目抬高单价，对可能会增大工程量的后期工程也不宜降低单价，应做全面分析后再定。

3) 设计图或工程内容不明确或有错误，估计修改后工程量要增加的，单价可提高；而设计图或工程内容不明确，估计变更后工程量会减少的，单价可降低，这样有利于以后的索赔。

4) 对于暂定金额（暂定项目）要具体分析，因这类项目要开工后再与招标人研究是否实施，其中肯定要做的单价可报高一些，不一定要做的则应降低一些。

5) 计日工或零星用工单价可略高于工程单价中的工资单价，因为它不影响承包总价的高低，如果发生即实报实销，可多获利。

6) 没有工程量，只填报单位的项目（如土方工程中挖淤泥、岩石等备用单价），单价宜报高些，这样既不影响投标报价，日后发生还可多获利。

7) 如果处于高通胀时期，利息率低于通货膨胀率，应提高后期完工工程的单价。这样，按通货膨胀率计算就可得到额外收入，同时为使总标价不变，还要适当降低前期完工的某些项目单价。

需要说明的是，在采用上述"单价重分配"的技巧时，要把调整幅度控制在合理范围内，必须避免显而易见的畸高或畸低，以免被招标人认为"该报价没有科学依据"而视为废标或降低中标机会。

4. 低投标价夺标法

1) 当投标人的标价略高，且招标人希望降低标价时，可充分利用答辩机会，在澄清招标人提出的某些与价格相关的问题时，适当降低标价，以争取中标。例如，中东某特大桥梁工程，开标后某公司列为第二名，通过审标答辩，该公司说明了填报的水泥价格为市场价，招标人有权将市场价中营业税免除，并相应调整总标价；投标人向招标人做出承诺，完全同意招标人意见，并因此中标。

2) 发挥优势，降低成本。施工单位都有其各自的优势，要利用这些优势来降低成本，降低报价。投标人的优势一般可以从以下几个方面考虑：

职工队伍：文化技术水平高，劳动态度好，工作效率高，工资相对较低。

技术装备：适合投标工程项目的需要，性能先进，配套使用效率高。

材料供应：有一定的周转材料，有稳定的来源渠道，物美价廉，运输方便，运距短，费用低。

施工技术组织：施工技术先进，方案切实可行，组织合理，经济效益好。

管理体制：劳动组织精干，管理机构高效。

3）以保本、微利进行报价。下列情况报价应低一些：

① 单价合同。

② 为了打入当地建筑市场，保住施工地盘。

③ 急于解决企业窝工、设备闲置等危机。

④ 竞争对手多、竞争激烈。

⑤ 业主支付能力强、支付条件较理想。

⑥ 施工条件好、工程量大。

⑦ 工地转移距离短、设备劳务能得以充分周转使用。

⑧ 工程变更、索赔机会较多。

⑨ 动员预付款较多，可改善投标人目前营运资金状况。

5. 零星用工（计日工）

零星用工（计日工）一般可采用稍高于工程单价表中的工资单价来报价。因为零星用工不属于承包总价的范围，发生时实报实销，故可多获利。

6. 突然报价法

由于投标竞争激烈，为迷惑竞争者，有意泄露一些假情报，如不打算参加投标，或准备投高标，表现出无利可图而不投标等假象，但到投标截止之前几小时，突然前往投标，并压低投标价，从而使对手应付不及而不能中标。

7. 联保法

一家实力不足，联合其他企业分别进行投标。无论谁家中标，都联合进行施工。

3.4.2　开标后的投标技巧

根据规定，投标人在标书有效期内，是不能修改其报价的。若招标人采用议标方式，即通常选择 2～3 家条件较优者进行谈判，则投标人可利用议标谈判来竞争，就有可能通过修改投标书的某些内容来增加获胜机会。在议标谈判中的投标技巧主要有：

1. 降低投标价格

投标价格是中标的关键因素，因为通过资格预审后都是合格者，此时各竞争者之间虽有条件差异，但已不是关键因素。在议标中，投标人适时视情况提出降价要求是议标的主要手段。

（1）降低投标价格的注意要点

1）要摸清招标人的意图，在得到其希望降低投标价格的暗示后，再提出降价要求。有些国家的招标法规中规定，已投出的投标书不得改动任何文字，若有改动，投标即告无效。

2）降低投标价格要适当，不要损害投标人自己的利益。

3）降低投标价格不能导致工程质量和工期受到影响，必须保证其达到规定要求。

（2）降低投标价格的途径

1）降低投标利润。投标利润是围绕争取最大未来收益目标，但又要考虑中标率和竞争人数因素的影响来确定的。通常，投标人准备两个价格，即应付一般情况的适中价格和应付竞争特殊环境需要的替代价格，它是通过调整报价利润所得出的总报价，后者可低于或高于前者。如需要低投标报价，则可采用低于适中价格的报价，使利润减少以降低投标报价。

2）降低经营管理费。作为间接成本进行计算，为了竞争的需要，也可以降低这部分费用。

3）降低系数。降低系数是投标单位预先给参加投标人的调价权限。投标人是否动用降低系数，要在投标时随机应变。随着投标日期的临近，投标人要密切注视招标投标各方的动态和收集研究各种重要信息，特别是对主要竞争对手的经营状况、投标积极性、可能的报价水平要做充分的估计。如果本身的报价水平具有竞争力，就不必轻易动用降低系数，否则就要在投标之前适当调整自己的报价。如果根据可靠的情报和推理分析表明，即使动用了降低系数也难以获胜，这时应及时报请投标单位领导权衡利弊，重新决策。在投标中，不管面临什么样的竞争形势，投标单位本身都是有主动权的。投标单位不应放过竞争的机会，但也决不应该盲目降价，除非特殊战略目标的需要，否则把报价降低到最低预算成本之下是极不明智的。

2. 开口升降报价法

这种方法是把投标看成是取得议标资格的步骤，并不是真的降低报价，只是在详细研究招标文件的基础上，将其中的疑难问题（如有特殊技术要求或造价较大的项目）找出，作为"活口"，暂不计入报价，只在报价单中适当加以注释，这样其余部分报的总价就会很低，以低到其他投标人无法与之竞争的最低数额（有时称"开口价"）来吸引招标人，从而取得与其议标的机会。在与招标人议标的过程中，利用自己丰富的施工经验对"活口"部分提出一系列具有远见的方案和相应报价，这样，既赢得招标人的信任，又可提高自己的报价并获得工程的承包权。当然也可以利用"活口"借故加价，以达到盈利目的，但一定要适可而止，以免损害本单位的声誉。

投标人拟采用开口报价时，一定要注意招标文件是否允许这样报价，如果招标文件中明确了疑难问题的澄清办法和合同中明确要求必须按给出的格式报价，这种办法就不能使用。

总之，投标技巧贯穿于整个编标的全过程，如施工方案、资源配备、进度和质量保证计划等，投标技巧是否运用得当，不仅影响施工企业能否中标，而且影响到企业在激烈竞争中能否生存和发展。只有不断总结经验和教训，才能不断提高企业报价水平，在激烈的竞标中立于不败之地。

3-1　实施工程招标投标制度有什么意义？

3-2　公路工程招标有哪几种形式？

3-3　施工投标的基本程序是什么？

3-4　投标技巧包括哪些？

3-5　"单价重分配"报价的原理是什么？

3-6　投标人现场勘察应注意的问题是什么？

第 4 章 | 公路工程工程量清单

4.1 公路工程工程量清单说明

4.1.1 基本相关概念

1. 清单工程量的基本概念

清单工程量是指工程量清单中所列的工程数量，它是在实际施工生产前根据设计图和说明及工程量计算规则所得到的一种准确性较高的预计数量，而不是承包人应予以完成的实际准确的工程量，是以物理计量单位或自然计量单位所表示的各个分部分项工程和构配件的数量。物理计量单位是指以公制法定需要度量的具有物理性质的单位，主要有长度、面积、体积和质量等。如混凝土防撞栏杆、安砌石的计量单位是米（m），碎石道路基层、混凝土类路面、桥面铺装、车行道的计量单位是平方米（m²），挡墙基础、钢筋混凝土的梁、沟槽回填土的计量单位是立方米（m³），非预应力钢筋挡墙、非预应力钢筋传力杆的计量单位是千克（kg）或吨（t）。自然计量单位是指不需要度量的具有自然属性的单位，如建筑成品或结构构件在自然状态下的简单点数所表示的"个"、"条"、"块"、"座"等单位，但需要明确该成品或结构构件的结构尺寸，如起重机、电动机安装以"台"为单位，灯具安装以"套"为单位，雨水检查井以"座"为单位。

2. 工程量清单的基本概念

工程量清单是按照招标要求和施工设计图要求将拟建招标工程的全部项目和内容，由工程招标人按照统一的工程量计算规则、统一的项目名称、统一的项目编码、统一的工程量计量单位进行编制，计算拟建招标工程的工程量的表格，公路工程工程量清单主要包括工程量清单说明、投标报价说明、计日工说明、其他说明及工程量清单各项表格五部分内容。工程量清单是业主编制标底或参考价的依据，也是投标人编制投标报价的依据。工程量清单体现招标人要求投标人完成的工程项目及其相应工程实体数量的列表，反映全部工程内容以及为实现这些内容而进行的其他工作。标价后的工程量清单还是合同中各工程细目的单价及合同价格表，因此是合同的重要组成部分，是计量支付的重要依据之一。运用工程量清单将投标报价、评标和中标后项目实施中的验工计价三位一体。

工程量清单作为招标文件的组成部分，一个最基本的功能是作为信息的载体。工程量清单的内容应全面、准确，以便投标人能对工程有全面充分的了解。

3. 工程量清单计价的基本概念

工程量清单计价是指招标标底和投标报价的编制、合同价款的确定与调整、工程结算以招标文件中的工程量清单为依据进行的工程造价的确定与控制的总称，由投标人按照招标人提供的工程量清单，逐一的填报单价并计算出工程项目所需的全部费用。公路工程工程量清单计价应采用

"全费用综合单价"计价（又称全部综合单价）。全费用综合单价包括了为实施和完成合同工程所需的劳务、材料、机械、质检（自检）、安装、缺陷修复、管理、保险、税费、利润等费用，以及合同明示或暗示的所有责任、义务和一般风险。

4.1.2　其他相关概念

1. 现场签证

现场签证指发包人现场代表与承包人现场代表就施工过程中涉及的责任事件所做的签证证明。

2. 暂列金额

暂列金额指招标人在工程量清单中暂定并包括在合同价款中的一笔款项。暂列金额用于施工合同签订时尚未确定或者不可预见的所需材料、设备、服务的采购，施工中可能发生的工程变更、合同约定调整因素出现时的工程价款调整以及发生的索赔、现场签证确认等的费用。

3. 暂估价

暂估价指招标人在工程量清单中提供的用于支付必然发生但暂时不能确定的材料的单价以及专业工程的金额。

4. 计日工

计日工指在施工过程中，完成发包人提出的施工图以外的零星项目或工作，按合同中约定的综合单价计价。

5. 发包人

发包人指具有工程发包主体资格和支付工程价款能力的当事人以及取得该当事人资格的合法继承人。

6. 承包人

承包人指被发包人接受的具有工程施工承包主体资格的当事人以及取得该当事人资格的合法继承人。

7. 造价工程师

造价工程师指取得注册造价工程师执业资格，在一个单位注册从事建设工程造价活动的专业人员。

8. 造价员

造价员指在一个单位注册从事建设工程造价活动的专业人员，此专业人员要求取得全国建设工程造价员资格证书，并能从事相应的各项工作。

9. 工程造价咨询人

工程造价咨询人指取得工程造价咨询资质等级证书的专业人员，接受从事建设工程造价咨询活动企业的委托。

10. 招标控制价

招标控制价指招标人根据国家或省级、行业建设主管部门颁发的有关计价的依据和办法，按设计施工图计算的，对招标工程限定的最高工程造价。

11. 投标价

投标价指投标人投标时依据招标工程工程量清单进行估算报出的工程造价。

12. 合同价

合同价指发、承包人在施工合同中共同约定的工程造价。

13. 竣工结算价

竣工结算价指发、承包双方依据国家有关法律、法规和标准的规定，按照合同约定内容进行计算的最终工程价格。

14. 索赔

索赔指在合同履行过程中，对于非己方的过错而应由对方承担责任的情况造成的损失，向对方提出补偿的要求。

15. 技术规范

技术规范指为本合同所约定的技术标准和要求，是合同文件的组成部分。通用合同条款中"技术标准和要求"一词具有相同含义。

16. 补遗书

补遗书指发出招标文件之后由招标人向已取得招标文件的投标人发出的、编号的对招标文件所做的澄清、修改书。

17. 承包人项目总工

承包人项目总工指由承包人书面委派常驻现场负责管理本合同工程的总工程师或技术总负责人。

18. 单位工程

单位工程指在建设项目中，根据签订的合同，具有独立施工条件的工程。

19. 永久占地

永久占地指为实施本合同工程而需要的一切永久占用的土地，包括公路两侧路权范围内的用地。

20. 临时占地

临时占地指为实施本合同工程而需要的一切临时占用的土地，包括施工所用的临时支线、便道、便桥和现场的临时出入通道，以及生产（办公）、生活等临时设施用地等。

21. 分部工程

分部工程指在单位工程中，按结构部位、路段长度及施工特点或施工任务划分的若干个工程。

22. 分项工程

分项工程指在分部工程中，按不同的施工方法、材料、工序及路段长度等划分的若干个过程。

23. 竣工验收

竣工验收指《公路工程竣（交）工验收办法》中的竣工验收。通用合同条款中"国家验收"一词具有相同含义。

24. 交工

交工指《公路工程竣（交）工验收办法》中的交工验收。通用合同条款中"竣工"一词具有相同含义。

25. 交工验收证书

交工验收证书指《公路工程竣（交）工验收办法》中的交工验收证书。通用合同条款中"工程接收证书"一词具有相同含义。

26. 转包

转包指承包人违反法律和不履行合同规定的责任和义务，将中标工程全部委托或以专业分包的名义将中标工程肢解后全部委托给其他施工企业施工的行为。

27. 专业分包

专业分包指承包人与具有相应资质的施工企业签订专业分包合同，由分包人承担承包人委托的分部工程、分项工程或适合专业化队伍施工的其他工程，整体结算，并能独立控制工程质量、施工进度、材料采购、生产安全的施工行为。

28. 劳务分包

劳务分包指承包人与具有劳务分包资质的劳务企业签订劳务分包，由劳务企业提供劳务人员及机具，由承包人统一组织施工，统一控制工程质量、施工进度、材料采购、生产安全的行为。

29．雇用农民工

雇用农民工指承包人与具有相应劳动能力的自然人签订劳动合同，由承包人统一组织管理，从事分项工程施工或配套工程施工的行为。

30．工程图

工程图指包含在合同中的工程设计施工图，以及由发包人按合同提供的任何补充和修改的设计施工图，包括配套的说明。

31．施工工艺图

施工工艺图指要求承包人提供并提交经监理人批准的施工工艺图表、施工工艺转化图、应力图表、装配图、安装图、结构骨架图或其他补充设计图或类似资料。

4.1.3　工程量清单的作用

工程量清单作为招标文件和合同文件的重要组成部分，对于规范招标人计价行为，在技术上避免招标中弄虚作假和暗箱操作以及保证工程款的支付结算都会起到重要作用。其具体作用表现如下：

1）工程量清单为投标人标底的确定提供估计的依据。

2）工程量清单为建设单位进行合同管理提供依据（单价调整和变更、中期支付等）。

3）工程量清单为项目投资的控制提供依据。

4）工程量清单为施工单位项目管理提供依据。

5）工程量清单为工程结算提供依据（反映管理效益）。

6）工程量清单为建设工程施工质量与高速优质建筑品的形成提供保证。

7）工程量清单为施工单位合法分包的基本价格提供依据。

4.1.4　工程量清单编制的原则

1）必须能满足建设工程项目招标和投标计价的需要。

2）必须遵循《公路工程标准施工招标文件》中的各项规定（包括项目编码、项目名称、计量单位、项目特征、计量规则、工程内容等）。

3）必须能满足控制实物工程量、通过建立市场竞争形成价格的价格运行机制和合理确定与有效控制工程造价的要求。

4）必须有利于规范建筑市场的计价行为，能够促进企业的经营管理、技术进步，提高企业的综合能力、社会信誉和在国内、国际建筑市场中的竞争能力。

5）必须适度考虑我国目前工程造价管理工作的现状。因为我国虽然已经推行了工程量清单计价模式，但由于各地实际情况的差异，工程造价计价方式不可避免地会出现双轨并行的局面——工程量清单计价与定额计价同时存在、交叉执行。

4.1.5　计算编制工程量清单的条件

工程量清单的计算编制依据，是交通运输部制定颁发的《公路工程标准施工招标文件》及工程量计算规则。此外，还需要明确和具有如下条件，才能完整而准确地编制工程量清单：

1）工程承包合同、招标文件及其补充通知中有关工程计量的合同条款。

2）国家或省级、行业建设主管部门颁发的计价依据和办法。

3）与公路工程项目有关的标准、规范、技术资料、通用图集等。

4）建设工程设计文件（施工设计图及设计说明书、相关图表、设计变更资料、图纸答疑纪要及评审记录）。

  5）认真掌握《公路工程标准施工招标文件》的要点。

  6）地质勘探资料。

  7）施工现场高程方格网测绘图。

  8）场地周边的道路、水、气、电信等资料。

  9）现场地区的气象资料。

  10）现场周边的河流、防洪、排污及环保资料。

  11）客户（业主）对公路工程实施的施工技术指导书。

  12）公路工程的特定工艺要求技术文件。

  13）材料和设备的采购意向书。

  14）工程量清单计价（定价）与所采取的招标投标方式。

  15）场地周边的民族习惯。

  16）计算编制工程量清单人员现场调查记录。

  17）属于招标方项目外的工程项目部分需要投标方给予配合的项目。

  18）地区省级政府所规定的法定上缴费用文件。

  19）依据设计图技术要求和业主施工技术指导书所编制的公路工程施工技术组织设计和施工工艺技术方案。

  以上条件是计算编制公路工程工程量清单及其他项目清单所应具备的基本条件。只有具备了上述相对应的基本条件，才能全面、完整、贴近实际地计算编制工程量清单，及核算出构成公路工程的"生产者成本"计价、报价和"购买者价格"投标控制价，进而保证公路工程招标投标、评标及投资的透明度，并有利于保证施工质量和确定合理的施工合同价款。

4.1.6　工程量清单计算编制责任人

  计算编制工程量清单的责任人为公路工程投资企业法人或法人代表。因工程量清单出现失误和漏项所造成的索赔，均由公路工程投资企业法人承担。但是，公路工程投资企业的法人很少有能够自己计算编制工程量清单的，因此需要聘请工程量计价核算师。

  一些公路工程发包商，不具备计算编制工程量清单及工程量清单计价的基础资源，需委托专业的工程咨询企业进行工程量清单的编制。受委托计算编制工程量清单的企业，依照委托合同条款向委托企业一方承担合同责任，工程量清单计算编制完成后，由委托方按合同审核确定。公路工程投资方按《公路工程标准施工招标文件》要求发布公路工程项目工程量清单计价招标文件。招标投标的工程量清单只能计算编制一份，不得出现两个以上，但是可以有补充部分。经过招标投标，形成了合同及合同价款并进行公路工程施工后，若发现工程量清单的计算编制出现失误和漏项，并因此造成了施工损失，将由公路工程项目投资发包方，向施工承包方按施工承包合同条款承担责任。受委托计算编制工程量清单的企业，可作为公路工程项目投资发包方的人员，参加处理失误和漏项的工程量清单核对事宜，但不作为第三方参与。如果由此造成索赔，与受委托计算编制工程量清单的企业无关，而由公路工程项目投资方向承包商承担索赔。受委托计算编制工程量清单的企业，按与投资方所签订的合同条款另行处理，不直接介入施工过程中因工程量清单而造成的索赔事宜。

4.1.7　工程量清单的计算编制要求

  1. 实事求是

  工程量清单计算编制的目的和作用，就是以构成公路工程项目实体的工程量清单为计价（定价）单位，作为承、发包商双方进行市场经济交易行为，各自计算出构成公路工程的"生产者成本"和"购买者价格"，及形成合同价款的定价核算依据。所以，在计算编制工程量清单时，一定要做到实事求是。一定要按规范中所规定的工程量计算规则和已具备的施工图，以及承包方所提供的施工技术指导书等文件为依据，准确无误地计算编制工程量清单。实事求是是构成公路工程工程量清单计价（定价）的基本标准和准则，也是考核工程量清单计价核算人员（核算师）素质水平的一项标准。在中国香港和英国，如果工料测量师所计算编制的工程量清单出现与施工图或承包方提供的施工技术指导书有漏项情况，并且因此给工程施工造成损失索赔时，工料测量师要承担索赔的一定费用。尽管这些费用通过择业投保，可以由保险公司支付，但是个人的择业信誉降低了，影响了自己的择业空间和择业资质的确认，这是市场经济条件下，专业人员的择业自我考核，所以计算编制工程量清单一定要坚持实事求是。

　　2. 与实际条件相匹配

　　进行工程量清单的计算编制和作业必须要与施工工艺技术方案条件相匹配。例如计算编制工程量清单必须要有施工图和对现场情况清楚的了解，以及拥有丰富的工程施工技术所编制出的施工工艺技术方案，才能计算编制出完整的工程量清单，才能发挥出工程量清单计价（定价）的作用。所以计算编制工程量清单必须坚持与实际条件相匹配，而不能想当然，不可乱拍脑袋来计算和编制，工程量清单是达成合同价款的依据，又是进行公路工程实体形成活动实施的依据。少了建不成工程实体，多了造成浪费，所以必须坚持实事求是和与实际条件相匹配，这是计算编制工程量清单作用于公路工程实体构成的实际要求。

4.2　公路工程工程量清单格式

4.2.1　工程量清单说明

　　1）本工程量清单是根据招标文件中包括的有合同约束力的工程量清单计量规则、设计图以及有关工程量清单的国家标准、行业标准、合同条款中约定的其他规则编制的。约定计量规则中没有的子目，其工程量按照有合同约束力的设计图所标示尺寸的理论净量计算。计量采用中华人民共和国法定计量单位。

　　2）本工程量清单应与招标文件中的投标人须知、通用合同条款、专用合同条款、工程量清单计量规则、技术规范及设计图等一起阅读和理解。

　　3）本工程量清单中所列工程数量是估算的或设计的预计数量，仅作为投标报价的共同基础，不能作为最终结算与支付的依据。实际支付应按实际完成的工程量，由承包人按工程量清单计量规则规定的计量方法，以监理人认可的尺寸、断面计量，按本工程量清单的单价和总额价计算支付金额；或根据具体情况，按合同条款的规定，由监理人确定的单价或总额价计算支付金额。

　　4）工程量清单各章是按《公路工程标准施工招标文件》（下同）第八章"工程量清单计量规则"、第七章"技术规范"的相应章次编号的，因此，工程量清单中各章的工程子目的范围与计量等应与"工程量清单计量规则"、"技术规范"相应章节的范围、计量与支付条款结合起来理解或解释。

　　5）对作业和材料的一般说明或规定，未重复写入工程量清单内的，在给工程量清单各子目标价前，应参阅第七章"技术规范"的有关内容。

　　6）工程量清单中所列工程量的变动，丝毫不会降低或影响合同条款的效力，也不免除承包人按规定的标准进行施工和修复缺陷的责任。

　　7）设计图中所列的工程数量表及数量汇总表仅是提供资料，不是工程量清单的外延。当设计图与工程量清单所列数量不一致时，以工程量清单所列数量作为报价的依据。

4.2.2 投标报价说明

1）工程量清单中的每一子目须填入单价或价格，且只允许有一个报价。

2）除非合同另有规定，工程量清单中有标价的单价和总额价均已包括了为实施和完成合同工程所需的劳务、材料、机械、质检（自检）、安装、缺陷修复、管理、保险、税费、利润等费用，以及合同明示或暗示的所有责任、义务和一般风险。

3）工程量清单中投标人没有填入单价或价格的子目，其费用视为已分摊在工程量清单的其他相关子目的单价或价格之中。承包人必须按监理人指令完成工程量清单中未填入单价或价格的子目，但不能得到结算与支付。

4）符合合同条款规定的全部费用应认为已被计入有标价的工程量清单所列各子目之中，未列子目不予计量的工作，其费用应视为已分摊在本合同工程的有关子目的单价或总额价之中。

5）承包人用于本合同工程的各类装备的提供、运输、维护、拆卸、拼装等支付的费用，已包括在工程量清单的单价与总额价之中。

6）工程量清单中各项金额均以人民币（元）结算。

7）暂列金额（不含计日工总额）的数量及拟用子目的说明。

8）暂估价的数量及拟用子目的说明。

4.2.3 计日工说明

1. 总则

1）本说明应参照《公路工程标准施工招标文件》中的通用合同条款第 15.7 款一并理解。

2）未经监理人书面指令，任何工程不得按计日工施工；接到监理人按计日工施工的书面指令，承包人不得拒绝。

3）投标人应在计日工单价表中填列计日工子目的基本单价或租价，该基本单价或租价适用于监理人指令的任何数量的计日工的结算与支付。计日工的劳务、材料和施工机械由招标人（或发包人）列出正常的估计数量，投标人报出单价，计算出计日工总额后列入工程量清单汇总表中，并进入评标价。

4）计日工不调价。

2. 计日工劳务

1）在计算应付给承包人的计日工工资时，工时应从工人到达施工现场并开始从事指定的工作算起，到返回原出发地点为止，扣去用餐和休息的时间。只有直接从事指定的工作且能胜任该工作的工人才能计工，随同工人一起做工的班长应计算在内，但不包括领工（工长）和其他质检管理人员。

2）承包人可以得到用于计日工劳务的全部工时的支付，此支付按承包人填报的"计日工劳务单价表"所列单价计算，该单价应包括基本单价及承包人的管理费、税费、利润等所有附加费，说明如下：

① 劳务基本单价包括：承包人劳务的全部直接费用，如：工资、加班费、津贴、福利费及劳动保护费等。

② 承包人的利润、管理、质检、保险、税费；易耗品的使用，水电及照明费，工作台、脚手架、临时设施费，手动机具与工具的使用及维修，以及上述各项伴随而来的费用。

3. 计日工材料

承包人可以得到计日工使用的材料费用（上述第 2 款已计入劳务费内的材料费用除外）的支

付，此费用按承包人"计日工材料单价表"中所填报的单价计算，该单价应包括基本单价及承包人的管理费、税费、利润等所有附加费，说明如下：

1）材料基本单价按供货价加运杂费（到达承包人现场仓库）、保险费、仓库管理费以及运输损耗等计算。

2）承包人的利润、管理、质检、保险、税费及其他附加费。

3）从现场运至使用地点的人工费和施工机械使用费不包括在上述基本单价内。

4. 计日工施工机械

1）承包人可以得到用于计日工作业的施工机械费用的支付，该费用按承包人填报的"计日工施工机械单价表"中的租价计算。该租价应包括施工机械的折旧、利息、维修、保养、零配件、油燃料、保险和其他消耗品的费用以及全部有关使用这些机械的管理、税费、利润和驾驶员与助手的劳务费等费用。

2）在计日工作业中，承包人计算所用的施工机械费用时，应按实际工作小时支付。除非经监理人的同意，计算的工作小时才能将施工机械从现场某处运到监理人指令的计日工作业的另一现场往返运送时间包括在内。

4.2.4 工程量清单表格

工程量清单表格式样见表4-1～表4-17。

表4-1 第100章总则清单

清单 第100章 总则					
子目号	子 目 名 称	单位	数量	单价（元）	合价（元）
101	通则				
101-1	保险费				
-a	按合同条款规定，提供建筑工程一切险	总额			
-b	按合同条款规定，提供第三者责任险	总额			
102	工程管理				
102-1	竣工文件	总额			
102-2	施工环保费	总额			
102-3	安全生产费	总额			
102-4	信息化系统（暂估价）	总额			
103	临时工程与设施				
103-1	临时道路修建、养护与拆除（包括原道路的养护）	总额			
103-2	临时占地	总额			
103-3	临时供电设施架设、维护与拆除	总额			
103-4	电信设施的提供、维修与拆除	总额			
103-5	临时供水与排污设施	总额			
104	承包人驻地建设				
104-1	承包人驻地建设	总额			
105	施工标准化				
105-1	施工驻地	总额			
105-2	工地试验室	总额			

（续）

清单　第100章　总则

子目号	子目名称	单位	数量	单价（元）	合价（元）
105-3	拌和站	总额			
105-4	钢筋加工场	总额			
105-5	预制场	总额			
105-6	仓储存放地	总额			
105-7	各场（厂）区、作业区连接道路及施工主便道	总额			

清单第100章合计：

表4-2　第200章路基清单

清单　第200章　路基

子目号	子目名称	单位	数量	单价（元）	合价（元）
202	场地清理				
202-1	清理与掘除				
-a	清理现场	m²			
-b	砍伐树木	棵			
-c	挖除树根	棵			
202-2	挖除旧路面				
-a	水泥混凝土路面	m³			
-b	沥青混凝土路面	m³			
-c	碎石路面	m³			
202-3	拆除结构物				
-a	钢筋混凝土结构	m³			
-b	混凝土结构	m³			
-c	砖、石及其他砌体结构	m³			
-d	金属结构	kg			
202-4	植物移栽				
-a	移栽乔（灌）木	棵			
-b	移栽草皮	m²			
203	挖方路基				
203-1	路基挖方				
-a	挖土方	m³			
-b	挖石方	m³			
-c	挖除非适用材料（不含淤泥、岩盐、冻土）	m³			
-d	挖淤泥	m³			
-e	挖岩盐	m³			
-f	挖冻土	m³			

（续）

清单　第 200 章　路基

子目号	子 目 名 称	单位	数量	单价（元）	合价（元）
203-2	改河、改渠、改路挖方				
-a	挖土方	m³			
-b	挖石方	m³			
-c	挖除非适用材料（不含淤泥、岩盐、冻土）	m³			
-d	挖淤泥	m³			
-e	挖岩盐	m³			
-f	挖冻土	m³			
204	填方路基				
204-1	路基填筑（包括填前压实）				
-a	利用土方	m³			
-b	利用石方	m³			
-c	利用土石混填	m³			
-d	借土填方	m³			
-e	粉煤灰及矿渣路堤	m³			
-f	吹填砂路堤	m³			
-g	EPS 路堤	m³			
-h	结构物台背回填	m³			
-i	锥坡及台前溜坡填土	m³			
204-2	改河、改渠、改路填筑				
-a	利用土方	m³			
-b	利用石方	m³			
-c	利用土石混填	m³			
-d	借土填方	m³			
205	特殊地区路基处理				
205-1	软土路基处理				
-a	抛石挤淤	m³			
-b	爆炸挤淤	m³			
-c	垫层				
-c-1	砂垫层	m³			
-c-2	砂砾垫层	m³			
-c-3	碎石垫层	m³			
-c-4	碎石土垫层	m³			
-c-5	灰土垫层	m³			
-d	土工合成材料				
-d-1	反滤土工布	m²			
-d-2	防渗土工膜	m²			

（续）

清单 第200章 路基

子目号	子 目 名 称	单位	数量	单价（元）	合价（元）
-d-3	土工格栅	m²			
-d-4	土工格室	m²			
-e	预压与超载预压				
-e-1	真空预压	m²			
-e-2	超载预压	m³			
-f	袋装砂井	m			
-g	塑料排水板	m			
-h	粒料桩				
-h-1	砂桩	m			
-h-2	碎石桩	m			
-i	加固土桩				
-i-1	粉喷桩	m			
-i-2	浆喷桩	m			
-j	CFG桩	m			
-k	Y形沉管灌注桩	m			
-l	薄壁筒型沉管灌注桩	m			
-m	静压管桩	m			
-n	强夯及强夯置换				
-n-1	强夯	m²			
-n-2	强夯置换	m³			
205-2	红黏土及膨胀土路基处理				
-a	石灰改良土	m³			
-b	水泥改良土	m³			
205-3	滑坡处理				
-a	清除滑坡体	m³			
205-4	岩溶洞处理				
-a	回填	m³			
205-5	湿陷性黄土路基处理				
-a	陷穴处理				
-a-1	灌砂	m³			
-a-2	灌水泥砂浆	m³			
-b	强夯及强夯置换				
-b-1	强夯	m²			
-b-2	强夯置换	m³			
-c	石灰改良土	m³			
-d	灰土桩	m			

（续）

清单　第200章　路基

子目号	子目名称	单位	数量	单价（元）	合价（元）
205-6	盐渍土路基处理				
-a	垫层				
-a-1	砂垫层	m³			
-a-2	砂砾垫层	m³			
-b	土工合成材料				
-b-1	防渗土工膜	m²			
-b-2	土工格栅	m²			
205-7	风积沙路基处理				
-a	土工合成材料				
-a-1	土工格栅	m²			
-a-2	土工格室	m²			
-a-3	蜂窝式塑料网	m²			
205-8	冻土路基处理				
-a	隔热层				
-a-1	XPS 保温板	m²			
-b	通风管	m			
-c	热棒	根			
207	坡面排水				
207-1	边沟				
-a	浆砌片石	m³			
-b	浆砌块石	m³			
-c	现浇混凝土	m³			
-d	预制安装混凝土	m³			
-e	预制安装混凝土盖板	m³			
-f	干砌片石	m³			
207-2	排水沟				
-a	浆砌片石	m³			
-b	浆砌块石	m³			
-c	现浇混凝土	m³			
-d	预制安装混凝土	m³			
-e	预制安装混凝土盖板	m³			
-f	干砌片石	m³			
207-4	跌水与急流槽				
-a	干砌片石	m³			

（续）

清单　第 200 章　路基

子目号	子 目 名 称	单位	数量	单价（元）	合价（元）
-b	浆砌片石	m³			
-c	现浇混凝土	m³			
-d	预制安装混凝土	m³			
207-5	渗沟	m			
207-6	蒸发池				
-a	挖土（石）方	m³			
-b	圬工	m³			
207-7	涵洞上下游改沟、改渠铺砌				
-a	浆砌片石铺砌	m³			
-b	现浇混凝土铺砌	m³			
-c	预制混凝土铺砌	m³			
207-8	现浇混凝土坡面排水结构物	m³			
207-9	预制混凝土坡面排水结构物	m³			
207-10	仰斜式排水孔				
-a	钻孔	m			
-b	排水管	m			
-c	软式透水管	m			
208	护坡、护面墙				
208-1	护坡垫层	m³			
208-2	干砌片石护坡	m³			
208-3	浆砌片石护坡				
-a	满铺浆砌片石护坡	m³			
-b	浆砌骨架护坡	m³			
-c	现浇混凝土	m³			
208-4	混凝土护坡				
-a	现浇混凝土满铺护坡	m³			
-b	混凝土预制件满铺护坡	m³			
-c	现浇混凝土骨架护坡	m³			
-d	混凝土预制件骨架护坡	m³			
-e	浆砌片石	m³			
208-5	护面墙				
-a	浆砌片（块）石护面墙	m³			
-b	现浇混凝土护面墙	m³			

（续）

清单　第 200 章　路基

子目号	子目名称	单位	数量	单价（元）	合价（元）
- c	预制安装混凝土护面墙	m^3			
208-6	封面				
- a	封面	m^2			
208-7	捶面				
- a	捶面	m^2			
208-8	坡面柔性防护				
- a	主动防护系统	m^2			
- b	被动防护系统	m^2			
209	挡土墙				
209-1	垫层	m^3			
209-2	基础				
- a	浆砌片（块）石基础	m^3			
- b	混凝土基础	m^3			
209-3	砌体挡土墙				
- a	浆砌片（块）石	m^3			
209-4	干砌挡土墙	m^3			
209-5	混凝土挡土墙				
- a	混凝土	m^3			
- b	钢筋	kg			
210	锚杆、锚碇板挡土墙				
210-1	锚杆挡土墙				
- a	现浇混凝土立柱	m^3			
- b	预制安装混凝土立柱	m^3			
- c	预制安装混凝土挡板	m^3			
210-2	锚碇板挡土墙				
- a	现浇混凝土肋柱	m^3			
- b	预制安装混凝土肋柱	m^3			
- c	预制安装混凝土锚碇板	m^3			
210-3	现浇墙身混凝土、附属部位混凝土				
- a	现浇混凝土墙身	m^3			
- b	现浇附属部位混凝土	m^3			
210-4	现浇桩基混凝土	m^3			
210-5	锚杆及拉杆				
- a	锚杆	kg			
- b	拉杆	kg			
210-6	钢筋	kg			

（续）

清单　第 200 章　路基

子目号	子 目 名 称	单位	数量	单价（元）	合价（元）
211	加筋土挡土墙				
211-1	基础				
-a	浆砌片石基础	m³			
-b	混凝土基础	m³			
211-2	混凝土帽石				
-a	现浇帽石混凝土	m³			
211-3	预制安装混凝土墙面板	m³			
211-4	加筋带				
-a	扁钢带	kg			
-b	钢筋混凝土带	m³			
-c	塑钢复合带	kg			
-d	塑料土工格栅	m²			
-e	聚丙烯土工带	kg			
211-5	钢筋	kg			
212	喷射混凝土和喷浆边坡防护				
212-1	挂网土工格栅喷浆防护边坡				
-a	喷浆防护边坡	m²			
-b	铁丝网	kg			
-c	土工格栅	m²			
-d	锚杆	kg			
212-2	挂网锚喷混凝土防护边坡（全坡面）				
-a	喷射混凝土防护边坡	m²			
-b	钢筋网	kg			
-c	铁丝网	kg			
-d	土工格栅	m²			
-e	锚杆	kg			
212-3	坡面防护				
-a	喷浆边坡防护	m²			
-b	喷射混凝土边坡防护	m²			
212-4	土钉支护				
-a	钻孔注浆钉	m			
-b	击入钉	kg			
-c	喷射混凝土	m²			
-d	钢筋	kg			
-e	钢筋网	kg			
-f	网格梁、立柱、挡土板	m³			
-g	土工格栅	m²			

（续）

清单　第 200 章　路基

子目号	子目名称	单位	数量	单价（元）	合价（元）
213	预应力锚索边坡加固				
213-1	预应力钢绞线	m			
213-2	无黏结预应力钢绞线	m			
213-3	锚杆				
-a	钢筋锚杆	kg			
-b	预应力钢筋锚杆	kg			
213-4	混凝土框格梁	m³			
213-5	混凝土锚固板	m³			
213-6	钢筋	kg			
214	抗滑桩				
214-1	现浇混凝土桩				
-a	混凝土	m³			
214-2	桩板式抗滑挡墙				
-a	挡土板	m³			
214-3	钢筋	kg			
215	河道防护				
215-1	河床铺砌				
-a	浆砌片石铺砌	m³			
-b	混凝土铺砌	m³			
215-2	导流设施（护岸墙、顺坝、丁坝、调水坝、锥坡）				
-a	浆砌片石	m³			
-b	混凝土	m³			
-c	石笼	m³			
215-3	抛石防护	m³			

清单 200 章合计：

表 4-3　第 300 章路面清单

清单　第 300 章　路面

子目号	子目名称	单位	数量	单价（元）	合价（元）
302	垫层				
302-1	碎石垫层				
-a	厚…mm	m²			
302-2	砂砾垫层				
-a	厚…mm	m²			
302-3	水泥稳定土垫层				

（续）

清单 第300章 路面

子目号	子目名称	单位	数量	单价（元）	合价（元）
-a	厚…mm	m²			
302-4	石灰稳定土垫层				
-a	厚…mm	m²			
303	石灰稳定土底基层、基层				
303-1	石灰稳定土底基层				
-a	厚…mm	m²			
303-2	搭板、埋板下石灰稳定土底基层	m³			
303-3	石灰稳定土基层				
-a	厚…mm	m²			
304	水泥稳定土底基层、基层				
304-1	水泥稳定土底基层				
-a	厚…mm	m²			
304-2	搭板、埋板下水泥稳定土底基层	m³			
304-3	水泥稳定土基层				
-a	厚…mm	m²			
305	石灰粉煤灰稳定土底基层、基层				
305-1	石灰粉煤灰稳定土底基层				
-a	厚…mm	m²			
305-2	搭板、埋板下石灰粉煤灰稳定土底基层	m³			
305-3	石灰粉煤灰稳定土基层				
-a	厚…mm	m²			
305-4	石灰煤渣稳定土基层				
-a	厚…mm	m²			
306	级配碎（砾）石底基层、基层				
306-1	级配碎石底基层				
-a	厚…mm	m²			
306-2	搭板、埋板下级配碎石底基层	m³			
306-3	级配碎石基层				
-a	厚…mm	m²			
306-4	级配砾石底基层				
-a	厚…mm	m²			
306-5	搭板、埋板下级配砾石底基层	m³			
306-6	级配砾石基层				
-a	厚…mm	m²			
307	沥青稳定碎石基层（ATB）				
307-1	沥青稳定碎石基层（ATB）				

（续）

清单　第300章　路面

子目号	子目名称	单位	数量	单价（元）	合价（元）
-a	厚…mm	m²			
-b	厚…mm	m²			
308	透层和黏层				
308-1	透层	m²			
308-2	黏层	m²			
309	热拌沥青混合料面层				
309-1	细粒式沥青混凝土				
-a	厚…mm	m²			
-b	厚…mm	m²			
309-2	中粒式沥青混凝土				
-a	厚…mm	m²			
-b	厚…mm	m²			
309-3	粗粒式沥青混凝土				
-a	厚…mm	m²			
-b	厚…mm	m²			
310	沥青表面处治与封层				
310-1	沥青表面处治				
-a	厚…mm	m²			
-b	厚…mm	m²			
310-2	封层	m²			
311	改性沥青及改性沥青混合料				
311-1	细粒式改性沥青混合料路面				
-a	厚…mm	m²			
-b	厚…mm	m²			
311-2	中粒式改性沥青混合料路面				
-a	厚…mm	m²			
-b	厚…mm	m²			
311-3	SMA路面				
-a	厚…mm	m²			
-b	厚…mm	m²			
312	水泥混凝土面板				
312-1	水泥混凝土面板				
-a	厚…mm（混凝土弯拉强度…MPa）	m²			
-b	厚…mm（混凝土弯拉强度…MPa）	m²			
312-2	钢筋				
-a	光圆钢筋（HPB300）	kg			
-b	带肋钢筋（HRB335、HRB400）	kg			

（续）

清单 第 300 章 路面

子目号	子 目 名 称	单位	数量	单价（元）	合价（元）
313	路肩培土、中央分隔带回填土、土路肩加固及路缘石				
313-1	路肩培土	m³			
313-2	中央分隔带回填土	m³			
313-3	现浇混凝土加固土路肩	m³			
313-4	混凝土预制块加固土路肩	m³			
313-5	混凝土预制块路缘石	m³			
314	路面及中央分隔带排水				
314-1	排水管	m			
314-2	纵向雨水沟（管）	m			
314-3	集水井	座			
314-4	中央分隔带渗沟	m			
314-5	沥青油毡防水层	m²			
314-6	路肩排水沟	m			
314-7	拦水带				
-a	沥青混凝土拦水带	m			
-b	水泥混凝土拦水带	m			

清单 300 章合计：

表 4-4　第 400 章桥梁、涵洞清单

清单 第 400 章 桥梁、涵洞

子目号	子 目 名 称	单位	数量	单价（元）	合价（元）
401	通则				
401-1	桥梁荷载试验（暂估价）	总额			
401-2	桥梁施工监控（暂估价）	总额			
401-3	地质钻探及取样试验（暂定工程量）				
-a	ϕ70mm	m			
-b	ϕ110mm	m			
403	钢筋				
403-1	基础钢筋（含灌注桩、承台、桩系梁、沉桩、沉井等）				
-a	光圆钢筋（HPB300）	kg			
-b	带肋钢筋（HRB335、HRB400）	kg			
403-2	下部结构钢筋				
-a	光圆钢筋（HPB300）	kg			
-b	带肋钢筋（HRB335、HRB400）	kg			
403-3	上部结构钢筋				

（续）

清单　第400章　桥梁、涵洞

子目号	子目名称	单位	数量	单价（元）	合价（元）
-a	光圆钢筋（HPB300）	kg			
-b	带肋钢筋（HRB335、HRB400）	kg			
403-4	附属结构钢筋				
-a	光圆钢筋（HPB300）	kg			
-b	带肋钢筋（HRB335、HRB400）	kg			
404	基坑开挖及回填				
404-1	干处挖土方	m³			
404-2	水下挖土方	m³			
404-3	干处挖石方	m³			
404-4	水下挖石方	m³			
405	钻孔灌注桩				
405-1	钻孔灌注桩				
-a	陆上钻孔灌注桩	m			
-b	水中钻孔灌注桩	m			
405-2	钻取混凝土芯样检测（暂定工程量）	m			
405-3	破坏荷载试验用桩（暂定工程量）	m			
406	沉桩				
406-1	钢筋混凝土沉桩	m			
406-2	预应力混凝土沉桩	m			
406-3	试桩（暂定工程量）	m			
407	挖孔灌注桩				
407-1	挖孔灌注桩	m			
407-2	钻取混凝土芯样检测（暂定工程量）	m			
407-3	破坏荷载试验用桩（暂定工程量）	m			
408	桩的垂直静荷载试验				
408-1	桩的检验荷载试验（暂定工程量）	每一试桩			
408-2	桩的破坏荷载试验（暂定工程量）	每一试桩			
409	沉井				
409-1	钢筋混凝土沉井				
-a	井壁混凝土	m³			
-b	封底混凝土	m³			
-c	填芯混凝土	m³			
-d	顶板混凝土	m³			
410	结构混凝土工程				
410-1	混凝土基础（包括支撑梁、桩基承台、桩系梁，但不包括桩基）	m³			

（续）

清单 第400章 桥梁、涵洞

子目号	子 目 名 称	单位	数量	单价（元）	合价（元）
410-2	混凝土下部结构				
-a	桥台混凝土	m³			
-b	桥墩混凝土	m³			
-c	盖梁混凝土	m³			
-d	台帽混凝土	m³			
410-3	现浇混凝土上部结构	m³			
410-4	预制混凝土上部结构	m³			
410-5	桥梁上部结构现浇整体化混凝土	m³			
410-6	现浇混凝土附属结构	m³			
410-7	预制混凝土附属结构	m³			
411	预应力混凝土工程				
411-1	先张法预应力钢丝	kg			
411-2	先张法预应力钢绞线	kg			
411-3	先张法预应力钢筋	kg			
411-4	后张法预应力钢丝	kg			
411-5	后张法预应力钢绞线	kg			
411-6	后张法预应力钢筋	kg			
411-7	现浇预应力混凝土上部结构	m³			
411-8	预制预应力混凝土上部结构	m³			
413	砌石工程				
413-1	浆砌片石				
-a	M…	m³			
413-2	浆砌块石				
-a	M…	m³			
413-3	浆砌料石				
-a	M…	m³			
413-4	浆砌预制混凝土块				
-a	M…	m³			
415	桥面铺装				
415-1	沥青混凝土桥面铺装	m³			
415-2	水泥混凝土桥面铺装	m³			
415-3	防水层				
-a	桥面混凝土表面处理	m²			
-b	铺设防水层	m²			
415-4	桥面排水				
-a	竖、横向集中排水管				

（续）

清单　第400章　桥梁、涵洞

子目号	子目名称	单位	数量	单价（元）	合价（元）
-a-1	铸铁管	kg			
-a-2	钢管	kg			
-a-3	PVC 管	m			
-b	桥面边部碎石盲沟	m^3			
416	桥梁支座				
416-1	板式橡胶支座	dm^3			
416-2	盆式支座	个			
416-3	隔振橡胶支座	个			
416-4	球形支座	个			
417	桥梁接缝和伸缩装置				
417-1	橡胶伸缩装置	m			
417-2	模数式伸缩装置	m			
417-3	梳齿板式伸缩装置	m			
417-4	填充式材料伸缩装置	m			
419	圆管涵及倒虹吸管涵				
419-1	单孔钢筋混凝土圆管涵	m			
419-2	双孔钢筋混凝土圆管涵	m			
419-3	钢筋混凝土圆管倒虹吸管涵	m			
420	盖板涵、箱涵				
420-1	钢筋混凝土盖板涵	m			
420-2	钢筋混凝土箱涵	m			
420-3	钢筋混凝土盖板通道涵	m			
420-4	钢筋混凝土箱形通道涵	m			
421	拱涵				
421-1	拱涵				
-a	石拱涵	m			
-b	混凝土拱涵	m			
421-2	拱形通道涵				
-a	石拱通道涵	m			
-b	混凝土拱通道涵	m			

清单400章合计：

表4-5　第500章隧道清单

清单　第500章　隧道

子目号	子目名称	单位	数量	单价（元）	合价（元）
502	洞口与明洞工程				
502-1	洞口、明洞开挖				

（续）

清单　第 500 章　隧道

子目号	子 目 名 称	单位	数量	单价（元）	合价（元）
- a	土方	m^3			
- b	石方	m^3			
502 - 2	防水与排水				
- a	石砌截水沟、排水沟	m^3			
- b	现浇混凝土沟槽	m^3			
- c	预制安装混凝土沟槽	m^3			
- d	预制安装混凝土沟槽盖板	m^3			
- e	土工合成材料	m^2			
- f	渗沟	m^3			
- g	钢筋	kg			
502 - 3	洞口坡面防护				
- a	浆砌片石护坡	m^3			
- b	现浇混凝土护坡	m^3			
- c	预制安装混凝土护坡	m^3			
- d	喷射混凝土护坡	m^3			
- e	浆砌护面墙	m^3			
- f	现浇混凝土护面墙	m^3			
- g	混凝土挡土墙	m^3			
- h	地表注浆	m^3			
- i	钢筋	kg			
- j	锚杆	m			
- k	主动防护系统	m^2			
- l	被动防护系统	m^2			
502 - 4	洞门建筑				
- a	现浇混凝土	m^3			
- b	预制安装混凝土块	m^3			
- c	浆砌片粗料石（块石）	m^3			
- d	洞门墙装修	m^2			
- e	钢筋	kg			
- f	隧道铭牌	处			
502 - 5	明洞衬砌				
- a	现浇混凝土	m^3			
- b	钢筋	kg			
502 - 6	遮光棚（板）	m^2			
502 - 7	洞顶回填				
- a	防水层				

（续）

清单 第500章 隧道

子目号	子目名称	单位	数量	单价（元）	合价（元）
-a-1	黏土防水层	m³			
-a-2	土工合成材料	m²			
-b	回填	m³			
503	**洞身开挖**				
503-1	洞身开挖				
-a	洞身开挖（不含竖井、斜井）	m³			
-b	竖井洞身开挖	m³			
-c	斜井洞身开挖	m³			
503-2	洞身支护				
-a	管棚支护				
-a-1	基础钢管桩	m			
-a-2	套拱混凝土	m³			
-a-3	孔口管	m			
-a-4	套拱钢架	kg			
-a-5	钢筋	kg			
-a-6	管棚	m			
-b	注浆小导管	m			
-c	锚杆支护				
-c-1	砂浆锚杆	m			
-c-2	药包锚杆	m			
-c-3	中空注浆锚杆	m			
-c-4	自进式锚杆	m			
-c-5	预应力锚杆	m			
-d	喷射混凝土支护				
-d-1	钢筋网	kg			
-d-2	喷射混凝土	m³			
-e	钢支架支护				
-e-1	型钢支架	kg			
-e-2	钢筋格栅	kg			
504	**洞身衬砌**				
504-1	洞身衬砌				
-a	钢筋	kg			
-b	现浇混凝土	m³			
504-2	仰拱、铺底混凝土				
-a	现浇混凝土仰拱	m³			
-b	现浇混凝土仰拱回填	m³			

（续）

清单 第500章 隧道

子目号	子 目 名 称	单位	数量	单价（元）	合价（元）
504-3	边沟、电缆沟混凝土				
-a	现浇混凝土沟槽	m³			
-b	预制安装混凝土沟槽	m³			
-c	预制安装混凝土沟槽盖板	m³			
-d	钢筋	kg			
-e	铸铁盖板	kg			
504-4	洞室门	个			
504-5	洞内路面				
-a	钢筋	kg			
-b	现浇混凝土	m³			
505	防水与排水				
505-1	防水与排水				
-a	金属材料	kg			
-b	排水管				
-b-1	钢筋混凝土排水管	m			
-b-2	PVC 排水管	m			
-b-3	U 形排水管	m			
-b-4	Ω 形排水管	m			
-c	防水板	m²			
-d	止水带	m			
-e	止水条	m			
-f	涂料防水层	m²			
-g	注浆				
-g-1	水泥	t			
-g-2	水玻璃原液	m³			
505-2	保温				
-a	保温层	m²			
-b	洞口排水保温				
-b-1	洞口排水沟保温层	m²			
-b-2	保温出水口暗管	m			
-b-3	保温出水口	处			
506	洞内防火涂料和装饰工程				
506-1	洞内防火涂料	m²			
506-2	洞内装饰工程				
-a	墙面装饰	m²			
-b	喷涂混凝土专用漆	m²			

（续）

清单　第 500 章　隧道

子目号	子目名称	单位	数量	单价（元）	合价（元）
- c	吊顶	m²			
508	**监控量测**				
508-1	监控量测				
- a	必测项目	总额			
- b	选测项目	总额			
509	**特殊地质地段的施工与地质预报**				
509-1	地质预报	总额			
510	**洞内机电设施预埋件和消防设施**				
510-1	预埋件				
- a	通风设施预埋件	kg			
- b	通信设施预埋件	kg			
- c	照明设施预埋件	kg			
- d	监控设施预埋件	kg			
- e	供配电设施预埋件	kg			
	…				
510-2	消防设施				
- a	供水钢管（φ…mm）	m			
- b	消防洞室防火门	套			
- c	集水池	座			
- d	蓄水池	座			
- e	泵房	座			
	…				

清单 500 章合计：

表 4-6　第 600 章安全设施及预埋管线清单

清单　第 600 章　安全设施及预埋管线

子目号	子目名称	单位	数量	单价（元）	合价（元）
602	**护栏**				
602-1	混凝土护栏（护墙、立柱）				
- a	现浇混凝土护栏	m³			
- b	预制安装混凝土护栏	m³			
- c	现浇混凝土基础	m³			
- d	钢筋	kg			
602-2	石砌护墙	m³			
602-3	波形梁钢护栏				

（续）

清单　第600章　安全设施及预埋管线

子目号	子 目 名 称	单位	数量	单价（元）	合价（元）
- a	路侧波形梁钢护栏	m			
- b	中央分隔带波形梁钢护栏	m			
- c	波形梁钢护栏端头	个			
602-4	缆索护栏				
- a	路侧缆索护栏	m			
- b	中央分隔带缆索护栏	m			
602-5	中央分隔带活动护栏				
- a	钢质插拔式	m			
- b	钢质伸缩式	m			
- c	钢管预应力索防撞活动护栏	m			
603	隔离栅和防落物网				
603-1	钢板网隔离栅	m			
603-2	编织网隔离栅	m			
603-3	焊接网隔离栅	m			
603-4	刺钢丝网隔离栅	m			
603-5	防落物网	m			
604	道路交通标志				
604-1	单柱式交通标志	个			
604-2	双柱式交通标志	个			
604-3	三柱式交通标志	个			
604-4	门架式交通标志	个			
604-5	单悬臂式交通标志	个			
604-6	双悬臂式交通标志	个			
604-7	附着式交通标志	个			
604-8	里程碑	个			
604-9	公路界碑	个			
604-10	百米桩	个			
604-11	防撞桶	个			
604-12	锥形桶	个			
604-13	道路反光镜	个			
605	道路交通标线				
605-1	热熔型涂料路面标线				
- a	…	m^2			
605-2	溶剂型涂料路面标线				
- a	…	m^2			
605-3	预成型标线带				

（续）

清单 第600章 安全设施及预埋管线

子目号	子 目 名 称	单位	数量	单价（元）	合价（元）
- a	…	m²			
605 - 4	突起路标	个			
605 - 5	轮廓标				
- a	柱式轮廓标	个			
- b	附着式轮廓标	个			
605 - 6	立面标记	处			
605 - 7	锥形路标	个			
605 - 8	减速带	m			
605 - 9	铲除原有路面标线	m²			
606	**防眩设施**				
606 - 1	防眩板	块			
606 - 2	防眩网	m			
607	**通信和电力管道与预埋（预留）基础**				
607 - 1	人（手）孔	个			
607 - 2	紧急电话平台	个			
607 - 3	管道工程				
608	**收费设施及地下管道**				
608 - 1	收费亭				
- a	单人收费亭	个			
- b	双人收费亭	个			
608 - 2	收费天棚	m²			
608 - 3	收费岛				
- a	单向收费岛	个			
- b	双向收费岛	个			
608 - 4	地下通道	m			
608 - 5	预埋管线				
- a	（管线规格）	m			
- b	（管线规格）	m			
608 - 6	架设管线				
- a	（管线规格）	m			
- b	（管线规格）	m			

清单 600 章合计：

表 4-7　第 700 章绿化及环境保护设施清单

清单　第 700 章　绿化及环境保护设施					
子目号	子　目　名　称	单位	数量	单价（元）	合价（元）
702	铺设表土				
702-1	开挖并铺设表土	m³			
702-2	铺设利用的表土	m³			
703	撒播草种和铺植草皮				
703-1	撒播草种（含喷播）	m²			
703-2	撒播草种及花卉、灌木籽（含喷播）	m²			
703-3	先点播灌木后喷播草种	m²			
703-4	铺植草皮				
-a	马尼拉草皮	m²			
-b	美国二号草皮	m²			
	…				
703-5	三维土工网植草	m²			
703-6	客土喷播	m²			
703-7	植生袋	m²			
703-8	绿地喷灌管道	m			
704	种植乔木、灌木和攀缘植物				
704-1	人工种植乔木				
-a	香樟	棵			
-b	大叶樟	棵			
-c	杜英	棵			
	…				
704-2	人工种植灌木				
-a	夹竹桃	棵			
-b	木芙蓉	棵			
-c	春杜鹃	棵			
	…				
704-3	人工种植攀缘植物	棵			
704-4	人工种植竹类	棵			
706	声屏障				
706-1	吸、隔声板声屏障	m			
706-2	吸声砖声屏障	m³			
706-3	砖墙声屏障	m³			
清单 700 章合计：					

表 4-8　专项暂定金额汇总表

清单编号	细　目　号	名　　称	估计金额（元）
400	401-1	桥梁荷载试验（举例）	60000
…	…	…	…

专项暂定金额小计（结转至工程量清单汇总表）

表4-9 劳务清单

编号	子目名称	单位	暂定数量	单价（元）	合价（元）
101	班长	h			
102	普通工	h			
103	焊工	h			
104	电工	h			
105	混凝土工	h			
106	木工	h			
107	钢筋工	h			
	...				

劳务小计金额：＿＿＿＿＿＿

（计入"计日工汇总表"）

表4-10 材料清单

编号	子目名称	单位	暂定数量	单价（元）	合价（元）
201	水泥	t			
202	钢筋	t			
203	钢绞线	t			
204	沥青	t			
205	木材	m^3			
206	砂	m^3			
207	碎石	m^3			
208	片石	m^3			
	...				

材料小计金额：＿＿＿＿＿＿

（计入"计日工汇总表"）

表4-11 施工机械清单

编号	子目名称	单位	暂定数量	单价（元）	合价（元）
301	装载机				
301-1	1.5m^3以下	h			
301-2	1.5~2.5m^3	h			
301-3	2.5m^3以上	h			
302	推土机				
302-1	90kW以下	h			
302-2	90~180kW	h			
302-3	180kW以上	h			
	...				

施工机械小计金额：＿＿＿＿＿＿

（计入"计日工汇总表"）

表 4-12 计日工汇总表

名　　称	金　　额	备　　注
劳务		
材料		
施工机械		

计日工总计：＿＿＿＿＿＿＿

（计入"投标报价汇总表"）

表 4-13 材料暂估价表

序号	名称	单位	数量	单价（元）	合价（元）	备注

表 4-14 工程设备暂估价表

序号	名称	单位	数量	单价（元）	合价（元）	备注

表 4-15 专业工程暂估价表

序号	专业工程名称	工程内容	金额（元）
	小计：		

表 4-16 投标报价汇总表

＿＿＿＿＿＿＿（项目名称）　＿＿＿＿＿＿＿标段

序号	章次	科目名称	金额（元）
1	100	总则	
2	200	路基	
3	300	路面	
4	400	桥梁、涵洞	
5	500	隧道	
6	600	安全设施及预埋管线	
7	700	绿化及环境保护设施	
8		第 100~700 章清单合计	
9		已包含在清单合计中的材料、工程设备、专业工程暂估价合计	
10		清单合计减去材料、工程设备、专业工程暂估价合计（即 8-9=10）	
11		计日工合计	
12		暂列金额（不含计日工总额）	
13		投标报价（8+11+12）=13	

注：材料、工程设备、专业工程暂估价已包括在清单合计中，不应重复计入投标报价。

表 4-17　工程量清单单价分析表　　　　　　　　　　　（单位：元）

序号	编码	子目名称	人 工 费			材 料 费						机械使用费	其他	管理费	税费	利润	综合单价
			工日	单价	金额	主 材				辅材费	金额						
						主材耗量	单位	单价	主材费								

4.3　公路工程工程量清单计量总则

4.3.1　总则包括的内容（表 4-18）

　　总则主要包括保险、工程管理、临时工程与设施、承包人驻地建设、施工标准化等内容。

表 4-18　工程量清单计量总则表

子目号	子目名称	单位	工程量计算规则	工程内容
101	通则			
101-1	保险费			
-a	按合同条款规定，提供建筑工程一切险	总额	1. 承包人按照合同条款约定的保险费率及保费计算方法办理建筑工程一切险，根据保险公司的保单金额以总额为单位计量　2. 保险期为合同约定的施工期及缺陷责任期　3. 承包人施工机械设备保险和雇用人员工伤事故保险费、人身意外伤害保险费由承包人承担	根据合同条款办理建筑工程一切险

（续）

子目号	子目名称	单位	工程量计算规则	工程内容
-b	按合同条款规定，提供第三者责任险	总额	1. 承包人按照合同条款约定的保险费率及保费计算方法办理第三者责任险，根据保险公司的保单金额以总额为单位计量 2. 保险期为合同约定的施工期及缺陷责任期	根据合同条款办理第三者责任险
102	工程管理			
102-1	竣工文件	总额	按规定以总额计算	按《公路工程竣（交）工验收办法》、《公路工程竣（交）工验收办法实施细则》及合同条款规定进行编制
102-2	施工环保费	总额		按《公路工程标准施工招标文件》第七章"技术规范"102.11小节及合同条款规定落实环境保护措施
102-3	安全生产费	总额	按投标价的1.5%（若招标人公布了最高投标限价时，按最高投标限价的1.5%）以总额为单位计量	按《公路工程标准施工招标文件》（2018年版）第七章"技术规范"102.13小节及合同条款规定落实安全生产措施
102-4	信息化系统（暂估价）	总额	以暂估价的形式按总额计量	1. 工程信息化系统的配置、维护、备份管理及网络构筑 2. 系统操作人员培训、劳务
103	临时工程与设施			
103-1	临时道路修建、养护与拆除（包括原道路的养护）	总额	按规定以总额计算	按《公路工程标准施工招标文件》第七章"技术规范"103.03小节及合同条款规定完成临时道路的修建、养护与拆除
103-2	临时占地	总额	1. 以总额为单位计量 2. 取、弃土（渣）场的绿化、结构防护及排水在相应章节计量	1. 按《公路工程标准施工招标文件》第七章"技术规范"103.04小节及合同条款规定办理及使用临时占地，并进行复垦 2. 临时占地范围包括承包人驻地的办公室、食堂、宿舍、道路和机械设备停放场、材料堆放场地、弃土（渣）场、预制场、拌和场、仓库、进场临时道路、临时便道、便桥等

（续）

子目号	子目名称	单位	工程量计算规则	工 程 内 容
103-3	临时供电设施架设、维护与拆除	总额		按《公路工程标准施工招标文件》第七章"技术规范"103.02小节及合同条款规定完成临时供电设施架设、维护与拆除
103-4	电信设施的提供、维修与拆除	总额	按规定以总额计算	按《公路工程标准施工招标文件》第七章"技术规范"103.02小节及合同条款规定完成电信设施的提供、维修与拆除
103-5	临时供水与排污设施	总额		按《公路工程标准施工招标文件》第七章"技术规范"103.02小节及合同条款规定完成临时供水与排污设施的修建、维修与拆除
104	承包人驻地建设			
104-1	承包人驻地建设	总额	按规定以总额计算	1. 承包人驻地建设包括：施工与管理所需的办公室、住房、工地试验室、车间、工作场地、预制场地、仓库与储料场、拌和场、医疗卫生与消防设施等 2. 驻地的建设、管理与维护 3. 工程交工时，按照合同或协议要求将驻地移走、清除、恢复原貌
105	施工标准化			
105-1	施工驻地	总额		按《公路工程标准施工招标文件》第七章"技术规范"第105节施工标准化的内容和要求执行
105-2	工地试验室	总额	按规定以总额计算	按《公路工程标准施工招标文件》第七章"技术规范"第105节施工标准化的内容和要求执行
105-3	拌和站	总额		按《公路工程标准施工招标文件》第七章"技术规范"第105节施工标准化的内容和要求执行

（续）

子目号	子 目 名 称	单位	工程量计算规则	工 程 内 容
105-4	钢筋加工场	总额		按《公路工程标准施工招标文件》第七章"技术规范"第105节施工标准化的内容和要求执行
105-5	预制场	总额		按《公路工程标准施工招标文件》第七章"技术规范"第105节施工标准化的内容和要求执行
105-6	仓储存放地	总额	按规定以总额计算	按《公路工程标准施工招标文件》第七章"技术规范"第105节施工标准化的内容和要求执行
105-7	各场（厂）区、作业区连接道路及施工主便道	总额		按《公路工程标准施工招标文件》第七章"技术规范"第105节施工标准化的内容和要求执行

4.3.2　有关问题的说明及提示

1. 保险费（工程一切险和第三方责任险）

工程一切险是为永久工程、临时工程和设备及已运至施工工地用于永久工程的材料和设备所投的保险。第三方责任险是对因实施本合同工程而造成的财产（本工程除外）的损失和损害或人员（业主和承包人雇员除外）的死亡或伤残所负责任进行的保险。保险费率按议定保险合同费率办理（保险期限应至竣工验收为止），根据保单实际额度予以计量，当保单中的工程一切险和第三方责任险二险合一而难以分开时，可根据实际总额合理分摊。

2. 竣工文件费

竣工文件费是在分项工程完工后承包人对承建工程，按交通部发布的《公路工程竣（交）工验收办法》及其他有关规定的要求，编制竣工图表、资料所需的费用。

3. 施工环保费

施工环保费是承包人在施工过程中采取预防和消除环境污染措施所需的费用。

4. 临时道路

临时道路是承包人为实施与完成工程建设所必须修建的包括便道、便桥、便涵、码头及与此相关的安全设施，其费用包括临时道路修建、养护、拆除及原有道路的养护费、交通维护费。

5. 临时工程用地

临时工程用地除原技术规范规定的外，明确拌和场、堆料场、机械设备停放场等用地都作为临时用地。临时工程用地费是承包人为完成工程建设，临时占用土地的租用费。临时用地费已包含临时占地恢复费，临时占地退还前，承包人应负责恢复到临时用地使用前的状况。未经审批的占地和超过批准的占地使用时间所发生的一切费用和后果由承包人自负。

6. 临时供电设施、电信设施费

临时供电设施、电信设施费是承包人为完成工程建设所需要的临时电力、电信设施的架设、维修与拆除的费用，不包括使用费，其使用费应包括在与其相关工程细目的单价或费率之中。

7. 承包人驻地建设费

承包人驻地建设费是指承包人施工与管理所需的办公室、住房、工地试验室、车间、工作场地、预制场地、仓库与储料场、拌和场、医疗卫生与消防设施等的建设、管理与维护所需费用，其中包括拆除与恢复到原来的自然状况的费用。

8. 安全生产费

安全生产费按投标价的 1.5%，（若招标人公布了投标控制价上限时，按投标控制价上限的1.5% 计）以固定金额形式计入工程量清单支付子目中，安全生产费应用于施工安全防护用具及设施的采购和更新、安全施工措施的落实、安全生产条件的改善，不得挪作他用。施工安全设施费及与此有关的一切作业经监理人对工程安全生产情况审查批准后，以总额计量。如承包人在此基础上增加安全生产费用以满足项目施工需要，则承包人应在本项目工程量清单其他相关子目的单价或总额中予以考虑，发包人不再另行支付。

9. 工程信息化系统

高速公路、一级公路及独立特大桥、特长隧道工程宜按下列规定配备工程信息化系统，其他工程根据工程需要并经发包人批准时也可配备工程信息化系统：

1）承包人应统一配备发包人指定的工程信息化系统，并建立网络系统。网络带宽不宜小于 20M。

2）承包人应根据工程信息化系统的要求配备专用计算机。计算机的硬件及软件配置应满足能够使工程信息化系统顺畅运行的要求。

3）工程信息化系统应由专人负责操作，并应保持系统的安全性和稳定性，定期更新杀毒软件和进行系统维护，备份相关管理数据。

工程信息化系统费用由发包人估计确定，以暂估价的形式按总额计入工程总价内，其费用包括系统操作人员的培训、劳务和计算机配置、维护、备份管理及网络构筑等一切与此相关的费用。

4.4　总则的计量与支付

工程量计量规则是对清单项目工程量的计算规定。计量规则在技术规范的有关内容和工程量清单的前言中都明确给予了规定，在进行计量时必须遵守。有时，对同一工程内容，在不同的合同中计量规则会有所差别。所以，必须严格按照本合同规定的计量规则进行计量，不能按习惯的方法计量，也不能按别的计量规则进行计量，下面介绍工程量清单计量的总原则。

1. 一般要求

1）本计量规则各章节是按《公路工程标准施工招标文件》第七章"技术规范"的相应章节编号的，因此，各章节工程子目的工程量计量规则应与"技术规范"相应章节的施工规范结合起来理解、解释和应用。

2）本规则所有工程项目，除个别注明者外，均采用我国法定的计量单位，即国际单位及国际单位制导出的辅助单位进行计量。

3）本规则的计量与支付，应与合同条款、工程量清单以及设计图同时阅读，工程量清单中的支付项目号和本规则的章节编号是一致的。

4）任何工程项目的计量，均应按本规则规定或监理人书面指示进行。

5）按合同提供的材料数量和完成的工程数量所采用的测量与计算方法，应符合本规则规定。

所有这些方法，应经监理人批准或指示。承包人应提供一切计量设备和条件，并保证其设备精度符合要求。

6）除非监理人另有准许，一切计量工作都应在监理人在场情况下，由承包人测量、记录。有承包人签名的计量记录原本，应提交给监理人审查和保存。

7）工程量应由承包人计算，由监理人审核。工程量计算的副本应提交给监理人并由监理人保存。

8）除合同特殊约定单独计量之外，全部必需的模板、脚手架、装备、机具、螺栓、垫圈和钢制件等其他材料，应包括在工程量清单中所列的有关支付项目中，均不单独计量。

9）除监理人另有批准外，凡超过设计图所示的面积或体积，都不予计量与支付。

10）承包人应严格标准计量基础工作和材料采购检验工作。沥青混凝土、沥青碎石、水泥混凝土、高强度等级水泥砂浆的施工现场必须使用电子计量设备称重。因不符合计量规定引发质量问题，所发生的费用由承包人承担。

11）第 104 节"承包人驻地建设"与第 105 节"施工标准化"属选择性工程子目，由发包人根据工程项目管理实际情况选择使用或同时使用。

2. 质量

1）凡以质量计量或以质量作为配合比设计的材料，都应在精确与批准的磅秤上，由称职合格的人员在监理人指定或批准的地点进行称重。

2）称重计量时应满足以下条件：监理人在场；称重记录；载明包装材料、支撑装置、垫块、捆束物等质量的说明书在称重前提交给监理人作为依据。

3）钢筋、钢板或型钢计量时，应按设计图或其他资料标示的尺寸和净长计算。搭接、接头套筒、焊接材料、下脚料和固定、定位架立钢筋等，则不予另行计量。钢筋、钢板或型钢应以"kg"计量，四舍五入，不计小数。钢筋、钢板或型钢由于理论单位质量与实际单位质量的差异而引起材料质量与数量不相匹配的情况，计量时不予考虑。

4）金属材料的质量不得包括施工需要加放或使用的灰浆、楔块、填缝料、垫衬物、油料、接缝料、焊条、涂敷料等质量。

5）承运按质量计量的材料的货车，应每天在监理人指定的时间和地点称出空车质量，每辆货车还应标示清晰易辨的标记。

6）对有规定标准的项目，例如钢筋、金属线、钢板、型钢、管材等，均有规定的规格、质量、截面尺寸等指标，这类指标应视为通常的质量或尺寸；除非引用规范中的允许偏差值加以控制，否则可用制造商的允许偏差。

3. 面积

除非另有规定，计算面积时，其长、宽应按设计图所示尺寸线或按监理人指示计量。对于面积在 $1m^2$ 以下的固定物（如检查井等）不予扣除。

4. 结构物

1）结构物应按设计图所示净尺寸线或根据监理人指示修改的尺寸线计量。

2）水泥混凝土的计量应按监理人认可的并已完工工程的净尺寸计算，钢筋的体积不扣除，倒角不超过 $0.15m \times 0.15m$ 时不扣除，体积不超过 $0.03m^3$ 的开孔及开口不扣除，面积不超过 $0.15m \times 0.15m$ 的填角部分也不增加。

3）所有以米计量的结构物（如管涵等），除非设计图另有表示，应按平行于该结构物位置的基面或基础的中心方向计量。

5. 土方

1）土方体积可采用平均断面面积法计算，但与似棱体公式（prismoidal formula）计算结果比较，如果误差超过 ±5% 时，监理人可指示采用似棱体公式。

2）各种不同类别的挖方与填方计量，应以设计图所示界线为限，而且应在批准的横断面图上标明。

3）用于填方的土方量，应以压实后的纵断面高程和路床面为准来计量。承包人报价时，应考虑在挖方或运输过程中引起的体积差。

4）在现场钉桩后 56 天内，承包人应将设计和进场复测的土方横断面图连同土方的面积与体积计算表一并提交监理人批准。所有横断面图都应标有图题框，其大小由监理人指定。一旦横断面图得到最后批准，承包人应交给监理人原版图及复制图。

6. 运输车辆体积

1）用体积计量的材料，应以经监理人批准的车辆装运，并在运到地点进行计量。

2）用于体积运输的车辆，其车厢的形状和尺寸应使其容量能够容易而准确地测定并应保证精确度。每辆车都应有明显标记。每车所运材料的体积应于事前由监理人与承包人相互达成书面协议。

3）所有车辆都应装载成水平容积高度，车辆到达送货点时，监理人可以要求将其装载物重新整平，对超过定量运送的材料将不支付。运量达不到定量的车辆，应被拒绝接收或按监理人确定减少的体积接收。根据监理人的指示，承包人应在货物交付点，随机将一车材料刮平，在刮平后如发现货车运送的材料少于定量时，从前一车起所有运到的材料的计量都按同样比率减为目前的车载量。

7. 质量与体积换算

1）如承包人提出要求并得到监理人的书面批准，已规定要用 "m³" 计量的材料可以称重，并将此质量换算为立方米计量。

2）将质量计量换算为体积计量的换算系数应由监理人确定，并应在此种计量方法使用之前征得承包人的同意。

8. 沥青和水泥

1）沥青和水泥应以 "kg" 为单位计量。

2）如用货车或其他运输工具装运沥青材料，可以按经过检定的质量或体积计算沥青材料的数量，但要对漏失量或泡沫进行校正。

3）水泥可以以袋作为计量的依据，但一袋的标准应为 50kg。散装水泥应称重计量。

9. 成套的结构单元

如规定的计量单位是一成套的结构物或结构单元（实际上就是按 "总额" 或称 "一次支付" 计的工程子目），该单元应包括了所有必需的设备、配件和附属物及相关作业。

10. 标准制品项目

1）如规定采用标准制品（如护栏、钢丝、钢板、轧制型材、管子等），而这类项目又是以标准规格（单位重、截面尺寸等）标识的，则这种标识可以作为计量的标准。

2）除非所采用标准制品的允许误差比规范的允许误差要求更严格，否则，生产厂确立的制造允许误差不予认可。

11. 设计图

1）发包人提供的设计图中的工程数量表内数值，仅供施工作业时参考，并不代表承包人实际完成的工程数量。

2）承包人施工时应核对图中标注的构造物尺寸和高程。发现错误时，应立即和监理人联系，按照监理人批准的尺寸及高程实施。

3）合同授予后，监理人（发包人）可提供进一步的详细设计图或补充设计图，供完成施工工艺图参考。但这并不免除承包人完成施工工艺图和对施工质量负责的任何义务。承包人应向监理人提出设计图使用计划，以保证施工进度不被延误。

12. 工程变更

工程实施过程中的工程变更应按照"合同条款"第 15 条的相关规定执行。

13. 税金和保险

1）承包人应根据我国税法的规定和地方政府的规定缴纳有关税费。

2）在施工期及缺陷责任期内，承包人应按照合同条款要求办理保险，包括建筑工程一切险和第三者责任保险。

3）承包人应按照合同条款要求为其履行合同所雇用的全部人员缴纳工伤保险费，在整个施工期间为其现场机构雇用的全部人员投保人身意外伤害险并为其施工设备办理保险。

14. 各支付项的范围

1）承包人应得到并接受按合同条款规定的报酬，作为实施各工程项目（不论是临时的或永久性的）与缺陷修复中需提供的一切劳务（包括劳务的管理）、材料、施工机械及其他事务的充分支付。

2）除非另有规定，工程量清单中各支付子目所报的单价或总额，都应认为是该支付子目全部作业的全部报酬。包括所有劳务，材料和设备的提供、运输、安装和临时工程的修建、维护与拆除，责任和义务等费用，均应认为已计入工程量清单标价的各工程子目中。

3）工程量清单未列入的子目，其费用应认为已包括在相关的工程子目的单价和费率中，不再另行支付。

【例 4-1】　某高速公路工程第 100 章工程量清单见表 4-19。

表 4-19　工程量清单

清单　第 100 章　总则

子目号	子 目 名 称	单位	数量	单价（元）	合价（元）
101-1	保险费				
-a	按合同条款规定，提供建筑工程一切险	总额	1.000	2040098.41	2040098
-b	按合同条款规定，提供第三者责任险	总额	1.000	126000.00	126000
102-1	竣工文件	总额	1.000	100000.00	100000
102-2	施工环保费	总额	1.000	1093977.62	1093978
102-3	安全生产费	总额	1.000	6446409.94	6446410
102-4	信息化系统（暂估价）	总额	1.000	50000.00	50000
103-1	临时道路修建、养护与拆除（包括原道路的养护）	总额	1.000	2000000.00	2000000
103-2	临时占地	总额	1.000	2000000.00	2000000
103-3	临时供电设施架设、维护与拆除	总额	1.000	1000000.00	1000000
103-4	电信设施的提供、维修与拆除	总额	1.000	1000000.00	1000000
103-5	临时供水与排污设施	总额	1.000	2000000.00	2000000
104-1	承包人驻地建设	总额	1.000	2985108.00	2985108
105-1	施工驻地	总额	1.000	950000.00	950000
105-2	工地试验室	总额	1.000	890000.00	890000
105-3	拌和站	总额	1.000	670000.00	670000
105-4	钢筋加工场	总额	1.000	180000.00	180000

（续）

	清单 第100章 总则				
子目号	子 目 名 称	单位	数量	单价（元）	合价（元）
105-5	预制场	总额	1.000	150000.00	150000
105-6	仓储存放地	总额	1.000	250000.00	250000
105-7	各场（厂）区、作业区连接道路及施工主便道	总额	1.000	560000.00	560000

清单第100章合计：24491594 元

4-1 工程量清单的计量方法是什么？

4-2 工程量清单的单位包括什么？

4-3 计日工材料的计算要点是什么？

4-4 什么是工程量计算规则？

4-5 工程量的项目号如何编写？

第 **5** 章 | 路基工程工程量清单计量与计价

5.1 路基工程工程量清单计量

5.1.1 路基工程工程量清单计量规则说明

1. 路基工程内容

路基工程包括的内容：清理与挖除、路基挖方、路基填方、特殊地区路基处理、坡面排水、护坡、护面墙、挡土墙、锚杆、锚碇板挡土墙、加筋土挡土墙、喷射混凝土和喷浆边坡防护、预应力锚索边坡加固、抗滑桩、河道防护。

2. 有关问题的说明及提示

1）路基石方的界定。用不小于 112.5kW 推土机单齿松土器无法勾动，须用爆破或用钢楔大锤或用气钻方法开挖的，以及体积大于或等于 $1m^3$ 的孤石为石方。其土石分类应以设计为依据，由监理人批准确定。

2）土石方体积用平均断面面积法计算，但与似棱体公式计算结果比较，如果误差超过 5% 时，采用似棱体公式计算。

3）路基挖方以批准的路基设计图所示界限为限，均以开挖天然密实体积计量。其中包括边沟、排水沟、截水沟、改河、改渠、改路的开挖。

4）挖方作业应保持边坡稳定，应做到开挖与防护同步施工，如因施工方法不当，排水不良或开挖后未按设计及时进行防护而造成的塌方，则塌方的清除和回填由承包人负责。

5）路基填料中石料含量等于或大于 70% 时，按填石路堤计量；石料含量小于 70% 且大于 30% 时，按土石混填路堤计量；石料含量小于 30% 时，按填土路堤计量。

6）路基填方以批准的路基设计图所示界限为限，应按压实后的纵断面高程和路床顶面设计高程计算。

为保证压实度两侧加宽超填的增加体积，零填零挖的翻松压实，均不另行计量。填前压实、地面下沉增加的填方量按填料来源分别计量。

7）桥涵台背回填只计按设计图或工程师指示进行的桥涵台背特殊处理数量。但在路基土石方填筑计量中应扣除涵洞、通道台背及桥梁桥长范围外台背特殊处理的数量。

8）利用土、石填方及土石混合填料的填方，按压实的体积以"m^3"计量，包括挖台阶、摊平、密实、整形，其开挖作业在挖方中计量。

9）借土填方，按压实的体积以"m^3"计量，包括借土场（取土坑）中非适用材料的挖除、弃运及借土场的资源使用费、场地清理、地貌恢复、施工便道、便桥的修建与养护、临时排水与防护等和填方材料的开挖、运输、挖台阶、摊平、压实、整形等作业。

10）项目未明确指出的工程内容，如：养护、场地清理、脚手架的搭拆、模板的安装和拆除，以及场地运输等均包含在相应的工程项目中，不另行计量。

11）排水、防护、支挡工程的钢筋、锚杆、锚索除锈制作安装运输，以及锚具、锚垫板、注浆管、封锚、护套、支架等，包括在相应的工程项目中，不另行计量。

12）取弃土场的防护、排水及绿化在相应工程项目中计量。

5.1.2　路基工程工程量清单计量规则详表

路基工程工程量清单计量规则见表 5-1。

表 5-1　路基工程工程量清单计量规则

子目号	子目名称	单位	工程量计量	工程内容
202	场地清理			
202-1	清理与掘除			
-a	清理现场	m²	依据设计图所示位置及范围（路基范围以外临时工程用地清场等除外），按路基开挖线或填筑边线之间的水平投影面积以 m² 为单位计量	1. 灌木、竹林、胸径小于 10cm 树木的砍伐及挖根 2. 清除场地表面 0～30cm 范围内的垃圾、废料、表土（腐殖土）、石头、草皮 3. 与清理现场有关的一切挖方、坑穴的回填、整平、压实 4. 适用材料的装卸、移运、堆放及非适用材料的移运处理 5. 现场清理
-b	砍伐树木	棵	依据设计图所示路基范围内胸径 10cm 以上（含 10cm）的树木，按实际砍伐数量以"棵"为单位计量	1. 砍伐 2. 截锯 3. 装卸、移运至指定地点堆放 4. 现场清理
-c	挖除树根	棵	依据设计图所示路基范围内胸径 10cm 以上（含 10cm）树木的树根，按实际挖除数量以"棵"为单位计量	1. 挖除树根 2. 装卸、移运至指定地点堆放 3. 现场清理
202-2	挖除旧路面	m³	依据设计图所示位置，挖除路基范围内原有的旧路面，按不同的路面结构类型以"m³"为单位计量	1. 挖除 2. 装卸、移运处理 3. 场地清理、平整
202-3	拆除结构物			
-a	钢筋混凝土结构	m³	依据设计图所示位置，拆除路基范围内原有的钢筋混凝土结构，以"m³"为单位计量	1. 挖除 2. 装卸、移运处理 3. 场地清理、平整
-b	混凝土结构	m³	依据设计图所示位置，拆除路基范围内原有的混凝土结构以"m³"为单位计量	1. 挖除 2. 装卸、移运处理 3. 场地清理、平整

（续）

子目号	子目名称	单位	工程量计量	工程内容
- c	砖、石及其他砌体结构	m³	依据设计图所示位置，拆除路基范围内原有的砖、石及其他砌体结构，以"m³"为单位计量	1. 挖除 2. 装卸、移运处理 3. 场地清理、平整
- d	金属结构	kg	1. 依据设计图所示位置，拆除路基范围内原有的金属结构，以"kg"为单位计量 2. 金属回收按合同有关规定办理	1. 切割、挖除 2. 装卸、移运、堆放 3. 场地清理、平整
202-4	植物移栽			
- a	移栽乔（灌）木	棵	依据设计图所示位置，起挖路基范围内原有的乔（灌）木并移栽，按成活的各类乔（灌）木数量，以"棵"为单位计量	1. 起挖 2. 植物保护、装卸、运输 3. 坑（穴）开挖 4. 种植 5. 支撑、养护 6. 场地清理
- b	移栽草皮	m²	依据设计图所示位置，起挖路基范围内原有的草皮并移栽，按成活的草皮面积，以"m²"为单位计量	1. 起挖 2. 植物保护、装卸、运输 3. 坑（穴）开挖 4. 种植 5. 养护 6. 场地清理
203	挖方路基			
203-1	路基挖方			
- a	挖土方	m³	1. 依据设计图所示地面线、路基设计横断面图、路基土石比例，采用平均断面面积法计算，包括边沟、排水沟、截水沟的土方，按照天然密实体积以"m³"为单位计量 2. 路床顶面以下挖松深300mm再压实作为挖土方的附属工作，不另行计量 3. 取弃土场的绿化、防护工程、排水设施在相应章节内计量	1. 挖、装、运输、卸车 2. 填料分理、弃土整形、压实 3. 施工排水处理 4. 边坡整修、路床顶面以下挖松深300mm再压实、路床清理
- b	挖石方	m³	1. 依据设计图所示地面线、路基设计横断面图、路基土石比例，按平均断面面积法计算，包括边沟、排水沟、截水沟的石方，按照天然体积以"m³"为单位计量 2. 弃土场绿化、防护工程、排水设施在相应章节内计量	1. 石方爆破 2. 挖、装、运输、卸车 3. 填料分理、弃土整形、压实 4. 施工排水处理 5. 边坡整修、路床顶面凿平或填平压实、路床清理

（续）

子目号	子目名称	单位	工程量计量	工程内容
-c	挖除非适用材料（不含淤泥、岩盐、冻土）	m³	1. 依据设计图所示位置，挖除路基范围内非适用材料（不含淤泥、岩盐、冻土）以"m³"为单位计量 2. 弃土场绿化、防护工程、排水设施在相应章节内计量	1. 施工排水处理 2. 挖除、装载、运输、卸车、堆放 3. 现场清理
-d	挖淤泥	m³	1. 依据设计图所示位置，挖除路基范围内淤泥以"m³"为单位计量 2. 弃土场绿化、防护工程、排水设施在相应章节内计量	1. 施工排水处理 2. 挖除、装载、运输、卸车、堆放 3. 现场清理
-e	挖岩盐	m³	1. 依据设计图所示地面线、路基设计横断面图、路基土石比例，按平均断面面积法计算，按照天然体积以"m³"为单位计量 2. 弃土场绿化、防护工程、排水设施在相应章节内计量	1. 石方爆破或机械开挖 2. 挖、装、运输、卸车 3. 填料分理 4. 施工排水处理 5. 路床顶面岩盐破碎、润洒饱和卤水、碾压整平、路床清理
-f	挖冻土	m³	1. 依据设计图所示地面线、路基设计横断面图、路基土石比例，按平均断面面积法计算，按照天然体积以"m³"为单位计量 2. 弃土场绿化、防护工程、排水设施在相应章节内计量	1. 爆破或机械开挖 2. 挖除、装载、运输、卸车、堆放 3. 施工排水处理 4. 现场清理
203-2	改河、改渠、改路挖方			
-a	挖土方	m³	1. 依据设计图所示地面线、设计横断面图、土石比例，按平均断面面积法计算，以"m³"为单位计量 2. 路床顶面以下挖松深300m再压实作为挖土方的附属工作，不另行计量 3. 取弃土场的绿化、防护工程、排水设施在相应章节内计量	1. 挖、装、运输、卸车 2. 填料分理、弃土整形、压实 3. 施工排水处理 4. 边坡整修、路床顶面以下挖松深300mm再压实、路床清理
-b	挖石方	m³	1. 依据设计图所示地面线、设计横断面图、土石比例，按平均断面面积法计算，以"m³"为单位计量 2. 弃土场绿化、防护工程、排水设施在相应章节内计量	1. 石方爆破 2. 挖、装、运输、卸车 3. 填料分理、弃土整形、压实 4. 施工排水处理 5. 边坡整修、路床顶面凿平或填平压实、路床清理

（续）

子目号	子目名称	单位	工程量计量	工程内容
- c	挖除非适用材料（不含淤泥、岩盐、冻土）	m³	1. 依据设计图所示位置，挖除非适用材料（不含淤泥、岩盐、冻土）以"m³"为单位计量 2. 弃土场绿化、防护工程、排水设施在相应章节内计量	1. 施工排水处理 2. 挖除、装载、运输、卸车、堆放 3. 现场清理
- d	挖淤泥	m³	1. 依据设计图所示位置，挖除淤泥以"m³"为单位计量 2. 弃土场绿化、防护工程、排水设施在相应章节内计量	1. 施工排水处理 2. 挖除、装载、运输、卸车、堆放 3. 现场清理
- e	挖岩盐	m³	1. 依据设计图所示位置，挖岩盐以"m³"为单位计量 2. 路床顶面岩盐破碎、润洒卤水、碾压整平等作为挖岩盐的附属工作，不另行计量	1. 石方爆破或机械开挖 2. 挖、装、运输、卸车 3. 填料分理 4. 施工排水处理 5. 路床顶面岩盐破碎、润洒饱和卤水、碾压整平、路床清理
- f	挖冻土	m³	1. 依据设计图所示位置，挖冻土以"m³"为单位计量 2. 弃土场绿化、防护工程、排水设施在相应章节内计量	1. 爆破或机械开挖 2. 挖除、装载、运输、卸车、堆放 3. 施工排水处理 4. 现场清理
204	填方路基			
204 - 1	路基填筑（包括填前压实）			
- a	利用土方	m³	1. 依据设计图所示地面线、路基设计横断面图，按平均断面面积法计算压实的体积，以"m³"为单位计量 2. 当填料中石料含量小于30%时，适用于本条 3. 满足施工需要，预留路基宽度宽填的填方量作为路基填筑的附属工作，不另行计量 4. 填前压实、地面下沉增加的填方量按填料来源参照本条计量	1. 基底翻松、压实、挖台阶 2. 临时排水、翻晒 3. 分层摊铺 4. 洒水、压实、刷坡 5. 整形
- b	利用石方	m³	1. 依据设计图所示地面线、路基设计横断面图，按平均断面面积法计算压实的体积，以"m³"为单位计量 2. 当填料中石料含量大于70%时，适用于本条 3. 地面下沉增加的填方量按填料来源参照本条计量	1. 基底翻松、压实，挖台阶 2. 临时排水、翻晒 3. 边坡码砌 4. 分层摊铺 5. 小石块（或石屑）填缝、找补 6. 洒水、压实 7. 整形

（续）

子目号	子目名称	单位	工程量计量	工 程 内 容
-c	利用土石混填	m³	1. 依据设计图所示地面线、路基设计横断面图，按平均断面面积法计算压实的体积，以"m³"为单位计量 2. 当填料中石料含量大于30%，小于70%时，适用于本条 3. 满足施工需要，预留路基宽度宽填的填方量作为路基填筑的附属工作，不另行计量 4. 地面下沉增加的填方量按填料来源参照本条计量	1. 基底翻松、压实、挖台阶 2. 临时排水、翻晒 3. 边坡码砌 4. 分层摊铺 5. 洒水、压实、刷坡 6. 整形
-d	借土填方	m³	1. 依据设计图所示地面线、路基设计横断面图，按平均断面面积法计算压实的体积，以"m³"为单位计量 2. 借土场绿化、防护工程、排水设施、临时用地在相应章节内计量 3. 满足施工需要，预留路基宽度宽填的填方量作为路基填筑的附属工作，不另行计量 4. 地面下沉增加的填方量按填料来源参照本条计量	1. 借土场场地清理、清除不适用材料 2. 简易便道、基底翻松、压实、挖台阶 3. 挖、装、运输、卸车 4. 分层摊铺 5. 洒水、压实、刷坡 6. 施工排水处理 7. 整形
-e	粉煤灰及矿渣路堤	m³	1. 依据设计图所示地面线、路基设计横断面图，按平均断面面积法计算压实的体积，以"m³"为单位计量 2. 满足施工需要，预留路基宽度宽填的填方量作为路基填筑的附属工作，不另行计量 3. 地面下沉增加的填方量按填料来源参照本条计量	1. 材料选择 2. 基底翻松、压实、挖台阶 3. 挖、装、运输、卸车 4. 分层摊铺 5. 洒水、压实、土质护坡 6. 施工排水处理 7. 整形
-f	吹填砂路堤	m³	1. 依据设计图所示地面线、路基设计横断面图，按平均断面面积法计算压实的体积，以"m³"为单位计量 2. 满足施工需要，预留路基宽度宽填的填方量作为路基填筑的附属工作，不另行计量 3. 地面下沉增加的填方量按填料来源参照本条计量	1. 吹砂设备安设 2. 吹填 3. 施工排水处理（排水沟、反滤层设置） 4. 封闭及整形

（续）

子目号	子目名称	单位	工程量计量	工程内容
- g	EPS 路堤	m³	依据设计图所示，按铺筑的 EPS 体积以 "m³" 为单位计量	1. 下承层处理 2. 铺设垫层 3. EPS 块加工及铺装
- h	结构物台背回填	m³	1. 依据设计图所示结构物台背回填数量，按照压实的体积以 "m³" 为单位计量 　　2. 挡土墙墙背回填不另行计量	1. 基底翻松、压实、挖台阶 2. 填料的选择 3. 临时排水 4. 分层摊铺 5. 洒水、压实 6. 整形
- i	锥坡及台前溜坡填土	m³	依据设计图所示锥坡及台前溜坡填土数量，按照压实的体积以 "m³" 为单位计量	1. 基底翻松、压实、挖台阶 2. 填料的选择 3. 临时排水 4. 分层摊铺 5. 洒水、压实 6. 整形
204 - 2	改河、改渠、改路填筑			
- a	利用土方	m³	1. 依据设计图所示地面线、设计横断面图，按平均断面面积法计算压实的体积，以 "m³" 为单位计量 　　2. 当填料中石料含量小于30%时，适用于本条 　　3. 满足施工需要，预留路基宽度宽填的填方量作为路基填筑的附属工作，不另行计量	1. 基底翻松、压实、挖台阶 2. 临时排水 3. 分层摊铺 4. 洒水、压实、刷坡 5. 整形
- b	利用石方	m³	1. 依据设计图所示地面线、设计横断面图，按平均断面面积法计算压实的体积，以 "m³" 为单位计量 　　2. 当填料中石料含量大于70%时，适用于本条 　　3. 满足施工需要，预留路基宽度宽填的填方量作为路基填筑的附属工作，不另行计量	1. 基底翻松、压实，挖台阶 2. 临时排水 3. 边坡码砌 4. 分层摊铺 5. 小石块（或石屑）填缝、找补 6. 洒水、压实 7. 整形
- c	利用土石混填	m³	1. 依据设计图所示地面线、设计横断面图，按平均断面面积法计算压实的体积，以 "m³" 为单位计量 　　2. 当填料中石料含量大于30%，小于70%时，适用于本条 　　3. 满足施工需要，预留路基宽度宽填的填方量作为路基填筑的附属工作，不另行计量	1. 基底翻松、压实、挖台阶 2. 临时排水 3. 分层摊铺 4. 洒水、压实、刷坡 5. 整形

（续）

子目号	子目名称	单位	工程量计量	工程内容
-d	借土填方	m³	1. 依据设计图所示借方填筑数量，按照压实的体积以"m³"为单位计量 2. 借土场绿化、防护工程、排水设施、临时用地在相应章节内计量 3. 满足施工需要，预留路基宽度宽填的填方量作为路基填筑的附属工作，不另行计量	1. 借土场场地清理 2. 基底翻松、压实、挖台阶 3. 挖、装、运输、卸车 4. 分层摊铺 5. 洒水、压实、刷坡 6. 施工排水处理 7. 整形
205	特殊地区路基处理			
205-1	软土路基处理			
-a	抛石挤淤	m³	依据设计图所示位置和范围，按照抛石体积的片石数量，以"m³"为单位计量	1. 临时排水 2. 抛填片石 3. 小石块、石屑填塞垫平 4. 重型压路机压实
-b	爆破挤淤	m³	依据设计图所示位置和范围，按照设计的爆炸挤淤的淤泥体积，以"m³"为单位计量	1. 超高填石 2. 爆炸设计 3. 布置炸药 4. 爆破 5. 填石 6. 钻探（或物探）检查
-c	垫层			
-c-1	砂垫层	m³	1. 依据设计图所示位置和断面尺寸，按图示砂垫层密实体积以"m³"为单位计量 2. 因换填而挖除的非适用材料列入 203-1 相关子目计量	1. 基底清理 2. 临时排水 3. 分层铺筑 4. 分层碾压
-c-2	砂砾垫层	m³	1. 依据设计图所示位置和断面尺寸，按图示砂砾垫层密实体积以"m³"为单位计量 2. 因换填而挖除的非适用材料列入 203-1 相关子目计量	1. 基底清理 2. 临时排水 3. 分层铺筑 4. 分层碾压
-c-3	碎石垫层	m³	1. 依据设计图所示位置和断面尺寸，按图示碎石垫层密实体积以"m³"为单位计量 2. 因换填而挖除的非适用材料列入 203-1 相关子目计量	1. 基底清理 2. 临时排水 3. 分层铺筑 4. 路基边部片石砌护 5. 分层碾压

（续）

子目号	子目名称	单位	工程量计量	工程内容
-c-4	碎石土垫层	m³	1. 依据设计图所示位置和断面尺寸，按图示碎石土垫层密实体积以"m³"为单位计量 2. 因换填而挖除的非适用材料列入 203-1 相关子目计量	1. 基底清理 2. 临时排水 3. 分层铺筑 4. 分层碾压
-c-5	灰土垫层	m³	1. 依据设计图所示位置和断面尺寸，按图示石灰土垫层密实体积以"m³"为单位计量 2. 因换填而挖除的非适用材料列入 203-1 相关子目计量	1. 基底清理 2. 临时排水 3. 石灰购置、运输、消解、拌和 4. 分层铺筑 5. 分层碾压
-d	土工合成材料			
-d-1	反滤土工布	m²	1. 依据设计图所示位置和规格，按土层中分层铺设反滤土工布的累计净面积以"m²"为单位计量 2. 接缝的重叠面积和边缘的包裹面积不予计量	1. 清理下承层 2. 铺设及固定 3. 接缝处理（搭接、缝接、粘接） 4. 边缘处理
-d-2	防渗土工膜	m²	1. 依据设计图所示位置和规格，按土层中分层铺设防渗土工膜的累计净面积以"m²"为单位计量 2. 接缝的重叠面积和边缘的包裹面积不予计量	1. 清理下承层 2. 铺设及固定 3. 接缝处理（搭接、缝接、粘接） 4. 边缘处理
-d-3	土工格栅	m²	1. 依据设计图所示位置和规格、型号，按土层中分层铺设土工格栅的累计净面积以"m²"为单位计量 2. 接缝的重叠面积和边缘的包裹面积不予计量	1. 清理下承层 2. 铺设及固定 3. 接缝处理（搭接、缝接、粘接） 4. 边缘处理
-d-4	土工格室	m²	1. 依据设计图所示位置和规格、型号，按设置土工格室的累计净面积以"m²"为单位计量 2. 接缝的重叠面积和边缘的包裹面积不予计量	1. 清理下承层 2. 铺设及固定 3. 接缝处理（搭接、缝接、粘接） 4. 边缘处理
-e	预压与超载预压			

（续）

子目号	子目名称	单位	工程量计量	工程内容
-e-1	真空预压	m²	1. 依据设计图所示的沿密封沟内缘线密封膜覆盖路基面积以"m²"为单位计量 2. 真空联合堆载预压的堆载土方在205-1-e-2子目计量 3. 砂垫层作为真空预压的附属工作不另行计量	1. 场地清理及埋设沉降观测设施 2. 铺设砂垫层及密封薄膜 3. 施工密封沟 4. 安装真空设备 5. 抽真空、沉降观测 6. 拆除、清理场地 7. 围堰及临时排水
-e-2	超载预压	m³	依据设计图所示预压范围（宽度、高度、长度）预压后体积以"m³"为单位计量	1. 场地清理及埋设沉降观测设施 2. 指标试验 3. 围堰及临时排水 4. 挖运、堆载、整形及碾压 5. 沉降观测 6. 卸载
-f	袋装砂井	m	依据设计图所示位置和断面尺寸，按不同直径袋砂井的长度以"m"为单位计量	1. 场地清理 2. （轨道铺、拆）装砂袋 3. 桩机定位 4. 打钢管 5. 下砂袋 6. 拔钢管 7. 起重机（门架）、桩机移位
-g	塑料排水板	m	1. 依据设计图所示位置和断面尺寸，按图示不同类型的塑料排水板长度以"m"为单位计量 2. 不计伸入垫层内的塑料排水板长度	1. 场地清理 2. （轨道铺、拆）桩机定位 3. 穿塑料排水板 4. 安桩靴 5. 打拔钢管 6. 剪断排水板 7. 起重机（门架）、桩机移位
-h	粒料桩			
-h-1	砂桩	m	依据设计图所示位置和断面尺寸，按图示不同桩径的砂桩长度以"m"为单位计量	1. 场地清理 2. 成桩设备安装与就位 3. 成孔 4. 灌砂 5. 桩机移位
-h-2	碎石桩	m	依据设计图所示位置和断面尺寸，按图示不同桩径的碎石桩长度以"m"为单位计量	1. 场地清理 2. 成桩设备安装与就位 3. 成孔 4. 灌碎石 5. 桩机移位

（续）

子目号	子 目 名 称	单位	工程量计量	工 程 内 容
- i	加固土桩			
- i-1	粉喷桩	m	依据设计图所示位置和断面尺寸，按图示不同桩径的粉喷桩长度以"m"为单位计量	1. 场地清理 2. 钻机安装与就位 3. 钻孔 4. 喷（水泥）粉，搅拌 5. 复喷、二次搅拌 6. 桩机移位
- i-2	浆喷桩	m	依据设计图所示位置和断面尺寸，按图示不同桩径的浆喷桩长度以"m"为单位计量	1. 场地清理 2. 钻机定位 3. 钻进 4. 上提喷浆、强制搅拌 5. 复搅 6. 提杆出孔 7. 钻机移位
- j	CFG 桩	m	依据设计图所示位置和断面尺寸，按图示不同桩径的 CFG 桩长度以"m"为单位计量	1. 场地清理 2. 钻机定位 3. 钻进成孔 4. CFG 桩混合料拌制 5. 灌注及拔管 6. 桩头处理 7. 钻机移位
- k	Y 形沉管灌注桩	m	依据设计图所示位置和断面尺寸，按图示不同规格的 Y 形沉管灌注桩长度以"m"为单位计量	1. 场地清理 2. 打桩机定位 3. 沉管 4. 混合料拌制 5. 灌注及拔管 6. 桩头处理 7. 打桩机移位
- l	薄壁筒型沉管灌注桩	m	依据设计图所示位置和断面尺寸，按图示不同规格的薄壁筒型沉管灌注桩长度以"m"为单位计量	1. 场地清理 2. 打桩机定位 3. 沉管 4. 混合料拌制 5. 灌注及拔管 6. 桩头处理 7. 打桩机移位
- m	静压管桩	m	依据设计图所示位置和断面尺寸，按图示不同规格的静压管桩长度以"m"为单位计量	1. 场地清理 2. 管桩制作 3. 静力压桩机定位 4. 压桩 5. 桩身连接 6. 桩头处理 7. 压桩机移位

（续）

子目号	子目名称	单位	工程量计量	工程内容
-n	强夯及强夯置换			
-n-1	强夯	m²	依据设计图所示位置和处理面积，按图示路堤底面积以"m²"为单位计量	1. 场地清理 2. 拦截、排除地表水 3. 防止地表水下渗等防渗措施 4. 强夯处理 5. 路基整形 6. 压实 7. 沉降观测
-n-2	强夯置换	m³	依据设计图所示位置，按图示置换的体积以"m³"为单位计量	1. 场地清理 2. 拦截、排除地表水 3. 防止地表水下渗等防渗措施 4. 挖除材料 5. 铺设置换材料 6. 强夯 7. 路基整形 8. 承载力检测
205-2	红黏土及膨胀土路基处理			
-a	石灰改良土	m³	1. 依据设计图所示位置和断面尺寸，对不良填料进行掺石灰改良处理，按不同灰量的压实体积，以"m³"为单位计量 2. 本条内容仅指石灰改良土作业，包括石灰的购置、运输、消解、拌和、洒水 3. 土石方挖运、摊平、压实、整形在第204节计量 4. 包边土方在第204节计量	1. 原状土开挖翻松及晾晒 2. 石灰消解 3. 掺灰拌和
-b	水泥改良土	m³	1. 依据设计图所示位置和断面尺寸，对不良填料进行掺水泥改良处理，按不同掺水泥量的压实体积，以"m³"为单位计量 2. 本条内容仅指水泥改良土作业，包括水泥的购置、运输、消解、拌和、洒水 3. 土石方挖运、摊平、压实、整形在第204节计量 4. 包边土方在第204节计量	1. 原状土开挖翻松及晾晒 2. 水泥消解 3. 掺水泥拌和
205-3	滑坡处理			

（续）

子目号	子目名称	单位	工程量计量	工程内容
- a	清除滑坡体	m³	依据设计图所示位置，按照清除滑坡体土方与石方的天然体积分别以"m³"为单位计量	1. 地表水引排、防渗、地下水疏导引离 2. 挖除、装载 3. 运输到指定地点堆放 4. 现场清理
205-4	岩溶洞处理			
- a	回填	m³	依据设计图所示位置和范围，按照图示要求的回填材料的密实体积以"m³"为单位计量	1. 清除覆土 2. 炸开顶板 3. 地下水疏导引离 4. 挖除充填物 5. 分层回填 6. 碾压、夯实
205-5	湿陷性黄土路基处理			
- a	陷穴处理			
- a-1	灌砂	m³	依据设计图所示位置，按照灌砂的体积，以"m³"为单位计量	1. 施工排水处理 2. 开挖 3. 灌砂 4. 压实
- a-2	灌水泥砂浆	m³	依据设计图所示位置，按照灌水泥砂浆的体积，以"m³"为单位计量	1. 施工排水处理 2. 开挖 3. 水泥砂浆拌制 4. 灌水泥砂浆
- b	强夯及强夯置换			
- b-1	强夯	m²	依据设计图所示位置和处理面积，按图示路堤底面积以"m²"为单位计量	1. 场地清理 2. 拦截、排除地表水 3. 防止地表水下渗等防渗措施 4. 强夯处理 5. 路基整形 6. 压实 7. 沉降观测
- b-2	强夯置换	m³	依据设计图所示位置，按图示置换的体积以"m³"为单位计量	1. 场地清理 2. 拦截、排除地表水 3. 防止地表水下渗等防渗措施 4. 挖除材料 5. 铺设置换材料 6. 强夯 7. 路基整形 8. 承载力检测

（续）

子目号	子目名称	单位	工程量计量	工程内容
-c	石灰改良土	m³	1. 依据设计图所示位置和断面尺寸，对不良填料进行掺石灰改良处理，按不同掺灰量的压实体积，以"m³"为单位计量 2. 本条内容仅指石灰改良土作业，包括石灰的购置、运输、消解、拌和、洒水 3. 土石方挖运、摊平、压实、整形在第204节计量	1. 原状土开挖翻松及晾晒 2. 石灰消解 3. 掺灰拌和
-d	灰土桩	m	依据设计图所示位置和断面尺寸，按图示不同直径的灰土桩的长度以"m"为单位计量	1. 场地清理 2. 钻机安装与就位 3. 钻孔 4. 喷（水泥）粉，搅拌 5. 复喷、二次搅拌 6. 桩机移位
205-6	盐渍土路基处理			
-a	垫层			
-a-1	砂垫层	m³	1. 依据设计图所示位置和断面尺寸，按图示砂垫层密实体积以"m³"为单位计量 2. 因换填而挖除的非适用材料列入203-1相关子目计量	1. 基底清理 2. 临时排水 3. 分层铺筑 4. 分层碾压
-a-2	砂砾垫层	m³	1. 依据设计图所示位置和断面尺寸，按图示砂砾垫层密实体积以"m³"为单位计量 2. 因换填而挖除的非适用材料列入203-1相关子目计量	1. 基底清理 2. 临时排水 3. 分层铺筑 4. 分层碾压
-b	土工合成材料			
-b-1	防渗土工膜	m²	1. 依据设计图所示位置和规格，按土层中分层铺设防渗土工膜的累计净面积以"m²"为单位计量 2. 接缝的重叠面积和边缘的包裹面积不予计量	1. 清理下承层 2. 铺设及固定 3. 接缝处理（搭接、缝接、粘接） 4. 边缘处理
-b-2	土工格栅	m²	1. 依据设计图所示位置和规格、型号，按土层中分层铺设土工格栅的累计净面积以"m²"为单位计量 2. 接缝的重叠面积和边缘的包裹面积不予计量	1. 清理下承层 2. 铺设及固定 3. 接缝处理（搭接、缝接、粘接） 4. 边缘处理

（续）

子目号	子目名称	单位	工程量计量	工程内容
205-7	风积沙路基处理			
-a	土工合成材料			
-a-1	土工格栅	m²	1. 依据设计图所示位置和规格、型号，按土层中分层铺设土工格栅的累计净面积以"m²"为单位计量 2. 接缝的重叠面积和边缘的包裹面积不予计量	1. 清理下承层 2. 铺设及固定 3. 接缝处理（搭接、缝接、粘接） 4. 边缘处理
-a-2	土工格室	m²	1. 依据设计图所示位置和规格、型号，按设置土工格室的累计净面积以"m²"为单位计量 2. 接缝的重叠面积和边缘的包裹面积不予计量	1. 清理下承层 2. 铺设及固定 3. 接缝处理（搭接、缝接、粘接） 4. 边缘处理
-a-3	蜂窝式塑料网	m²	1. 依据设计图所示位置和规格、型号，按设置蜂窝式塑料网的累计净面积以"m²"为单位计量 2. 接缝的重叠面积和边缘的包裹面积不予计量	1. 清理下承层 2. 铺设及固定 3. 接缝处理（搭接、缝接、粘接） 4. 边缘处理
205-8	冻土路基处理			
-a	隔热层			
-a-1	XPS保温板	m²	依据设计图所示位置和断面形状、尺寸，按图示粘贴的XPS保温板面积，以"m²"为单位计量	1. 备保温板、运输 2. 裁剪保温板 3. 清理粘贴面 4. 涂刷或批刮黏结胶浆 5. 贴到图示墙面或地面
-b	通风管	m	依据设计图所示位置和断面形状、尺寸，按设置的通风管长度以"m"为单位计量	1. 基础开挖 2. 通风管制作 3. 通风管安装 4. 回填砂砾 5. 压实
-c	热棒	根	依据设计图所示位置和尺寸，按图示设置的热棒数量以"根"为单位计量	1. 场地清理 2. 备水电、材料、机具设备 3. 钻机定位 4. 钻进、成孔 5. 起吊安装热棒 6. 热棒四周灌砂密实 7. 钻机移位

（续）

子目号	子目名称	单位	工程量计量	工程内容
207	坡面排水			
207-1	边沟			
-a	浆砌片石	m³	依据设计图所示位置及断面尺寸，按浆砌片石的体积以"m³"为单位计量	1. 场地清理 2. 地基平整夯实，断面补挖 3. 铺设垫层 4. 砂浆拌制 5. 浆砌片石、勾缝、抹面、养护 6. 回填
-b	浆砌块石	m³	依据设计图所示位置及断面尺寸，按照不同强度等级浆砌块石的体积以"m³"为单位计量	1. 场地清理 2. 地基平整夯实，断面补挖 3. 铺设垫层 4. 砂浆拌制 5. 浆砌块石、勾缝、抹面、养护 6. 回填
-c	现浇混凝土	m³	依据设计图所示位置及断面尺寸，按照不同强度等级混凝土浇筑的边沟的体积以"m³"为单位计量	1. 场地清理 2. 地基平整夯实，断面补挖 3. 铺设垫层 4. 模板制作、安装、拆除 5. 钢筋制作与安装 6. 混凝土拌和、运输、浇筑、养护 7. 回填
-d	预制安装混凝土	m³	依据设计图所示位置及断面尺寸，按照不同强度等级混凝土预制的边沟的体积以"m³"为单位计量	1. 场地清理 2. 地基平整夯实，断面补挖 3. 铺设垫层 4. 模板制作、安装、拆除 5. 预制件预制、运输、装卸 6. 预制件安装 7. 回填
-e	预制安装混凝土盖板	m³	依据设计图所示位置及断面尺寸，按照不同强度等级混凝土预制的盖板体积以"m³"为单位计量	1. 场地清理 2. 模板制作、安装、拆除 3. 钢筋制作与安装 4. 预制件预制、运输、装卸 5. 预制件安装
-f	干砌片石	m³	依据设计图所示位置及断面尺寸，按干砌片石的体积以"m³"为单位计量	1. 场地清理 2. 地基平整夯实，断面补挖 3. 铺设垫层 4. 铺砌片石 5. 回填

（续）

子目号	子目名称	单位	工程量计量	工程内容
207-2	排水沟			
-a	浆砌片石	m³	依据设计图所示位置及断面尺寸，按浆砌片石的体积以"m³"为单位计量	1. 场地清理 2. 地基平整夯实，断面补挖 3. 铺设垫层 4. 砂浆拌制 5. 浆砌片石、勾缝、抹面、养护 6. 回填
-b	浆砌块石	m³	依据设计图所示位置及断面尺寸，按照不同强度等级浆砌块石的体积以"m³"为单位计量	1. 场地清理 2. 地基平整夯实，断面补挖 3. 铺设垫层 4. 砂浆拌制 5. 浆砌块石、勾缝、抹面、养护 6. 回填
-c	现浇混凝土	m³	依据设计图所示位置及断面尺寸，按照不同强度等级混凝土浇筑的排水沟的体积以"m³"为单位计量	1. 场地清理 2. 地基平整夯实，断面补挖 3. 铺设垫层 4. 模板制作、安装、拆除 5. 钢筋制作与安装 6. 混凝土拌和、运输、浇筑、养护 7. 回填
-d	预制安装混凝土	m³	依据设计图所示位置及断面尺寸，按照不同强度等级混凝土预制的排水沟的体积以"m³"为单位计量	1. 场地清理 2. 地基平整夯实，断面补挖 3. 铺设垫层 4. 模板制作、安装、拆除 5. 预制件预制、运输、装卸 6. 预制件安装 7. 回填
-e	预制安装混凝土盖板	m³	依据设计图所示位置及断面尺寸，按照不同强度等级混凝土预制的盖板体积以"m³"为单位计量	1. 场地清理 2. 模板制作、安装、拆除 3. 钢筋制作与安装 4. 预制件预制、运输、装卸 5. 预制件安装
-f	干砌片石	m³	依据设计图所示位置及断面尺寸，按干砌片石的体积以"m³"为单位计量	1. 场地清理 2. 地基平整夯实，断面补挖 3. 铺设垫层 4. 铺砌片石 5. 回填

（续）

子目号	子目名称	单位	工程量计量	工程内容
207-3	截水沟			
-a	浆砌片石	m³	依据设计图所示位置及断面尺寸，按浆砌片石的体积以"m³"为单位计量	1. 场地清理 2. 地基平整夯实，断面补挖 3. 铺设垫层 4. 砂浆拌制 5. 浆砌片石、勾缝、抹面、养护 6. 回填
-b	浆砌块石	m³	依据设计图所示位置及断面尺寸，按照不同强度等级浆砌块石的体积以"m³"为单位计量	1. 场地清理 2. 地基平整夯实，断面补挖 3. 铺设垫层 4. 砂浆拌制 5. 浆砌块石、勾缝、抹面、养护 6. 回填
-c	现浇混凝土	m³	依据设计图所示位置及断面尺寸，按照不同强度等级混凝土浇筑的截水沟的体积以"m³"为单位计量	1. 场地清理 2. 地基平整夯实，断面补挖 3. 铺设垫层 4. 模板制作、安装、拆除 5. 混凝土拌和、运输、浇筑、养护 6. 回填
-d	预制安装混凝土	m³	依据设计图所示位置及断面尺寸，按照不同强度等级混凝土预制的截水沟的体积以"m³"为单位计量	1. 场地清理 2. 地基平整夯实，断面补挖 3. 铺设垫层 4. 模板制作、安装、拆除 5. 预制件预制、运输、装卸 6. 预制件安装 7. 回填
-e	干砌片石	m³	依据设计图所示位置及断面尺寸，按干砌片石的体积以"m³"为单位计量	1. 场地清理 2. 地基平整夯实，断面补挖 3. 铺设垫层 4. 铺砌片石 5. 回填
207-4	跌水与急流槽			
-a	干砌片石	m³	依据设计图所示位置及断面尺寸，按干砌片石的体积以"m³"为单位计量	1. 场地清理 2. 基础开挖 3. 设垫层 4. 铺砌片石 5. 回填

（续）

子目号	子目名称	单位	工 程 量 计 量	工 程 内 容
-b	浆砌片石	m³	依据设计图所示位置及断面尺寸按照不同强度等级浆砌片石的体积以"m³"为单位计量	1. 场地清理 2. 基础开挖 3. 铺设垫层 4. 砂浆拌制 5. 浆砌片石、勾缝、抹面、养护 6. 回填
-c	现浇混凝土	m³	依据设计图所示位置及断面尺寸，按照不同强度等级混凝土浇筑的体积以"m³"为单位计量	1. 场地清理 2. 地基平整夯实，断面补挖 3. 铺设垫层 4. 模板制作、安装、拆除 5. 混凝土拌和、运输、浇筑、养护 6. 回填
-d	预制安装混凝土	m³	依据设计图所示位置及断面尺寸，按照不同强度等级混凝土预制的体积以"m³"为单位计量	1. 场地清理 2. 地基平整夯实，断面补挖 3. 铺设垫层 4. 模板制作、安装、拆除 5. 预制件预制、运输、装卸 6. 预制件安装 7. 回填
207-5	渗沟	m	依据设计图所示位置及断面尺寸，分不同类型及规格的渗沟，按长度以"m"为单位计量	1. 基础开挖 2. 进出水口处理 3. 铺设防渗材料 4. 铺设透水管及泄水管 5. 填料填筑及夯实 6. 设置反滤层 7. 设置封闭层 8. 现场清理
207-6	蒸发池			
-a	挖土（石）方	m³	依据设计图所示地面线、断面尺寸、土石比例，按开挖的天然密实体积以"m³"为单位计量	1. 场地清理 2. 开挖、集中、装运 3. 施工排水处理 4. 弃方处理
-b	圬工	m³	依据设计图所示位置及断面尺寸，分不同类型及强度等级，按圬工体积以"m³"为单位计量	1. 场地清理 2. 基坑开挖及弃方处理 3. 地基平整夯实，断面补挖 4. 浆砌片石、勾缝、抹面、养护 5. 回填
207-7	涵洞上下游改沟、改渠铺砌			

（续）

子目号	子目名称	单位	工程量计量	工程内容
- a	浆砌片石铺砌	m³	依据设计图所示位置及断面尺寸，按照不同强度等级水泥砂浆铺砌的片石体积以"m³"为单位计量	1. 场地清理 2. 地基平整夯实，断面补挖 3. 铺设垫层 4. 砂浆拌制 5. 浆砌片石、勾缝、抹面、养护 6. 回填
- b	现浇混凝土铺砌	m³	依据设计图所示位置及断面尺寸，按照不同强度等级混凝土浇筑的沟、渠铺砌体积以"m³"为单位计量	1. 场地清理 2. 地基平整夯实，断面补挖 3. 铺设垫层 4. 模板制作、安装、拆除 5. 混凝土拌和、运输、浇筑、养护 6. 回填
- c	预制混凝土铺砌	m³	依据设计图所示位置及断面尺寸，按照不同强度等级混凝土预制的沟、渠铺砌体积以"m³"为单位计量	1. 场地清理 2. 地基平整夯实，断面补挖 3. 铺设垫层 4. 模板制作、安装、拆除 5. 预制件预制、运输、装卸 6. 预制件安装 7. 回填
207-8	现浇混凝土坡面排水结构物	m³	依据设计图所示位置及断面尺寸，按照不同强度等级混凝土浇筑的坡面排水结构物体积以"m³"为单位计量	1. 场地清理 2. 地基平整夯实，断面补挖 3. 铺设垫层 4. 模板制作、安装、拆除 5. 混凝土拌和、运输、浇筑、养护 6. 回填
207-9	预制混凝土坡面排水结构物	m³	依据设计图所示位置及断面尺寸，按照不同强度等级混凝土预制的坡面排水结构物体积以"m³"为单位计量	1. 场地清理 2. 地基平整夯实，断面补挖 3. 铺设垫层 4. 模板制作、安装、拆除 5. 预制件预制、运输、装卸 6. 预制件安装 7. 回填
207-10	仰斜式排水孔			
- a	钻孔	m	依据设计图所示位置及孔径，按照不同孔径排水孔长度以"m"为单位计量	1. 搭拆脚手架 2. 安拆钻机 3. 布眼、钻孔、清孔 4. 现场清理工布

（续）

子目号	子目名称	单位	工程量计量	工程内容
-b	排水管	m	依据设计图所示位置及排水管材质，按照不同管径排水管长度以"m"为单位计量	1. 搭拆脚手架 2. 管体制作、包裹渗水土工布 3. 安装排水管，排水口处理 4. 现场清理
-c	软式透水管	m	依据设计图所示位置及排水管材质，按照不同管径排水管长度以"m"为单位计量	1. 搭拆脚手架 2. 管体制作、包裹渗水土工布（反滤膜） 3. 安装透水管，排水口处理 4. 现场清理
208	护坡、护面墙			
208-1	护坡垫层	m^3	依据设计图所示位置和密实厚度，按照不同材料类别的垫层体积以"m^3"为单位计量	1. 坡面清理、修整 2. 垫层材料铺筑 3. 压实、捣固 4. 弃渣处理
208-2	干砌片石护坡	m^3	1. 依据设计图所示位置和铺砌厚度，扣除急流槽所占部分，以"m^3"为单位计量 2. 含碎落台、护坡平台满铺干砌片石数量	1. 清理边坡，坡面夯实，基础开挖 2. 铺砌片石 3. 回填 4. 清理现场
208-3	浆砌片石护坡			
-a	满铺浆砌片石护坡	m^3	1. 依据设计图所示位置和铺砌厚度、水泥砂浆强度，按照铺砌体积以"m^3"为单位计量 2. 含碎落台、护坡平台满铺浆砌片石数量 3. 扣除急流槽所占体积	1. 清理边坡，坡面夯实，基础开挖 2. 浆砌片石 3. 勾缝、抹面、养护 4. 回填 5. 清理现场
-b	浆砌骨架护坡	m^3	1. 依据设计图所示位置和铺砌厚度、骨架形式、水泥砂浆强度，按照护坡体积以"m^3"为单位计量 2. 含碎落台、护坡平台浆砌骨架数量 3. 扣除急流槽所占体积	1. 清理边坡，坡面夯实，基础开挖 2. 浆砌片石 3. 勾缝、抹面、养护 4. 回填 5. 清理现场
-c	现浇混凝土	m^3	依据设计图所示位置及断面尺寸，按照不同强度等级混凝土浇筑的现浇混凝土体积以"m^3"为单位计量	1. 清理边坡，坡面夯实，基坑开挖 2. 模板制作、安装、拆除 3. 混凝土拌和、运输、浇筑、养护 4. 回填 5. 清理现场

（续）

子目号	子目名称	单位	工程量计量	工程内容
208-4	混凝土护坡			
-a	现浇混凝土满铺护坡	m³	1. 依据设计图所示位置及断面尺寸，按照不同强度等级混凝土浇筑的实体体积以"m³"为单位计量 2. 含碎落台、护坡平台满铺混凝土数量 3. 扣除急流槽所占体积	1. 清理边坡，坡面夯实，基坑开挖 2. 模板制作、安装、拆除 3. 混凝土拌和、运输、浇筑、养护 4. 回填 5. 清理现场
-b	混凝土预制件满铺护坡	m³	1. 依据设计图所示位置和构造尺寸，按照不同强度等级混凝土预制件铺砌坡面的实体体积以"m³"为单位计量 2. 含碎落台、护坡平台满铺混凝土数量 3. 扣除急流槽所占体积	1. 清理边坡，坡面夯实，基坑开挖 2. 预制场建设 3. 预制件预制、运输、装卸 4. 预制件安装 5. 回填 6. 清理现场
-c	现浇混凝土骨架护坡	m³	依据设计图所示位置及断面尺寸，按照不同强度等级混凝土浇筑的骨架护坡体积以"m³"为单位计量	1. 清理边坡，坡面夯实，基坑开挖 2. 模板制作、安装、拆除 3. 混凝土拌和、运输、浇筑、养护 4. 回填 5. 清理现场
-d	混凝土预制件骨架护坡	m³	依据设计图所示位置和构造尺寸，按照不同强度等级混凝土预制件骨架护坡的体积以"m³"为单位计量	1. 清理边坡，坡面夯实，基坑开挖 2. 预制场建设 3. 预制件预制、运输、装卸 4. 预制件安装 5. 回填 6. 清理现场
-e	浆砌片石	m³	依据设计图所示位置和铺砌厚度，按照不同强度等级水泥砂浆砌筑的浆砌片石护坡体积以"m³"为单位计量	1. 清理边坡，坡面夯实，基础开挖 2. 浆砌片石 3. 勾缝、抹面、养护 4. 回填 5. 清理现场
208-5	护面墙			

（续）

子目号	子目名称	单位	工程量计量	工程内容
- a	浆砌片（块）石护面墙	m³	1. 依据设计图所示位置和断面尺寸，按图示不同强度等级水泥砂浆浆砌片（块）石的体积以"m³"为单位计量 2. 不扣除沉降缝、泄水孔、预埋件所占体积	1. 基坑开挖，地基平整夯实，废方弃运 2. 边坡清理夯实 3. 浆砌片石，设泄水孔及其滤水层 4. 接缝处理 5. 勾缝、抹面、墙背排水设施设置、填料分层填筑 6. 清理现场
- b	现浇混凝土护面墙	m³	1. 依据设计图所示位置和断面尺寸，按图示不同强度等级混凝土体积以"m³"为单位计量 2. 不扣除沉降缝、泄水孔、预埋件所占体积	1. 场地清理 2. 基坑开挖，地基平整夯实，废方弃运 3. 边坡清理夯实 4. 模板制作、安装、拆除 5. 混凝土拌和、运输、浇筑、养护 6. 泄水孔及其滤水层、沉降缝设置 7. 墙背排水设施设置、填料分层填筑 8. 清理现场
- c	预制安装混凝土护面墙	m³	1. 依据设计图所示位置及断面尺寸，按照不同强度等级混凝土预制件体积以"m³"为单位计量 2. 不扣除沉降缝、泄水孔、预埋件所占体积	1. 预制场建设 2. 预制件预制、运输、装卸 3. 预制件安装 4. 墙背排水设施设置、填料分层填筑 5. 清理现场
208-6	封面			
- a	封面	m²	依据设计图所示位置及断面尺寸，按照不同厚度的封面面积以"m²"为单位计量	1. 坡面清理 2. 封面施工 3. 清理现场
208-7	捶面			
- a	捶面	m²	依据设计图所示位置及断面尺寸，按照不同厚度的捶面面积以"m²"为单位计量	1. 坡面清理 2. 捶面施工 3. 清理现场
208-8	坡面柔性防护			

（续）

子目号	子目名称	单位	工程量计量	工程内容
-a	主动防护系统	m²	1. 依据设计图所示，按主动防护系统防护的坡面面积以"m²"为单位计量 2. 网片搭接部分作为附属工作，不另行计量	1. 坡面清理 2. 脚手架安设、拆除、完工清理和保养 3. 支撑绳穿绳、张拉、固定 4. 挂网、网片连接、缝合、固定 5. 钻孔、清孔、套管装拔，锚杆制作、安装、锚固、锚头处理 6. 浆液制备、注浆、养护 7. 网面调整
-b	被动防护系统	m²	1. 依据设计图所示，按被动防护系统网面面积以"m²"为单位计量 2. 网片搭接部分作为附属工作，不另行计量	1. 坡面清理 2. 基础及立柱施工 3. 支撑绳穿绳、张拉、固定 4. 挂网、网片连接、缝合、固定 5. 钻孔、清孔、套管装拔，锚杆制作、安装、锚固、锚头处理 6. 浆液制备、注浆、养护 7. 网面调整
209	挡土墙			
209-1	垫层	m³	依据设计图所示位置及垫层密实厚度，按照不同材料的垫层体积以"m³"为单位计量	1. 基底清理 2. 临时排水 3. 铺筑垫层 4. 夯实
209-2	基础			
-a	浆砌片（块）石基础	m³	依据设计图所示位置和断面尺寸，按图示不同强度等级水泥砂浆砌石体积以"m³"为单位计量	1. 基坑开挖、清理、平整、夯实，废方弃运 2. 拌、运砂浆 3. 砌筑、养护 4. 回填
-b	混凝土基础	m³	依据设计图所示位置和断面尺寸，按图示不同强度等级混凝土体积以"m³"为单位计量	1. 基坑开挖、清理、平整、夯实 2. 混凝土制作、运输 3. 浇筑、振捣 4. 养护 5. 回填 6. 清理现场
209-3	砌体挡土墙			

（续）

子目号	子目名称	单位	工程量计量	工程内容
-a	浆砌片（块）石	m³	1. 依据设计图所示位置和断面尺寸，按图示不同强度等级水泥砂浆砌石体积以"m³"为单位计量 2. 不扣除沉降缝、泄水孔、预埋件所占体积	1. 基坑开挖、清理、平整、夯实 2. 浆砌片（块）石，设泄水孔及其滤水层 3. 接缝处理 4. 勾缝、抹面、墙背排水设施设置、墙背填料分层填筑 5. 清理、废方弃运
209-4	干砌挡土墙	m³	1. 依据设计图所示位置和断面尺寸，按图示干砌体积以"m³"为单位计量 2. 不扣除沉降缝、泄水孔所占体积	1. 基坑开挖、清理、平整、夯实 2. 砌筑片（块）石，泄水孔及其滤水层 3. 接缝处理 4. 抹面 5. 墙背排水设施设置、墙背填料分层填筑 6. 清理、废方弃运
209-5	混凝土挡土墙			
-a	混凝土	m³	1. 依据设计图所示位置和断面尺寸，按图示不同强度等级混凝土体积以"m³"为单位计量 2. 不扣除沉降缝、泄水孔、预埋件所占体积	1. 基坑开挖、清理、平整、夯实 2. 模板制作、安装、拆除 3. 混凝土拌和、运输、浇筑、养护 4. 泄水孔及其滤水层、沉降缝设置 5. 墙背填料分层填筑 6. 清理，弃方处理
-b	钢筋	kg	1. 依据设计图所示及钢筋表所列钢筋质量以"kg"为单位计量 2. 固定钢筋的材料、定位架立钢筋、钢筋接头、吊装钢筋、钢板、铁丝作为钢筋作业的附属工作，不另行计量	1. 钢筋的保护、储存及除锈 2. 钢筋整直、接头 3. 钢筋截断、弯曲 4. 钢筋安设、支承及固定
210	锚杆、锚碇板挡土墙			
210-1	锚杆挡土墙			
-a	现浇混凝土立柱	m³	依据设计图所示位置及断面尺寸，按照不同强度等级混凝土体积以"m³"为单位计量	1. 基坑开挖、清理、平整、夯实 2. 模板制作、安装、拆除 3. 混凝土拌和、运输、浇筑、养护 4. 锚头制作、防锈及防水封闭 5. 清理现场

（续）

子目号	子目名称	单位	工程量计量	工程内容
-b	预制安装混凝土立柱	m³	依据设计图所示位置及断面尺寸，按照不同强度等级混凝土立柱体积以"m³"为单位计量	1. 基础开挖 2. 预制场建设 3. 预制件预制、运输、装卸 4. 预制件安装 5. 锚头制作、防锈及防水封闭 6. 清理现场
-c	预制安装混凝土挡板	m³	依据设计图所示位置和断面尺寸，按图示不同强度等级混凝土体积以"m³"为单位计量	1. 沟槽开挖 2. 预制场建设 3. 预制件预制、运输、装卸 4. 预制件安装 5. 墙背回填及墙背排水系统施工 6. 清理，弃方处理
210-2	锚碇板挡土墙			
-a	现浇混凝土肋柱	m³	依据设计图所示位置及断面尺寸，按照不同强度等级混凝土体积以"m³"为单位计量	1. 基坑开挖、清理、平整、夯实 2. 模板制作、安装、拆除 3. 混凝土拌和、运输、浇筑、养护 4. 锚头制作、防锈及防水封闭 5. 清理现场
-b	预制安装混凝土肋柱	m³	依据设计图所示位置及断面尺寸，按照不同强度等级混凝土体积以"m³"为单位计量	1. 基础开挖 2. 预制场建设 3. 预制件预制、运输、装卸 4. 预制件安装 5. 锚头制作、防锈及防水封闭 6. 清理现场
-c	预制安装混凝土锚碇板	m³	依据设计图所示位置及断面尺寸，按照不同强度等级混凝土体积以"m³"为单位计量	1. 沟槽开挖 2. 预制场建设 3. 预制件预制、运输、装卸 4. 预制件安装 5. 墙背回填及墙背排水系统施工 6. 清理现场
210-3	现浇墙身混凝土、附属部位混凝土			
-a	现浇混凝土墙身	m³	1. 依据设计图所示位置和断面尺寸，按图示不同强度等级混凝土体积以"m³"为单位计量 2. 不扣除沉降缝、泄水孔、预埋件所占体积	1. 模板制作、安装、拆除 2. 混凝土拌和、运输、浇筑、养护 3. 墙背回填及墙背排水系统施工 4. 清理现场

（续）

子目号	子目名称	单位	工程量计量	工程内容
-b	现浇附属部位混凝土	m³	依据设计图所示断面尺寸，按照不同强度等级混凝土体积以"m³"为单位计量	1. 模板制作、安装、拆除 2. 混凝土拌和、运输、浇筑、养护 3. 清理现场
210-4	现浇桩基混凝土	m³	1. 依据设计图所示位置及断面尺寸，按照不同强度等级混凝土体积以"m³"为单位计量 2. 护壁混凝土为桩基混凝土的附属工作，不另行计量	1. 钻孔 2. 模板制作、安装、拆除 3. 护壁及桩身混凝土拌和、运输、浇筑、养护 4. 墙背回填、压实、排水措施施工 5. 清理现场
210-5	锚杆及拉杆			
-a	锚杆	kg	依据设计图所示位置，按照锚杆设计长度和规格计算质量以"kg"为单位计量	1. 坡面清理 2. 钻孔 3. 制作安放锚杆 4. 灌浆 5. 拉拔试验 6. 锚固 7. 锚头处理
-b	拉杆	kg	依据设计图所示位置及，按照拉杆设计长度和规格计算质量以"kg"为单位计量	1. 拉杆沟槽开挖、废方弃运 2. 拉杆制作、防锈处理、安装 3. 拉杆与肋柱、锚碇板连接处的防锈处理 4. 锚头制作、防锈处理、防水封闭、养护
210-6	钢筋	kg	1. 依据设计图所示及钢筋表所列钢筋质量以"kg"为单位计量 2. 固定钢筋的材料、定位架立钢筋、钢筋接头、吊装钢筋、钢板、铁丝作为钢筋作业的附属工作，不另行计量	1. 钢筋的保护、储存及除锈 2. 钢筋整直、接头 3. 钢筋截断、弯曲 4. 钢筋安设、支承及固定
211	加筋土挡土墙			
211-1	基础			
-a	浆砌片石基础	m³	依据设计图所示位置和断面尺寸，按图示不同强度等级水泥砂浆砌石体积以"m³"为单位计量	1. 基坑开挖、清理、平整、夯实，废方弃运 2. 拌、运砂浆 3. 砌筑 4. 养护 5. 回填

（续）

子目号	子 目 名 称	单位	工程量计量	工 程 内 容
-b	混凝土基础	m³	依据设计图所示位置和断面尺寸，按图示不同强度等级混凝土体积以"m³"为单位计量	1. 基坑开挖、清理、平整、夯实 2. 混凝土制作、运输 3. 浇筑、振捣 4. 养护 5. 回填 6. 清理现场
211-2	混凝土帽石			
-a	现浇帽石混凝土	m³	依据设计图所示断面尺寸，按照不同强度等级混凝土体积以"m³"为单位计量	1. 模板制作、安装、拆除 2. 混凝土拌和、运输、浇筑、养护 3. 清理现场
211-3	预制安装混凝土墙面板	m³	1. 依据设计图所示位置及断面尺寸，按照不同强度等级混凝土体积以"m³"为单位计量 2. 加筋土挡土墙的路堤填料在第 204 节计量	1. 沟槽开挖 2. 预制场建设 3. 预制件预制、运输、装卸 4. 预制件安装 5. 墙背回填（不含路堤填料的回填）及墙背排水系统施工 6. 清理现场
211-4	加筋带			
-a	扁钢带	kg	依据设计图所示位置和断面尺寸，按铺设数量换算为质量以"kg"为单位计量	1. 场地清理 2. 铺设加筋带 3. 填料摊平 4. 分层压实
-b	钢筋混凝土带	m³	1. 依据设计图所示位置和断面尺寸，按不同强度等级混凝土体积以"m³"为单位计量 2. 混凝土中的钢筋作为加筋带的附属工作，不另行计量	1. 场地清理 2. 铺设加筋带 3. 填料摊平 4. 分层压实
-c	塑钢复合带	kg	依据设计图所示位置和断面尺寸，按铺设数量换算为质量以"kg"为单位计量	1. 场地清理 2. 铺设加筋带 3. 填料摊平 4. 分层压实
-d	塑料土工格栅	m²	1. 依据设计图所示位置和规格、型号，按土层中分层铺设土工格栅的累计净面积以"m²"为单位计量 2. 接缝的重叠面积和边缘的包裹面积不予计量	1. 场地清理 2. 铺设加筋带 3. 填料摊平 4. 分层压实

（续）

子目号	子 目 名 称	单位	工 程 量 计 量	工 程 内 容
-e	聚丙烯土工带	kg	依据设计图所示位置和断面尺寸，按铺设数量换算为质量以"kg"为单位计量	1. 场地清理 2. 铺设加筋带 3. 填料摊平 4. 分层压实
211-5	钢筋	kg	1. 依据设计图所示及钢筋表所列钢筋质量以"kg"为单位计量 2. 固定钢筋的材料、定位架立钢筋、钢筋接头、吊装钢筋、钢板、铁丝作为钢筋作业的附属工作，不另行计量 3. 加筋带中的钢筋不另行计量	1. 钢筋的保护、储存及除锈 2. 钢筋整直、接头 3. 钢筋截断、弯曲 4. 钢筋安设、支承及固定
212	喷射混凝土和喷浆边坡防护			
212-1	挂网土工格栅喷浆防护边坡			
-a	喷浆防护边坡	m²	依据设计图所示位置及砂浆强度等级，按照不同厚度喷浆防护面积以"m²"为单位计量	1. 岩面清理 2. 设备安装与拆除 3. 水泥砂浆拌制 4. 喷射 5. 养护
-b	铁丝网	kg	1. 依据设计图所示位置，按照设计数量以"kg"为单位计量 2. 因搭接而增加的铁丝网不予计量	1. 清理坡面 2. 铁丝网安设、支承及固定
-c	土工格栅	m²	1. 依据设计图所示位置和规格、型号，按分层铺设土工格栅的累计净面积以"m²"为单位计量 2. 接缝的重叠面积和边缘的包裹面积不予计量	1. 清理坡面 2. 铺设 3. 接缝处理（搭接、缝接、粘接）
-d	锚杆	kg	依据设计图所示位置，按照锚杆设计长度和规格计算质量以"kg"为单位计量	1. 清理坡面 2. 钻孔 3. 制作安放锚杆 4. 灌浆
212-2	挂网锚喷混凝土防护边坡（全坡面）			

（续）

子目号	子目名称	单位	工程量计量	工程内容
-a	喷射混凝土防护边坡	m²	依据设计图所示位置及混凝土浆强度等级，按照不同厚度喷射混凝土防护面积以"m²"为单位计量	1. 岩面清理 2. 设备安装与拆除 3. 混凝土拌制 4. 喷射 5. 沉降缝设置 6. 养护
-b	钢筋网	kg	1. 依据设计图所示位置，按照设计数量以"kg"为单位计量 2. 因搭接而增加的钢筋网不予计量	1. 清理坡面 2. 钢筋网安设、支承及固定
-c	铁丝网	kg	1. 依据设计图所示位置，按照设计数量以"kg"为单位计量 2. 因搭接而增加的铁丝网不予计量	1. 清理坡面 2. 铁丝网安设、支承及固定
-d	土工格栅	m²	1. 依据设计图所示位置和规格、型号，按分层铺设土工格栅的累计净面积以"m²"为单位计量 2. 接缝的重叠面积和边缘的包裹面积不予计量	1. 清理坡面 2. 铺设 3. 接缝处理（搭接、缝接、粘接）
-e	锚杆	kg	依据设计图所示位置，按照锚杆设计长度和规格计算质量以"kg"为单位计量	1. 清理坡面 2. 钻孔 3. 制作安放锚杆 4. 灌浆
212-3	坡面防护			
-a	喷浆边坡防护	m²	依据设计图所示位置及砂浆强度等级，按照不同厚度喷浆防护面积以"m²"为单位计量	1. 岩面清理 2. 设备安装与拆除 3. 水泥砂浆拌制 4. 喷射 5. 养护
-b	喷射混凝土边坡防护	m²	依据设计图所示位置及混凝土强度等级，按照不同厚度喷射混凝土面积以"m²"为单位计量	1. 岩面清理 2. 设备安装与拆除 3. 混凝土拌制 4. 喷射 5. 养护
212-4	土钉支护			
-a	钻孔注浆钉	m	依据设计图所示位置，按图示不同直径的土钉钻孔桩长度以"m"为单位计量	1. 清理坡面 2. 钻孔 3. 制作安放土钉钢筋 4. 浆体配置、运输、注浆

（续）

子目号	子目名称	单位	工程量计量	工程内容
-b	击入钉	kg	依据设计图所示位置，按图示击入金属钉的质量以"kg"为单位计量	1. 清理坡面 2. 土钉制作 3. 土钉击入
-c	喷射混凝土	m²	依据设计图所示位置及混凝土强度等级，按照不同厚度喷射混凝土面积以"m²"为单位计量	1. 清理坡面 2. 混凝土拌制 3. 喷射混凝土 4. 沉降缝设置 5. 养护
-d	钢筋	kg	1. 依据设计图所示及钢筋表所列钢筋质量以"kg"为单位计量 2. 固定钢筋的材料、定位架立钢筋、钢筋接头、铁丝作为钢筋作业的附属工作，不另行计量 3. 土钉用钢材不予计量	1. 钢筋的保护、储存及除锈 2. 钢筋整直、接头 3. 钢筋截断、弯曲 4. 钢筋安设、支承及固定
-e	钢筋网	kg	1. 依据设计图所示位置，按照设计数量以"kg"为单位计量 2. 因搭接而增加的钢筋网不予计量	1. 清理坡面 2. 钢筋网安设、支承及固定
-f	网格梁、立柱、挡土板	m³	依据设计图所示位置及断面尺寸，按照混凝土体积以"m³"为单位计量	1. 边坡清理及土槽开挖 2. 模板制作、安装、拆除 3. 混凝土制作、运输、浇筑、养护 4. 清理现场
-g	土工格栅	m²	1. 依据设计图所示位置和规格、型号，按分层铺设土工格栅的累计净面积以"m²"为单位计量 2. 接缝的重叠面积和边缘的包裹面积不予计量	1. 清理坡面 2. 铺设 3. 接缝处理（搭接、缝接、粘接）
213	预应力锚索边坡加固			
213-1	预应力钢绞线	m	依据设计图所示位置和钢绞线规格，按照各类锚索锚固端底至锚具外侧的长度，以"m"为单位计量	1. 坡面清理 2. 脚手架安设、拆除、完工清理和保养 3. 钻孔、清孔 4. 锚索成束、支架及导向头制作安装、锚固 5. 浆液制备、注浆、养护 6. 锚头防腐处理、封锚

（续）

子目号	子目名称	单位	工程量计量	工程内容
213-2	无黏结预应力钢绞线	m	依据设计图所示位置和钢绞线规格，按照各类锚索锚固端底至锚具外侧的长度，以"m"为单位计量	1. 坡面清理 2. 脚手架安设、拆除、完工清理和保养 3. 钻孔、清孔 4. 锚索成束、支架及导向头制作安装、锚固 5. 浆液制备、注浆、养护 6. 锚头防腐处理、封锚
213-3	锚杆			
-a	钢筋锚杆	kg	依据设计图所示位置和规格、型号，按照安装的锚杆质量以"kg"为单位计量	1. 坡面清理 2. 脚手架安设、拆除、完工清理和保养 3. 钻孔、清孔、套管装拔 4. 锚杆制作、安装、锚固、锚头处理 5. 浆液制备、注浆、养护
-b	预应力钢筋锚杆	kg	依据设计图所示位置和规格、型号，按照安装的锚杆质量以"kg"为单位计量	1. 坡面清理 2. 脚手架安设、拆除、完工清理和保养 3. 钻孔、清孔、套管装拔 4. 锚杆制作、安装 5. 浆液制备、一次注浆、锚固 6. 张拉、二次注浆
213-4	混凝土框格梁	m³	依据设计图所示位置及断面尺寸，按照不同强度等级混凝土浇筑体积以"m³"为单位计量	1. 边坡清理 2. 模板制作、安装、拆除 3. 混凝土制作、运输、浇筑、养护 4. 清理现场
213-5	混凝土锚固板	m³	依据设计图所示位置及断面尺寸，按照不同强度等级混凝土浇筑体积以"m³"为单位计量	1. 边坡清理 2. 模板制作、安装、拆除 3. 混凝土制作、运输、浇筑、养护 4. 清理现场
213-6	钢筋	kg	1. 依据设计图所示及钢筋表所列钢筋质量以"kg"为单位计量 2. 固定钢筋的材料、定位架立钢筋、钢筋接头、吊装钢筋、钢板、铁丝作为钢筋作业的附属工作，不另行计量	1. 钢筋的保护、储存及除锈 2. 钢筋整直、接头 3. 钢筋截断、弯曲 4. 钢筋安设、支承及固定

（续）

子目号	子目名称	单位	工程量计量	工程内容
214	抗滑桩			
214-1	现浇混凝土桩			
-a	混凝土	m³	1. 依据设计图所示位置及断面尺寸，按照不同强度等级混凝土体积以"m³"为单位计量 2. 护壁混凝土及护壁钢筋为桩基混凝土的附属工作，不另行计量 3. 声测管为现浇混凝土桩的附属工作，不另行计量	1. 场地清理 2. 成孔 3. 模板制作、安装、拆除 4. 护壁及桩身混凝土制作、运输、浇筑、养护 5. 桩的无损检测 6. 清理现场
214-2	桩板式抗滑挡墙			
-a	挡土板	m³	依据设计图所示位置及断面尺寸，按照不同强度等级混凝土体积以"m³"为单位计量	1. 沟槽开挖 2. 预制场建设 3. 预制件预制、运输、装卸 4. 预制件安装 5. 墙背回填及墙背排水系统施工 6. 清理现场
214-3	钢筋	kg	1. 依据设计图所示及钢筋表所列钢筋质量以"kg"为单位计量 2. 固定钢筋的材料、定位架立钢筋、钢筋接头、吊装钢筋、钢板、铁丝作为钢筋作业的附属工作，不另行计量 3. 抗滑桩的护壁钢筋不予计量	1. 钢筋的保护、储存及除锈 2. 钢筋整直、接头 3. 钢筋截断、弯曲 4. 钢筋安设、支承及固定
215	河道防护			
215-1	河床铺砌			
-a	浆砌片石铺砌	m³	依据设计图所示位置和断面尺寸，按图示不同强度等级水泥砂浆铺砌体积以"m³"为单位计量	1. 临时排水 2. 基坑开挖 3. 拌、运砂浆 4. 砌筑 5. 养护 6. 清理现场
-b	混凝土铺砌	m³	依据设计图所示位置及断面尺寸，按照不同强度等级混凝土铺筑体积以"m³"为单位计量	1. 临时排水 2. 基坑开挖 3. 模板制作、安装、拆除 4. 混凝土拌和、运输、浇筑、养护 5. 清理现场

（续）

子目号	子目名称	单位	工程量计量	工 程 内 容
215-2	导流设施（护岸墙、顺坝、丁坝、调水坝、锥坡）			
-a	浆砌片石	m³	依据设计图所示位置和断面尺寸，按图示不同强度等级水泥砂浆砌石体积以"m³"为单位计量	1. 围堰、临时排水工程施工 2. 基坑修整、清理夯实，废方弃运 3. 拌、运砂浆 4. 砌筑、勾缝、抹面、养护 5. 墙背回填、夯实
-b	混凝土	m³	依据设计图所示位置及断面尺寸，按照不同强度等级混凝土浇筑体积以"m³"为单位计量	1. 围堰、临时排水工程施工 2. 基坑修整、清理夯实，废方弃运 3. 模板制作、安装、拆除、修理及保养 4. 混凝土制作、运输、浇筑、振捣、养护 5. 墙背回填、夯实
-c	石笼	m³	1. 依据设计图所示位置和构造类型、结构尺寸，按照实际铺筑的石笼防护体积以"m³"为单位计量 2. 石笼钢筋（铁丝）网片不另行计量，含在石笼报价之中	1. 备材料及补助设施 2. 编织网片、装入块石、封闭成石笼 3. 抛到设计图指定处 4. 石笼间连接牢固
215-3	抛石防护	m³	依据设计图所示位置和断面尺寸，按照抛填石料体积以"m³"为单位计量	1. 移船定位 2. 抛填 3. 测量检查

5.1.3　路基工程工程量清单编制实例

【例5-1】 某路段长为L，其路基为挖方路基，两端截面的横断面图如图5-1所示，计算清单子目203-1-a路基挖土方的清单工程量。

解： 以上面两图为端截面的路段的挖方工程量为$V_{12} = S_{12}L_{12}$。其中，$S_{12} = (S_1 + S_2)/2$，$L_{12} = (L_2 - L_1)$，L_1、L_2分别为1、2横断面处挖方段桩号。

横断面面积S的计算方法常用积距法，即先把横断面图形划分为若干宽度为e的小条形，这些小条形一般可视为三角形、梯形或矩形。量出每个小条形的平均高度h_i，然后乘以e，即可分别得出各条形的面积，然后累积加和即为该横断面的近似面积S_i。

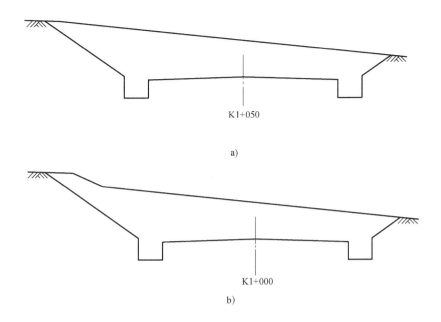

图 5-1 某挖方路基横断面示意图

a) 某挖方路基横断面 1 示意图（挖方面积为 S_1） b) 某挖方路基横断面 2 示意图（挖方面积为 S_2）

若挖方路基横断面变化较大，可以根据横断面面积的变化幅度，将整个路段划分为 n 段，按照 $V_{n(n+1)} = S_{n(n+1)} L_{n(n+1)}$ 分别计算各段的挖方工程量，然后求和，如下式所示：

$$V = \sum \left[S_{12} L_{12} + \cdots + S_{n(n+1)} L_{n(n+1)} \right]$$

其中，$S_{n(n+1)} = (S_n + S_{n+1}) \div 2$，$S_n$ 代表某挖方横断面面积；$L_{n(n+1)} = (L_{n+1} - L_n)$，$L_n$ 代表某挖方段桩号。

【例 5-2】 某高速公路路基土、石方工程数量见表 5-2，表中挖方和利用方均为天然密实方，填方为压实方，天然密实方转换为压实方的系数见表 5-3。

表 5-2 路基土、石方工程数量

项 目	挖方/m³					利用方/m³					填方/m³
	松土	普通土	硬土	石方	合计	松土	普通土	硬土	石方	合计	
工程量	5000	15000	10000	10000	40000	3000	10000	5000	3000	21000	40000

表 5-3 天然密实方转换为压实方的系数

土类 公路等级	土方			石方
	松土	普通土	硬土	
二级及以上公路	1.23	1.16	1.09	0.92
三、四级公路	1.11	1.05	1	0.84

问题：

（1）计算路基设计断面方数量。

（2）计算计价方数量。

（3）计算利用方数量（压实方）。

（4）计算借方数量（压实方）。

（5）计算弃方数量。

解：本案例主要考核关于土、石方数量的几个概念性问题以及相互之间的关系，天然密实方与压实方之间的关系等。

$$设计断面方 = 挖方（天然密实方）+ 填方（压实方）$$

$$计价方 = 挖方（天然密实方）+ 填方（压实方）- 利用方（压实方）= 挖方（天然密实方）+ 借方（压实方）$$

$$借方 = 填方（压实方）- 利用方（压实方）$$

$$弃方 = 挖方（天然密实方）- 利用方（天然密实方）$$

（1）路基设计断面方数量：

$$（40000 + 40000）m^3 = 80000m^3$$

（2）计价方数量：

$$[80000 - （3000 \div 1.23 + 10000 \div 1.16 + 5000 \div 1.09 + 3000 \div 0.92）]m^3 = 61092m^3$$

（3）利用方数量（压实方）：

$$（3000 \div 1.23 + 10000 \div 1.16 + 5000 \div 1.09 + 3000 \div 0.92）m^3 = 18908m^3$$

（4）借方数量（压实方）：

$$（40000 - 18908）m^3 = 21092m^3$$

（5）弃方数量：

$$（40000 - 21000）m^3 = 19000m^3$$

【例5-3】　某高速公路第×合同段15km，路基宽26m，其中挖方路段长4.7km，填方路段长10.3km。招标文件设计图的路基土、石方的主要内容见表5-4，天然密实方转换为压实方的系数见表5-3。

表5-4　路基土、石方

项　　目	挖方/m³				本桩利用方/m³			远运利用/m³		借方/m³
土石类别	普通土	硬土	软石	次坚石	普通土	硬土	石方	土方	石方	普通土
工程量	265000	220000	404000	340000	50000	35000	105000	385000	450000	600000
平均运距	弃土（普通土）平均运距6km，弃石平均运距3km							5km	4km	3km

注：表中挖方、利用方指天然密实方；借方指压实方。

问题：编制路基土、石方清单表格。

解：

（1）工程量清单工程量计算。考虑到实际计量支付以断面进行计量。故挖方数量为天然密实方，填方数量为压实方，并据此计算清单计量工程数量。

203-1-a 挖土方：$（265000 + 220000）m^3 = 485000m^3$

203-1-b 挖石方：$（404000 + 340000）m^3 = 744000m^3$

204-1-a 利用土方：

$$\{[（50000 + 35000 + 385000）- 220000] \div 1.16 + 220000 \div 1.09\}m^3 = 417352m^3$$

204-1-b 利用石方：$（105000 + 450000）\div 0.92 \, m^3 = 603261m^3$

204-1-d 借土填方：600000m³

（2）路基土、石方工程量清单见表5-5。

表 5-5　路基土、石方工程量清单

子目号	子目名称	项目特征	单位	数量	单价	合价
203-1	路基挖方					
-a	挖土方	1. 普通土及硬土 2. 远运利用土平均运距 5km 3. 弃土平均运距 6km	m³	485000		
-b	挖石方	1. 软石及次坚石 2. 远运利用石方平均运距 4km 3. 弃石平均运距 3km	m³	744000		
204-1	路基填筑（包括填前压实）					
-a	利用土方	1. 普通土及硬土 2. 压实度 95%	m³	417352		
-b	利用石方	1. 软石及次坚石 2. 压实度 95%	m³	603261		
-d	借土填方	1. 普通土 2. 压实度 95% 3. 平均运距 3km	m³	600000		

5.2　路基工程工程量清单计价

　　根据《公路工程标准施工招标文件》中第八章"工程量清单计量规则"的规定，除非合同另有规定，工程量清单中有标价的单价和总额价均已包括了为实施和完成合同工程所需的劳务、材料、机械、质检（自检）、安装、缺陷修复、管理、保险、税费、利润等费用，以及合同明示或暗示的所有责任、义务和一般风险，因此公路工程各项工程量清单单价均为全部综合单价，包括此项清单工程涉及的人工费、材料费、施工机械使用费、其他工程费、规费、企业管理费、利润、税金以及风险费等全部费用。施工企业投标报价可依据企业定额或《公路工程预算定额》编制综合单价。

5.2.1　路基工程预算定额应用

　　1. 定额名称解释

　　道路工程：以道路为对象而进行的规划、勘测、设计、施工等技术活动的全过程及其所从事的工程实体。

　　道路网：在一定区域内，由各种道路组成的相互联络、交织成网状分布的道路系统，全部由各级公路组成的称公路网。在城市范围内由各种道路组成的称城市道路网。

　　道路（网）密度：在一定区域内，道路网的总里程与该区域面积的比值。

　　道路技术标准：根据道路的性质、交通量及其所处地点的自然条件，确定道路应达到的各项技术指标和规定。

　　道路建筑限界：为保证车辆和行人正常通行，规定在道路的一定宽度和高度范围内不允许有任何设施及障碍物侵入的空间范围。

净空：道路上无任何障碍物侵入的空间范围。其高度称净高，其宽度称净宽。

分隔带：沿道路纵向设置的分隔车行道用的带状设施，位于路中线位置的称中央分隔带；位于路中线两侧的称外侧分隔带。

路基（又称路槽、路床、路胎、道胎）：按照路线位置和一定技术要求修筑的作为路面基础的带状构筑物。

路缘带：位于车行道两侧与车道相衔接的用标线或不同的路面颜色划分的带状部分。其作用是保障行车安全。

路肩：位于车行道外缘至路基边缘，具有一定宽度的带状部分（包括硬路肩与土路肩），为保持车行道的功能和临时停车使用，并作为路面的横向支撑。

硬路肩：与车行道相邻并铺以具有一定强度路面结构的路肩部分（包括路缘带）。

路缘石：设在路面边缘的界石，简称缘石。

平缘石：顶面与路面平齐的路缘石。有标定路面范围、整齐路容、保护路面边缘的作用。

平石：铺砌在路面与立缘石之间的平缘石。

街沟（偏沟）：城市街道路面边缘处，由立缘石与平石或铺装路面形成的侧沟。

路侧带：街道外侧立缘石的内缘与建筑线之间的范围。

护栏：沿危险路段的路基边缘设置的警戒车辆驶离路基和沿中央分隔带设置的防止车辆闯入对向车行道的防护设施，以及为使行人与车辆隔离而设置的保障行人安全的设施。

护墙：在道路的急弯、陡坡等危险路段，沿路肩修筑的矮墙。

隔声墙：为减轻行车噪声对附近居民的影响而设置在公路侧旁的墙式构造物。

（路基）最小填土高度：为保证路基稳定，根据土质、气候和水文地质条件所规定的路肩边缘至原地面的最小高度，边坡的高度与宽度之比。

（边）坡顶：路基边坡的最高点。挖方路基为边坡与原地面相接处，填方路基为路肩外缘。

（边）坡脚：路基边坡的最低点。填方路基为边坡与原地面相接处，挖方路基为边坡底。

护坡道：当路堤较高时，为保证边坡稳定，在取土坑与坡脚之间，沿原地面纵向保留的有一定宽度的平台。

碎落台：在路堑边坡坡脚与边沟外侧边缘之间或边坡上，为防止碎落物落入边沟而设置的有一定宽度的纵向平台。

挡土墙：为防止路基填土或山坡岩土坍塌而修筑的、承受土体侧压力的墙式构造物。

石笼：为防止河岸或构造物受水流冲刷而设置的装填石块的笼子。

抛石：为防止河岸或构造物受水流冲刷而抛填较大石块的防护措施。

截水沟：为拦截山坡上流向路基的水，在路堑坡顶以外设置的水沟。

排水沟：将边沟、截水沟和路基附近低洼处汇集的水引向路基以外的水沟。

盲沟：在路基或地基内设置的充填碎、砾石等粗粒材料并铺以倒滤层（有的其中埋设透水管）的排水、截水暗沟。

渗水井：为将边沟排不出的水渗到地下透水层中而设置的充填碎、砾石等粗粒材料并铺以倒滤层的竖井。

过水路面：通过平时无水或流水很少的宽浅河流而修筑的在洪水期间允许水流漫过的路面。

街道排水：为排除街道路面上的降水而采取的排水措施。

管道排水：利用设在地下的相互连通的管道及相应设施，汇集和排除道路的地表水。

检查井：在地下管线位置上每隔一定距离修建的竖井。主要供检修管道、清除污泥及用以连接不同方向、不同高度的管线使用。

泄水口：道路管道排水系统或渠道排水系统的出水口。

排水砂垫层：为加速软弱地基的固结，保证路基的强度和稳定，在路堤底部铺设的砂层。

路槽：为铺筑路面，在路基上按照设计要求修筑的浅槽。路槽分挖槽、培槽、半挖半培槽三种形式。

路床：路槽底部一定深度的部分称路床。土质路床又称土基。

面层：直接承受车辆荷载及自然因素的影响，并将荷载传递到基层的路面结构层。

路床整形：按设计要求和规定高程，将边沟、边坡、路基起高垫低、夯实、碾压成形。整形路床的平均厚度一般在 10cm 以内。

软土路基及软土路基处理：主要指由天然含水量大、压缩性高、承载能力低的土构成。软土路基处理的主要方法有：改变土壤结构、做石灰砂桩、打塑料排水板桩、铺设土工布、用水泥稳定土、铺设垫层料、打粉喷桩等，以确保路基的强度和稳定性，达到设计要求。

石灰砂桩：为加速软弱地基的固结，在地基上钻孔并灌入生石灰（或中粗砂）而形成的吸水柱体。

塑料排水板桩：为加速软弱地基的固结，使用带门架（或不带门架）的打桩设备将装有塑料排水板的钢管打入地基中，通过塑料排水板的纵、横向的排水，加速沉降，提高路基强度。

铺设土工布：为增加路基的稳定性和基层的刚度，在路基的底层铺设土工布，并折向边坡作防护。

水泥稳定土：在软土地基中掺入一定量的低强度等级水泥，通过拌和、摊铺、碾压等工序实现土壤的固结。

砂垫层：在软土层上增加一个排水面，通过砂垫层的密度预压造成地基的排水沉降，以提高地基的强度和稳定性，砂垫层的厚度为 0.6～1m。

铺设垫层料：垫层料分为砂垫层、石屑垫层和炉渣垫层，都是以 5cm 为起点，每增减 1cm，造价随之增减，主要作为地基找平层之用。

粉喷桩：这是软土地基处理方法之一，用钻机打孔将石灰、水泥（或其他材料）用粉体发送器和空压机压送到土壤中，形成加固柱体，实现地基的固结。

2. 路基工程预算定额说明

（1）总说明

路基工程定额按开挖的难易程度将土壤、岩石分为六类。

土壤分为三类：松土、普通土、硬土。

岩石分为三类：软石、次坚石、坚石。

表 5-6 为路基工程定额土、石分类与六级土、石分类和十六级土、石分类对照表。

表 5-6　土、石分类与六级土、石分类和十六级土、石分类对照表

本定额分类	松土	普通土	硬土	软石	次坚石	坚石
六级分类	I	II	III	IV	V	VI
十六级分类	I～II	III	IV	V～VI	VII～IX	X～XVI

（2）路基土、石方工程

1）"人工挖运土方""人工开炸石方""机械打眼开炸石方""控制爆破石方""抛坍爆破石方""挖掘机带破碎锤破碎石方"等定额中，已包括开挖边沟消耗的人工、材料和机械台班数量。因此，开挖边沟的数量应合并在路基土、石数量内计算。

2）各种开炸石方定额中，均已包括清理边坡工作。

3）机械施工土、石方，挖方部分机械达不到需由人工完成的工程量由施工组织设计确定。其

中，人工操作部分，按相应定额乘以 1.15 的系数。

4）抛坍爆破石方定额按地面横坡坡度划分，地面横坡变化复杂，为简化计算，凡变化长度在 20m 以内，以及零星变化长度累计不超过设计长度的 10% 时，可并入附近路段计算。

5）自卸汽车运输路基土、石方定额项目和洒水汽车洒水定额项目，仅适用于平均运距在 15km 以内的土、石方或水的运输。当平均运距超过 15km 时，应按市场运价计算其运输费用。当运距超过第一个定额运距单位时，其运距尾数不足一个增运定额单位的半数时不计，等于或超过半数时按一个增运定额运距单位计算。

6）路基加宽填筑部分如需清除时，按刷坡定额中普通土子目计算；清除的土方如需远运，按土方运输定额计算。

7）下列数量应由施工组织设计提出，并入路基填方数量内计算：

① 清除表土或零填方地段的基底压实、耕地填前夯（压）实后，回填至原地面高程所需的土、石方数量。

② 因路基沉陷需增加填筑的土、石方数量。

③ 为保证路基边缘的压实度须加宽填筑时，所需的土、石方数量。

8）工程量计算规则：

① 土、石方体积的计算：除定额中另有说明者外，土方挖方按天然密实体积计算，填方按压（夯）实后的体积计算，石方爆破按天然密实体积计算。当以填方压实体积为工程量，采用以天然密实方为计量单位的定额时，若路基填方为利用方，则所采用的定额应乘以表 5-3 中的系数；若路基填方为借方，则应在表 5-3 中的系数基础上增加 0.03 的损耗。

② 零填及挖方地段基底压实面积等于路槽底面宽度（m）和长度（m）的乘积。

③ 抛坍爆破的工程量按设计的抛坍爆破石方体积计算。

④ 整修边坡的工程量按公路路基长度计算。

（3）排水工程

1）边沟、排水沟、截水沟、盲沟的挖基费用按开挖沟槽定额计算，其他排水工程的挖基费用按第一节土、石方工程的相关定额计算。

2）边沟、排水沟、截水沟、急流槽定额均未包括垫层的费用，需要时按有关定额另行计算。

3）雨水算子的规格与定额不同时，可按设计用量抽换定额中铸铁算子的消耗。

4）工程量计算规则：

① 本章定额砌筑工程的工程量为砌体的实际体积，包括构成砌体的砂浆体积。

② 本章定额预制混凝土构件的工程量为预制构件的实际体积，不包括预制构件中空心部分的体积。

③ 挖截水沟、排水沟的工程量为设计水沟断面面积乘以水沟长度与水沟圬工体积之和。

④ 路基盲沟、中央分隔带盲沟（纵向、横向）的工程量为设计的工程内容。

⑤ 轻型井点降水定额按 50 根井管为一套，不足 50 根的按一套计算。井点使用天数按日历天数计算，使用时间按施工组织设计确定。

（4）软基处理工程

1）袋装砂井及塑料排水板处理软土地基，工程量为设计深度，定额材料消耗中已包括砂袋或塑料排水板的预留长度。

2）振冲碎石桩定额中不包括污泥排放处理的费用，需要时另行计算。

3）挤密碎石桩、灰土桩、砂桩和石灰砂桩处理软土地基定额的工程量为设计桩断面面积乘以设计桩长。

4）水泥搅拌桩和高压旋喷桩处理软土地基定额的工程量为设计桩长。

5）高压旋喷桩定额中的浆液是按普通水泥浆编制的，当设计采用添加剂或水泥用量与定额不同时，可按设计要求进行抽换。

6）土工布的铺设面积为锚固沟外边缘所包围的面积，包括锚固沟的底面积和侧面积。定额中不包括排水内容，需要时另行计算。

7）强夯定额适用于处理松、软的碎石土、砂土、低饱和度的粉土与黏性土、湿陷性黄土、杂填土和素填土等地基。定额中已综合考虑夯坑的排水费用，使用定额时不得另行增加费用。每100m² 夯击点数和击数按设计确定。

（5）路基防护工程

1）本章定额中未列出的其他结构形式的砌石防护工程，需要时按"桥涵工程"项目的有关定额计算。

2）本章定额中除注明者外，均不包括挖基、基础垫层的工程内容，需要时按"桥涵工程"项目的有关定额计算。

3）本章定额中除注明者外，均已包括设计要求需要设置的伸缩缝、沉降缝的费用。

4）本章定额中除注明者外，均已包括水泥混凝土的拌和费用。

5）植草护坡定额中均已考虑黏结剂、保水剂、营养土、肥料、覆盖薄膜等的费用，使用定额时不得另行计算。

6）预应力锚索护坡定额中的脚手架是按钢管脚手架编制的，脚手架宽度按2.5m 考虑。

7）工程量计算规则：

① 铺草皮工程量所铺边坡的坡面面积计算。

② 护坡定额中以100m² 或1000m² 为计量单位的子目的工程量按设计需要防护的边坡坡面面积计算。

③ 木笼、竹笼、铁丝笼填石护坡的工程量按填石体积计算。

④ 本章定额砌筑工程的工程量为砌体的实际体积，包括构成砌体的砂浆体积。

⑤ 本章定额预制混凝土构件的工程量为预制构件的实际体积，不包括预制构件中空心部分的体积。

⑥ 预应力锚索的工程量为锚索（钢绞线）长度与工作长度的质量之和。

⑦ 抗滑桩挖孔工程量按护壁外缘所包围的面积乘设计孔深计算。

5.2.2　路基土石方工程常用施工方案及方法

路基土石方工程施工过程主要包括：土石方开挖、运输、填筑与压实等。由于土石方工程量大、劳动繁重，施工时应尽可能采用机械化施工，以减轻繁重的体力劳动，加快施工进度、降低工程造价。各种施工机械有不同的施工特点，简单介绍常用的几种施工方法：

1. 路基挖方

（1）推土机施工

推土机由拖拉机和推土铲刀组成，是一种自行式的挖土、运土工具。按铲刀的操作方式分，推土机有索式和液压式。按推土机行走方式分，推土机有履带式和轮胎式。推土机的经济运距在100m 以内，以20～40m 为最佳运距。推土机的特点是操作灵活、运输方便，所需工作面较小，行驶速度较快，易于转移。推土机可以单独使用，也可以卸下铲刀牵引其他无动力的土方机械，如拖式铲运机、松土机、羊足碾等。

（2）铲运机施工

铲运机有拖式铲运机和自行式铲运机两种。铲运机的工作装置是铲斗，铲斗前方有一个能开启的斗门，铲斗前设有切土刀片。切土时，斗门打开，铲斗下降，刀片切入土中。铲运机前进时，被切下的土挤入铲斗，铲斗装满土后，提起铲斗，放下斗门，将土运至卸土地点。

铲运机的特点是能独立完成铲土、运土、卸土、填筑、压实等工作，对行驶道路要求较低，行驶速度快，操纵灵活，运转方便，生产效率高。铲运机常用于坡度在 20° 以内的大面积场地平整，开挖大型基坑、沟槽，以及填筑路基等土方工程。铲运机可在 Ⅰ～Ⅲ 类土中直接挖土、运土，适宜运距为 100～1000m，当运距在 200～350m 时效率最高。

（3）挖掘机施工

挖掘机是基坑（槽）土方开挖常用的一种机械。按其行走装置的不同，挖掘机分为履带式和轮胎式两种；按其工作装置的不同，挖掘机分为正铲、反铲、拉铲和抓铲四种；按其传动装置的不同，挖掘机分为机械传动和液压传动两种。

当场地起伏高差较大，土方运输距离超过 1000m，且工程量大而集中时，可采用挖掘机挖土，配合自卸汽车运土，并在卸土区配备推土机平整土堆。

2. 路基填筑

为保证路堤的强度和稳定性，在填筑路堤时，要处理好基底，选择良好的填料，保证必需的压实度及正确选择填筑方案。

（1）基底的处理

路基基底是指土石填料与原地面的接触部分。为使两者紧密结合以保证填筑后的路堤不至于产生沿基底的滑动和过大变形，填筑路堤前，应根据基底的土质、水文、坡度、植被和填土高度采取一定措施对基底进行处理。

1）当基底为松土或耕地时，应先将原地面认真压实后再填筑。当路线经过水田、洼地和池塘时，应根据积水和淤泥层等具体情况采取排水疏干、清淤换土、抛石挤淤、晾晒或掺灰等处理措施，经碾压密实后再填筑路堤。当地下水影响的低填方路段，还应考虑在边沟下设置渗沟等降、排地下水措施。当基底土质湿软而深厚时，应按软土地基处理。

2）路基用地范围内的垃圾、有机物残渣及取土坑原地面表层（100～300mm）腐殖土、草皮、农作物的根系和表土应予以清除，并将种植表土集中储藏在监理人指定地点以备将来做种植用土。二级及二级以上公路路堤或填方高度小于 1m 的公路路堤，应将路基基底范围内的树根全部挖除并将坑内填平夯实；填方高度大于 1m 的二级以下公路路堤，可保留树根，但树根不能露出地面。地面自然横坡陡于 1:5 时或纵坡陡于 12% 时，应将原地面挖成台阶，台阶宽度应满足摊铺和压实设备操作的需要，且不得小于 2m。台阶顶一般做成向内并大于 4% 的内倾坡度。

（2）填料的选择

路堤通常是利用沿线就近土石作为填筑材料。选择填料时应尽可能选择当地强度高、稳定性好并利于施工的土石作为路堤填料。一般情况下，碎石、卵石、砾石、粗砂等具有良好透水性，且强度高、稳定性好，因此可优先采用。亚砂土、亚黏土等经压实后也具有足够的强度，故也可采用。粉性土水稳定性差，不宜作为路堤填料。重黏土、黏性土、捣碎后的植物土等由于透水性差，作为路堤填料时应慎重采用。

5.2.3　路基工程工程量清单计价的编制

依据《公路工程预算定额》编制路基工程工程量清单各子目综合单价，编制步骤如下：
1）根据经济适用原则及现场实际情况确定该清单子目的施工方法。
2）熟悉该清单子目的工程内容，并根据该清单子目的施工方法选定预算定额子目。
3）该清单子目工程内容与选定的预算定额子目工程内容比较，查缺补漏。
4）依据选定的预算定额项，计算该清单子目的综合单价。

【例 5-4】　某地区有一山岭重丘区二级公路工程共 3km 挖方及半挖半填路段，203-1-a 分项工程量清单见表 5-7。

表 5-7 203-1-a 分项工程量清单

子目	子目名称	项目特征	单位	数量	单价	合价
203-1	路基挖方					
-a	挖土方	1. 普通土 2. 平均运距 3km	m³	50000		

该工程路槽底面宽度为 24m，总挖土方量为 50000m³（其中需人工挖边沟及截水沟的土方工程量为 2000m³，并将挖出的土方筑成挡水埝并修坡）均为普通土，其中利用方为 40000m³，弃土方为 8000m³，通过土方调配平均运距见表 5-8。

表 5-8 路基土方表

项目	挖土方	弃土方	挡水埝	本桩利用	远运利用		
平均运距	—	6km	0	20m	30m	200m	3.4km
工程量/m³	50000	8000	2000	5000	4000	6000	25000

问题：根据《公路工程预算定额》，确定经济机械化施工，为此清单分项报价。

解：（1）确定合理的机械化施工方法。

1）本桩利用土方及平均运距 30m 远运利用土方采用推土机施工。

2）平均运距 200m 远运利用土方采用铲运机施工。

3）平均运距 3.4km 远运利用土方及弃土方采用挖掘机配合自卸汽车运土施工。

（2）初步选定预算定额工程细目，见表 5-9。

其中，3.4km 远运利用土方及 6km 弃土方加权平均运距：

$$\frac{25000 \times 3.4 + 8000 \times 6}{25000 + 8000} km = 4.03km$$

表 5-9 预算定额细目表（1）

施工方式	定额编号	预算定额细目名称		单位	数量	调整系数
推土机施工	1-1-12-14	135kW 以内推土机推普通土	第一个 20m	1000m³	9	
	1-1-12-16		每增运 10m	1000m³	4	1
铲运机施工	1-1-13-6	10m³/斗内铲运机铲运普通土	第一个 100m	1000m³	6	
	1-1-13-8		每增运 50m	1000m³	6	2
挖掘机配合自卸汽车	1-1-9-8	挖掘机挖装普通土（2m³/斗）		1000m³	33	
	1-1-11-13	15t 内自卸汽车运土	第 1 个 1km	1000m³	33	
	1-1-11-9		每增运 0.5km	1000m³	33	6
	1-1-11-10					

（3）203-1-a 清单工程内容与确定的预算定额工程内容比较，补齐余下定额项目，见表 5-10。

表 5-10 预算定额细目表（2）

施工方式	定额编号	预算定额细目名称	单位	数量
人工挖排水沟、截水沟	1-3-1-1	人工挖截水沟、排水沟普通土	1000m³	2
机械碾压路基	1-1-18-24	光轮压路机 12~15t 碾压零填及挖方路基土方	1000m²	72
机械整修路拱	1-1-20-1	机械整修路拱	1000m²	72
整修边坡	1-1-20-4	二级及二级以上公路机械整修边坡	1km	3

（4）计算清单子目综合单价。

203-1-a 清单子目综合单价计算见表 5-11。

表 5-11　综合单价分析表

清单子目号：203-1-a　清单子目名称：路基挖土方　清单子目工程量：50000　　(1) 清单综合单价 (3) 清单综合单价　(2) 计量 单位：m³　货币单位：元

定额细目号	编号 定额项目名称	计算程序	(4) 单位	(5) 工程量	(6) 人工费	(7) 材料费	(8) 机械费	(9) 工料机合计	(10) 措施费	(11) 规费	(12) 企业管理费	(13) 利润及风险费	(14) 税金	(15) 定额项目单位工程量费用合计	(16) 综合造价	(17) 综合单价
					清单子目 人工费		机械费	(6)+(7)+(8)	定额直接工 费×施工辅 助费费率+定 额人工和定 额机械使用 费之和×其余措施费综合费率	各类工程人 工费(含施 工机械人工 费)×规费综合费率	定额直接 费×企管费 费率	[定额直接 费+(10)+ (12)]×利润 及风险费率	[(9)+ (10)+ (11)+ (12)+ (13)]× 税率	(9)+(10)+ (11)+(12)+ (13)+(14)	(15)× (5)	(16)/ (1)
1-1-12-14	135kW以内推土机推普通土 第一个20m		1000m³	9	271	0	1943	2214	51	54	93	165	258	2835	25515	0.5
1-1-12-16	每增运10m×1		1000m³	4	0	0	638	638	15	0	27	47	73	800	3200	0.06
1-1-13-6	10m³斗容内铲运机铲运普通土 第一个100m		1000m³	6	271	0	3207	3478	81	54	147	260	402	4422	26532	0.5
1-1-13-8	每增运50m×2		1000m³	6	0	0	1036	1036	25	0	44	77	118	1300	7800	0.2
1-1-9-8	挖掘机挖装普通土(2m³/斗)		1000m³	33	271	0	2168	2439	56	54	103	181	283	3116	102828	2.1
1-1-11-9	15t内自卸汽车运土 第1个1km		1000m³	33	0	0	5185	5185	45	0	116	375	572	6293	207669	4.2
1-1-11-10	每增运0.5km×6		1000m³	33	0	0	3491	3491	29	0	78	252	385	4235	97405	1.9
1-3-1-1	人工挖截水沟、排水沟普通土		1000m³	2	14103	0	0	14103	301	2821	587	1050	1886	20748	41496	0.8
1-1-18-24	光轮压路机12~15t碾压零填及挖方路基普通土方		1000m²	72	60	0	2169	2230	51	12	94	167	255	2809	202248	4.0
1-1-20-1	二级及二级以上公路机械整修路拱		1000m²	72	0	0	148	148	4	0	6	11	17	186	13389	0.3
1-1-20-4	二级及二级以上公路机械整修边坡		1km	3	15028	0	6660	21688	465	4340	903	1615	2901	31912	95736	1.9

综合单价合计　16.5

5.3 路基工程工程量清单计价综合案例

【例5-5】 某平原微丘高速公路Ⅰ标段，起点桩号：K0+000，终点桩号：K9+000，设计资料如下：

（1）K0+000~K6+000设计需清除表土6km，清表宽度50m，清表厚度30cm，弃土运至弃土场，平均运距6km。

（2）K6+000~K7+200需砍挖灌木林（稀），清理宽度45m，胸径100~120mm的树木共80棵，130~150mm共20棵。

（3）设计路基宽度38m，各段路基设计情况见表5-12，每公里路基土、石挖填方工程量见表5-13。

表5-12 路基设计情况汇总表

起讫桩号	长度/m	路基挖填情况	路基处理情况
K0+000~K1+800	1800	填方路段	路基需填前压实，平均宽度43m；其中K0+900~K1+020路段路堤两侧超填宽度30cm，路堤平均高度3.5m，达到路基压实要求后需刷坡，表5-13中未包括此部分工程量
K1+800~K3+000	1200	半填半挖路段	K2+150~K2+780机械挖土质台阶，宽度40m
K3+000~K4+000	1000	填方路段	填前压实，平均宽度45m
K4+000~K7+000	3000	挖方路段	
K7+000~K9+000	2000	填方路段	深耕地，填前挖松压实，平均宽度42m，长度1200m，其余填前压实

（4）借土场面积25000m²，需除草，由借土场至填方路基需修建一条长1.5km，宽7m的无路面汽车便道。每公里路基土、石挖填方工程量见表5-13。

招标文件要求：灌木需运至承包人驻地堆放整齐；树根运至弃土场平均运距2km。

问题：（1）编制路基工程清单表格。

（2）针对此部分清单编制投标报价。

（3）若承包人实际清表6.2km，清表平均宽度53m，清表厚度30cm，灌木林挖除面积不变，则202-1-a清理现场清单如何计量与支付？

（4）根据设计及监理工程师核实路基横断面图施工，实际完成借土回填方总量52256m³（压实方），其中包括：

1）保证路基压实度而增加的超填方280m³。

2）由于远运利用汽车运输损耗增加的借土回填方935m³。

3）因回填压实路基下沉增加借土回填量6285m³。

则204-1-d借土填方清单如何计量与支付？

解：（1）根据题意，此部分工程共涉及如下清单项目：

1）202-1-a清理现场：（50×6000+45×1200）m² = 354000m²

2）202-1-b砍伐树木：（80+20）棵 = 100棵

3）202-1-c挖除树根：（80+20）棵 = 100棵

表 5-13　每公里路基土、石挖方填方工程量

桩号	距离/m	挖方/m³ 总体积	挖方 松土	挖方 普通土	挖方 硬土	填土方(压实方)/m³	本桩利用/m³ 松土	本桩利用 普通土	本桩利用 硬土	挖余/m³ 松土	挖余 普通土	挖余 硬土	填缺/m³	远运利用 松土/m³	远运利用 普通土/m³	远运利用 硬土/m³	远运利用 运距/km	借方 普通土/m³	借方 运距/km	弃方 土方/m³	弃方 运距/km
1	2	3	4	5	6	7	8	9	10	11	12	13	14	15	16	17	18	19	20	21	22
K0+000~K1+000	1000	1865	1015	850		23589	800	850		215			22206					25759	2.0	215	4.6
K1+000~K2+000	1000	2052			2052	19872			2052				17989					20868	1.3		
K2+000~K3+000	1000	4865	500	685	3680	32413		685	3680	500			28446		26200	993	1.5	5741	1.7	500	2.7
K3+000~K4+000	1000	435	435			36182	200			235			36019	700	24786	9850	0.6	5854	2.6	235	1.5
K4+000~K5+000	1000	35621	985	24786	9850					985	24786	9850								285	2.6
K5+000~K6+000	1000	41332		35652	5680					0	35652	5680									
K6+000~K7+000	1000	16452	685	12503	3264					685	12503	3264									
K7+000~K8+000	1000	453		315	138	18756		315	138				18358	350	12503	7951	0.4			335	4.8
K8+000~K9+000	1000	487		487		8568		487					8148		9452		1.7				
总计		103562	3620	75278	24664	139380	1000	2337	5870	2620	72941	18794	131167	1050	72941	18794		58221		1570	

4）203-1-a 挖土方：（3620 + 75278 + 24664）m³ = 103562m³

5）204-1-a 利用土方：（1000 ÷ 1.23 + 2337 ÷ 1.16 + 5870 ÷ 1.09 + 1050 ÷ 1.23 + 72941 ÷ 1.16 + 18794 ÷ 1.09）m³ = 89189m³

6）204-1-d 借土填方：（58221 ÷ 1.16）m³ = 50191m³

7）利用加权平均法计算平均运距：

① 远运利用土方平均运距：

$$\frac{(26200 + 993) \times 1.5 + (700 + 24786 + 9850) \times 0.6 + (350 + 12503 + 7951) \times 0.4 + 9452 \times 1.7}{26200 + 993 + 700 + 24786 + 9850 + 350 + 12503 + 7951 + 9452} km = 0.93km$$

② 弃土平均运距：

$$\frac{215 \times 4.6 + 500 \times 2.7 + 235 \times 1.5 + 285 \times 2.6 + 335 \times 4.8}{1570} km = 3.2km$$

③ 借土方平均运距：

$$\frac{25795 \times 2.0 + 20868 \times 1.3 + 5741 \times 1.7 + 5854 \times 2.6}{58221} km = 1.8km$$

此部分工程清单表格汇总见表5-14。

表5-14　清单汇总表

子目号	子目名称	项目特征	单位	数量	单价	合价
202-1	清理与掘除					
-a	清理现场	1. 清除表土深度30cm 2. 挖清灌木林（稀）	m²	354000		
-b	砍伐树木	胸径100～150mm	棵	100		
-c	挖除树根	胸径100～150mm	棵	100		
203-1	路基挖方					
-a	挖土方	1. 松土、普通土及硬土 2. 远运利用土平均运距1km 3. 弃土平均运距3.2km	m³	103562		
204-1	路基填筑（包括填前压实）					
-a	利用土方	1. 松土、普通土及硬土 2. 压实度95%	m³	89189		
-d	借土填方	1. 普通土 2. 压实度95% 3. 平均运距1.8km	m³	50191		

（2）投标综合单价编制。

1）针对以上清单项目分别报价，各项清单对应预算定额汇总见表5-15～表5-20。

表5-15　"202-1-a 清理现场"报价预算定额汇总表

定额编号	预算定额细目名称	单位	数　　量	调整状态	说　　明
1-1-1-12	清除表土（135kW内推土机）	100m³	50 × 6000 × 0.3/100 = 900		
1-1-12-13	135kW内推土机第一个20m松土	1000m³	90	人工、推土机×0.8	推土机配合装载机集土装车

（续）

定额编号	预算定额细目名称	单位	数　量	调整状态	说　明
1-1-10-2	2m³ 内装载机装土方	1000m³	90		
1-1-11-5	10t 内自卸汽车运土 1km	1000m³	90		
1-1-1-4	砍挖灌木林（φ10cm 下）稀	1000m²	45×1200/1000＝54		
9-1-5-31	木材 3km（8t 内）	100m³	3	+32×2	此工程量为根据现场
9-1-9-2	人工装卸木材	100m³	3		实际情况估计工程量

说明：1. 灌木林木材运输可套用《公路工程预算定额》第9章材料运输相近定额，与实际情况不符可调整。

　　　2. 灌木运输距离根据承包方驻地位置与灌木林位置计算出来。

表 5-16　"202-1-b 砍伐树木"报价预算定额汇总表

定额编号	预算定额细目名称	单位	数　量	调整状态	说　明
1-1-1-3	人工伐树，挖掘机挖树根	10 棵	10	1004 推土机 消耗量 0	
9-1-5-31	木材 2km（8t 内）	100m³	0.080	+32×2	此工程量为根据现
9-1-9-2	人工装卸木材	100m³	0.080		场实际情况估计工程量

表 5-17　"202-1-c 挖除树根"报价预算定额汇总表

定额编号	预算定额细目名称	单位	数　量	调整状态	说　明
1-1-1-3	人工伐树，挖掘机挖树根	10 棵	10	1 人工消 耗量 0	
9-1-6-45	自卸汽车（8t 内）运块石 2km	100m³	0.060	+46×1	此工程量为根据现 场实际情况估计工
9-1-10-8	装载机（2m³ 内）装块石	100m³	0.060		程量

说明：1. 灌木树根装载运输可套第9章材料运输相近定额，与实际情况不符可调整。

表 5-18　"203-1-a 挖土方"报价预算定额汇总表

定额编号	预算定额细目名称	单位	数　量	调整状态	说　明
1-1-12-13	135kW 内推土机 20m 松土	1000m³	1.000		本桩利用土方均采
1-1-12-14	135kW 内推土机 20m 普通土	1000m³	2.337		用推土机推土 20m
1-1-12-15	135kW 内推土机 20m 硬土	1000m³	5.870		
1-1-13-5	10m³ 内铲运机 526m 松土	1000m³	1.05	+8×9	平均运距 400m 和
1-1-13-6	10m³ 内铲运机 526m 普通土	1000m³	37.289	+8×9	600m 的远运利用土方
1-1-13-7	10m³ 内铲运机 526m 硬土	1000m³	17.801	+8×9	采用铲运机铲运土方
1-1-9-8	2.0m³ 内挖掘机挖装土方 普通土	1000m³	35.652		平均运距超过 1km
1-1-9-9	2.0m³ 内挖掘机挖装土方硬土	1000m³	0.993		的远运利用土方采用 挖掘机配合自卸汽车
1-1-11-5	10t 内自卸汽车运土 2km	1000m³	36.645	+6×2	运土

（续）

定额编号	预算定额细目名称	单位	数 量	调整状态	说 明
1-1-12-9	105kW 内推土机 20m 松土	1000m³	1.570	人工、推土机×0.8	弃土方采用推土机配合装载机装土自卸汽车运土
1-1-10-2	2m³ 内装载机装土方	1000m³	1.570		
1-1-11-5	10t 内自卸汽车运土 3.2km	1000m³	1.570	+6×4	
1-1-18-19	高速、一级公路 12～15t 压路机碾压零填及挖方路基	1000m³	38×3.2=121.600		其中 0.2km 为半填半挖路段 K1+800～K3+000 中挖方路段分配的工程量
1-1-20-4	整修边坡二级及以上等级公路	1km	3.200		
1-1-20-1	机械整修路拱	1000m²	38×3.2=121.600		

说明：1. 挖运土方施工方法主要考虑经济合理，并根据现场及企业机械情况选定。
　　　2. 挖运土方工程量均根据表 5-13 每公里路基土、石挖填方工程量确定出来。
　　　3. 预算定额细目中的各运土运距均根据表 5-13 采用加权平均法计算所得。
　　　4. 整修边坡、路拱及碾压挖方路基工程量，半填半挖路段按挖填土方量分配工程量。
　　　5. 本桩利用土方、远运利用土方及弃土方工程量累计应等于挖土方总工程量。

表 5-19 "204-1-a 利用土方" 报价预算定额汇总表

定额编号	预算定额细目名称	单位	数 量	调整状态	说 明
1-1-5-5	填前挖松	1000m²	42×1200/1000=50.400		
1-1-5-4	填前夯（压）实 12～15t 光轮压路机	1000m²	(43×135+45×860+42×2000)/1000=128.505		135m 为 K0+000～K1+800，860m 为 K3+000～K4+000，利用方回填与借土方回填根据回填工程量分配数据
1-1-4-5	挖掘机挖土质台阶普通土	1000m²	40×524×0.3/1000=6.288		524 为利用方回填与借土方回填根据回填工程量分配数据
1-1-18-1	高速、一级公路 12～15t 光轮压路机碾压土方	1000m³	89.189		此工程量与清单工程量相等
1-1-20-1	机械整修路拱	1000m²	38×3.8=144.400		3.8km 为利用方回填与借土方回填根据回填工程量分配数据
1-1-20-4	整修边坡二级及以上等级公路	1km	3.800		
1-1-9-8	2.0m³ 内挖掘机挖装土方普通土	1000m³	0.927		因汽车运输损耗，增加的借土挖方及运输量
1-1-11-5	10t 内自卸汽车运土 1.7km	1000m³	0.951	+6×1	

说明：1. 工程量清单中工程量计算均按设计图所示以工程实体的净值计算，材料的操作损耗及运输损耗等不计量；而运用《公路工程预算定额》报价，定额中规定汽车运输土方需增加 0.03 的土方运输损耗（见路基土、石方工程定额说明第（8）条），因此，本例中利用汽车运输的远运利用土方考虑的汽车运输损耗后达不到清单要求的利用方回填量（压实方），需借方补充，工程量计算如下：
　　（1）汽车运输利用方转化为填方（清单工程量）：[(26200+9452)÷1.16+993÷1.09]m³=31645m³（压实方）
　　（2）汽车运输利用方转化为填方（考虑运输损耗）：[(26200+9452)÷(1.16+0.03)+993÷(1.09+0.03)]m³=30846m³（压实方）
　　（3）因运输损耗需增加的借土（普通土）挖方：[(31645－30846)×1.16]m³=927m³（天然密实方）
　　（4）因运输损耗需增加的借土（普通土）运量：[(31645－30846)×(1.16+0.03)]m³=951m³（天然密实方）
　　　2. 定额中土、石方工程项目定额水平均是在路基断面处施工的环境编制的，其工效水平较借土场集中取土为低，对借方而言，采用定额中的项目计算其挖装费用时，其人工、机械损耗完全可以把包括损耗部分在内的土石方数量完成，但对于运输来说，借方运输与利用方运输没有太大的差别，应考虑途中损耗的因素，增加其人工、机械台班的数量，以保证把实际需要的土、石方运至规定的地点。因此，运输损耗系数仅用于运输定额，挖装定额不考虑运输损耗系数。

表5-20　"204-1-d借土填方"报价预算定额汇总表

定额编号	预算定额细目名称	单位	数　量	调整状态	说　明
1-1-1-9	除草（135kW内推土机）	1000m²	25000/1000 = 2500		
7-1-1-1	汽车便道平原微丘区路基宽7m	1km	1.500		
1-1-9-8	2.0m³内挖掘机挖装土方普通土	1000m³	$(58221 + 3.5 \times 120 \times 0.3 \times 2 \times 1.16)/1000 = 58.513$		58221m³为表5-13中借方量，后者为路基两侧超填土方量
1-1-11-5	10t内自卸汽车运土1.8km	1000m³	$(58221 \div 1.16 \times 1.19 + 3.5 \times 120 \times 0.3 \times 2 \times 1.19)/1000 = 60.027$		借土挖方不考虑运输损耗，借土运输需考虑运输损耗
1-1-4-5	挖掘机挖土质台阶普通土	1000m²	$(630 - 524) \times 40 \times 0.3/1000 = 1.272$		K2+150~K2+780根据回填工程量分配，借土回填清单所分配的工程量
1-1-5-4	填前夯（压）实12~15t光轮压路机	1000m²	$[43 \times (1800 - 135) + 45 \times 140]/1000 = 77.895$		
1-1-18-1	高速、一级公路12~15t光轮压路机碾压土方	1000m³	$(58221 \div 1.16 + 3.5 \times 120 \times 0.3 \times 2)/1000 = 50.443$		$58221 \div 1.16 = 50191$（201-1-e清单工程量）路基两侧超填方清单不计量
1-1-20-1	机械整修路拱	1000m²	$38 \times 2000/1000 = 76.000$		
1-1-20-4	整修边坡二级及以上等级公路	1km	$2 - 0.12 = 1.880$		K0+900~K1+020路基两侧超填路段，因需刷坡，已包括整修边坡工作，无须再套此项定额
1-1-21-2	刷坡检底普通土	1000m³	$3.5 \times 120 \times 0.3 \times 2/1000 = 0.252$		

说明：1. 整修边坡、整修路拱根据挖方路段和填方路段长度分配工程量，针对半填半挖路段根据挖填土方量分配整修边坡及路拱工程量。

2. 在填方路段根据利用土方及借土方回填工程量分配整修边坡、整修路拱、填前压实及人工挖土质台阶等工程量。

3. 此部分各清单分配工程量累加需等于总值。

2）利用"纵横公路工程造价软件"对以上清单项目进行计算，工、料、机单价采用部颁《公路工程预算定额》价格，各费率采用山东省高速及一级公路费用标准（2018），实际报价时应采用当时当地工、料、机价格及费率标准，计算结果填入各项报表（表5-21~表5-28）。

表5-21　工程量清单

合同段：某高速路工程Ⅰ标段　　　　　　　　　　　　　　　　　　　　货币单位：元

清单	第200章	路基			
子目号	子目名称	单位	数量	单价	合价
202-1	清理与掘除				

（续）

清单 第 200 章 路基

子目号	子 目 名 称	单位	数量	单价	合价
- a	清理现场	m²	354000	3. 74	1323960
- b	砍伐树木	棵	100	56. 42	5642
- c	挖除树根	棵	100	11. 60	1160
203 - 1	路基挖方				
- a	挖土方	m³	103562	15. 50	1605211
204 - 1	路基填筑（包括填前压实）				
- a	利用土方	m³	89189	10. 65	949863
- d	借土填方	m³	50191	24. 27	1218136

清单 第 200 章合计：5103972

表 5-22 单价分析表（1）

合同段：某高速路工程 I 标段 货币单位：元

细目号	项目名称	单位	工程量	人工费	材料费	机械费	工料机合计	综合费费率（%）	综合费	合计	单价
202-1-a	清理现场	m²	354000	123446	0	970980	1094426	20.86	228272	1322698	3.74
202-1-b	砍伐树木	棵	100	3372	0	81	3453	63.43	2190	5643	56.42
202-1-c	挖除树根	棵	100	0	0	982	982	18.18	178	1160	11.60
203-1-a	挖土方	m³	103562	111523	0	1210445	1321968	21.45	283542	1605510	15.50
204-1-a	利用土方	m³	89189	158700	0	575131	733831	29.40	215773	949604	10.65
204-1-d	借土填方	m³	50191	109983	0	892411	1002394	21.53	215827	1218221	24.27

表 5-23 单价分析表（2）

细目号：202-1-a

细目名称：清理现场　　计量单位：m²　　单价：3.73 元/m²　　数量：354000　　货币单位：元

细目号	项目名称	单位	工程量	人工费	材料费	机械费	工料机合计	综合费费率（%）	综合费	合计	单价
1-1-1-12	清除表土（135kW 内推土机）	100m³	900	38258	0	221567	259825	22.77	59161	318986	0.90
1-1-12-13	135kW 内推土机 20m 松土	1000m³	90	30607	0	134047	164654	24.00	39518	204172	0.58

（续）

细目号	项目名称	单位	工程量	人工费	材料费	机械费	工料机合计	综合费费率（%）	综合费	合计	单价
1-1-10-2	2m³内装载机装土方	1000m³	90	0	0	117070	117070	18.42	21563	138633	0.39
1-1-11-5	10t内自卸汽车运土1km	1000m³	90	0	0	495294	495294	14.62	72425	567719	1.60
1-1-1-4	砍挖灌木林（φ10cm下）稀	1000m²	54	51648	0	0	51648	64.43	33276	84924	0.24
9-1-5-31	木材3km（8t内）	100m³	3	0	0	3003	3003	14.65	440	3443	0.01
9-1-9-2	人工装卸木材	100m³	3	2933	0	0	2933	64.40	1889	4822	0.01

表 5-24　单价分析表（3）

细目号：202-1-b

细目名称：砍伐树木　　　计量单位：棵　　　单价：56.42 元/棵　　　数量：100　　　货币单位：元

细目号	项目名称	单位	工程量	人工费	材料费	机械费	工料机合计	综合费费率（%）	综合费	合计	单价
1-1-1-3	人工伐树，挖掘机挖树根（135kW内）	10棵	10	3294	0	0	3294	64.61	2128	5422	54.22
9-1-5-31	木材3km（8t内）	100m³	0.080	0	0	81	81	13.73	11	92	0.92
9-1-9-2	人工装卸木材	100m³	0.080	78	0	0	78	65.02	51	128	1.28

表 5-25　单价分析表（4）

细目号：202-1-c

细目名称：挖除树根　　　计量单位：棵　　　单价：11.6 元/棵　　　数量：100　　　货币单位：元

细目号	项目名称	单位	工程量	人工费	材料费	机械费	工料机合计	综合费费率（%）	综合费	合计	单价
1-1-1-3	人工伐树，挖掘机挖树根（135kW内）	10棵	10			923	923	18.43	170	1093	10.93

（续）

细目号	项目名称	单位	工程量	人工费	材料费	机械费	工料机合计	综合费费率（%）	综合费	合计	单价
9-1-6-45	自卸汽车（8t内）运块石2km	100m³	0.060			47	47	14.78	7	54	0.54
9-1-10-8	装载机（2m³内）装块石	100m³	0.060			12	12	11.82	1	13	0.13

表 5-26　单价分析表（5）

细目号：203-1-a

细目名称：挖土方　　　计量单位：m³　　　单价：15.5元/m³　　　数量：103562　　　货币单位：元

细目号	项目名称	单位	工程量	人工费	材料费	机械费	工料机合计	综合费费率（%）	综合费	合计	单价
1-1-12-13	135kW内推土机第一个20m松土	1000m³	1.000	426	0	1862	2288	24.10	551	2839	0.03
1-1-12-14	135kW内推土机第一个20m普通土	1000m³	2.337	1117	0	4818	5935	24.09	1429	7364	0.07
1-1-12-15	135kW内推土机第一个20m硬土	1000m³	5.870	3119	0	14903	18022	23.59	4252	22274	0.22
1-1-13-5	10m³内铲运机526m松土	1000m³	1.050	447	0	7831	8278	19.94	1651	9929	0.10
1-1-13-6	10m³内铲运机526m普通土	1000m³	37.289	17833	0	301694	319527	20.01	63926	383453	3.70
1-1-13-7	10m³内铲运机526m硬土	1000m³	17.801	9459	0	160921	170380	20.00	34072	204452	1.97
1-1-9-8	2.0m³内挖掘机挖装土方普通土	1000m³	35.652	17049	0	82014	99063	23.56	23337	122400	1.18
1-1-9-9	2.0m³内挖掘机挖装土方硬土	1000m³	0.993	527	0	2562	3089	23.44	724	3813	0.04
1-1-11-5	10t内自卸汽车运土2km	1000m³	36.645	0	0	255941	255941	14.62	37425	293366	2.83
1-1-12-9	105kW内推土机第一个20m松土	1000m³	1.570	534	0	2454	2988	23.72	709	3697	0.04

（续）

细目号	项目名称	单位	工程量	人工费	材料费	机械费	工料机合计	综合费费率（%）	综合费	合计	单价
1-1-10-2	2m³内装载机装土方	1000m³	1.570	0	0	2042	2042	18.42	376	2418	0.02
1-1-11-5	10t内自卸汽车运土3.2km	1000m³	1.570	0	0	13291	13291	14.62	1943	15234	0.15
1-1-18-19	高速、一级公路12~15t压路机碾压零填及挖方路基	1000m²	121.600	12923	0	319664	332587	19.52	64911	397498	3.84
1-1-20-4	整修边坡二级及以上等级公路	1km	3.200	48090		21312	69402	64.42	44712	114114	1.10
1-1-20-1	机械整修路拱	1000m²	121.600	0	0	19136	19136	18.41	3523	22659	0.22

表5-27　单价分析表（6）

细目号：204-1-a

细目名称：利用土方　　　计量单位：m³　　　单价：10.65元/m³　　　数量：89189　　　货币单位：元

细目号	项目名称	单位	工程量	人工费	材料费	机械费	工料机合计	综合费费率（%）	综合费	合计	单价
1-1-5-5	填前挖松	1000m²	50.400	33208	0	0	33208	64.43	21394	54602	0.61
1-1-5-4	填前夯（压）实12~15t光轮压路机	1000m²	128.505	38238	0	20636	58874	42.78	25188	84062	0.94
1-1-4-5	挖掘机挖土质台阶普通土	1000m³	6.288	1270	0	9766	11036	64.43	7110	18146	0.20
1-1-18-1	高速、一级公路12~15t光轮压路机碾压土方	1000m³	89.189	28434	0	488627	517061	19.98	103324	620385	6.96
1-1-20-1	机械整修路拱	1000m²	144.400	0	0	22724	22724	18.42	4186	26910	0.30
1-1-20-4	整修边坡二级及以上等级公路	1km	3.800	57106.875		25308	82415	64.43	53097	135512	1.52
1-1-9-8	2.0m³内挖掘机挖装土方普通土	1000m³	0.927	443	0	2132	2575	23.53	606	3181	0.04
1-1-11-5	10t内自卸汽车运土1.7km	1000m³	0.951	0	0	5938	5938	14.63	869	6807	0.08

表 5-28　单价分析表（7）

细目号：204-1-d

细目名称：借土填方　　　计量单位：m³　　　单价：24.26 元/m³　　　数量：50191　　　货币单位：元

细目号	项目名称	单位	工程量	人工费	材料费	机械费	工料机合计	综合费费率（%）	综合费	合计	单价
1-1-1-9	除草（135kW 内推土机）	1000m²	25.000	0	0	7693	7693	18.41	1416	9109	0.18
7-1-1-1	汽车便道平原微丘区路基宽 7m	1km	1.500	6536	0	15543	22079	28.23	6233	28312	0.56
1-1-9-8	2.0m³ 内挖掘机挖装土方普通土	1000m³	58.513	27983	0	134605	162588	23.56	38302	200890	4.00
1-1-11-5	10t 内自卸汽车运土 1.8km	1000m³	60.027	0	0	419250	419250	14.62	61305	480555	9.57
1-1-4-5	挖掘机挖土质台阶普通土	1000m³	1.272	257	0	1976	2233	64.41	1438	3671	0.07
1-1-5-4	填前夯（压）实 12~15t 光轮压路机	1000m²	77.895	23179	0	12509	35688	42.78	15266	50954	1.02
1-1-18-1	高速、一级公路 12~15t 光轮压路机碾压土方	1000m³	50.443	16081	0	276355	292436	19.98	58438	350874	6.99
1-1-20-1	机械整修路拱	1000m²	76.000	0	0	11960	11960	18.42	2203	14163	0.28
1-1-20-4	整修边坡二级及以上等级公路	1km	1.880	28253		12521	40774	64.42	26267	67041	1.34
1-1-21-2	刷坡检底普通土	1000m³	0.252	7694	0	0	7694	64.43	4957	12651	0.25

（3）若承包人实际清表 6.2km，清表平均宽度 53m，清表厚度 30cm，则 202-1-a 清理现场清单需区分情况进行计量与支付：

1）若增加的清表长度和宽度为设计变更或监理人指示，则按变更或指示后的实际工程量计量与支付，则：

202-1-a 清理现场计量工程量：（53×6200+45×1200）m² = 382600m²

202-1-a 清理现场应支付工程款：382600m²×3.73 元/m² = 1427098 元

2）若增加的清表长度和宽度为承包人自行增加的多清理工程量，则仍按原设计工程量计量与支付，则：

202-1-a 清理现场计量工程量：（50×6000+45×1200）m² = 354000m²

202-1-a 清理现场应支付工程款：354000m²×3.73 元/m² = 1320420 元

（4）根据设计及监理工程师核实路基横断面图施工，实际完成借土回填方总量 52256m³（压实方），其中包括：保证路基压实度而增加的超填方 280m³；由于远运利用汽车运输损耗增加的借土回填方 935m³；因回填压实路基下沉增加借土回填量 6285m³，则：

204-1-d 借土填方计量工程量：（52256-280-935）m³ = 51041m³

204-1-d 借土填方应支付工程款：51041m³×24.26 元/m³ = 1238254.66 元

第 **6** 章 | 路面工程工程量清单计量与计价

6.1 路面工程工程量清单计量

6.1.1 路面工程工程量清单计量规则说明

1. 路面工程内容

路面工程包括垫层、底基层、基层、沥青混凝土面层、水泥混凝土面层、其他面层、透层、黏层、封层、路肩培土、中央分隔带回填土、土路肩加固及路缘石、路面排水、路面其他工程。

2. 有关问题的说明及提示

1）水泥混凝土路面模板制作安装及缩缝、胀缝的填灌缝材料、高密度橡胶板，均包含在浇筑不同厚度水泥混凝土面层的工程项目中，不另行计量。

2）水泥混凝土路面养护用的养护剂、覆盖的麻袋、养护器材等，均包含在浇筑不同厚度水泥混凝土面层的工程项目中，不另行计量。

3）水泥混凝土路面的钢筋包括传力杆、拉杆、补强角隅钢筋及结构受力连续钢筋、支架钢筋，因搭接而增加的钢筋作为附属工作，不另行计量。

4）沥青混凝土路面和水泥混凝土路面所需的外掺剂不另行计量。

5）沥青混合料、水泥混凝土和（底）基层混合料拌和场站、储料场的建设、拆除、恢复若已在"105 施工标准化"（属选择性工程子目）清单中列入单独计量，则在该章相应清单项目综合单价中不再计入此部分费用；若未列入"105 施工标准化"清单中，则该部分费用均应包括在相应清单项目综合单价中，不另行计量。

6）钢筋的除锈、制作安装、成品运输，均包含在相应工程的项目中，不另行计量。

6.1.2 路面工程工程量清单计量规则详表

路面工程工程量清单计量规则见表 6-1。

表 6-1 路面工程工程量清单计量规则

子目号	子目名称	计量单位	工程量计量	工程内容
302	垫层			
302-1	碎石垫层	m²	依据设计图所示压实厚度，按照铺筑的顶面面积以"m²"为单位计量	1. 检查、清除路基上的浮土、杂物，并洒水湿润 2. 摊铺 3. 整平、整形 4. 洒水、碾压、整修

（续）

子目号	子目名称	计量单位	工程量计量	工程内容
302-2	砂砾垫层	m²	依据设计图所示压实厚度，按照铺筑的顶面面积以"m²"为单位计量	1. 检查、清除路基上的浮土、杂物，并洒水湿润 2. 摊铺 3. 整平、整形 4. 洒水、碾压、整修
302-3	水泥稳定土垫层	m²	依据设计图所示压实厚度，按照铺筑的顶面面积以"m²"为单位计量	1. 检查、清除路基上的浮土、杂物，并洒水湿润 2. 拌和、运输、摊铺 3. 整平、整形 4. 洒水、碾压、整修、初期养护
302-4	石灰稳定土垫层	m²	依据设计图所示压实厚度，按照铺筑的顶面面积以"m²"为单位计量	1. 检查、清除路基上的浮土、杂物，并洒水湿润 2. 拌和、运输、摊铺 3. 整平、整形 4. 洒水、碾压、整修、初期养护
303	石灰稳定土底基层、基层			
303-1	石灰稳定土底基层	m²	依据设计图所示压实厚度，按照铺筑的顶面面积以"m²"为单位计量	1. 检查、清理下承层、洒水 2. 拌和、运输、摊铺 3. 整平、整形 4. 洒水、碾压、初期养护
303-2	搭板、埋板下石灰稳定土底基层	m³	依据设计图所示尺寸、范围，按照铺筑体积以"m³"为单位计量	1. 检查、清理下承层、洒水 2. 拌和、运输、摊铺 3. 整平、整形 4. 洒水、碾压、初期养护
303-3	石灰稳定土基层	m²	依据设计图所示压实厚度，按照铺筑的顶面面积以"m²"为单位计量	1. 检查、清理下承层、洒水 2. 拌和、运输、摊铺 3. 整平、整形 4. 洒水、碾压、初期养护
304	水泥稳定土底基层、基层			
304-1	水泥稳定土底基层	m²	依据设计图所示压实厚度，按照铺筑的顶面面积以"m²"为单位计量	1. 检查、清理下承层、洒水 2. 拌和、运输、摊铺 3. 整平、整形 4. 洒水、碾压、初期养护
304-2	搭板、埋板下水泥稳定土底基层	m³	依据设计图所示尺寸、范围，按照铺筑体积以"m³"为单位计量	1. 检查、清理下承层、洒水 2. 拌和、运输、摊铺 3. 整平、整形 4. 洒水、碾压、初期养护

（续）

子目号	子目名称	计量单位	工程量计量	工程内容
304-3	水泥稳定土基层	m²	依据设计图所示压实厚度，按照铺筑的顶面面积以"m²"为单位计量	1. 检查、清理下承层、洒水 2. 拌和、运输、摊铺 3. 整平、整形 4. 洒水、碾压、初期养护
305	石灰粉煤灰稳定土底基层、基层			
305-1	石灰粉煤灰稳定土底基层	m²	依据设计图所示压实厚度，按照铺筑的顶面面积以"m²"为单位计量	1. 检查、清理下承层、洒水 2. 拌和、运输、摊铺 3. 整平、整形 4. 洒水、碾压、初期养护
305-2	搭板、埋板下石灰粉煤灰稳定土底基层	m³	依据设计图所示尺寸、范围，按照铺筑体积以"m³"为单位计量	1. 检查、清理下承层、洒水 2. 铺筑材料拌和、运输、摊铺 3. 整平、整形 4. 洒水、碾压、初期养护
305-3	石灰粉煤灰稳定土基层	m²	依据设计图所示压实厚度，按照铺筑的顶面面积以"m²"为单位计量	1. 检查、清理下承层、洒水 2. 铺筑材料拌和、运输、摊铺 3. 整平、整形 4. 洒水、碾压、初期养护
305-4	石灰煤渣稳定土基层	m²	依据设计图所示压实厚度，按照铺筑的顶面面积以"m²"为单位计量	1. 检查、清理下承层、洒水 2. 铺筑材料拌和、运输、摊铺 3. 整平、整形 4. 洒水、碾压、初期养护
306	级配碎（砾）石底基层、基层			
306-1	级配碎石底基层	m²	依据设计图所示压实厚度，按照铺筑的顶面面积以"m²"为单位计量	1. 检查、清理下承层、洒水 2. 铺筑材料拌和、运输、摊铺 3. 整平、整形 4. 洒水、碾压
306-2	搭板、埋板下级配碎石底基层	m³	依据设计图所示尺寸、范围，按照铺筑体积以"m³"为单位计量	1. 检查、清理下承层、洒水 2. 铺筑材料拌和、摊铺 3. 整平、整形 4. 洒水、碾压
306-3	级配碎石基层	m²	依据设计图所示压实厚度，按照铺筑的顶面面积以"m²"为单位计量	1. 检查、清理下承层、洒水 2. 铺筑材料拌和、运输、摊铺 3. 整平、整形 4. 洒水、碾压
306-4	级配砾石底基层	m²	依据设计图所示压实厚度，按照铺筑的顶面面积以"m²"为单位计量	1. 检查、清理下承层、洒水 2. 铺筑材料拌和、运输、摊铺 3. 整平、整形 4. 洒水、碾压

（续）

子目号	子目名称	计量单位	工程量计量	工程内容
306-5	搭板、埋板下级配砾石底基层	m³	依据设计图所示尺寸、范围，按照铺筑体积以"m³"为单位计量	1. 检查、清理下承层、洒水 2. 铺筑材料拌和、运输、摊铺 3. 整平、整形 4. 洒水、碾压
306-6	级配砾石基层	m²	依据设计图所示压实厚度，按照铺筑的顶面面积以"m²"为单位计量	1. 检查、清理下承层、洒水 2. 铺筑材料拌和、运输、摊铺 3. 整平、整形 4. 洒水、碾压
307	沥青稳定碎石基层（ATB）			
307-1	沥青稳定碎石基层（ATB）	m²	依据设计图所示级配类型及铺筑压实厚度，按照铺筑的顶面面积以"m²"为单位计量	1. 检查和清理下承层 2. 拌和设备安装、调试、拆除 3. 沥青铺筑材料加热、保温、输送，配运料，矿料加热烘干，拌和、出料 4. 运输、摊铺、压实、成形 5. 接缝 6. 初期养护
308	透层和黏层			
308-1	透层	m²	依据设计图所示沥青品种、规格、喷油量，按照洒布面积以"m²"为单位计量	1. 检查和清扫下承层 2. 材料制备、运输 3. 试洒 4. 沥青洒布车均匀喷洒并检测洒布用量 5. 初期养护
308-2	黏层	m²	依据设计图所示沥青品种、规格、喷油量，按照洒布面积以"m²"为单位计量	1. 检查和清扫下承层 2. 材料制备、运输 3. 试洒 4. 沥青洒布车均匀喷洒并检测洒布用量 5. 初期养护
309	热拌沥青混合料面层			
309-1	细粒式沥青混凝土	m²	依据设计图所示级配类型及铺筑压实厚度，按照铺筑的顶面面积以"m²"为单位计量	1. 检查和清理下承层 2. 拌和设备安装、调试、拆除 3. 沥青加热、保温、输送，配运料，矿料加热烘干，拌和、出料 4. 运输、摊铺、碾压、成形 5. 接缝 6. 初期养护

（续）

子目号	子 目 名 称	计量单位	工 程 量 计 量	工 程 内 容
309-2	中粒式沥青混凝土	m²	依据设计图所示级配类型及铺筑压实厚度，按照铺筑的顶面面积以"m²"为单位计量	1. 检查和清理下承层 2. 拌和设备安装、调试、拆除 3. 沥青加热、保温、输送，配运料，矿料加热烘干、拌和、出料 4. 运输、摊铺、碾压、成形 5. 接缝 6. 初期养护
309-3	粗粒式沥青混凝土	m²	依据设计图所示级配类型及铺筑压实厚度，按照铺筑的顶面面积以"m²"为单位计量	1. 检查和清理下承层 2. 拌和设备安装、调试、拆除 3. 沥青加热、保温、输送，配运料，矿料加热烘干、拌和、出料 4. 运输、摊铺、碾压、成形 5. 接缝 6. 初期养护
310	沥青表面处置与封层			
310-1	沥青表面处置	m²	依据设计图所示沥青种类、厚度、喷油量，按照沥青表面处置面积以"m²"为单位计量	1. 检查和清理下承层 2. 安装拆除熬油设备 3. 熬油、运油 4. 沥青洒布车洒油 5. 整形、碾压、找补 6. 初期养护
310-2	封层	m²	依据设计图所示沥青种类、厚度，按照封层面积以"m²"为单位计量	1. 检查和清扫下承层 2. 试验段施工 3. 专用设备洒布或施工封层 4. 整形、碾压、找补 5. 初期养护
311	改性沥青及改性沥青混合料			
311-1	细粒式改性沥青混合料路面	m²	依据设计图所示级配类型及压实厚度，按照铺筑的顶面面积以"m²"为单位计量	1. 检查和清理下承层 2. 拌和设备安装、调试、拆除 3. 改性沥青混合料生产 4. 混合料运输、摊铺、碾压、成形 5. 接缝 6. 初期养护
311-2	中粒式改性沥青混合料路面	m²	依据设计图所示级配类型及压实厚度，按照铺筑的顶面面积以"m²"为单位计量	1. 检查和清理下承层 2. 拌和设备安装、调试、拆除 3. 改性沥青混合料生产 4. 混合料运输、摊铺、碾压、成形 5. 接缝 6. 初期养护

（续）

子目号	子目名称	计量单位	工程量计量	工程内容
311-3	SMA 路面	m²	依据设计图所示级配类型及压实厚度，按照铺筑的顶面面积以"m²"为单位计量	1. 检查和清理下承层 2. 拌和设备安装、调试、拆除 3. 改性沥青混合料生产 4. 混合料运输、摊铺、碾压、成形 5. 接缝 6. 初期养护
312	水泥混凝土面板			
312-1	水泥混凝土面板	m³	依据设计图所示厚度和混凝土强度等级，按照铺筑体积以"m³"为单位计量	1. 检查和清理下承层、洒水湿润 2. 模板制作、架设、安装、修理、拆除 3. 混凝土拌和物配合比设计、配料、拌和、运输、浇筑、振捣、真空吸水、抹平、压（刻）纹，养护 4. 切缝、灌缝 5. 初期养护
312-2	钢筋	kg	1. 依据设计图所示水泥混凝土路面钢筋按图示质量以"kg"为单位计量 2. 因搭接而增加的钢筋作为附属工作，不另行计量	1. 钢筋的保护、储存及除锈 2. 钢筋整直、连接 3. 钢筋截断、弯曲 4. 钢筋安设、支承及固定
313	路肩培土、中央分隔带回填土、土路肩加固及路缘石			
313-1	路肩培土	m³	依据设计图所示断面尺寸，按照压实体积以"m³"为单位计量	1. 挖运土 2. 路基整修、培土、整形 3. 分层填筑、压实 4. 修整路肩横坡
313-2	中央分隔带回填土	m³	依据设计图所示断面尺寸，按照压实体积以"m³"为单位计量	1. 挖运土 2. 路基整修、培土、整形 3. 分层填筑、压实
313-3	现浇混凝土加固土路肩	m³	依据设计图所示断面尺寸和混凝土强度等级，按照浇筑体积以"m³"为单位计量	1. 路基整修 2. 模板制作、安装、拆除、修理、涂脱模剂 3. 混凝土拌和、制备、运输、摊铺、振捣、养护

（续）

子目号	子目名称	计量单位	工程量计量	工程内容
313-4	混凝土预制块加固土路肩	m³	依据设计图所示断面尺寸和混凝土强度等级，按照预制安装体积以"m³"为单位计量	1. 预制场地平整，硬化处理 2. 预制块预制、装运 3. 路基整修 4. 预制块铺砌、勾缝
313-5	混凝土预制块路缘石	m³	依据设计图所示断面尺寸和混凝土强度等级，按照预制安装体积以"m³"为单位计量	1. 预制场地平整，硬化处理 2. 路缘石预制、装运 3. 路基整修、基槽开挖与回填，废方弃运 4. 基槽夯实 5. 路缘石铺砌、勾缝 6. 路缘石后背回填夯实
314	路面及中央分隔带排水			
314-1	排水管	m	依据设计图所示位置，分不同类型及规格，按埋设管长以"m"为单位计量	1. 基槽开挖填筑、废方弃运 2. 垫层（基础）铺筑 3. 排水管制作 4. 安放排水管 5. 接头处理 6. 回填、压实 7. 出水口处理
314-2	纵向雨水沟（管）	m	依据设计图所示位置，分不同类型及规格，按埋设长度以"m"为单位计量	1. 基槽开挖、废方弃运 2. 垫层（基础）铺筑 3. 模板制作、安装、拆除、修理 4. 钢筋制作与安装 5. 盖板预制及安装 6. 混凝土拌和、运输、浇筑 7. 养护 8. 安放排水管 9. 接头处理 10. 回填、压实 11. 出水口处理
314-3	集水井	座	依据设计图所示位置，分不同类型及规格，按设置的集水井数量，以"座"为单位计量	1. 基坑开挖及废方弃运 2. 地基平整夯实，垫层及基础施工 3. 模板制作、安装、拆除、修理 4. 钢筋制作与安装 5. 混凝土拌和、运输、浇筑、养护 6. 井壁外围回填，夯实

（续）

子目号	子目名称	计量单位	工程量计量	工程内容
314-4	中央分隔带渗沟	m	依据设计图所示位置，分不同类型，按埋设长度以"m"为单位计量	1. 基槽开挖、废方弃运 2. 垫层（基础）铺筑 3. 制管、打孔 4. 安放排水管 5. 接头处理 6. 填碎石、铺设土工布 7. 回填、压实
314-5	沥青油毡防水层	m²	依据设计图所示位置，按铺设的防水层面积以"m²"为单位计量	1. 下承层清理 2. 喷涂黏结层 3. 铺油毡 4. 接缝处理
314-6	路肩排水沟	m	依据设计图所示位置及断面尺寸，按照不同类型的路肩排水沟的长度，以"m"为单位计量	1. 场地清理 2. 地基平整夯实，排水沟断面补挖 3. 铺设垫层 4. 模板制作、安装、拆除 5. 钢筋制作、安装 6. 混凝土拌和、运输、浇筑、养护 7. 预制件预制（现浇）、运输、装卸、安装 8. 回填、清理
314-7	拦水带	m	依据设计图所示位置及断面尺寸，分不同类型，按照拦水带长度，以"m"为单位计量	1. 混凝土制作、运输、浇筑、振捣、养护、拆模、刷漆 2. 开槽 3. 预制块装运、安装，接缝防漏处理 4. 沥青混凝土配运料、拌和、运输、摊铺、压实、成形、初期养护 5. 清理

6.1.3　路面工程工程量清单编制实例

【例6-1】　某高速公路某标段8km均为填方路堤，路面结构横断面示意图、中央分隔带、土路肩等大样图如图6-1～图6-5所示。该工程底基层为厚度 $d_1 = 18$cm 的水泥石灰稳定土，基层为厚度 $d_2 = 36$cm 的水泥稳定碎石，基层上洒布一层沥青封层，面层分为3层，下面层为厚度 $d_3 = 7$cm 的粗粒式沥青混凝土，中面层为厚度 $d_4 = 6$cm 的中粒式沥青混凝土，表面层为厚度 $d_5 = 4$cm 的改性沥青混凝土。为简化计算，假定该工程8km均为该种路面结构形式，不考虑边坡急流槽、排水管等工程。试计算该项目路面工程清单项目工程量，并列出此部分清单表。

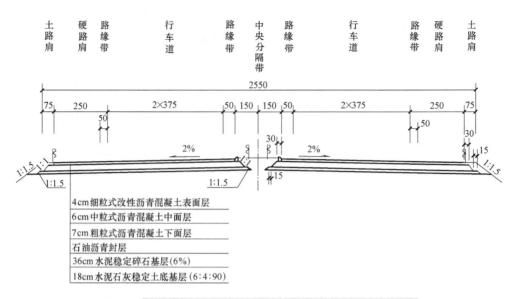

图 6-1　某高速公路路面结构横断面示意图（尺寸单位：cm）

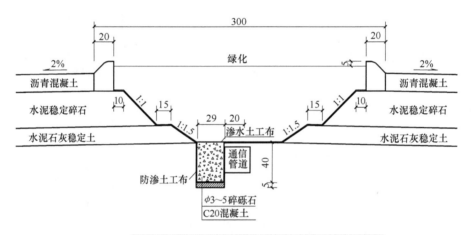

图 6-2　某高速公路中央分隔带构造图（尺寸单位：cm）

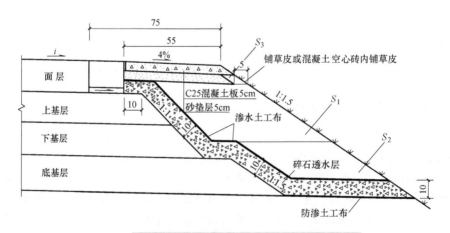

图 6-3　某高速公路土路肩构造图（尺寸单位：cm）

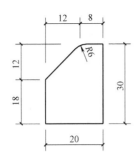

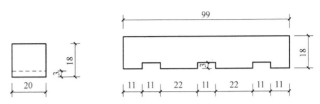

图 6-4　中央分隔带路缘石大样图（尺寸单位：cm）　　　图 6-5　土路肩平缘石大样图（尺寸单位：cm）

解： 由图 6-1 和题意知，路面长度为 $L = 8\text{km}$，路面宽度为 $B = 2550\text{cm}$，中央分隔带为 $b = 300\text{cm}$，边坡坡度为 $n_1 = 1:1.5 = \dfrac{2}{3}$，基层边坡坡度为 $n_2 = 1:1 = 1$，底基层边坡坡度为 $n_3 = 1:1.5 = \dfrac{2}{3}$，则路面各分项按照清单工程量计算规则计算如下：

（1）表面层：改性沥青混凝土

表面层顶面宽度 $B_1 = (2550 - 75 \times 2 - 150 \times 2) \div 100\text{m} = 21\text{m}$，顶面宽度 = 底面宽度。

表面层的工程量：$S_1 = B_1 L = 21 \times 8000\text{m}^2 = 168000\text{m}^2$

（2）中面层：中粒式沥青混凝土

中面层顶面宽度 $B_2 = (2550 - 75 \times 2 - 150 \times 2) \div 100\text{m} = 21\text{m}$，顶面宽度 = 底面宽度。

中面层的工程量：$S_2 = B_2 L = (21 \times 8000)\text{m}^2 = 168000\text{m}^2$

（3）下面层：粗粒式沥青混凝土

下面层顶面宽度 $B_3 = (2550 - 75 \times 2 - 150 \times 2) \div 100\text{m} = 21\text{m}$，顶面宽度 = 底面宽度。

下面层的工程量：$S_3 = B_3 L = 21 \times 8000\text{m}^2 = 168000\text{m}^2$。

（4）封层：石油沥青封层

封层宽度 $B_4 = (2100 + 30 \times 4) \div 100\text{m} = 22.2\text{m}$

封层的工程量：$S_4 = B_4 L = 22.2 \times 8000\text{m}^2 = 177600\text{m}^2$

（5）基层：水泥稳定碎石

基层顶面宽度 $B_{51} = (2100 + 30 \times 4) \div 100\text{m} = 22.2\text{m}$

基层底面宽度 $B_{52} = \left(2220 + \dfrac{36}{n_2} \times 4\right) \div 100\text{m} = 23.64\text{m}$

基层顶面面积工程量：$S_{51} = B_{51} L = 22.2 \times 8000\text{m}^2 = 177600\text{m}^2$

基层平均面积工程量：$S_5 = (B_{51} + B_{52}) \div 2 \times L = (22.2 + 23.64) \div 2 \times 8000\text{m}^2 = 183360\text{m}^2$

（6）底基层：水泥石灰稳定土

底基层顶面宽度 $B_{61} = (2364 + 15 \times 4) \div 100\text{m} = 24.24\text{m}$

底基层底面宽度 $B_{62} = \left(2424 + \dfrac{18}{n_3} \times 4\right) \div 100\text{m} = 25.32\text{m}$

底基层顶面面积工程量：$S_{61} = B_{61} L = (24.24 \times 8000)\text{m}^2 = 193920\text{m}^2$

底基层平面面积工程量：$S_6 = (B_{61} + B_{62}) \div 2 \times L = (24.24 + 25.32) \div 2 \times 8000\text{m}^2 = 198240\text{m}^2$

（7）路肩培土

依据 313-1 清单项目计量规则，路肩培土按压实体积计量，依据图 6-3 某高速公路土路肩构造图可知，土路肩回填土断面由梯形 S_1 和矩形 S_2、S_3 三个面积组成：

S_1 上顶宽 $a = \{0.55 + 0.1 \times 1.5 - 0.1 - [0.1 \times \sqrt{2} - (0.17 - 0.05 \times 2)]\}\,\mathrm{m} = 0.529\mathrm{m}$

S_1 下底宽 $b = [0.529 + (0.36 + 0.07 - 0.1) \times 1.5 - (0.36 + 0.07 - 0.1) \times 1]\,\mathrm{m} = 0.694\mathrm{m}$

$S_1 = (0.529 + 0.694) \div 2 \times (0.36 + 0.07 - 0.1)\,\mathrm{m}^2 = 0.202\mathrm{m}^2$

$S_2 = (0.694 - 0.15) \times 0.18\,\mathrm{m}^2 = 0.098\mathrm{m}^2$

$S_3 = 0.05 \times 0.05\,\mathrm{m}^2 = 0.0025\mathrm{m}^2$

土路肩回填土工程量为

$V_2 = (S_1 + S_2 + S_3) \times 2 \times L = (0.202 + 0.098 + 0.0025) \times 2 \times 8000\,\mathrm{m}^3 = 4840\mathrm{m}^3$

（8）中央分隔带回填土。依据 313-2 清单项目计量规则，中央分隔带回填土按压实体积计量，依据中央分隔带示意图（图 6-6）可知，中央回填土断面由一个矩形 S_1 和两个梯形面积 S_2、S_3 组成。

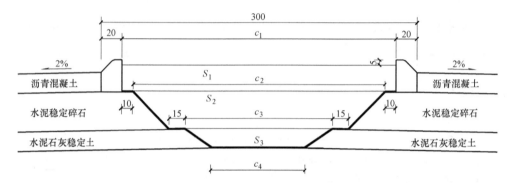

图 6-6　中央分隔带示意图（尺寸单位：cm）

$$c_1 = (3 - 0.2 \times 2)\,\mathrm{m} = 2.6\mathrm{m}$$

$$S_1 = c_1 \times (0.3 - 0.05)\,\mathrm{m} = 0.65\mathrm{m}^2$$

$$c_2 = (c_1 - 0.1 \times 2)\,\mathrm{m} = 2.4\mathrm{m}$$

$$c_3 = c_2 - 0.36\mathrm{m} \times 2 - 0.15\mathrm{m} \times 2 = 1.38\mathrm{m}$$

$$S_2 = [c_2 + (c_3 + 0.15\mathrm{m} \times 2)] \div 2 \times 0.36 = 0.73\mathrm{m}^2$$

$$c_4 = c_3 - 0.18 \times 1.5 \times 2\mathrm{m} = 0.84\mathrm{m}$$

$$S_3 = (c_3 + c_4) \div 2 \times 0.18\mathrm{m} = 0.20\mathrm{m}^2$$

中央分隔带回填土工程量为

$$V_1 = (S_1 + S_2 + S_3)L = (0.65 + 0.73 + 0.20) \times 8000\,\mathrm{m}^3 = 12640\mathrm{m}^3$$

（9）混凝土预制块加固土路肩。依据 313-4 清单项目计量规则，混凝土预制块加固土路肩按米计量，则工程量为 $8000\mathrm{m} \times 2 = 16000\mathrm{m}$。

（10）混凝土预制块路缘石。依据 313-5 清单项目计量规则，混凝土预制块路缘石按米计量，则中央分隔带路缘石工程量 $= 8000\mathrm{m} \times 2 = 16000\mathrm{m}$

土路肩平缘石工程量 $= 8000\mathrm{m} \times 2 = 16000\mathrm{m}$

（11）中央分隔带渗沟（$290\mathrm{mm} \times 400\mathrm{mm} \times 8000000\mathrm{mm}$）。依据 314-4 清单项目计量规则，中央分隔带渗沟按米计量，则工程量为：$8000\mathrm{m}$。

（12）路肩排水。

1）碎石透水层。依据 314-6 清单项目计量规则，碎石透水层按体积计量，依据图 6-3 某高速公路土路肩构造图及 6-7 某高速公路土路肩示意图可知，碎石透水层各对角线连线，可看出碎石透水层断面由 5 个梯形或矩形面积组成，各面积从上往下计算如下：

$$a_1 = (0.1 + 0.1 \times \sqrt{2} - 0.07)\,\mathrm{m} = 0.17\mathrm{m}; \quad b_1 = 0.1\mathrm{m}$$

$$S_1 = (a_1 + b_1) \div 2 \times (0.17 - 0.1)\,\mathrm{m} = 0.0095\mathrm{m}^2$$

$$a_2 = (0.36 - 0.1 + 0.07) \times \sqrt{2}\,\text{m} = 0.467\text{m}; \quad b_2 = 0.36 \times \sqrt{2}\,\text{m} = 0.509\text{m}$$

$$S_2 = (a_2 + b_2) \div 2 \times 0.1\text{m} = 0.049\text{m}^2$$

$$a_3 \approx b_3 = 0.15\text{m}$$

$$S_3 = a_3 \times 0.1\text{m} = 0.015\text{m}^2$$

$$a_4 = b_4 = 0.18 \times \sqrt{1 + 1.5^2}\,\text{m} = 0.325\text{m}$$

$$S_4 = a_4 \times 0.1\text{m} = 0.033\text{m}^2$$

$$a_5 = (0.724 - 0.15)\text{m} = 0.574\text{m}$$

$$b_5 = [0.55 + (0.17 + 0.36 + 0.18) \times 1.5 - (0.1 + 0.36 \times 1 + 0.15 + 0.18 \times 1.5)]\text{m} = 0.735\text{m}$$

$$S_5 = (a_5 + b_5) \div 2 \times 0.1\text{m} = 0.065\text{m}^2$$

$$V_3 = (S_1 + S_2 + S_3 + S_4 + S_5) \times 2 \times L$$

$$= (0.0095 + 0.049 + 0.015 + 0.033 + 0.065) \times 2 \times 8000\text{m}^3 = 2744\text{m}^3$$

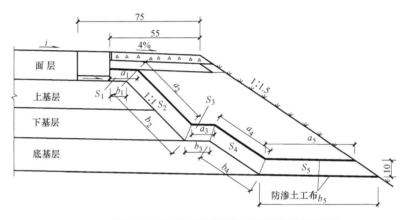

图 6-7　某高速公路土路肩示意图（尺寸单位：cm）

2）渗水土工布。依据 314-6 清单项目计量规则，渗水土工布按面积计量，依据图 6-3 某高速公路土路肩构造图及 6-7 某高速公路土路肩示意图可知，土路肩部分渗水土工布工程量为

$$S = (a_1 + a_2 + a_3 + a_4 + a_5 + b_5)L$$

$$= (0.17 + 0.467 + 0.15 + 0.325 + 0.574 + 0.735) \times 8000\text{m}^2 = 19368\text{m}^2$$

此部分清单汇总见表 6-2。

表 6-2　路面结构清单项目表

子目号	子目名称	项目特征	单位	数量	单价	合价
304-1	水泥石灰稳定土底基层	1. 配合比：水泥:石灰:土为 6:4:90 2. 厚度 18cm	m^2	193920		
304-3	水泥稳定土基层	1. 配合比：水泥:碎石为 6:94 2. 厚度 36cm	m^2	177600		
309-2	中粒式沥青混凝土	厚度 6cm	m^2	168000		
309-3	粗粒式沥青混凝土	厚度 7cm	m^2	168000		
310-2	封层	石油沥青封层	m^2	177600		

（续）

子目号	子目名称	项目特征	单位	数量	单价	合价
311-1	细粒式改性沥青混合料路面	厚度 4cm	m²	168000		
313-1	路肩培土	1. 普通土 2. 压实度	m³	4840		
313-2	中央分隔带回填土	1. 普通土 2. 压实度	m³	12640		
313-4	混凝土预制块加固土路肩	1. C25 混凝土预制 2. 断面尺寸 3. 50mm 厚砂垫层	m	16000		
313-5	混凝土预制块路缘石					
-a	中央分隔带高路缘石	1. 断面尺寸：20cm × 30cm × 99cm 2. C25 混凝土预制	m	16000		
-b	路肩平缘石	1. 断面尺寸：20cm × 18cm × 99cm 2. C25 混凝土预制	m	16000		
314-4	中央分隔带渗沟（290mm × 400mm × 8000000mm）	1. φ3 ~ 5mm 碎砾石 2. 50mm 厚 C25 混凝土垫层 3. 复合 PE 防渗土工膜土工布	m	8000		
314-6	路肩排水沟					
-b	碎石透水层	1. 碎石 2. 厚度 10cm	m³	2744		
-c	土工布	复合 PE 防渗土工膜，其中：长丝土工布重 100g/m，PE 膜厚 0.3mm	m²	19368		

6.2　路面工程工程量清单计价

6.2.1　路面工程预算定额应用

1. 定额名称解释

基层：基层（又称基础、垫层、过滤层、隔离层、扎根层、主料层）是指设在面层以下的结构层，主要承受由面层传递的车辆荷载，并将荷载分布到垫层或路基上。当基层为多层时，最下面的一层为底基层。基层可分为：白灰土基层、石灰炉渣土基层、石灰粉煤灰土基层、石灰粉煤灰砂砾基层、石灰粉煤灰碎石基层、石灰土碎石基层以及以粉煤灰为主要材料的多种混合料基层。底基层可分为：砂砾石（天然级配）、卵石、碎石、块石、混石、矿渣、山皮石以及沥青稳定碎石底基层等。

石灰炉渣土基层：按设计厚度要求，将消石粉、炉渣与土按一定的配合比，经过路拌或厂拌均匀后，用机械或人工摊铺到路基上，经碾压、养护后形成的基层。

石灰粉煤灰砂砾基层：按设计厚度要求，将消石粉、粉煤灰、砂砾按一定的配合比，加入适量的水，经过路拌或厂拌均匀后，用机械或人工摊铺到路基上，经碾压、养护后形成的基层。

　　石灰粉煤灰碎石基层：按设计厚度要求，将消石灰与粉煤灰、碎石按一定的配合比，经过路拌或厂拌均匀后，用机械或人工摊铺到路基上，经碾压、养护后形成的基层。

　　石灰土碎石基层：按设计厚度要求，将消石灰土、碎石按一定的配合比，经过路拌或厂拌均匀后，用机械或人工摊铺到路基上，经碾压、养护后形成的基层。

　　粉煤灰基层：按设计厚度要求，将粉煤灰用机械或人工摊铺到路基上，经碾压、养生后形成的基层。

　　简易路面（同低级路面）：用各种材料改善土的路面。

　　沥青表面处理：用沥青和集料按层铺法或拌和法铺筑而成的厚度不超过 3cm 的沥青面层。

　　沥青灌入式路面：用沥青灌入碎石（砾石）作面层的路面。

　　喷洒沥青油料：将液化沥青（结合油、透层油、乳化沥青、油皮等）混合材料采取人工或汽车洒布机按层均匀地喷洒在路面上，以达到耐磨、封闭表面、除尘和防滑的目的，延长路面使用年限。

　　沥青碎石路面：沥青碎石路面也称碎石路面，是由一定级配颗粒的矿料（有少量矿粉或不掺矿粉）用沥青作结合料，按一定配合比均匀拌和，经机械或人工摊铺，压实成形的路面。

　　粗粒式沥青混凝土：用于沥青混凝土面层下层，摊铺厚度在 6～8cm，集料最大粒径在 30～35mm 的沥青混凝土。

　　细粒式沥青混凝土：用于沥青混凝土面层上层（或磨耗层、沥青碎石面层的封层），摊铺厚度在 1.5～3cm，集料最大粒径在 13～15mm 的沥青混凝土。

　　水泥混凝土路面：用水泥混凝土铺成的路面。

　　缩缝：在水泥混凝土路面板上设置的伸缩缝，其作用是使水泥混凝土板在伸缩时，不致产生不规则的裂缝，一般采用真缝。

　　胀缝：胀缝也称伸缝，在水泥混凝土路面板上设置的膨胀缝，其作用是使水泥混凝土板在温度升高时，能自由伸展，应采用假缝。

　　水泥混凝土养护：采用围土洒水、塑料薄膜覆盖、锯末草帘覆盖、洒水等方法，使浇筑成活的水泥混凝土路面板达到设计强度。

　　2. 路面工程预算定额说明

　　（1）总说明

　　1）本章定额包括各种类型路面以及路槽、路肩、垫层、基层等，除沥青混合料路面、厂拌基层稳定土混合料运输、自卸汽车运输碾压水泥混凝土以 1000m³ 路面实体为计算单位外，其他均以 1000m² 为计算单位。

　　2）路面项目中的厚度均为压实厚度，培路肩厚度为净培路肩的夯实厚度。

　　3）本章定额中混合料按最佳含水率编制，定额中已包括养护用水并适当扣除材料天然含水率，但山西、青海、甘肃、宁夏、内蒙古、新疆、西藏等省、自治区，由于湿度偏低，用水量可根据实际情况增加。

　　4）本章定额中凡列有洒水汽车的子目，均按 5km 范围内洒水汽车在水源处自吸水编制，不计水费。如工地附近无天然水源可利用，必须采用供水部门供水（如自来水）时，可根据定额子目中洒水汽车的台班数量，按每台班 35m³ 计算定额用水量，乘以供水部门规定的水价增列水费。洒水汽车取水的平均运距超过 5km 时，可按路基工程的洒水汽车洒水定额中的增运定额增加洒水汽车的台班消耗，但增加的洒水汽车台班消耗量不得再计水费。

　　5）本章定额中的水泥混凝土除摊铺机铺筑水泥混凝土路面及碾压混凝土路面外，均已包括其拌和的费用，使用定额时不得再另行计算。

6）压路机台班按行驶速度，即两轮光轮压路机为 2.0km/h、三轮光轮压路机为 2.5km/h、轮胎式压路机为 5.0km/h、振动压路机为 3.0km/h 进行编制。如设计为单车道路面宽度时，两轮光轮压路机乘以系数 1.14、三轮光轮压路机乘以系数 1.33、轮胎式压路机和振动压路机乘以系数 1.29。

7）自卸汽车运输稳定土混合料、沥青混合料和水泥混凝土定额项目，仅适用于平均运距在 15km 以内的混合料运输。当运距超过第一个定额运距单位时，其运距尾数不足一个增运定额单位的半数时不计，等于或超过半数时按一个增运定额运距单位计算。当平均运距超过 15km 时，应按市场运价计算其运输费用。

（2）路面基层及垫层

1）各类垫层、级配碎石、级配砾石基层的压实厚度在 15cm 以内，填隙碎石一层的压实厚度在 12cm 以内，各类稳定土层、其他种类的基层和底基层压实厚度在 20cm 以内，拖拉机、平地机、摊铺机和压路机的台班消耗按定额数量计算。如超过上述压实厚度进行分层拌和、摊铺、碾压时，拖拉机、平地机、摊铺机和压路机的台班消耗按定额数量加倍计算，每 1000m² 增加 1.5 个工日。

2）各类稳定土基层定额中的材料消耗是按一定配合比编制的，当设计配合比与定额标明的配合比不同时，有关材料可按下式进行换算：

$$C_i = \left[C_d + B_d (H - H_0) \right] \frac{L_i}{L_d} \tag{6-1}$$

式中　C_i——按设计配合比换算后的材料数量；

　　　C_d——定额中基本压实厚度的材料用量；

　　　B_d——定额中压实厚度每增减 1cm 的材料数量；

　　　H_0——定额的基本压实厚度；

　　　H——设计的压实厚度；

　　　L_d——定额中标明的材料百分率；

　　　L_i——设计配合比的材料百分率。

3）人工沿路翻拌和筛拌稳定土混合料定额中均已包括土的过筛工消耗，因此土的预算价格中不应再计算过筛费用。

4）本节定额中土的预算价格，按材料采集及加工和材料运输定额中的有关项目计算。

5）各类稳定土基层定额中的碎石土、砂砾土指天然碎石土和天然砂砾土。

6）各类稳定土底基层采用稳定土基层定额时，每 1000m² 路面减少 12～15t 光轮压路机 0.18 台班。

（3）路面面层

1）泥结碎石、级配碎石、级配砾石、天然砂砾、粒料改善土壤路面面层的压实厚度在 15cm 以内，拖拉机、平地机和压路机的台班消耗按定额数量计算。当超过上述压实厚度且需进行分层拌和、碾压时，拖拉机、平地机和压路机的台班消耗按定额数量加倍计算，每 1000m² 增加 1.5 个工日。

2）泥结碎石及级配碎石、级配砾石面层定额中，均未包括磨耗层和保护层，需要时应按磨耗层和保护层定额另行计算。

3）沥青表面处治路面、沥青贯入式路面和沥青上拌下贯式路面的下贯层以及透层、黏层、封层定额中已计入热化、熬制沥青用的锅、灶等设备的费用，使用定额时，不得另行计算。

4）沥青碎石混合料、沥青混凝土和沥青碎石玛琋脂混合料路面定额中，均已包括混合料拌和、运输、摊铺作业时的损耗因素，路面实体按路面设计面积乘以压实厚度计算。

5）沥青路面定额中均未包括透层、黏层和封层，需要时可按有关定额另行计算。

6）沥青路面定额中的乳化沥青和改性沥青，均按外购成品料进行编制；当在现场自行配制时，其配制费用计入材料预算价格中。

7）当沥青玛琋脂碎石混合料设计采用的纤维稳定剂的掺加比例与定额不同时，可按设计用量调整定额中纤维稳定剂的消耗。

8）沥青路面定额中，均未考虑为保证石料与沥青的黏附性而采用的抗剥离措施的费用，需要时，应根据石料的性质，按设计提出的抗剥离措施，计算其费用。

9）在冬五区、冬六区采用层铺法施工沥青路面时，其沥青用量可按定额用量乘以下列系数：沥青表面处治：1.05；沥青贯入式基层：1.02；面层：1.028；沥青上拌下贯式下贯部分：1.043。

10）本定额是按一定的油石比编制的，当设计采用的油石比与定额不同时，可按设计油石比调整定额中的沥青用量，换算公式如下：

$$S_i = S_d \frac{L_i}{L_d} \tag{6-2}$$

式中　S_i——按设计油石比换算后的沥青数量；

　　　S_d——定额中的沥青数量；

　　　L_d——定额中标明的油石比；

　　　L_i——设计采用的油石比。

（4）路面附属工程

1）挖除旧路面按设计提出的需要挖除的旧路面体积计算。

2）硬路肩工程项目，根据其不同设计层次结构，分别采用不同的路面定额项目进行计算。

3）铺砌水泥混凝土预制块人行道、路缘石、沥青路面镶边和土硬路肩加固定额中，均已包括水泥混凝土预制块的预制，使用定额时不得另行计算。

6.2.2　路面工程常用施工方案及方法

路面施工包括备料、路床施工、路面基层施工、路面面层施工、路容整修等。

1. 路面基层的施工

（1）半刚性基层施工

半刚性基层是用无机结合料与集料或土组成的混合料铺筑的、具有一定厚度的路面结构层。按照结合料种类和强度形成机理的不同，半刚性基层分为水泥稳定类、石灰稳定类及工业废渣稳定类基层三种。半刚性基层的混合料可在拌和厂（场）集中拌和，也可沿路拌和，故施工方法有厂拌法和路拌法之分。高速公路和一级公路的半刚性基层对强度、平整度等技术性能有很高的要求，应采用施工质量好、进度快的厂拌法施工；其他公路的半刚性基层可用路拌法施工。

1）中心站集中厂拌法施工。中心站集中厂拌法施工与路拌法施工的主要区别如下：

① 水泥稳定土混合料在中心站用强制式拌和机、双转轴桨叶式拌和机等厂拌设备进行集中拌和。厂拌设备一般由供料系统（包括各种料斗）、拌和系统、控制系统（包括各种计量器和操纵系统）、输送系统和成品储存系统五大部分组成。

② 混合料用摊铺机进行摊铺。其特点是：配料精度高，混合料拌和质量好，缩短了延迟时间，摊铺的厚度均匀，平整度好。不足之处是厂拌设备安装在固定地点作业，且装置多，整机庞大，占地面积较大。半刚性基层厂拌法施工的工艺流程如图6-8所示。

2）路拌法施工。

① 水泥稳定土基层路拌法施工的工艺流程如图6-9所示。

水泥稳定土施工时，必须采用流水作业法，使各工序紧密衔接，特别要缩短从拌和到碾压终了之间的延迟时间。同时应做延迟时间对水泥稳定土强度影响的试验，以确定合适的延迟时间，保证水泥稳定土在不影响其强度的情况下碾压密实。

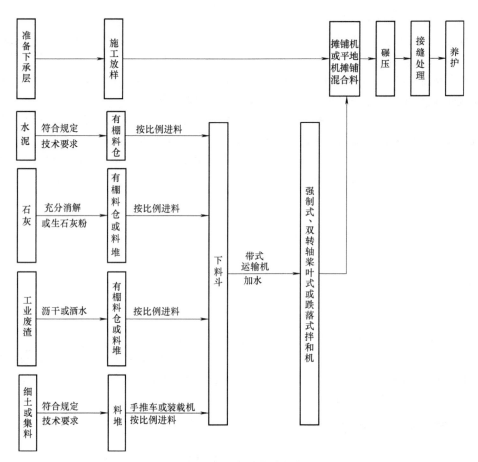

图 6-8　半刚性基层厂拌法施工的工艺流程

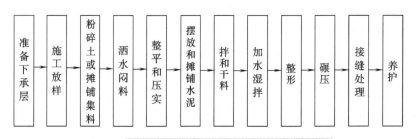

图 6-9　水泥稳定土基层路拌法施工的工艺流程

一般情况下，每一作业段以 200m 为宜，每天的第一个作业段宜稍短些。在路拌法施工时，合理的作业段长度应考虑到：水泥的终凝时间；延迟时间对混合料密实度和抗压强度的影响；施工机械和运输车辆的效率和数量；操作的熟练程度；尽量减少接缝及施工季节和气候条件等因素。

② 石灰稳定土基层路拌法施工的工艺流程如图 6-10 所示。与水泥稳定土基层路拌法施工的工艺流程基本相同。

③ 石灰工业废渣稳定土基层路拌法施工的工艺流程如图 6-11 所示。与石灰稳定土基层路拌法施工的工艺流程基本相同。

（2）级配型集料基层的施工

1）级配碎石路拌法施工的工艺流程如图 6-12 所示。

2）级配砾石基层路拌法施工的工艺流程如图 6-13 所示。

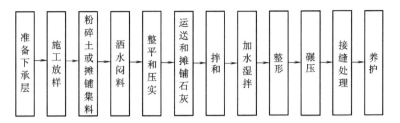

图 6-10 石灰稳定土基层路拌法施工的工艺流程

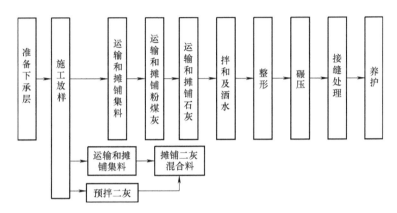

图 6-11 石灰工业废渣稳定土基层路拌法施工的工艺流程

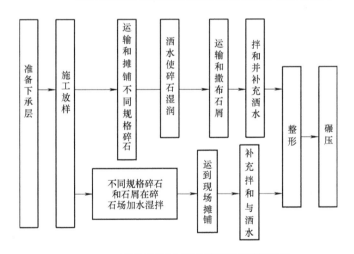

图 6-12 级配碎石路拌法施工的工艺流程

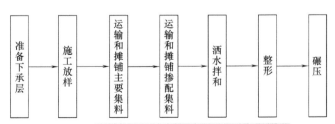

图 6-13 级配砾石基层路拌法施工的工艺流程

3）填隙碎石基层施工的工艺流程如图 6-14 所示。其中干法施工的填隙碎石特别适宜于干旱缺水地区施工。

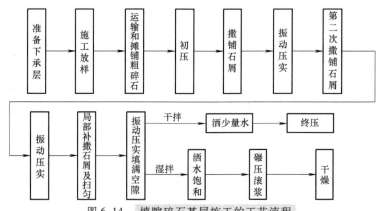

图 6-14　填隙碎石基层施工的工艺流程

2. 路面面层施工

（1）沥青路面面层施工

沥青路面按施工方法分为层铺法、路拌法和厂拌法。

层铺法是用分层洒布沥青分层铺撒矿料和碾压的方法修筑路面。该法施工工艺和设备简单、工效高、进度快、造价低，但路面成形期长。用此种方法修筑的沥青路面有层铺式沥青表面处治和沥青贯入式两种。

路拌法是在施工现场以不同的方式（人工的或机械的）将冷料热油或冷油冷料拌和、摊铺和压实的办法修筑路面。通过拌和，沥青分布比层铺法均匀，可以缩短路面成形期。但该法要求沥青稠度较低，故混合料强度较低。路拌法较有利于就地取材，乳化沥青碎石混合料和拌和式沥青表面处治即按此法施工。

厂拌法是集中设置拌和基地，采用专门设备，将具有规定级配的矿料和沥青加热拌和，然后将混合料运至工地热铺热压或冷铺冷压的方法修筑路面。当碾压终了温度降至常温即可开放交通。此法需用黏稠的沥青和精选的矿料，因此，混合料质量高，路面使用寿命长，但一次性投资的建筑费用也较高。采用厂拌法施工的沥青路面有沥青混凝土和厂拌沥青碎石。

1）热拌沥青混合料路面施工。热拌沥青混合料路面的施工过程包括四个方面：沥青混合料的拌制、运输、摊铺和压实成形。

① 沥青混合料的拌制。沥青混合料必须在拌和厂采用拌和机械拌制，拌和机械设备的选型应根据工程量和工期综合考虑，而且拌和设备的生产能力应与摊铺能力相匹配，最好高于摊铺能力5% 左右。拌和机可以是固定式的，也可以是移动式的。

② 运输。热拌沥青混合料采用自卸汽车运输到摊铺地点。运送路途中，为减少热量散失、防止雨淋或污染环境，应在混合料上覆盖篷布。混合料运送到摊铺地点的温度应符合相应规定。为防止沥青同车厢黏结，车厢底板上应涂薄层渗水柴油（油:水为1:3）。运送到工地时，已经成团块、温度不符合要求或遭受雨淋的沥青混合料，应予废弃。

③ 摊铺。铺筑沥青混合料前，应检查确认下层的质量。当下层质量不符合要求，或未按规定洒布透层、黏层、铺筑下封层时，不得铺筑沥青面层。热拌沥青混合料应使用摊铺机作业。摊铺前，根据施工需要调整和选择摊铺机的结构参数及运行参数。

④ 压实成形。沥青混合料的分层厚度不得大于10cm，应选择合理的压路机组合方式及碾压步骤，以求达到最佳效果，压实应按初压、复压、终压（包括成形）三个阶段进行，初压应在混合料摊铺后较高温度条件下进行，不得产生推移、开裂，压路机应从外侧向路中心碾压，应采用轻型钢筒式压路机或关闭振动装置的振动压路机碾压2遍；复压应紧接在初压后进行，宜采用重型轮胎式压路机，也可采用振动压路机或钢筒式压路机，碾压遍数应经试压确定，不宜少于4~6

遍；终压应紧接在复压后进行，终压后选用双轮钢筒式压路机或关闭振动的振动压路机碾压，不宜少于 2 遍，并要求压后无轮痕。压路机应以慢而均匀的速度碾压。

2）乳化沥青碎石混合料路面施工。乳化沥青碎石路面的施工方法和施工要求基本上与沥青混凝土路面相同。乳化沥青碎石混合料宜采用拌和厂机械拌和。在条件限制时也可以现场用人工拌制。其施工顺序类同热拌沥青混合料路面。

3）沥青贯入式路面施工。根据沥青材料贯入深度的不同，贯入式路面可分为深贯入式（6～8cm）和浅贯入式（4～5cm）两种。其施工工序如下：

① 放样和安装路缘石。

② 清扫基层。

③ 厚度为 4～5cm 浅贯入式应浇洒透层或黏层沥青。

④ 撒铺主层矿料，其规格和用量应符合规定，并检查其撒铺厚度。

⑤ 主层矿料摊铺后，先用 6～8t 压路机进行慢速初压，至无明显推移为止。然后再用 10～20t 压路机碾压，直至主层矿料嵌挤紧密、无明显轮迹而又有一定孔隙，使沥青能贯入为止。

⑥ 浇洒第一次沥青。

⑦ 趁热撒铺第一次嵌缝料，撒铺应均匀，扫匀后应立即用 10～12t 压路机碾压（碾压 4～6 遍），随压随扫，使其均匀嵌入。

⑧ 以后施工工序为浇洒第二层沥青，撒铺第二层嵌缝料，然后碾压，再浇洒第三层沥青，铺封面料，最后碾压。最后碾压采用 6～8t 压路机，碾压 2～4 遍后即可开放交通。

4）沥青表面处治施工。沥青表面处治最常用的施工方法是层铺法。按其浇洒沥青及撒铺矿料次数多少可分为单层式、双层式及三层式三种。单层式厚度为 1.0～1.5cm，双层式厚度为 1.5～2.5cm，三层式厚度为 2.5～3.0cm。层铺法沥青表面处治的施工工序及要求如下：

① 清理基层。在表面处治层施工前，应将路面基层清扫干净，使基层的矿料大部分外露并保持干燥。对有坑槽、不平整的路段应先修补和整平。

② 洒布沥青。在浇洒透层沥青后 4～8h，或已做透层（或封层）并开放交通的基层清扫后，即可浇洒第一次沥青。沥青要洒布均匀，不应有空白或积聚现象。

③ 铺撒矿料。洒布沥青后应趁热迅速铺撒矿料，按规定用量一次撒足并要铺撒均匀。

④ 碾压。铺撒一层矿料后随即用 6～8t 双轮压路机或轮胎压路机碾压。碾压应从一侧路缘压向路中心，然后再从另一边开始压向路中。碾压时，每次轮迹重叠约 30cm，碾压 3～4 遍。压路机行驶速度开始不宜超过 2km/h，以后可适当提高。双层式或三层式沥青表面处治的第二、三层施工重复第②～④工序。

⑤ 初期养护。碾压结束后即可开放交通，但应禁止车辆快速行驶（不超过 20km/h），要控制车辆行驶的路线，使路面全幅度都获得均匀碾压，加速处治层反油稳定成形。对局部泛油、松散、麻面等现象，应及时修整处理。

（2）水泥混凝土路面施工

1）水泥混凝土路面小型机具施工。水泥混凝土路面的小型机具施工是指由机器拌和，人工摊铺，辅助配备一些小型机具（如插入式振捣器、平板振动器、振动梁、真空吸水设备、切缝机等）进行混凝土路面施工的方式。

2）水泥混凝土路面轨道或摊铺机施工。高等级公路水泥混凝土路面的技术标准（如平整度）要求高，工程数量大，要保证施工进度和工程质量，应尽可能采用机械化施工。轨道式摊铺机铺筑混凝土板，就是机械施工的一种方法，它利用主导机械（摊铺机、拌和机）和配套机械（运输车辆、振捣器等）的有效组合，完成铺筑混凝土板的全过程。

3）水泥混凝土路面滑模摊铺机施工。滑模式摊铺机是机械化施工中自动化程度很高的一种方法。它具有现代化的自控高速生产能力，与轨道式摊铺机械施工不同，滑模式摊铺机不需要人工设置模板，其模板就安装在机器上。机器在运转中将摊铺路面的各道工序：铺料、振捣、挤压、熨平、设传力杆等一气呵成，机器经过之后，即形成一条规则成形的水泥混凝土路面，可达到较高的路面平整度要求，特别是整段路的宏观平整度更是其他施工方式所无法达到的。

6.2.3　路面工程工程量清单计价的编制

依据《公路工程预算定额》编制路面工程工程量清单各子目综合单价，编制步骤同路基工程工程量清单计价步骤。现针对路面工程部分重要、常见清单项目例解计价过程。

【例6-2】　某一级公路工程第Ⅱ标段起讫桩号 K9+000~K17+000，共8km，碎石垫层设计宽度及厚度如图6-15所示，施工方法为分层机械铺筑、碾压，碎石预算单价为采石场直接运至拟建道路沿线施工现场的落地价。

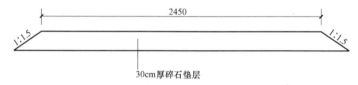

图6-15　碎石垫层设计图（尺寸单位：cm）

问题：

（1）编制碎石垫层清单表。

（2）编制此垫层综合单价。

解：（1）依据路面工程清单计量规则，碎石垫层按设计铺筑顶面积计算，则由图6-12知：

上顶宽：24.5m

下底宽：（24.5+0.3×1.5×2）m=25.4m

碎石垫层工程量：24.5×8000m² = 196000m²

碎石垫层清单表编制见表6-3。

表6-3　碎石垫层清单表

子目	子目名称	项目特征	单位	数量	单价	合价
302-1	碎石垫层	1. 碎石，最大粒径≤37.5mm 2. 厚30cm	m²	196000		

（2）编制清单综合单价。根据302-1清单项目，此项目工程内容包括：清理下承层、洒水；配运料；摊铺、整形；碾压；养护。

依据以上工程内容和采用的施工方法，在《公路工程预算定额》中选定定额项目见表6-4。

表6-4　级配碎石垫层预算定额项目选定细目表

定额编号	预算定额细目名称	单位	数量	调整状态	说　明
2-1-1-15	碎石垫层机械施工	1000m²	199.6	分两层进行摊铺，拖平压机消耗量×2，人工消耗量+3	工程量按平均面积计算
2-1-1-20	碎石垫层每增1cm×15	1000m²			

1）2-1-1-15及2-1-1-20定额对应工程量。

碎石垫层上顶宽：24.5m

碎石垫层下底宽：（24.5+0.3×1.5×2）m=25.4m

碎石垫层工程量：（24.5+25.4）/2×8000m² = 196000m²

2）计算清单子目综合单价。302-1清单子目综合单价计算见表6-5。

表6-5　综合单价分析表

编　号	定额项目名称		(1) 清单子目号：302-1								(2) 计量单位：m²			(3) 清单综合单价：25.1 元/m²			货币单位：元	
	清单子目名称：碎石垫层																	
			(4)	(5)	(6)	(7)	(8)	(9)	(10)	(11)	(12)	(13)	(14)	(15)	(16)	(17)
定额细目号	定额项目名称	计算程序	单位	工程量	人工费	材料费	机械费	工料机合计	措施费	规费	企业管理费	利润及风险费	税金	定额项目单位工程量费用合计	综合造价	综合单价
								各定额项目单位工程量造价								
								(6)+(7)+(8)	定额直接费×施工辅助费费率+定额人工费和定额施工机械使用费之和×其余措施费综合费率	各类工程人工费（含施工机械人工费）×规费综合费率	定额直接费×企管费费率	[定额直接费+(10)+(12)]×利润及风险费率	[(9)+(10)+(11)+(12)+(13)]×税率	(9)+(10)+(11)+(12)+(13)+(14)	(15)×(5)	(16)/(1)
2-1-1-15	机械铺筑碎石垫层 压实厚度15cm		1000m²	199.6	252	7700	4034	11986	180	106	498	887	1366	15023	2998391	15.0
2-1-1-20	每增1cm×15		1000m²	199.6	0	7698	427	8125	121	0	337	601	918	10102	2016359	10.1
	综合单价合计															25.1

6.3 路面工程工程量清单计价综合案例

【例 6-3】 某平原微丘高速公路 I 标段，起点桩号为 K10 + 000，终点桩号为 K18 + 000，设计资料同【例 6-1】，路面结构设计图如图 6-16 所示，路面结构工程量清单项目表见表 6-6。

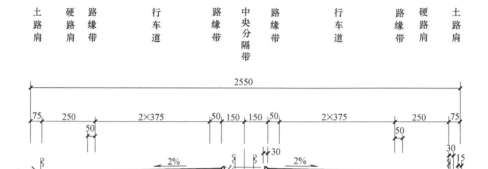

图 6-16　某高速公路路面结构横断面示意图（尺寸单位：cm）

表 6-6　路面结构工程量清单项目表

子目号	子目名称	项目特征	单位	数量	单价	合价
304-1	水泥石灰稳定土底基层	1. 配合比：水泥：石灰：土 6:4:90 2. 厚度 18cm	m²	193920		
304-3	水泥稳定土基层厚 36cm	1. 配合比：水泥：碎石 6:94 2. 厚度 36cm	m²	177600		
309-2	中粒式沥青混凝土厚 6cm	厚度 6cm	m²	168000		
309-3	粗粒式沥青混凝土厚 7cm	厚度 7cm	m²	168000		
310-2	封层	石油沥青封层	m²	177600		
311-1	细粒式改性沥青混合料路面厚 4cm	厚度 4cm	m²	168000		
313-1	培土路肩	1. 普通土 2. 压实度	m³	4840		
313-2	中央分隔带回填土	1. 普通土 2. 压实度	m³	12640		

（续）

子目号	子目名称	项目特征	单位	数量	单价	合价
313-4	混凝土预制块加固土路肩（厚50mm）	1. C25混凝土预制 2. 断面尺寸 3. 50mm厚砂垫层	m	16000		
313-5	混凝土预制块路缘石					
-a	中央分隔带高路缘石	1. 断面尺寸 20cm×30cm×99cm 2. C25混凝土预制	m	16000		
-b	路肩平缘石	1. 断面尺寸 20cm×18cm×99cm 2. C25混凝土预制	m	16000		
314-4	中央分隔带渗沟（290mm×400mm×8000000mm）	1. φ3～5mm碎砾石 2. 50mm厚C25混凝土垫层	m	8000		
314-6	路肩排水					
-b	碎石透水层	1. 碎石 2. 厚度10cm	m³	2744		
-c	土工布	复合PE防渗土工膜，其中：长丝土工布重100g/m，PE膜厚0.3mm	m²	19368		

投标单位根据设计图及现场情况确定施工方案如下：

（1）路面底基层、基层材料采用400t/h厂拌设备集中拌和，路面底基层采用12.5m以内摊铺机及18～20t压路机一层整体铺筑，基层采用12.5m以内摊铺机及18～20t压路机分两层铺筑，生产厂区设在桩号K13+200附近，距离拟建道路1.3km。

（2）路面沥青混凝土面层采用240t/h沥青混凝土拌和设备集中拌和，12.5m以内沥青混合料摊铺机分两幅摊铺。生产厂区位置同基层拌和站，设在桩号K13+200附近，距离拟建道路1.3km。

（3）基层及面层拌和站建设、拆除项目均未在"第105节施工标准化"清单项目中单列。

（4）现场配备15t自卸汽车若干辆，用于混合料运输。

（5）路肩培土及中央分隔带填土，需从借土场挖土并运输至施工现场，均为普通土，平均运距3km，采用8t内自卸汽车运输。

（6）中央分隔带高路缘石、路肩平缘石及土路肩加固预制块均在生产厂区集中预制后，利用8t内载货汽车运至施工现场。

（7）路肩、中央分隔带等项目采用的碎石材料，其预算价格为自供应地点运至拟建道路沿线施工现场的落地价。

（8）土路肩加固砂垫层，因沿线用量较少，其预算价格为自供应地点运至生产厂区的落地价，未包括场内运输费用。

问题：依据《公路工程预算定额》编制各清单项目投标报价。

解：（1）混合料、预制构件、砂等材料平均运距为：

K10+000～K13+200平均运距为 [1.3+(13.2-10)÷2]km=2.9km

$K13 + 200 \sim K18 + 000$ 平均运距为 $[1.3 + (18 - 13.2) \div 2] \, km = 3.7 \, km$

加权平均法计算平均运距为 $\dfrac{2.9 \times 3.2 + 3.7 \times 4.8}{8} \, km = 3.38 \, km$

（2）针对表 6-6 中清单项目分别进行报价，各项清单对应预算定额汇总于表 6-7 ~ 表 6-20。

表 6-7　"304-1 水泥石灰稳定土底基层"报价预算定额汇总表

定额编号	预算定额细目名称	单位	数　　量	调整状态	说　　明
2-1-7-51	厂拌水泥石灰砂砾土 5:4:91 厚度 18cm	1000m²	198.240	-52×2，6:4:90，400t/h 内厂拌设备	按底基层设计平均面积计算
2-1-8-7	稳定土运输 15t 内自卸汽车 3.4km	1000m³	$198.240 \times 0.18 = 35.683$	$+8 \times 5$	按底基层设计压实体积计算
2-1-9-12	摊铺机铺筑底基层（12.5m 内）	1000m²	$24.24 \times 8000/1000 = 193.920$		按底基层设计顶面面积计算
2-1-10-5	厂拌设备安拆（400t/h 内）	1 座	$35.683/(35.683 + 66.01) = 0.350$		厂拌设备按稳定土混合料体积分摊

表 6-8　"304-3 水泥稳定土基层厚 36cm"报价预算定额汇总表

定额编号	预算定额细目名称	单位	数　　量	调整状态	说　　明
2-1-7-5	厂拌水泥碎石 5:95 厚度 36cm	1000m²	183.360	$+6 \times 16$，6:94，400t/h 内厂拌设备	按基层设计平均面积计算
2-1-8-7	稳定土运输 15t 内自卸汽车 3.4km	1000m³	$183.360 \times 0.36 = 66.010$	$+8 \times 5$	按基层设计压实体积计算
2-1-9-11	摊铺机铺筑基层（12.5m 内）	1000m²	$22.2 \times 8000/1000 = 177.600$	拖平压机消耗量 ×2，人工消耗量 1000m³ + 1.5 工日	按基层设计顶面面积计算，分两层铺筑
2-1-10-5	稳定土厂拌设备生产能力（400t/h 内）	1 座	$66.010/(35.683 + 66.010) = 0.650$		厂拌设备按稳定土混合料体积分摊

表 6-9　"309-2 中粒式沥青混凝土厚 6cm"报价预算定额汇总表

定额编号	预算定额细目名称	单位	数　　量	调整状态	说　　明
2-2-11-12	中粒沥青混凝土拌和（240t/h 内）	1000m³	$168000 \times 0.06/1000 = 10.080$		按面层设计压实体积计算
2-2-13-7	混合料运输 15t 内自卸汽车 3.4km	1000m³	10.080	$+8 \times 5$	按面层设计压实体积计算
2-2-14-24	12.5m 内摊铺机铺沥青碎石中粒式 240t/h 内	1000m³	10.080		按面层设计压实体积计算
2-2-15-5	混合料拌和设备安拆（240t/h 内）	1 座	$10.080/(10.080 + 11.760 + 6.720) = 0.350$		厂拌设备按沥青混凝土体积分摊

表6-10 "309-3 粗粒式沥青混凝土厚7cm"报价预算定额汇总表

定额编号	预算定额细目名称	单位	数量	调整状态	说明
2-2-11-5	粗粒沥青混凝土拌和（240t/h内）	1000m³	168000×0.07/1000＝11.760		按面层设计压实体积计算
2-2-13-7	混合料运输15t内自卸汽车3.4km	1000m³	11.760	＋8×5	按面层设计压实体积计算
2-2-14-23	12.5m内摊铺机铺沥青碎石粗粒式240t/h内	1000m³	11.760		按面层设计压实体积计算
2-2-15-5	混合料拌和设备安拆（240t/h内）	1座	11.760/(10.080＋11.760＋6.720)＝0.410		厂拌设备按沥青混凝土体积分摊

表6-11 "310-2 封层"报价预算定额汇总表

定额编号	预算定额细目名称	单位	数量	调整状态	说明
2-2-16-13	石油沥青层铺法下封层	1000m²	177.600		按封层设计铺设面积计算

表6-12 "311-1 细粒式改性沥青混合料路面厚4cm"报价预算定额汇总表

定额编号	预算定额细目名称	单位	数量	调整状态	说明
2-2-11-19	细粒沥青混凝土拌和（240t/h内）	1000m³	168000×0.04/1000＝6.720		按面层设计压实体积计算
2-2-13-7	混合料运输15t内自卸汽车3.4km	1000m³	6.720	＋8×5	按面层设计压实体积计算
2-2-14-25	机铺沥青碎石细粒式240t/h内	1000m³	6.720		按面层设计压实体积计算
2-2-15-5	混合料拌和设备安拆（240t/h内）	1座	6.720/(10.080＋11.760＋6.720)＝0.240		厂拌设备按沥青混凝土体积分摊

表6-13 "313-1 路肩培土"报价预算定额汇总表

定额编号	预算定额细目名称	单位	数量	调整状态	说明
2-3-2-5	培路肩厚度51cm	100m³	4840/100＝48.4		
1-1-9-8	2.0m³内挖掘机挖装土方普通土	1000m³	4840×(1.16＋0.03)/1000＝5.783		按路肩培土天然密实方计算，借土场挖方考虑汽车运输损耗系数
1-1-11-5	8t内自卸汽车运土3km	1000m³	4840×(1.16＋0.03)/1000＝5.76	＋6×4	考虑汽车运输损耗系数

说明：若路肩培土所需土方为路基挖方调配土方，挖运费已在路基挖方清单中计量与支付，此处挖运费用不再计算，此例题考虑为借土场挖运土方。

表 6-14 "313-2 中央分隔带回填土"报价预算定额汇总表

定额编号	预算定额细目名称	单位	数　量	调整状态	说　明
1-1-7-2	夯土机填土	1000m³	12.64		按中间带设计所填土方压实体积计算
1-1-9-8	2.0m³ 内挖掘机挖装土方普通土	1000m³	$(12640 \times 1.16 - 0.29 \times 0.45 \times 8000)/1000 = 13.618$		按中间带填土所需土方天然密实方计算，因为借土场挖方不考虑汽车运输损耗系数
1-1-11-5	10t 内自卸汽车运土 3km	1000m³	$(12640 - 0.29 \times 0.45 \times 8000/1.16) \times 1.19/1000 = 13.971$	$+6 \times 4$	按中间带填土所需土方天然密实方计算，考虑汽车运输损耗系数

说明：1. 若中间带填土所需土方为路基挖方调配土方，挖运费用已在路基挖方清单中计量与支付，此处挖运费用不再计算，此例题考虑为借土场挖运土方。

2. 中央分隔带渗沟挖方利用为中间带回填土，借土方量需扣除渗沟体积所占土方。

表 6-15 "313-4 混凝土预制块加固土路肩厚 50mm"报价预算定额汇总表

定额编号	预算定额细目名称	单位	数　量	调整状态	说　明
2-3-5-2	预制铺砌预制块加固土路肩	10m³	$(0.55 + 0.55 + 0.05 \times 1.5)/2 \times 0.05 \times 8000 \times 2/10 = 47.000$		按设计所需土路肩加固体积计算
4-8-3-9	汽车式起重机装卸，8t 内自卸载货汽车运 3.4km	100m³	4.700	$+13 \times 5$	按设计所需土路肩加固体积计算
4-11-5-1	填砂砾（砂）垫层	10m³	上顶宽：$(0.55 + 0.05 \times 1.5 - 0.05)m = 0.575m$ 下底宽：$(0.55 + 0.1 \times 1.5 - 0.05)m = 0.65m$ 砂垫层体积：$(0.575 + 0.65)/2 \times 0.05 \times 8000 \times 2/10 = 49.000$		按设计所需土路肩加固垫层体积计算
9-1-6-1	3t 内自卸汽车运输土、砂、石屑等 3.4km	100m³	$490 \times 1.275/100 = 6.25$	$+2 \times 2$	按设计所需土路肩加固垫层堆方体积计算，并考虑场内运输及操作损耗
9-1-10-1	1m³ 内装载机装汽车土砂石矿煤渣等	100m³	$490 \times 1.275/100 = 6.25$		

说明：1. 定额项 2-3-5-2 中只包括了预制块现场短距离运输，未包括预制块从集中预制场运至现场的装运费用。

2. 砂垫层材料预算价格未包括从堆料场运至施工现场的场内装运费用，可利用材料运输定额增计材料场内运输费用。

3. 砂垫层材料装载及运输工程量可按材料消耗量计算，1.275 系数从定额细目中可查到。

表 6-16　"313-5-a 中央分隔带混凝土预制安装高路缘石"报价预算定额汇总表

定额编号	预算定额细目名称	单位	数　量	调整状态	说　明
2-3-3-4	预制混凝土预制块	$10m^3$	$(0.2 \times 0.3) \times 8000 \times 2/10 = 96$		按设计所需路缘石体积计算，倒角小于 $0.15m \times 0.15m$ 时不扣除
2-3-3-6	安砌路缘石	$10m^3$	96		按设计所需路缘石体积计算
4-8-3-9	汽车式起重机装卸，8t 内自卸载货汽车运 3.4km	$100m^3$	9.6	$+13 \times 5$	

说明：1. 定额项 2-3-3-6 中只包括了预制块现场短距离运输，未包括预制块从集中预制场运至现场的装运费用。

表 6-17　"313-5-b 路肩混凝土预制安装平缘石"报价预算定额汇总表

定额编号	预算定额细目名称	单位	数　量	调整状态	说　明
2-3-3-4	预制混凝土预制块	$10m^3$	$(0.2 \times 0.18 \times 8000 \times 2/10 = 57.6$		按设计所需路缘石体积计算
2-3-3-6	安砌路缘石	$10m^3$	57.6		按设计所需路缘石体积计算
4-8-3-9	汽车式起重机装卸，8t 内自卸载货汽车运 3.4km	$100m^3$	5.76	$+13 \times 5$	按设计所需路缘石体积计算

说明：定额项 2-3-3-6 中只包括了预制块现场短距离运输，未包括预制块从集中预制场运至现场的装运费用。

表 6-18　"314-4 中央分隔带渗沟（$290mm \times 400mm \times 8000000mm$）"报价预算定额汇总表

定额编号	预算定额细目名称	单位	数　量	调整状态	说　明
1-3-1-1	人工挖沟槽	$1000m^3$ 天然密实方	$0.29 \times 0.45 \times 8000/1000 = 1.044$		
1-3-2-1	土工布铺设	$1000m^2$	$(0.29 + 0.45 \times 2) \times 8000/1000 = 10$		
1-3-2-3	盲沟回填碎石	$100m^3$	$0.29 \times 0.4 \times 8000/100 = 9.28$		按设计铺设体积计算
4-11-5-6	现浇混凝土基础垫层	$10m^3$	$0.29 \times 0.05 \times 8000/10 = 11.6$		按设计铺设体积计算

表 6-19　"314-6-b 路肩排水碎石透水层"报价预算定额汇总表

定额编号	预算定额细目名称	单位	数　量	调整状态	说　明
1-3-2-3	路基、中央分隔带盲沟回填碎石	$100m^3$	274.4		按设计铺设压实体积计算

表 6-20　"314-6-c 路肩排水土工布"报价预算定额汇总表

定额编号	预算定额细目名称	单位	数　量	调整状态	说　明
1-3-2-1	路基土工布铺设	$1000m^2$	19.368	根据实际情况调整	按设计铺设面积计算

（3）利用"纵横公路工程造价软件"对以上清单项目进行计算，工、料、机单价采用部颁《公路工程预算定额》价格，各费率采用山东省高速及一级公路费用标准（2018），实际报价时应采用当时当地工、料、机价格及费率标准，各报表见表6-21~表6-35。

表6-21 工程量清单

合同段：某高速公路 I 标段   货币单位：元

清单 第300章 路面

子目号	子目名称	单位	数量	单价	合价
304-1	水泥稳定土底基层	m²	193920	29.83	5784633.60
304-3	水泥稳定土基层	m²	177600	71.34	12669984.00
309-2	中粒式沥青混凝土	m²	168000	68.55	11516400.00
309-3	粗粒式沥青混凝土	m²	168000	76.16	12794880.00
310-2	封层	m²	177600	9.92	1761792.00
311-1	细粒式改性沥青混合料路面	m²	168000	48.24	8104320.00
313-1	路肩培土	m³	4840	54.52	263876.80
313-2	中央分隔带回填土	m³	12640	26.22	331420.80
313-4	混凝土预制块加固土路肩	m	16000	40.11	641760.00
313-5	混凝土预制块缘石				
-a	中央分隔带高路缘石	m	16000	81.75	1308000.00
-b	路肩平缘石	m	16000	81.75	1308000.00
314-4	中央分隔带渗沟（…mm×…mm×…mm）	m	8000	84.12	672960.00
314-6	路肩排水沟				
-b	碎石透水层	m³	2744	119.24	327194.56.00
-c	土工布	m²	19368	8.16	158042.88.00

清单第300章合计：57643264.64

表6-22 单价分析表（1）

细目号：304-1

细目名称：水泥稳定土底基层   计量单位：m²   单价：29.83元/m²   数量：193920   货币单位：元

细目号	项目名称	单位	工程量	人工费	材料费	机械费	工料机合计	综合费费率（%）	综合费	合计	单价
2-1-7-51	厂拌水泥石灰砂砾土 5:4:91 厚度18cm	1000m²	198.240	48455	3995987	140067	4184509	15.56	651018	4835527	24.94
2-1-8-7	稳定土运输 15t 内自卸汽车 3.4km	1000m³	35.683	0	0	292353	292353	12.89	37685	330038	1.70

（续）

细目号	项目名称	单位	工程量	人工费	材料费	机械费	工料机合计	综合费费率（%）	综合费	合计	单价
2-1-9-12	摊铺机铺筑底基层（12.5m内）	1000m²	193.920	84495	0	292348	376843	20.03	75485	452328	2.33
2-1-10-5	稳定土厂拌设备生产能力（400t/h内）	1座	0.350	39081	52602	35842	127525	30.60	39018	166543	0.86

表6-23 单价分析表（2）

细目号：304-3

细目名称：水泥稳定土基层　　　计量单位：m²　　　单价：71.34元/m²　　　数量：177600　　　货币单位：元

细目号	项目名称	单位	工程量	人工费	材料费	机械费	工料机合计	综合费费率（%）	综合费	合计	单价
2-1-7-5	厂拌水泥碎石5:95 厚度36cm	1000m²	183.360	126660	8757710	268195	9152565	15.62	1429197	10581762	59.58
2-1-8-7	稳定土运输15t内自卸汽车3.4km	1000m³	66.010	0	0	540825	540825	12.89	69714	610539	3.44
2-1-9-11	摊铺机铺筑基层（12.5m内）	1000m²	177.600	190626	0	788497	979123	19.38	189772	1168895	6.58
2-1-10-5	稳定土厂拌设备生产能力（400t/h内）	1座	0.650	72578	97688	66563	236829	30.60	72461	309290	1.74

表6-24 单价分析表（3）

细目号：309-2

细目名称：中粒式沥青混凝土　　　计量单位：m²　　　单价：68.55元/m²　　　数量：168000　　　货币单位：元

细目号	项目名称	单位	工程量	人工费	材料费	机械费	工料机合计	综合费费率（%）	综合费	合计	单价
2-2-11-12	中粒沥青混凝土拌和（240t/h内）	1000m³	10.080	33636	8688184	737763	9459583	14.44	1366122	10825705	64.44
2-2-13-7	混合料运输15t内自卸汽车3.4km	1000m³	10.080	0	0	104490	104490	12.89	13469	117959	0.70

（续）

细目号	项目名称	单位	工程量	人工费	材料费	机械费	工料机合计	综合费费率（%）	综合费	合计	单价
2-2-14-24	12.5m 内摊铺机铺沥青碎石中粒式 240t/h 内	1000m³	10.080	26996	0	123348	150344	18.21	27377	177721	1.06
2-2-15-5	混合料拌和设备安拆（240t/h 内）	1座	0.350	93297	152893	55666	301856	30.77	92890	394746	2.35

表 6-25　单价分析表（4）

细目号：309-3

细目名称：粗粒式沥青混凝土　　计量单位：m²　　单价：76.16 元/m²　　数量：168000　　货币单位：元

细目号	项目名称	单位	工程量	人工费	材料费	机械费	工料机合计	综合费费率（%）	综合费	合计	单价
2-2-11-5	粗粒沥青混凝土拌和（240t/h 内）	1000m³	11.760	39368	9572309	865530	10477207	14.45	1513641	11990848	71.37
2-2-13-7	混合料运输 15t 内自卸汽车 3.4km	1000m³	11.760	0	0	121905	121905	12.89	15713	137618	0.82
2-2-14-23	12.5m 内摊铺机铺沥青碎石粗粒式 240t/h 内	1000m³	11.760	30994	0	142165	173159	18.20	31509	204668	1.22
2-2-15-5	混合料拌和设备安拆（240t/h 内）	1座	0.410	109290	179104	65209	353603	30.77	108814	462417	2.75

表 6-26　单价分析表（5）

细目号：310-2

细目名称：封层　　　　计量单位：m²　　单价：9.92 元/m²　　数量：177600　　货币单位：元

细目号	项目名称	单位	工程量	人工费	材料费	机械费	工料机合计	综合费费率（%）	综合费	合计	单价
2-2-16-13	石油沥青层铺法下封层	1000m²	177.600	145329	1327326	24818	1497473	17.69	264952	1762425	9.92

表 6-27　单价分析表（6）

细目号：311-1

细目名称：细粒式改性沥青混合料路面　　计量单位：m²　　单价：48.23 元/m²　　数量：168000　　货币单位：元

细目号	项目名称	单位	工程量	人工费	材料费	机械费	工料机合计	综合费费率（%）	综合费	合计	单价
2-2-11-19	细粒沥青混凝土拌和（240t/h 内）	1000m³	6.720	22354	6156014	491781	6670149	14.44	962926	7633075	45.43

（续）

细目号	项目名称	单位	工程量	人工费	材料费	机械费	工料机合计	综合费费率（%）	综合费	合计	单价
2-2-13-7	混合料运输 15t内自卸汽车 3.4km	1000m³	6.720	0	0	69659	69659	12.89	8980	78639	0.47
2-2-14-25	机铺沥青碎石 细粒式240t/h内	1000m³	6.720	19211	0	83407	102618	18.38	18858	121476	0.72
2-2-15-5	混合料拌和 设备安拆 （240t/h内）	1座	0.240	63975	104842	38171	206988	30.77	63696	270684	1.61

表6-28　单价分析表（7）

细目号：313-1

细目名称：路肩培土　　　计量单位：m³　　单价：55.52元/m³　　数量：4840　　货币单位：元

细目号	项目名称	单位	工程量	人工费	材料费	机械费	工料机合计	综合费费率（%）	综合费	合计	单价
2-3-2-5	培路肩 厚度51cm	100m³	48.4	105451	0	16711	122162	36.43	44504	166666	34.44
1-1-9-8	2.0m³内挖掘机 挖装土方普通土	1000m³	5.76	3182	0	15308	18490	19.00	3513	22003	4.55
1-1-11-5	10t内自卸汽车 运土3km	1000m³	5.76	0	0	66565	66565	12.89	8580	75145	15.53

表6-29　单价分析表（8）

细目号：313-2

细目名称：中央分隔带回填土　　　计量单位：m³　　单价：26.22元/m³　　数量：12640　　货币单位：元

细目号	项目名称	单位	工程量	人工费	材料费	机械费	工料机合计	综合费费率（%）	综合费	合计	单价
1-1-7-2	夯土机填土	1000m³	12.64	65557	0	26601	92158	39.59	36483	128641	10.18
1-1-9-8	2.0m³内 挖掘机挖装土 方普通土	1000m³	13.618	6512	0	31327	37839	18.99	7187	45026	3.56
1-1-11-5	10t内自卸 汽车运土3km	1000m³	13.971	0	0	139762	139762	12.89	18017	157779	12.48

表6-30　单价分析表（9）

细目号：313-4

细目名称：混凝土预制块加固土路肩　　　计量单位：m　　单价：40.11元/m　　数量：16000　　货币单位：元

细目号	项目名称	单位	工程量	人工费	材料费	机械费	工料机合计	综合费费率（%）	综合费	合计	单价
2-3-5-2	预制铺砌预制块加固土路肩	10m³	47.000	230759	171061	2727	404547	30.85	124784	529331	33.08
4-8-3-9	汽车式起重机装卸，8t内自卸载货汽车运3.4km	100m³	4.700	3897	2291	17239	23427	16.64	3899	27326	1.71
4-11-5-1	填砂砾（砂）垫层	10m³	49.000	30724	31595	0	62319	29.02	18087	80406	5.03
9-1-6-1	3t内自卸汽车运输土、砂、石屑等3.4km	100m³	6.370	0	0	3250	3250	12.90	419	3669	0.23
9-1-10-1	1m³内轮式装载机装汽车土砂石矿煤渣等	100m³	6.370	0	0	866	866	15.32	133	999	0.06

表6-31　单价分析表（10）

细目号：313-5-a

细目名称：中央分隔带高路缘石　　　计量单位：m　　单价：80.69　　数量：16000　　货币单位：元

细目号	项目名称	单位	工程量	人工费	材料费	机械费	工料机合计	综合费费率（%）	综合费	合计	单价
2-3-3-4	预制混凝土预制块	10m³	96	236707	224305	6796	467808	30.62	143262	611070	38.19
2-3-3-6	安砌路缘石	10m³	96	86724	381084	0	467808	37.85	177059	644867	40.30
4-8-3-9	汽车式起重机装卸，8t内自卸载货汽车运3.4km	100m³	9.6	3242	2573	23836	29651	15.637	5496	35147.00	2.20

表6-32　单价分析表（11）

细目号：313-5-b

细目名称：路肩平缘石　　　计量单位：m　　单价：80.69　　数量：16000　　货币单位：元

细目号	项目名称	单位	工程量	人工费	材料费	机械费	工料机合计	综合费费率（%）	综合费	合计	单价
2-3-3-4	预制混凝土预制块	10m³	57.6	236707	224305	6796	467808	30.62	143262	611070	38.19

（续）

细目号	项目名称	单位	工程量	人工费	材料费	机械费	工料机合计	综合费费率（%）	综合费	合计	单价
2-3-3-6	安砌路缘石	10m³	57.6	86724	381084	0	467808	37.85	177059	644867	40.30
4-8-3-9	汽车式起重机装卸，8t内自卸载货汽车运3.4km	100m³	5.76	3242	2573	23836	29651	15.637	5496	35147.00	2.20

表 6-33　单价分析表 （12）

细目号：314-4

细目名称：中央分隔带渗沟　　　　计量单位：m　　　单价：84.12　　　数量：8000　　　　货币单位：元

细目号	项目名称	单位	工程量	人工费	材料费	机械费	工料机合计	综合费费率（%）	综合费	合计	单价
1-3-1-1	人工挖沟槽	1000m³天然密实方	1.044	22203	0	0	22203	26.04	5781	27984	3.50
1-3-2-1	土工布铺设	1000m²	10	15942	49328	0	65270	25.00	16318	81588	10.20
1-3-2-3	盲沟回填碎石	100m³	9.28	8383	77305	2833	88521	25.00	22130	110651	13.83
4-11-5-6	现浇混凝土基础垫层	10m³	11.6	164084	167984	21056	353124	28.20	99582	452706	56.59

表 6-34　单价分析表 （13）

细目号：314-6-b

细目名称：碎石透水层　　　　计量单位：m³　　　单价：119.24 元/m³　　　数量：2744　　　　货币单位：元

细目号	项目名称	单位	工程量	人工费	材料费	机械费	工料机合计	综合费费率（%）	综合费	合计	单价
1-3-2-3	路基、中央分隔带盲沟回填碎石	100m³	27.44	24789	228583	8378	261750	25.00	65438	327188	119.24

表 6-35　单价分析表 （14）

细目号：314-6-c

细目名称：土工布　　　　计量单位：m²　　　单价：8.16 元/m²　　　数量：19368　　　　货币单位：元

细目号	项目名称	单位	工程量	人工费	材料费	机械费	工料机合计	综合费费率（%）	综合费	合计	单价
1-3-2-1	路基土工布铺设	1000m²	19.368	30876	95538	0	126414	25.00	31604	158018	8.16

第 **7** 章 | 桥梁涵洞工程工程量清单计量与计价

7.1 桥梁涵洞工程工程量清单计量

7.1.1 桥涵工程概述

1. 桥涵的概念

桥涵是指桥梁和涵洞的总称。桥梁是线路（公路、铁路、水渠或管线等）遇到障碍（如河流、道路、铁路或山谷等）修筑的人工跨越构筑物；涵洞是横穿路基的小型过水构筑物。为了区别桥涵，《公路工程技术标准》（JTG B01—2014）规定，凡是多孔跨径的全长不到8m和单孔跨径不到5m的泄水构筑物，统称为涵洞。

2. 桥梁的分类

1）桥梁按用途分铁路桥、公路桥、铁路公路两用桥、城市用桥（含立交桥）、人行桥、农用桥、军用桥、公园游览桥、渡槽、栈桥、管线桥等。

2）桥梁按使用年限分为临时桥和永久桥。

3）桥梁按主要承重结构所用材料分木桥、圬工桥（砖、石和混凝土）、钢筋混凝土桥、预应力混凝土桥、钢桥、复合材料桥等。

4）桥梁按结构体系可分为梁式桥、拱式桥、刚架桥、悬索桥和组合体系桥等。

5）桥梁按桥面与上部结构的相对位置的不同可分为上承式桥、下承式桥和中承式桥。

6）桥梁按施工方式分为整体式桥和节段式桥。

3. 桥梁的组成

桥梁主要由上部结构、下部结构、基础和调治构造物等四大部分组成。

上部结构：指线路遇到障碍（如河流、山谷或其他线路）而中断时，跨越这类障碍物的结构，又称桥跨结构、桥孔结构。上部结构有桥面、防水、排水、伸缩缝、人行道、车道、安全带、护栏和栏杆、灯柱和桥头引道等。

下部结构：指支承桥跨结构，并将其荷载传递到地基的建筑物，包括桥墩、桥台等。桥台设在两端，桥墩在两个桥台之间。桥台除支承桥跨结构外，还要与路堤衔接，承受台后土压力，防止陆地滑塌。

基础：指将桥梁墩台所承受的各种荷载传递到地基上的结构物，是确保桥梁安全使用的关键部位。基础有扩大基础（明挖浅基础）、桩基础和沉井基础等不同结构形式。

调治构造物：指为引导和改变水流方向，是水流平顺通过桥孔并减缓水流对桥位附近河床、河岸的冲刷而修建的水工构筑物。如桥台的锥形护坡、台前护坡、倒流堤、护岸墙、丁坝、顺坝等。

梁桥和拱桥如图 7-1 和图 7-2 所示。

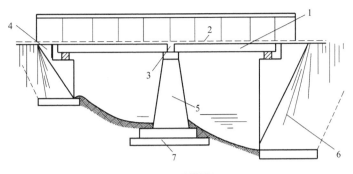

图 7-1 梁桥

1—主梁 2—桥面 3—支座 4—桥台 5—桥墩 6—锥形护坡 7—基础

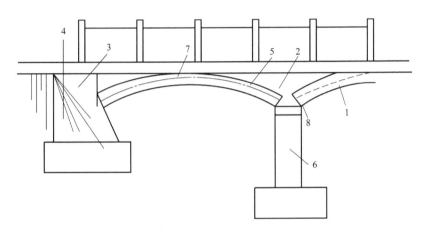

图 7-2 拱桥

1—拱圈 2—拱上结构 3—桥台 4—锥形护坡 5—拱轴线 6—桥墩 7—拱顶 8—拱脚

4. 涵洞的组成与分类

（1）涵洞的组成

涵洞主要由基础、洞身和洞口组成，洞口包括端墙、翼墙或护坡、截水墙和缘石等部分。

（2）涵洞的分类

涵洞按建筑材料分为石涵、混凝土涵、钢筋混凝土涵、砖涵，有时也有陶土管涵、铸铁管涵、波纹管涵等。

涵洞按构造形式分为管涵（圆管涵）、盖板涵、拱涵、箱涵等。

涵洞按洞顶的埋土情况分为明涵和暗涵两类。明涵是指洞顶不填土的涵洞，适用于低路堤、浅沟渠；暗涵是指洞顶填土大于 50cm 的涵洞，适用于高路堤、深沟渠。

涵洞按涵洞孔数分为单孔涵和多孔涵等。

5. 桥梁墩台的形式

桥梁墩台总体分为两大类：重力式墩台和轻型墩台，其中轻型墩台分为梁桥式轻型墩台和拱桥式墩台。重力式墩台采用天然石材或片石混凝土砌筑，而轻型墩台大多采用钢筋混凝土建造。

6. 沉井、围堰、筑岛

沉井是井筒状的结构物。它是以井内挖土，依靠自身重力克服井壁摩擦阻力后下沉到设计高程，然后经过混凝土封底并填塞井孔，使其成为桥梁墩台或其他结构物的基础。

围堰工程是指保证基础工程开挖、砌筑、浇筑等的临时挡水构筑物。其包括土围堰、草袋围堰、木桩编条围堰、木板桩围堰、钢板桩围堰、钢筋混凝土围堰等。

筑岛是指在围堰围成的区域内填土、砂及砂砾石。

7.1.2　桥梁涵洞工程工程量清单计量规则说明

1. 桥梁涵洞工程内容

桥梁涵洞工程包括：桥梁荷载试验、补充地质勘探、钢筋、挖基、混凝土灌注桩、钢筋混凝土沉桩、钢筋混凝土沉井、扩大基础；现浇混凝土下部构造、混凝土上部构造、预应力钢材、现浇预应力上部构造、预制预应力混凝土上部构造、斜拉桥上部构造、钢架拱上部构造；浆砌块片石及混凝土预制块、桥面铺装、桥梁支座、伸缩缝装置、涵洞工程。

2. 有关问题的说明及提示

1）桥梁涵洞工程所列基础、下部结构、上部结构混凝土的钢筋，包括钢筋及钢筋骨架用的铁丝、钢板、套筒、焊接、钢筋垫块或其他固定钢筋的材料以及钢筋除锈、制作安装、成品运输，作为钢筋工程的附属工作，不另行计量。

2）圆管涵、倒虹吸管涵、盖板涵、拱涵、通道的钢筋，均包含在各项目内，不另行计量。附属结构包括缘石、人行道、防撞墙、栏杆、护栏、桥头搭板、枕梁、抗震挡块、支座垫块等构造物，附属结构钢筋工程量单独计量。

3）预应力钢材、斜拉索的除锈制作安装运输及锚具、锚垫板、定位筋、连接件、封锚、护套、支架、附属装置和所有预埋件，包括在相应的工程项目中，不另行计量。

4）本章所列工程项目涉及的养护、场地清理、吊装设备、拱盔、支架、工作平台、脚手架的搭设及拆除、模板的安装及拆除，均包括在相应的工程项目内，不另行计量。

5）混凝土拌和场站、构件预制场、储料场的建设、拆除、恢复，安装架设设备摊销、预应力张拉台座的设置及拆除，若已在"105 施工标准化"（属选择性工程子目）清单中列入单独计量，则在该章相应清单项目综合单价中不再计入此部分费用；若未列入"105 施工标准化"清单中，则该部分费用均应包括在相应清单项目综合单价中，不另行计量。

材料的计量尺寸为设计净尺寸。

6）设计图标明的及由于地基出现溶洞等情况而进行的桥涵基底处理计量规则见第 5 章路基工程中特殊路基处理。

7.1.3　桥梁涵洞工程量清单计量规则详表

桥梁涵洞工程量清单计量规则具体见表 7-1。

表 7-1　桥梁涵洞工程量清单计量规则

子目号	子目名称	计量单位	工程量计算规则	工程内容
401	通则			
401-1	桥梁荷载试验（暂估价）	总额	依据设计图及桥梁荷载试验委托合同中约定的试验项目以暂估价形式按"总额"为单位计量	1. 选择有资质的单位签订桥梁荷载试验委托合同 2. 按设计图所示及合同约定的测试项目现场试验 3. 数据采集、分析、编写提交试验报告

（续）

子目号	子目名称	计量单位	工程量计算规则	工程内容
401-2	桥梁施工监控（暂估价）	总额	依据设计图及桥梁施工监控委托合同中约定的监控量测项目以暂估价形式按"总额"为单位计量	1. 选择有资质的单位签订桥梁施工监控委托合同 2. 按设计图所示及合同约定的测试项目及量测频率对现场实施监控量测 3. 数据采集、分析、编写、提交监控量测报告
401-3	地质钻探及取样试验（暂定工程量）	m	按实际发生的地质钻探及取样试验分不同钻径以"m"为单位计量	1. 场地清理 2. 钻机安拆、钻探 3. 取样、试验
403	钢筋			
403-1	基础钢筋（含灌注桩、承台、桩系梁、沉桩、沉井等）	kg	1. 依据设计图所示及钢筋表所列钢筋质量以"kg"为单位计量 2. 固定钢筋的材料、定位架立钢筋、钢筋接头、吊装钢筋、钢板、铁丝作为钢筋作业的附属工作，不另行计量	1. 钢筋的保护、储存及除锈 2. 钢筋整直、接头 3. 钢筋截断、弯曲 4. 钢筋安设、支承及固定
403-2	下部结构钢筋	kg	1. 依据设计图所示及钢筋表所列钢筋质量以"kg"为单位计量 2. 固定钢筋的材料、定位架立钢筋、钢筋接头、吊装钢筋、钢板、铁丝作为钢筋作业的附属工作，不另行计量	1. 钢筋的保护、储存及除锈 2. 钢筋整直、接头 3. 钢筋截断、弯曲 4. 钢筋安设、支承及固定
403-3	上部结构钢筋	kg	1. 依据设计图所示及钢筋表所列钢筋质量以"kg"为单位计量 2. 固定钢筋的材料、定位架立钢筋、钢筋接头、吊装钢筋、钢板、铁丝作为钢筋作业的附属工作，不另行计量	1. 钢筋的保护、储存及除锈 2. 钢筋整直、接头 3. 钢筋截断、弯曲 4. 钢筋安设、支承及固定
403-4	附属结构钢筋	kg	1. 依据设计图所示及钢筋表所列钢筋质量以"kg"为单位计量 2. 缘石、人行道、防撞墙、栏杆、桥头搭板、枕梁、抗震挡块、支座垫块等构造物，其所用钢筋以及伸缩缝预埋的钢筋，均列入本子目计量 3. 固定钢筋的材料、定位架立钢筋、钢筋接头、吊装钢筋、钢板、铁丝作为钢筋作业的附属工作，不另行计量	1. 钢筋的保护、储存及除锈 2. 钢筋整直、接头 3. 钢筋截断、弯曲 4. 钢筋安设、支承及固定

（续）

子目号	子目名称	计量单位	工程量计算规则	工 程 内 容
404	基坑开挖及回填			
404-1	干处挖土方	m³	1. 根据图示，取用底面、顶面间平均高度的棱柱体体积，分别按干处、水下及土、石，以"m³"为单位计量 2. 在地下水位以上开挖的为干处挖方；在地下水位以下开挖的为水下挖方 3. 基坑底面、顶面及侧面的确定应符合下列规定： 　a. 基坑开挖底面：按设计图所示的基底高程线计算 　b. 基坑开挖顶面：按设计图横断面上所标示的原地面线计算 　c. 基坑开挖侧面：按顶面到底面，以超出基底周边0.5m的竖直面为界	1. 场地清理 2. 围堰、排水 3. 基坑开挖 4. 基坑支护 5. 基坑检查、修整 6. 基坑回填、压实 7. 弃方清运
404-2	水下挖土方			
404-3	干处挖石方			1. 场地清理 2. 围堰、排水 3. 钻爆 4. 出渣 5. 基坑支护 6. 基坑检查、修整 7. 基坑回填、压实 8. 弃方清运
404-4	水下挖石方			
405	钻孔灌注桩			
405-1	钻孔灌注桩			
-a	陆上钻孔灌注桩	m	1. 依据设计图所示桩长及混凝土强度等级，按照不同桩径的桩长以"m"为单位计量 2. 施工图设计水深小于2m（含2m）的为陆上钻孔灌注桩 3. 桩长为桩底高程至承台底面或系梁底面。对于与桩连为一体的柱式墩台，如无承台或系梁时，则以桩位处原始地面线为分界线，地面线以下部分为灌注桩桩长。若设计图有标示的，按设计图标示为准	1. 安设护筒及设置钻孔平台 2. 钻机安拆，就位 3. 钻孔、成孔、成孔检查 4. 安装声测管 5. 混凝土制拌、运输、浇筑 6. 破桩头 7. 按《公路工程标准施工招标文件》第七章"技术规范"405.11的规定进行桩基检测
-b	水中钻孔灌注桩	m	1. 依据设计图所示桩长及混凝土强度等级，按照不同桩径的桩长以"m"为单位计量 2. 施工图设计水深大于2m的为水中钻孔灌注桩 3. 桩长为桩底高程至承台底面或系梁底面。对于与桩连为一体的柱式墩台，如无承台或系梁时，则以桩位处原始地面线为分界线，地面线以下部分为灌注桩桩长。若设计图有标示的，按设计图标示为准	1. 搭设水中钻孔平台、筑岛或围堰、横向便道 2. 钻机安拆，就位 3. 钻孔、成孔、成孔检查 4. 安装声测管 5. 混凝土制拌、运输、浇筑 6. 破桩头 7. 按《公路工程标准施工招标文件》第七章"技术规范"405.11的规定进行桩基检测

（续）

子目号	子目名称	计量单位	工程量计算规则	工程内容
405-2	钻取混凝土芯样检测（暂定工程量）	m	1. 按实际钻取的混凝土芯样长度，分不同钻径以"m"为单位计量 2. 如混凝土质量合格，钻取的芯样给予计量，否则，不予计量	1. 场地清理 2. 钻机安拆、钻芯 3. 取样、试验
405-3	破坏荷载试验用桩（暂定工程量）	m	依据设计图所示桩长及混凝土强度等级，按照不同桩径的桩长以"m"为单位计量	1. 钻孔平台搭设、筑岛或围堰 2. 钻机安拆，就位 3. 钻孔、成孔、成孔检查 4. 安装声测管 5. 混凝土制拌、运输、浇筑 6. 破桩头
406	沉桩			
406-1	钢筋混凝土沉桩	m	依据设计图所示桩长及混凝土强度等级，按照不同桩径的桩长以"m"为单位计量	1. 钢筋混凝土桩预制、养护、移运、沉入、桩头处理 2. 锤击、射水、接桩
406-2	预应力混凝土沉桩	m	依据设计图所示桩长及混凝土强度等级，按照不同桩径的桩长以"m"为单位计量	1. 预应力混凝土桩预制、养护、移运、沉入、桩头处理 2. 锤击、射水、接桩
406-3	试桩（暂定工程量）	m	依据设计图所示桩长及混凝土强度等级，按照不同桩径的桩长以"m"为单位计量	1. 钢筋混凝土或预应力混凝土桩预制、养护、移运、沉入、桩头处理 2. 锤击、射水、接桩
407	挖孔灌注桩			
407-1	挖孔灌注桩	m	1. 依据设计图所示桩长及混凝土强度等级，按照不同桩径的桩长以"m"为单位计量 2. 桩长为桩底高程至承台底面或系梁底面。对于与桩连为一体的柱式墩台，如无承台或系梁时，则以桩位处原始地面线为分界线，地面线以下部分为灌注桩桩长，若设计图有标示的，按设计图标示为准	1. 设置支撑与护壁 2. 挖孔、清孔、通风、钎探、排水 3. 安装声测管 4. 混凝土制拌、运输、浇筑 5. 破桩头 6. 按《公路工程标准施工招标文件》第七章"技术规范"405.11的规定进行桩基检测
407-2	钻取混凝土芯样检测（暂定工程量）	m	1. 按实际钻取的混凝土芯样长度，分不同钻径以"m"为单位计量 2. 如混凝土质量合格，钻取的芯样给予计量，否则，不予计量	1. 场地清理 2. 钻机安拆、钻芯 3. 取样、试验
407-3	破坏荷载试验用桩（暂定工程量）	m	依据设计图所示桩长及混凝土强度等级，按照不同桩径的桩长以"m"为单位计量	1. 设置支撑与护壁 2. 挖孔、清孔、通风、钎探、排水 3. 安装声测管 4. 混凝土制拌、运输、浇筑 5. 破桩头

（续）

子目号	子目名称	计量单位	工程量计算规则	工程内容
408	桩的垂直静荷载试验			
408-1	桩的检验荷载试验（暂定工程量）	每一试桩	1. 依据设计图及桩的检验荷载试验委托合同，在设计图所示位置现场进行桩的检验荷载试验，按实际进行检验荷载试验的桩数，分不同的桩径、桩长、混凝土强度等级、检验荷载等级以"每一试桩"为单位计量 2. 桩的检验荷载试验仅指荷载试验工作；桩的工程量在对应工程结构中计量	1. 选择有资质的单位签订桩的检验荷载试验委托合同 2. 按设计图所示及合同约定的内容现场进行桩的检验荷载试验（包括清理场地、搭设试桩工作台、埋设观测设备、加载、卸载、观测） 3. 数据采集、分析、编写提交桩的检验荷载试验报告
408-2	桩的破坏荷载试验（暂定工程量）	每一试桩	1. 依据设计图及桩的破坏荷载试验委托合同，在设计图所示位置现场进行桩的破坏荷载试验，按实际进行破坏荷载试验的桩数，分不同的桩径、桩长、混凝土强度等级、破坏荷载等级以"每一试桩"为单位计量 2. 桩的破坏荷载试验仅指荷载试验工作；桩的工程量在对应工程结构中计量	1. 选择有资质的单位签订桩的破坏荷载试验委托合同 2. 按设计图所示及合同约定的内容现场进行桩的破坏荷载试验（包括清理场地、搭设试桩工作台、埋设观测设备、加载、卸载、观测） 3. 数据采集、分析、编写提交桩的破坏荷载试验报告
409	沉井			
409-1	钢筋混凝土沉井			
-a	井壁混凝土	m³	依据设计图所示位置及尺寸，按图示混凝土体积分不同强度等级以"m³"为单位计量	1. 制作场地建设 2. 配、拌、运混凝土 3. 刃脚制作，浇筑、振捣、养护井壁混凝土 4. 浮运、定位、下沉、助沉、接高、拼装 5. 井内土石开挖、弃运
-b	封底混凝土	m³	依据设计图所示位置及尺寸，按图示混凝土体积分不同强度等级以"m³"为单位计量	1. 场地清理 2. 搭拆作业平台 3. 配、拌、运混凝土 4. 浇筑、养护
-c	填芯混凝土			
-d	顶板混凝土			

（续）

子目号	子目名称	计量单位	工程量计算规则	工程内容
410	结构混凝土工程			
410-1	混凝土基础（包括支撑梁、桩基承台、桩系梁，但不包括桩基）	m³	依据设计图所示体积分不同强度等级以"m³"为单位计量	1. 场地清理 2. 搭拆作业平台 3. 安拆套箱或模板；安设预埋件 4. 混凝土配运料、拌和、运输、浇筑、振捣、养护 5. 施工缝、沉降缝设置处理 6. 混凝土的冷却管制作安装，通水、降温 7. 防水、防冻、防腐措施
410-2	混凝土下部结构			
-a	桥台混凝土	m³	1. 依据设计图所示体积分不同强度等级以"m³"为单位计量 2. 直径小于200mm的管子、钢筋、锚固件、管道、泄水孔或桩所占混凝土体积不予扣除	1. 场地清理 2. 搭拆作业平台、支架 3. 安拆模板；安设预埋件（包括支座预埋件、防震锚栓及套筒等） 4. 混凝土配运料、拌和、运输、浇筑、振捣、养护 5. 施工缝、沉降缝设置处理 6. 防水、防冻、防腐措施
-b	桥墩混凝土	m³	1. 依据设计图所示体积分不同强度等级以"m³"为单位计量 2. 直径小于200mm的管子、钢筋、锚固件、管道、泄水孔或桩所占混凝土体积不予扣除	1. 场地清理 2. 搭拆作业平台、支架 3. 安拆模板；安设预埋件（包括支座预埋件、防震锚栓及套筒等） 4. 混凝土配运料、拌和、运输、浇筑、振捣、养护 5. 防水、防冻、防腐措施
-c	盖梁混凝土	m³	1. 依据设计图所示体积分不同强度等级以"m³"为单位计量 2. 直径小于200mm的管子、钢筋、锚固件、管道、泄水孔或桩所占混凝土体积不予扣除 3. 墩梁固结混凝土入本子目。桥墩上的支座垫石、防震挡块混凝土计入附属结构混凝土	1. 场地清理 2. 搭拆作业平台、支架 3. 安拆模板；安设预埋件（包括支座预埋件、防震锚栓及套筒等） 4. 混凝土配运料、拌和、运输、浇筑、振捣、养护
-d	台帽混凝土	m³	1. 依据设计图所示体积分不同强度等级以"m³"为单位计量 2. 直径小于200mm的管子、钢筋、锚固件、管道、泄水孔或桩所占混凝土体积不予扣除 3. 耳背墙混凝土入本子目。桥台上的支座垫石、防震挡块混凝土计入附属结构混凝土	1. 场地清理 2. 搭拆作业平台、支架 3. 安拆模板；安设预埋件（包括支座预埋件、防震锚栓及套筒等） 4. 混凝土配运料、拌和、运输、浇筑、振捣、养护

（续）

子目号	子目名称	计量单位	工程量计算规则	工程内容
410-3	现浇混凝土上部结构	m³	1. 依据设计图所示体积分不同强度等级以"m³"为单位计量 2. 直径小于200mm的管子、钢筋、锚固件、管道、泄水孔或桩所占混凝土体积不予扣除	1. 平整场地 2. 搭拆工作平台 3. 支架搭设、预压与拆除 4. 安拆模板；安设预埋件 5. 混凝土配运料、拌和、运输、浇筑、养护 6. 施工缝、伸缩缝设置处理
410-4	预制混凝土上部结构	m³	1. 依据设计图所示体积分不同强度等级以"m³"为单位计量 2. 直径小于200mm的管子、钢筋、锚固件、管道、泄水孔或桩所占混凝土体积不予扣除	1. 搭拆工作平台 2. 安拆模板；安设预埋件（吊环、预埋连接件） 3. 混凝土配运料、拌和、运输、浇筑、养护 4. 构件预制、运输、安装
410-5	桥梁上部结构现浇整体化混凝土	m³	1. 依据设计图所示体积分不同强度等级以"m³"为单位计量 2. 直径小于200mm的管子、钢筋、锚固件、管道、泄水孔或桩所占混凝土体积不予扣除 3. 铰缝、湿接缝、先简支后连续现浇接头混凝土计入本子目	1. 工作面清理 2. 搭拆作业平台 3. 安拆支架、模板 4. 混凝土配运料、拌和、运输、浇筑、养护
410-6	现浇混凝土附属结构	m³	1. 依据设计图所示体积分不同强度等级以"m³"为单位计量 2. 直径小于200mm的管子、钢筋、锚固件、管道、泄水孔或桩所占混凝土体积不予扣除 3. 现浇缘石、人行道、防撞墙、栏杆、护栏、桥头搭板、枕梁、抗震挡块、支座垫石等列入本子目	1. 工作面清理 2. 搭拆作业平台 3. 安拆支架、模板 4. 混凝土配运料、拌和、运输、浇筑、养护
410-7	预制混凝土附属结构	m³	1. 依据设计图所示体积分不同强度等级以"m³"为单位计量 2. 直径小于200mm的管子、钢筋、锚固件、管道、泄水孔或桩所占混凝土体积不予扣除 3. 预制安装缘石、人行道、防撞墙、栏杆、护栏、桥头搭板、枕梁、抗震挡块、支座垫石等列入本子目	1. 预制场地建设、拆除 2. 搭拆工作平台 3. 安拆模板 4. 混凝土配运料、拌和、运输、浇筑、养护 5. 构件预制、运输、安装

（续）

子目号	子目名称	计量单位	工程量计算规则	工程内容
411	预应力混凝土工程			
411-1	先张法预应力钢丝	kg	1. 依据设计图所示构件长度计算的预应力钢材质量，分不同材质以"kg"为单位计量 2. 除上述计算长度以外的锚固长度及工作长度的预应力钢材含入相应预应力钢材报价之中，不另行计量	1. 制作安装预应力钢材 2. 制作安装管道 3. 安装锚具、锚板 4. 张拉 5. 放张 6. 封锚头
411-2	先张法预应力钢绞线			
411-3	先张法预应力钢筋			
411-4	后张法预应力钢丝		1. 按图示两端锚具间的理论长度计算的预应力钢材质量，分不同材质以"kg"为单位计量 2. 除上述计算长度以外的锚固长度及工作长度的预应力钢材含入相应预应力钢材报价之中，不另行计量	1. 制作安装预应力钢材 2. 制作安装管道 3. 安装锚具、锚板 4. 张拉 5. 压浆 6. 封锚头
411-5	后张法预应力钢绞线			
411-6	后张法预应力钢筋			
411-7	现浇预应力混凝土上部结构	m³	1. 依据设计图所示体积分不同强度等级以"m³"为单位计量 2. 钢筋、钢材所占体积及单个面积在 0.03m² 以内的孔洞不予扣除	1. 平整场地 2. 搭拆工作平台；支架搭设、预压与拆除 3. 安拆模板 4. 混凝土配运料、拌和、运输、浇筑、养护 5. 施工缝、伸缩缝设置处理
411-8	预制预应力混凝土上部结构	m³	1. 依据设计图所示体积分不同强度等级以"m³"为单位计量 2. 钢筋、钢材所占体积及单个面积在 0.03m² 以内的孔洞不予扣除 3. 后张法预应力混凝土梁封端混凝土工程量列入本子目	1. 搭拆工作平台 2. 安拆模板 3. 混凝土配运料、拌和、运输、浇筑、养护 4. 构件预制、运输、安装
413	砌石工程			
413-1	浆砌片石	m³	依据设计图所示位置及尺寸，砌筑体积分不同砂浆强度等级以"m³"为单位计量	1. 基础清理 2. 基底检查 3. 选修石料 4. 铺筑基础垫层 5. 搭拆脚手架 6. 配、拌、运砂浆 7. 砌筑、勾缝、抹面、养护 8. 沉降缝设置
413-2	浆砌块石			
413-3	浆砌料石			
413-4	浆砌预制混凝土块	m³		

（续）

子目号	子目名称	计量单位	工程量计算规则	工程内容
415	桥面铺装			
415-1	沥青混凝土桥面铺装	m³	依据设计图所示位置、尺寸，按照铺筑体积以"m³"为单位计量	1. 清理下承层 2. 拌和设备安装、调试、拆除 3. 沥青混合料拌和、运输、摊铺、压实、成形 4. 接缝 5. 初期养护
415-2	水泥混凝土桥面铺装	m³	依据设计图所示位置、尺寸，分不同强度等级，按铺筑体积以"m³"为单位计量	1. 场地清理 2. 混凝土配运料、拌和、运输、浇筑、振捣、养护 3. 施工缝、沉降缝设置处理
415-3	防水层			
-a	桥面混凝土表面处理	m²	按图示处理的桥面混凝土表面净面积以"m²"为单位计量	1. 场地清理 2. 混凝土面板铣刨（喷砂）拉毛 3. 铣刨（喷砂）拉毛后清理、平整
-b	铺设防水层	m²	依据设计图所示位置及尺寸，在桥面铺装前铺设防水材料，按图示铺装净面积分不同材质以"m²"为单位计量	1. 场地清理 2. 桥面清洁 3. 铺装防水材料 4. 安拆作业平台 5. 安设排水设施
415-4	桥面排水			
-a	竖、横向集中排水管	kg或m	1. 依据设计图所示位置及尺寸，在桥面安设泄水孔，按图示数量分不同材质、管径计量；铸铁管、钢管以"kg"为单位计量 PVC管以"m"为单位计量 2. 接头、固定泄水管的金属构件不予计量。铸铁泄水孔作为附属工作，不另行计量	1. 场地清理 2. 安拆作业平台 3. 钻孔安设排水管锚固件 4. 安设排水设施
-b	桥面边部碎石盲沟	m³	依据设计图所示位置、尺寸，按照盲沟体积以"m³"为单位计量	1. 边部切割 2. 清理 3. 盲沟设置
416	桥梁支座			
416-1	板式橡胶支座	dm³	依据设计图所示位置及尺寸，安装设计图所示类型及规格板式橡胶支座就位，按图示体积，分不同的材质及形状以"dm³"为单位计量	1. 清洁整平混凝土表面 2. 砂浆配运料、拌和，接触面抹平 3. 钢板制作与安装 4. 支座定位安装

（续）

子目号	子目名称	计量单位	工程量计算规则	工程内容
416-2	盆式支座	个	依据设计图所示位置及尺寸，安装设计图所示类型及规格盆式支座就位，按图示数量分不同型号、支座反力以"个"为单位计量	1. 清洁整平混凝土表面 2. 砂浆配运料、拌和，接触面抹平 3. 钢板制作与安装 4. 吊装设备安拆 5. 支座定位安装 6. 支座焊接固定
416-3	隔震橡胶支座	个	依据设计图所示位置及尺寸，安装设计图所示类型及规格隔震橡胶支座就位，按图示数量分不同型号、支座反力以"个"为单位计量	1. 清洁整平混凝土表面 2. 砂浆配运料、拌和，接触面抹平 3. 钢板制作与安装 4. 支座定位安装
416-4	球形支座	个	依据设计图所示位置及尺寸，安装设计图所示类型及规格球形支座就位，按图示数量分不同型号、支座反力以"个"为单位计量	1. 清洁整平混凝土表面 2. 砂浆配运料、拌和，接触面抹平 3. 钢板制作与安装 4. 吊装设备安拆 5. 支座定位安装 6. 支座焊接固定
417	桥梁接缝和伸缩装置			
417-1	橡胶伸缩装置		依据设计图所示位置及尺寸，按图示的橡胶条伸缩装置长度（包括人行道、缘石、护栏底座与行车道等全部长度）以"m"为单位计量	1. 切割清理伸缩装置范围内混凝土；设置预埋件 2. 伸缩装置定位、安装
417-2	模数式伸缩装置	m	依据设计图所示位置及尺寸，安装图示类型和规格的模数式伸缩装置，按图示长度（包括人行道、缘石、护栏底座与行车道等全部长度），分不同伸缩量以"m"为单位计量	1. 切割清理伸缩装置范围内混凝土；设置预埋件 2. 伸缩装置定位、安装 3. 混凝土拌和、运输、浇筑、压纹、养护
417-3	梳齿板式伸缩装置		依据设计图所示位置及尺寸，按图示的梳齿板式伸缩装置长度（包括人行道、缘石、护栏底座与行车道等全部长度），分不同伸缩量以"m"为单位计量	1. 切割清理伸缩装置范围内混凝土；设置预埋件 2. 伸缩装置定位、安装 3. 混凝土拌和、运输、浇筑、压纹、养护
417-4	填充式材料伸缩装置		依据设计图所示位置及尺寸，按图示的填充式材料伸缩装置长度（包括人行道、缘石、护栏底座与行车道等全部长度），分不同材质以"m"为单位计量	1. 切割清理伸缩装置范围内混凝土 2. 跨缝板安装 3. 材料填充、养护

（续）

子目号	子目名称	计量单位	工程量计算规则	工程内容
419	圆管涵及倒虹吸管涵			
419-1	单孔钢筋混凝土圆管涵	m	1. 依据设计图所示，按不同孔径的涵身长度（进出口端墙外侧间距离）计算，以"m"为单位计量 2. 基底软基处理参照第205节的相关规定计量，并列入第205节相应子目	1. 基坑排水 2. 挖基、基底清理 3. 基座砌筑或浇筑 4. 垫层材料铺筑 5. 钢筋制作安装 6. 预制或现浇钢筋混凝土管 7. 铺涂防水层 8. 安装、接缝 9. 砌筑进出口（端墙、翼墙、八字墙井口） 10. 防水、防冻、防腐措施 11. 回填
419-2	双孔钢筋混凝土圆管涵			
419-3	钢筋混凝土圆管倒虹吸管涵	m	1. 依据设计图所示，按不同孔径的涵身长度（进出口端墙外侧间距离）计算，以"m"为单位计量 2. 基底软基处理参照第205节的相关规定计量，并列入第205节相应子目	1. 基坑排水 2. 挖基、基底清理 3. 基座砌筑或浇筑 4. 垫层材料铺筑 5. 钢筋制作安装 6. 预制或现浇钢筋混凝土管 7. 铺涂防水层 8. 安装、接缝 9. 砌筑进出口（端墙、翼墙、八字墙井口） 10. 防水、防冻、防腐措施 11. 回填
420	盖板涵、箱涵			
420-1	钢筋混凝土盖板涵	m	1. 依据设计图所示，按不同跨径的盖板涵长度以"m"为单位计量 2. 基底软基处理参照第205节的相关规定计量，并列入第205节相应子目	1. 场地清理 2. 围堰、排水，基坑开挖，基坑支护 3. 基础及涵台施工 4. 施工缝设置、处理 5. 盖板预制、运输、安装 6. 砂浆制作、填缝 7. 防水、防冻、防腐措施 8. 回填
420-2	钢筋混凝土箱涵		1. 依据设计图所示，按不同跨径的箱涵长度以"m"为单位计量 2. 基底软基处理参照第205节的相关规定计量，并列入第205节相应子目	1. 围堰、排水，基坑开挖 2. 垫层、基础施工 3. 搭拆作业平台 4. 模板安设、加固、检查 5. 钢筋安设、支承及固定 6. 混凝土配运料、拌和、运输、浇筑、养护 7. 施工缝设置、处理 8. 防水、防冻、防腐措施 9. 回填

（续）

子目号	子目名称	计量单位	工程量计算规则	工程内容
420-3	钢筋混凝土盖板通道涵	m	1. 依据设计图所示，按不同跨径的箱涵长度以"m"为单位计量 2. 基底软基处理参照第205节的相关规定计量，并列入第205节相应子目	1. 场地清理 2. 围堰、排水，基坑开挖，基坑支护 3. 基础及涵台施工 4. 施工缝设置、处理 5. 盖板预制、运输、安装 6. 砂浆制作、填缝 7. 铺设通道路面；砌筑边沟 8. 防水、防冻、防腐措施 9. 回填
420-4	钢筋混凝土箱形通道涵		1. 依据设计图所示，按不同跨径的箱形通道涵长度计算以"m"为单位计量 2. 基底软基处理参照第205节的相关规定计量，并列入第205节相应子目	1. 围堰、排水，基坑开挖 2. 垫层、基础施工 3. 搭拆作业平台 4. 模板安装、加固、检查 5. 钢筋安装、支承及固定 6. 混凝土配运料、拌和、运输、浇筑、养护 7. 施工缝设置、处理 8. 铺设通道路面；砌筑边沟 9. 防水、防冻、防腐措施 10. 回填
421	拱涵			
421-1	拱涵			
-a	石拱涵	m	1. 依据设计图所示，按不同跨径的石拱涵长度以"m"为单位计量 2. 基底软基处理参照第205节的相关规定计量，并列入第205节相应子目	1. 场地清理 2. 围堰、排水，基坑开挖，基坑支护 3. 基础及涵台施工 4. 搭拆作业平台 5. 安拆支架、拱盔 6. 选修石料，配砂浆 7. 砌筑 8. 勾缝、抹面、养护 9. 防水、防冻、防腐措施
-b	混凝土拱涵	m	1. 依据设计图所示，按不同跨径的混凝土拱涵长度以"m"为单位计量 2. 基底软基处理参照第205节的相关规定计量，并列入第205节相应子目	1. 场地清理 2. 围堰、排水，基坑开挖，基坑支护 3. 基础及涵台施工 4. 搭拆作业平台 5. 安拆支架、拱盔 6. 配、拌、运混凝土，浇筑、养护 7. 防水、防冻、防腐措施

（续）

子目号	子目名称	计量单位	工程量计算规则	工程内容
421-2	拱形通道涵			
-a	石拱通道涵	m	1. 依据设计图所示，按不同跨径的石拱通道涵长度以"m"为单位计量 2. 基底软基处理参照第205节的相关规定计量，列入第205节相应子目	1. 场地清理 2. 围堰、排水，基坑开挖，基坑支护 3. 基础及涵台施工 4. 搭拆作业平台 5. 安拆支架、拱盔 6. 选修石料，配砂浆 7. 砌筑 8. 勾缝、抹面、养护 9. 铺设通道路面；砌筑边沟 10. 防水、防冻、防腐措施
-b	混凝土拱通道涵	m	1. 依据设计图所示，按不同跨径的混凝土拱通道涵长度以"m"为单位计量 2. 基底软基处理参照第205节的相关规定计量，列入第205节相应子目	1. 场地清理 2. 围堰、排水，基坑开挖，基坑支护 3. 基础及涵台施工 4. 搭拆作业平台 5. 安拆支架、拱盔 6. 配、拌、运混凝土，浇筑、养护 7. 铺设通道路面；砌筑边沟 8. 防水、防冻、防腐措施

7.1.4　桥梁涵洞工程工程量清单编制实例

【例7-1】　某桥梁工程，纵向为7跨，其桥墩形式及细部尺寸如图7-3所示，计算该桥梁桥墩清单工程量。

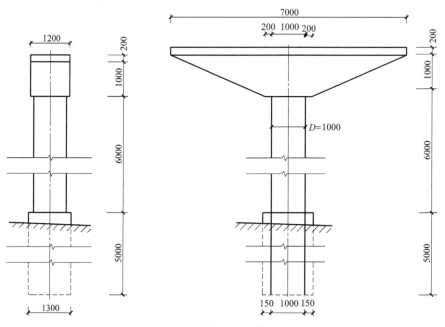

图 7-3　桥墩图（单位：mm）

解：

（1）墩帽工程量：

$$V = \left[1.2 \times 7.0 \times 0.2 + (0.7 + 1.4) \times \frac{1}{2} \times 1.0 \times 1.2 \right] \times 6\,\mathrm{m}^3$$

$$= (1.68 + 5.04) \times 6\,\mathrm{m}^3 = 40.32\,\mathrm{m}^3$$

（2）墩身工程量：

$$V = \left(\frac{1}{4} \times 3.142 \times 1.0^2 \times 6 \right) \times 6\,\mathrm{m}^3 = 28.28\,\mathrm{m}^3$$

（3）基础工程量：$L = 5 \times 6\,\mathrm{m} = 30\,\mathrm{m}$

（4）桥墩工程量：$(40.32 + 28.28)\,\mathrm{m}^3 = 68.60\,\mathrm{m}^3$

此部分清单汇总见表 7-2。

表 7-2　清单项目表

子目号	子目名称	项目特征	单位	数量	单价	合价
405-1	钻孔灌注桩	1. 土壤类别：亚黏土 2. 桩断面 ϕ1.3m，桩长 5m 3. 混凝土强度等级 C40	m	30		
410-2b	桥墩混凝土	1. 断面尺寸：ϕ1m 圆柱 2. 强度等级：C40 3. 部位	m^3	68.60		

7.2　桥梁涵洞工程工程量清单计价

根据《公路工程标准施工招标文件》中的规定，桥梁涵洞工程工程量清单单价应为全费用综合单价。施工企业在投标报价中所填写的工程量清单单价和总额价均应包括为实施和完成合同工程所需的劳务、材料、机械、质检（自检）、安装、缺陷修复、管理、保险、税费、利润等费用，以及合同明示或暗示的所有责任、义务和一般风险。

施工企业投标报价可依据企业定额或《公路工程预算定额》《公路工程概算定额》编制综合单价。

7.2.1　桥梁涵洞工程预算定额应用

1. 定额名称解释

桥：为公路、铁路、城市道路、管线、行人等跨越河流、山谷、道路等天然或人工障碍而建造的架空建筑物。

钢筋混凝土桥：以钢筋混凝土作为上部结构主要建筑材料的桥梁。

预应力混凝土桥：以预应力混凝土作为上部结构主要建筑材料的桥梁。

钢桥：以钢材作为上部结构主要建筑材料的桥梁。

木桥：以木材作为主要建筑材料的桥梁。

正交桥：桥梁的纵轴线与其跨越的河流流向或路线轴向相垂直的桥梁。

斜交桥：桥梁的纵轴线与其跨越的河流流向或路线轴向不相垂直的桥梁。

弯桥：桥面中心线在平面上为曲线的桥梁。

坡桥：修建在较大纵坡的路段上并与路线纵坡基本一致的桥梁。

跨线（立交）桥：跨越公路、铁路或城市道路等交通线路的桥。

公路铁路两用桥：可供汽车和火车分道（分层或并列）行驶的桥。

高架桥：代替高路堤跨越深谷、洼地或人工设施的桥。

漫水桥：允许洪水漫过桥面的桥。

浮桥：上部结构架设在水中浮动支承（如船、筏、浮箱等）上的桥梁。

框架桥：桥跨结构为整体箱形框架的桥。

桁架桥：以桁架作为上部结构主要承重构件的桥梁。

刚构（刚架）桥：桥跨结构与桥墩（台）刚性连接的桥，有连续、斜腿刚构桥等。

T形刚构桥：主梁为跨中设铰或挂梁的多跨刚构桥。

简支梁桥：以简支梁作为桥跨结构主要承重构件的梁式桥。

连续梁桥：以成列的连续梁作为桥跨结构主要承重构件的梁式桥。

悬臂梁桥：以悬臂作为桥跨结构主要承重构件的梁式桥。

板桥：以板作为上部结构主要承重构件的桥梁。

拱桥：在竖直平面内以拱作为上部结构主要承重构件的桥梁。

双曲拱桥：拱圈由纵向拱肋和横向拱坡组成的拱桥。

空腹拱桥：拱圈上设有腹拱、立柱或横墙以支承桥面系的拱桥。

实腹拱桥：拱圈上为实体建筑或填料的拱桥。

装配式桥：上部结构由预制构件组合成整体的桥梁。

斜拉桥（斜张桥）：以固定于索塔并锚固于桥面系的斜向拉索作为上部结构主要承重构件的桥梁。

悬索桥（吊桥）：以通过索塔悬挂并锚固于两岸（或桥两端）的缆索（或钢链）作为上部结构主要承重构件的桥梁。

正（主）桥：跨越河道主槽部分或深谷、人工设施主要部分的桥。

引桥：连接路堤和正（主）桥的桥。

地基：直接承受构造物荷载影响的地层。

基础：指桥梁台、墙、墩等构筑物的基础，分碎石和混凝土垫层两种，并在垫层上按设计要求铺筑一定厚度的混凝土。

承台：指设置在桩顶部的承受墩身负荷的钢筋混凝土平台。

桥下部结构：为桥台、桥墩及桥梁基础的总称，用以支承桥梁上部结构并将上部荷载传递给地基。

桥台：位于桥的两端与路基相衔接，并将桥上荷载传递到基础，又承受台后填土压力的构筑物。

桥墩：支承两相邻桥跨结构，并将其荷载传给地基的构筑物。

墩帽：是指桥墩顶部有出檐的部分。

台帽：桥台前面顶部有出檐的盖帽部分。

挡墙：指在市政桥梁工程中，支撑墙后土体，使墙后两处地面保持一定交叉的结构物。

主梁：在上部结构中，支承各种荷载并将其传递至墩、台的梁。

横梁：在上部结构中，沿桥梁横向设置并支承于主要承重构件上的梁。

纵梁：在上部结构中，沿桥梁轴向设置并支承于横梁上的梁。

箱梁：指桥梁上部结构的梁为空心状，一般分单室、双室和多室。

板梁：指桥梁上部结构的梁为实心板状。

拱圈：在拱桥上部结构中，支承各种荷载并将其传递至墩、台的拱形结构。

板拱：一般指拱桥中用板状矩形截面做成的拱圈。

桥面铺装：为保护桥面板和分布车轮的集中荷载，用沥青混凝土、水泥混凝土、高分子聚合物等材料铺筑在桥面板上的保护层。

桥面防水层：指在桥面铺装前，在桥梁上部结构的上表面通过喷洒沥青油、铺油毡或橡胶板、抹防水砂浆等方法，制作的防水层。

桥面伸缩装置：为使车辆平稳通过桥面并满足桥面变形的需要，在桥面伸缩缝处设置的各种装置的总称。

支座：设在桥梁上部结构与下部结构之间，使上部结构具有一定活动性的传力装置。

固定支座：使上部结构能转动而不能水平移动的支座。

活动支座：使上部结构能转动和水平移动的支座。

索塔：悬索桥或斜拉桥支承主索的塔形构造物。

索鞍：在悬索桥索塔顶部设置的鞍状支承装置。

锚碇：承受悬索桥主缆两端拉力的结构。

桥位：在勘测过程中所选择的建桥位置。

跨径：结构或构件支承间的水平距离。

涵洞：横穿路基的小型排水构造物，一般由基础、洞身和洞口组成。

管涵：洞身以圆形管节修建的涵洞。

拱涵：洞身顶部呈拱形的涵洞。

箱涵：洞身以钢筋混凝土箱形管节修建的涵洞。

盖板涵：洞身上部以钢筋混凝土板、条石等作盖板的涵洞。

预制混凝土构件：指工厂或施工现场根据合同约定和设计要求，预期加工的各类桥梁构件，包括梁、柱、板、墙、桩等。

先张法：先在台座上张拉预应力钢材，然后浇筑水泥混凝土以形成预应力混凝土构件的施工方法。

后张法：先浇筑水泥混凝土，待达到规定强度后再张拉预应力钢材以形成预应力混凝土构件的施工方法。

钢筋制作、安装：指将直径为10mm以上或10mm以下的钢条（带螺纹或不带螺纹）按设计要求，通过机械或手工调直、切断、弯曲、绑扎（或焊接）成规定形状，并按要求安放到桥梁构件中的指定位置的过程。

预应力钢筋（钢丝束）制作、安装：指将低合金钢筋或钢绞线按先张法或后张法，通过机械调直、编束，安放到指定位置后锚固、张拉、切断、整修、封锚的过程。

管道压浆：指将水泥浆液通过液压注浆泵压入预应力钢筋（钢绞线）的保护层橡胶管、铁皮管、波纹管内的过程。

缆索吊装法：利用悬挂的缆索运输和安装构件的施工方法。

悬臂浇筑法：在桥墩两侧设置工作平台，平衡地逐段向跨中悬臂浇筑水泥混凝土梁体，并逐段施加预应力的施工方法。

移动支架逐跨施工法：采用可在桥墩上纵向移动的支架及模板，在其上逐跨拼装水泥混凝土梁体预制件或现浇水泥混凝土，并逐跨施加预应力的施工方法。

纵向拖拉法：将预制的单根梁或预拼的整孔梁，用拖拉设备从桥头纵向拖到墩上的施工方法。

顶推法：梁体在桥头逐段浇筑或拼装，用千斤顶纵向顶推，使梁体通过各墩顶的临时滑动支座而就位的施工方法。

转体架桥法：利用河岸地形预制半孔桥跨结构，在岸墩或桥台上旋转就位于跨中合龙的施工方法。

浮运架桥法：利用潮水涨落或调节船舱内的水量，将船载的整孔主要承重结构置于墩台上的施工方法。

顶入法：利用顶进设备将预制的箱形构造物或圆管逐渐顶入路基，以构成立体交叉通道或涵洞的施工方法。

浆砌混凝土预制块：指将规格为 300mm×300mm×600mm 的混凝土预制块，用机械搅拌的砂浆砌筑成台、墙、墩等桥梁所需构筑物。

浆砌块石：指将密度为 1700kg/m³ 的块石，用机械搅拌的砂浆砌筑成台、墙、墩等 桥梁所需构筑物。

浆砌料石：指将断面为 250mm×250mm、每块体积为 0.054m³ 的块石，用机械搅拌的砂浆砌筑成台、墙、墩等桥梁所需构筑物。

砖砌体：指将规格为 240mm×115mm×53mm 的普通砖，用机械搅拌的砂浆砌筑成台、墙、墩等桥梁所需构筑物。

防震缝：为减轻或防止相邻结构单元由地震作用引起的碰撞而预先设置的间隙。

施工缝：当混凝土施工时，由于技术上或施工组织上的原因，不能一次连续灌注时，而在结构的规定位置留置的搭接面或后浇带。

伸缩缝：为适应构件或材料胀缩变形对构件的影响而在结构中设置的间隙。

箱涵制作：指对洞身（包括底板、侧墙、顶板）为钢筋混凝土箱形构筑物的预制加工过程。

箱涵顶进：用高压油泵、千斤顶、顶铁或顶柱等设备工具将预制箱涵顶推到指定位置的过程。

箱涵内挖土：指使用机械或人工将箱涵内、外的土方按操作规程挖出。

箱涵接缝处理：指为防止箱涵漏水，在箱涵的接缝处及顶部喷沥青油，涂抹石棉水泥、防水膏或铺装石棉木丝板。

打桩工作平台：采用型钢纵横梁，上铺面板而成的操作平台。

打基础圆木桩：是指用打桩机械将长 6m、直径为 0.2m 的一头为尖状的圆木，按照设计要求，通过锤打钢桩帽将圆木打入桥基指定位置（入土按 5.5m 考虑）的操作过程。

打木板桩：是指用打桩机械将长 8m、直径为 0.06m 左右的一头为尖状的木板，按照设计要求，通过锤打钢桩帽将木板打入桥基指定位置（入土按 6m 考虑）的操作过程。

打钢筋混凝土方桩：是指用柴油打桩机械将按设计要求的长度和断面一头为尖状的钢筋混凝土方桩，按照设计要求，通过锤打钢桩帽将钢筋混凝土方桩打入桥基指定位置的操作过程。

接桩：将桩的上端和下端连接在一起的方法。

送桩：将打至自然地坪的桩安上送桩器，把桩打到设计高程。

挖孔灌注桩：用人力和适当的爆破，配合简单机具设备下井挖掘成孔，灌注混凝土成桩，适用于无地下水或地下水量很少的密实土层或岩石地层。

钻孔灌注桩：指用钻孔机械（机动或人工）钻出桩孔，然后浇筑混凝土或钢筋混凝土的施工方法。

人工挖孔桩：指人工使用辘轳、土篮、铁锨、刨镐等手工工具挖桩成孔的施工方法。此方法适用于地下水位低、土质结构较好的地区施工，施工人员要严格按规程和技术要求施工，防止坍塌事故的发生。

回旋钻机钻孔：回旋钻机分正循环和反循环钻机两种，分别适用于黏性土、粉砂及砂性土和砂加卵石、风化岩（但卵石的粒径不得超过钻杆内径的2/3）等土质钻孔，是市政桥梁施工中常用的打桩机械。

冲击式钻机钻孔：也称全套筒式冲抓钻机钻孔，通常称为贝诺特法，是通过钻机的冲、压、抓等方式取土成孔。

泥浆制作：指加工由黏土和水拌成的混合物的过程。

灌注桩混凝土：指通过导管一次性地将混凝土灌注到桩孔内的过程。

护筒：指用木、钢或钢筋混凝土制作的筒状结构物。

灌注桩平台：灌注桩施工过程中的操作平台。

2. 桥梁涵洞工程预算定额说明

（1）总说明

桥涵工程定额包括开挖基坑，围堰、筑岛及沉井，打桩，灌注桩，砌筑，现浇混凝土及钢筋混凝土，预制、安装混凝土及钢筋混凝土构件，构件运输，拱盔、支架，钢结构和杂项工程等项目。

1）混凝土工程。

① 定额中混凝土强度等级均按一般设计图选用，其施工方法除小型构件采用人拌人捣外，其他均按机拌机捣计算。

② 定额中混凝土工程除大型预制构件底座、混凝土搅拌站安装、拆除和钢桁架桥式码头项目中已考虑混凝土的拌和费用外，其他混凝土项目中均未考虑混凝土的拌和费用，应按有关定额另行计算。

③ 定额中混凝土均按露天养护考虑，如采用蒸汽养护时，应从各有关定额中按每 $10m^3$ 扣减人工 1.0 工日及其他材料费 4 元，并按蒸汽养护有关定额计算。

④ 定额中采用泵送混凝土的项目均已包括水平和向上垂直泵送所消耗的人工、机械，当水平泵送距离超过定额综合范围时，可按表 7-3 增列人工及机械消耗量。向上垂直泵送不得调整。

⑤ 凡预埋在混凝土中的钢板、型钢、钢管等预埋件，均作为附属材料列入混凝土定额内。至于连接用的钢板、型钢等则包括在安装定额内。

⑥ 大体积混凝土项目必须采用埋设冷却管来降低混凝土水化热时，可根据实际需要另行计算。

⑦ 除另有说明外，混凝土定额中均已综合脚手架、上下架、爬梯及安全围护等搭拆及摊销费用，使用定额时不得另行计算。

表 7-3　人工及机械消耗量

项　目		定额综合的水平泵送距离/m	每 $100m^3$ 每增加水平距离 50m 增列数量	
			人工（工日）	混凝土输送泵（台班）
基础	灌注桩	100	1.08	0.24
	其他	100	0.89	0.16
上、下部构造		50	1.97	0.32
桥面铺装		250	1.97	0.32

2）钢筋工程。

① 定额中凡钢筋直径在 10mm 以上的接头，除注明为钢套筒连接外，均采用电弧搭接焊或电阻对接焊。

② 定额中的钢筋按选用设计图分为 HRB300、HRB400；设计中采用 HRB500 时，可将定额中的 HRB400 抽换为 HRB500。当设计图的钢筋比例与定额有出入时，可调整钢筋品种的比例关系。

③ 定额中的钢筋是按一般定尺长度计算的，当设计提供的钢筋连接用钢套筒数量与定额有出

入时，可按设计数量调整定额中的钢套筒消耗，其他消耗不调整。

3）模板工程。

① 模板不单列项目。混凝土工程中所需的模板包括钢模板、组合钢模板、木模板，均按其周转摊销量计入混凝土定额中。

② 定额中的模板均为常规模板，当设计或施工对混凝土结构的外观有特殊要求需要对模板进行特殊处理时，可根据定额中所列的混凝土模板接触面积增列相应的特殊模板材料的费用。

③ 定额中所列的钢模板材料指工厂加工的适用于某种构件的定型钢模板，其质量包括立模所需的钢支撑及有关配件；组合钢模板材料指市场供应的各种型号的组合钢模板，其质量仅为组合钢模板的质量，不包括立模所需的支撑、拉杆等配件，定额中已计入所需配件材料的摊销量；木模板按工地制作编制，定额中将制作所需工、料、机械台班消耗按周转摊销量计算。

④ 定额中均已包括各种模板的维修、保养所需的工、料及费用。

4）设备摊销费。定额中设备摊销费的设备指属于固定资产的金属设备，包括万能杆件、装配式钢桥桁架及有关配件拼装的金属架桥设备。挂篮、移动模架设备摊销费按设备质量每吨每月 180元计算，其他设备摊销费按设备质量每吨每月 140 元计算（除设备本身折旧费用，还包括设备的维修、保养等费用）。各项目中凡注明允许调整的，可按计划使用时间调整。

5）工程量计算规则。

① 现浇混凝土、预制混凝土、构件安装的工程量为构筑物或预制构件的实际体积，不包括其中空心部分的体积，钢筋混凝土项目的工程量不扣除钢筋（钢丝、钢绞线）、预埋件和预留孔道所占的体积。

② 构件安装定额中在括号内所列的构件体积数量，表示安装时需要备制的构件数量。

③ 钢筋工程量为钢筋的设计质量，定额中已计入施工操作损耗，一般钢筋因接长所需增加的钢筋质量已包括在定额中，不得将这部分质量计入钢筋设计质量内。但对于某些特殊的工程，必须在施工现场分段施工采用搭接接长时，其搭接长度的钢筋质量未包括在定额中，应在钢筋的设计质量内计算。

（2）开挖基坑

1）干处挖基指开挖无地面水及地下水位以上部分的土壤，湿处挖基指开挖在施工水位以下部分的土壤。挖基坑石方、淤泥、流沙不分干处、湿处均采用同一定额。

2）开挖基坑土、石方运输按弃土于坑外 10m 范围内考虑，当坑上水平运距超过 10m 时，另按路基土、石方增运定额计算。

3）基坑深度为坑的顶面中心高程至底面的数值。在同一基坑内，不论开挖哪一深度均执行该基坑的全深度定额。

4）开挖基坑定额中已综合了基底夯实、基坑回填及检平石质基底用工，湿处挖基还包括挖边沟、挖集水井及排水作业用工，使用定额时，不得另行计算。

5）开挖基坑定额中不包括挡土板，需要时应据实按有关定额另行计算。

6）机械挖基定额中已综合了基底高程以上 20cm 范围内采用人工开挖和基底修整用工。

7）基坑开挖定额均按原土回填考虑，当采用取土回填时，应按路基工程有关定额另计取土费用。

8）挖基定额中未包括水泵台班，挖基及基础、墩台修筑需要排水时按基坑排水定额计算。

9）基坑开挖工程量按基坑容积计算公式计算。

10）基坑挡土板的支挡面积，按坑内需支挡的实际侧面积计算。

11）基坑水泵台班消耗，可根据覆盖层土壤类别和施工水位高度采用下列数值计算。

① 墩（台）基坑水泵台班消耗 = 湿处挖基工程量 × 挖基水泵台班 + 墩（台）座数 × 修筑水泵台班。

② 基坑水泵台班消耗表（表 7-4）中"水位高度"栏中"地面水"适用于围堰内挖基，水位高度指施工水位至坑顶的高度，其水泵消耗台班已包括排除地下水所需台班数量，不得再按"地下水"加计水泵台班，"地下水"适用于岸滩湿处的挖基，水位高度指施工水位至坑底的高度，其工程量应为施工水位以下的湿处挖基工程数量，施工水位至坑顶部分的挖基，应按干处挖基对待，不计水泵台班。

③ 表 7-4 所列均为采用直径 150mm 水泵的台班。

表 7-4　基坑水泵台班消耗

覆盖层土壤类别		水位高度/m	河中桥墩			靠岸墩台		
			挖基 10m³	每座墩（台）修筑水泵台班		挖基 10m³	每座墩（台）修筑水泵台班	
				基坑深 3m 以内	基坑深 6m 以内		基坑深 3m 以内	基坑深 6m 以内
1	1. 亚黏土 2. 粉砂土 3. 较密实的细砂土（0.10～0.25mm 颗粒含量占多数） 4. 松软的黄土 5. 有透水孔道的黏土（增）	地面水	0.17	6.82	9.75	0.11	4.39	6.34
			0.14	5.36	7.80	0.09	3.41	4.88
			0.11	4.88	6.82	0.07	3.17	4.39
			0.10	4.39	6.34	0.06	2.93	3.90
		地下水	0.07	—	4.88	0.05	—	3.41
			0.06	3.41	3.41	0.04	2.44	2.44
2	1. 中粒砂土（0.25～0.50mm 颗粒含量占多数） 2. 紧密的颗粒较细的砂砾石层 3. 有裂缝透水的岩层	地面水	0.49	14.51	22.46	0.32	9.29	14.51
			0.40	10.76	16.85	0.26	6.97	10.76
			0.32	7.49	12.64	0.21	4.64	8.42
			0.28	5.62	9.83	0.17	3.72	6.55
		地下水	0.21	—	6.55	0.14	—	4.21
			0.17	3.74	4.21	0.11	2.32	2.81
3	1. 粗粒砂（0.50～1.00mm 颗粒含量占多数） 2. 砂砾石层（砾石含量大于 50%） 3. 透水岩石并有泉眼	地面水	0.94	27.68	42.43	0.61	17.87	27.68
			0.76	20.10	32.16	0.50	12.95	20.99
			0.62	14.73	24.11	0.41	9.38	15.63
			0.53	10.72	19.21	0.35	7.15	12.50
		地下水	0.40	—	9.83	0.26	—	6.26
			0.32	4.46	4.91	0.21	3.12	3.12
4	1. 砂卵石层（平均颗粒大于 50mm） 2. 漂石层有较大的透水孔道 3. 有溶洞、溶槽的岩石并有泉眼、涌水现象	地面水	1.37	40.73	61.52	0.89	26.43	40.01
			1.11	29.47	46.46	0.71	19.07	30.11
			0.91	21.23	35.28	0.59	13.87	22.80
			0.78	15.60	27.53	0.50	9.96	18.06
		地下水	0.58	—	14.19	0.37	—	9.04
			0.47	6.50	6.89	0.31	4.33	4.30

注：如钢板桩围堰打进覆盖层，则表列台班数量乘以 0.7 的系数。

（3）围堰、筑岛及沉井工程

1）围堰定额适用于挖基围堰和筑岛围堰。

2）草土、塑料编织袋、竹笼、木笼铁丝围堰定额中已包括 50m 以内人工挖运土方的工日数量，定额括号内所列"土"的数量不计价，仅限于取土运距超过 50m 按人工挖运土方的增运定额，增加运输用工。

3）沉井制作分钢筋混凝土重力式沉井、钢丝网水泥薄壁浮运沉井、钢壳浮运沉井三种。沉井浮运、落床、下沉、填塞定额，均适用于以上三种沉井。

4）沉井下沉用的工作台、三脚架、运土坡道、卷扬机工作台均已包括在定额中。井下爆破材料除硝铵炸药外，其他列入"其他材料费"中。

5）沉井下水轨道的钢轨、枕木、铁件按周转摊销量计入定额中，定额还综合了轨道的基础及围堰等的工、料，使用定额时，不得另行计算。但轨道基础的开挖工作本定额中未计入，需要时按有关定额另行计算。

6）沉井浮运定额仅适用于只有一节的沉井或多节沉井的底节，分节施工的沉井除底节外的其余各节的浮运、接高均应执行沉井接高定额。

7）导向船、定位船船体本身加固所需的工、料、机消耗及沉井定位落床所需的锚绳均已综合在定额中，使用定额时，不得另行计算。

8）无导向船定位落床定额已将所需的地笼、锚碇等的工、料、机消耗综合在定额中，使用定额时，不得另行计算。有导向船定位落床定额未综合锚碇系统，应根据施工组织设计的需要按有关定额另行计算。

9）锚碇系统定额均已将锚链的消耗计入定额中，并已将抛锚、起锚所需的工、料、机消耗综合在定额中，使用定额时，不得随意进行抽换。

10）钢壳沉井接高所需的吊装设备定额中未计入，需要时应按金属设备吊装定额另行计算。

11）钢壳沉井作双壁钢围堰使用时，应按施工组织设计计算回收，但回收部分的拆除所需的工、料、机消耗本定额未计入，需要时应根据实际情况按有关定额另行计算。

12）沉井下沉定额中的软质岩石是指饱和单轴极限抗压强度在 40MPa 以下的各类松软的岩石，硬质岩石是指饱和单轴极限抗压强度在 40MPa 以上的各类较坚硬和坚硬的岩石。

13）地下连续墙定额中未包括施工便道、挡土帷幕、注浆加固等，需要时应根据施工组织设计另行计算。挖出的土石方或凿铣的泥渣如需要外运时，应按路基工程中相关定额进行计算。

14）草土、塑料编织袋、竹笼围堰长度按围堰中心长度计算，高度按施工水深加 0.5m 计算。木笼铁丝围堰实体为木笼所包围的体积。

15）套箱围堰的工程量为套箱金属结构的质量。套箱整体下沉时悬吊平台的钢结构及套箱内支撑的钢结构均已综合在定额中，不得作为套箱工程量进行计算。

16）沉井制作的工程量：重力式沉井为设计图井壁及隔墙混凝土数量；钢丝网水泥薄壁浮运沉井为刃脚及骨架钢材的质量，但不包括铁丝网的质量；钢壳沉井的工程量为钢材的总质量。

17）沉井下沉定额的工程量按沉井刃脚外缘所包围的面积乘沉井刃脚下沉入土深度计算。沉井下沉按土、石所在的不同深度分别采用不同下沉深度的定额。定额中的下沉深度指沉井顶面到作业面的高度。定额中已综合了溢流（翻砂）的数量，不得另加工程量。

18）沉井浮运、接高、定位落床定额的工程量为沉井刃脚外缘所包围的面积，分节施工的沉井接高的工程量应按各节沉井接高工程量之和计算。

19）锚碇系统定额的工程量指锚碇的数量，按施工组织设计的需要量计算。

20）地下连续墙导墙的工程量按设计需要设置的导墙的混凝土体积计算；成槽和墙体混凝土的工程量按地下连续墙设计长度、厚度和深度的乘积计算；锁口管吊拔和清底置换的工程量按地下连续墙的设计槽段数（指槽壁单元槽段）计算；内衬的工程量按设计需要的内衬混凝土体积计算。

（4）打桩工程

1）打桩定额适用于陆地上、打桩工作平台上、船上打桥涵墩台基础桩，以及其他基础工程和临时工程中的打桩工作。

2）土质划分：打桩工程土壤分为Ⅰ、Ⅱ两组。

Ⅰ组土——较易穿过的土壤，如轻亚黏土、亚黏土、砂类土、腐殖土、湿的及松散的黄土等。

Ⅱ组土——较难穿过的土壤，如黏土、干的固结黄土、砂砾、砾石、卵石等。

当穿过两组土层时，如打入Ⅱ组土各层厚度之和等于或大于土层总厚度的50%或打入Ⅱ组土连续厚度大于1.5m时，按Ⅱ组土计，不足上述厚度时，则按Ⅰ组土计。

3）打桩定额中，均按在已搭好的工作平台上操作，但未包括打桩用的工作平台的搭设和拆除等的工、料消耗，需要时应按打桩工作平台定额另行计算。

4）打桩定额中已包括打导桩、打送桩及打桩架的安、拆工作，并将打桩架、送桩、导桩及导桩夹木等的工、料按摊销的方式计入定额中，编制预算时，不得另行计算。但定额中均未包括拔桩。破桩头工作，已计入承台定额中。

5）打桩定额均为打直桩，如打斜桩时，机械乘1.20的系数，人工乘1.08的系数。

6）利用打桩时搭设的工作平台拔桩时，不得另计搭设工作平台的工、料消耗。如需搭设工作平台时，可根据施工组织设计规定的面积，按打桩的工作平台人工消耗的50%计算人工消耗，但各种材料一律不计。

7）打每组钢板桩时，用的夹板材料及钢板桩的截头、连接（接头）、整形等的材料已按摊销方式，将其工、料计入定额中，使用定额时，不得另行计算。

8）钢板桩木支撑的制作、试拼、安装的工、料消耗，均已计入打桩定额中，拆除的工、料消耗已计入拔桩定额中。

9）打钢板桩、钢管桩定额中未包括钢板桩、钢管桩的防锈工作，如需进行防锈处理，另按相应定额计算。

10）打钢管桩工程如设计钢管桩数量与本定额不相同时，可按设计数量抽换定额中的钢管桩消耗，但定额中的其他消耗量不变。

11）打预制钢筋混凝土方桩和管桩的工程量，应根据设计尺寸及长度以体积计算（管桩的空心部分应予以扣除）。设计中规定凿去的桩头部分的数量，应计入设计工程量内。

12）钢筋混凝土方桩的预制工程量，应为打桩定额中括号内的备制数量。

13）拔桩工程量按实际需要数量计算。

14）打钢板桩的工程量按设计需要的钢板桩质量计算。

15）打桩用的工作平台的工程量，按施工组织设计所需的面积计算。

16）船上打桩工作平台的工程量，根据施工组织设计，按一座桥梁实际需要打桩机的台数和每台打桩机需要的船上工作平台面积的总和计算。

（5）灌注桩工程

1）灌注桩造孔根据造孔的难易程度，将土质分为八种，具体见表7-5。

表 7-5　土质类别划分

序号	土石类别	内　　　　容
1	砂土	粒径不大于 2mm 的砂类土，包括淤泥、轻亚黏土
2	黏土	亚黏土、黏土、黄土，包括土状风化
3	砂砾	粒径 2～20mm 的角砾、圆砾含量（指质量比，下同）小于或等于 50%，包括礓石及粒状风化
4	砾石	粒径 2～20mm 的角砾、圆砾含量大于 50%，有时还包括粒径 20～200mm 的碎石、卵石，其含量在 10% 以内，包括块状风化
5	卵石	粒径 20～200mm 的碎石、卵石含量大于 10%，有时还包括块石、漂石，其含量在 10% 以内，包括块状风化
6	软石	饱和单轴极限抗压强度在 40MPa 以下的各类松软的岩石，如盐岩，胶结不紧的砾岩、泥质页岩、砂岩，较坚实的泥灰岩、块石土及漂石土，软而节理较多的石灰岩等
7	次坚石	饱和单轴极限抗压强度在 40～100MPa 的各类较坚硬的岩石，如硅质页岩、硅质砂岩、白云岩、石灰岩、坚实的泥灰岩、软玄武岩、片麻岩、正长岩、花岗岩等
8	坚石	饱和单轴极限抗压强度在 100MPa 以上的各类坚硬的岩石，如硬玄武岩、坚实的石灰岩、白云岩、大理岩、石英岩、闪长岩、粗粒花岗岩、正长岩等

2）灌注桩成孔定额分为人工挖孔、卷扬机带冲抓锥冲孔、冲击钻机钻孔、回旋钻机钻孔、潜水钻机钻孔、旋挖钻机钻孔等六种。定额中已按摊销方式计入钻架的制作、拼装、移位、拆除及钻头维修所消耗的工、料、机械台班数量，钻头的费用已计入设备摊销费中，使用定额时，不得另行计算。

3）灌注桩混凝土定额按机械拌和、工作平台上导管倾注水下混凝土的编制，定额中已包括混凝土灌注设备（如导管等）摊销的工、料费用及扩孔增加的混凝土数量，使用定额时不得另行计算。

4）钢护筒定额中，干处埋设按护筒设计质量的周转摊销量计入定额中，使用定额时，不得另行计算。水中埋设按护筒全部设计质量计入定额中，可根据设计确定的回收量按规定计算回收金额。

5）护筒定额中，已包括陆地上埋设护筒用的黏土或水中埋设护筒定位用的导向架及钢质或钢筋混凝土护筒接头用的铁件，硫黄胶泥等埋设时用的材料、设备消耗，使用定额时不得另行计算。

6）浮箱工作平台定额中，每只浮箱的工作面积为 $(3 \times 6)\,m^2 = 18\,m^2$。

7）使用成孔定额时，应根据施工组织设计的需要合理选用定额子目，当不采用泥浆船的方式进行水中灌注桩施工时，除按 90kW 以内内燃拖轮数量的一半保留拖轮和驳船的数量外，其余拖轮和驳船的消耗应扣除。

8）在河滩、水中采用筑岛方法施工或搭设的便桥与工作平台相连时，应采用陆地上成孔定额计算。

9）本章定额是按一般黏土造浆进行编制的，当实际采用膨润土造浆时，其膨润土的用量可按定额中黏土用量乘系数进行计算，即

$$Q = 0.095 \times V$$

式中　Q——膨润土的用量（kg）；

　　　V——黏土的用量（m^3）。

10）当设计桩径与定额采用桩径不同时，可按表 7-6 的系数调整。

表 7-6 定额调整系数

计算基数		桩径 150cm 以内			桩径 200cm 以内				桩径 250cm 以内			
桩径/cm		120	130	140	160	170	180	190	210	220	230	240
调整系数	冲积锥、冲击钻	0.85	0.9	0.95	0.8	0.85	0.9	0.95	0.88	0.91	0.94	0.97
	回旋钻		0.94	0.97	0.75	0.82	0.87	0.92	0.88	0.91	0.94	0.96
计算基数		桩径 300cm 以内				桩径 350cm 以内						
桩径/cm		260	270	280	290	310	320	330	340			
调整系数	回旋钻	0.72	0.78	0.85	0.92	0.7	0.78	0.85	0.93			

11）灌注桩成孔工程量按设计入土深度计算。定额中的孔深指护筒顶至桩底（设计高程）的深度。造孔定额中同一孔内的不同土质，不论其所在的深度如何，均采用总孔深定额。

12）人工挖孔的工程量按护筒（护壁）外缘所包围的面积乘以设计孔深计算。

13）浇筑水下混凝土的工程量按设计桩径断面面积乘以设计桩长计算，不得将扩孔因素计入工程量。

14）灌注桩工作平台的工程量按施工组织设计需要的面积计算。

15）钢护筒的工程量按护筒的设计质量计算。设计质量为加工后的成品质量，包括加劲肋及连接用法兰盘等全部钢材的质量。当设计提供不出钢护筒的质量时，可参考表 7-7 的质量进行计算，桩径不同时可内插计算。

表 7-7 护筒质量

桩径/cm	100	120	150	200	250	300	350
护筒单位质量/(kg/m)	267.0	390.0	568.0	919.0	1504.0	1961.0	2576.0

（6）砌筑工程

1）定额中的 M7.5 水泥砂浆为砌筑用砂浆，M10 水泥砂浆为勾缝用砂浆。

2）定额中已按砌体的总高度配置了脚手架、踏步、井字架，并计入搭拆用工，其材料用量均以摊销方式计入定额中。

3）浆砌混凝土预制块定额中，未包括预制块的预制，应按定额中括号内所列预制块数量，另按预制混凝土构件的有关定额计算。

4）浆砌料石或混凝土预制块作镶面时，其内部应按填腹石定额计算。

5）桥涵拱圈定额中，未包括拱盔和支架，需要时应按"拱盔、支架工程"中有关定额另行计算。

6）定额中均未包括垫层及拱背、台背填料和砂浆抹面，需要时应按"杂项工程"中有关定额另行计算。

7）砌筑工程的工程量为砌体的实际体积，包括构成砌体的砂浆体积。

（7）现浇混凝土及钢筋混凝土工程

1）定额中未包括现浇混凝土及钢筋混凝土上部构造所需的拱盔、支架，需要时按有关定额另行计算。

2）定额中片石混凝土中片石含量均按 15% 计算。

3）有底模承台适用于高桩承台施工。

4）使用套箱围堰浇筑承台混凝土时，应采用无底模承台的定额。

5）定额中均未包括提升模架、拐脚门架、悬浇挂篮、移动模架等金属设备，需要时，应按有关定额另行计算。

6）墩台高度为基础顶、承台顶或系梁底到盖梁顶、墩台帽顶或 0 号块件底的高度。

7）索塔高度为基础顶、承台顶或系梁底到索塔顶的高度。当塔墩固结时，工程量为基础顶面或承台顶部以上至塔顶的全部数量；当塔墩分离时，工程量应为桥面顶部以上至塔顶的数量，桥面顶部以下部分的数量应按墩台定额计算。

8）斜拉索锚固套筒定额中已综合加劲钢板和钢筋的数量，其工程量以混凝土箱梁中锚固套筒钢管的质量计算。

9）斜拉索钢锚箱的工程量为钢锚箱钢板、剪力钉、定位件的质量之和，不包括钢管和型钢的质量。

10）各种结构的模板接触面积见表 7-8 ~ 表 7-13。

表 7-8　现浇混凝土构件模板接触面积表（1）

项　　目		基础				支撑梁	承台		轻型墩台身			
		轻型墩台		实体式墩台			有底模	无底模	钢筋混凝土墩台	混凝土墩台		
		跨径/m		上部构造形式						跨径/m		
		4 以内	8 以内	梁板式	拱式					4 以内	8 以内	
模板接触面积（m²/10m³混凝土）	内模	—	—	—	—	—	—	—	—	—	—	
	外模	25.23	19.63	8.65	6.18	57.10	11.69	7.34	45.28	35.06	25.93	
	合计	25.23	19.63	8.65	6.18	57.10	11.69	7.34	45.28	35.06	25.93	

表 7-9　现浇混凝土构件模板接触面积表（2）

项　　目		实体式墩台身				圆柱式墩台身		方柱式墩台身			框架式桥台
		梁板桥		拱桥		高度/m		高度/m			
		高度/m		墩	台	10 以内	20 以内	10 以内	20 以内	40 以内	
		10 以内	20 以内								
模板接触面积（m²/10m³混凝土）	内模	—	—	—	—	—	—	—	—	—	—
	外模	20.57	12.9	9.72	13.99	29.68	25.55	30.95	25.95	22.54	29.69
	合计	20.57	12.9	9.7	13.99	29.68	25.55	30.95	25.95	22.54	29.69

表 7-10　现浇混凝土构件模板接触面积表（3）

项　　目		肋形埋置式桥台		空心墩					异形墩		薄壁墩
		高度/m									
		8 以内	14 以内	40 以内	70 以内	100 以内	150 以内	150 以上	10 以内	20 以内	10 以内
模板接触面积（m²/10m³混凝土）	内模	—	—	13.54	12.96	11.75	8.81	6.49	—	—	—
	外模	27.6	24.73	18.33	17.18	16.22	11.84	9.42	25.26	21.50	31.42
	合计	27.6	24.73	31.87	30.14	27.97	20.65	15.91	25.26	21.50	31.42

表 7-11　现浇混凝土构件模板接触面积表（4）

项　　目		薄壁墩		支座垫石		墩台帽	拱座	盖梁	系梁		耳背墙
		高度/m		盆式支座	板式支座				地面以下	地面以上	
		20 以内	40 以内								
模板接触面积（m²/10m³混凝土）	内模	—	—	—	—	—	—	—	—	—	—
	外模	30.75	23.2	53.18	84.34	24.32	14.15	22.02	17.58	21.05	43.24
	合计	30.75	23.2	53.18	84.34	24.32	14.15	22.02	17.58	21.05	43.24

表 7-12 现浇混凝土构件模板接触面积表（5）

项　　目		墩梁固结现浇段	索塔立柱						索塔横梁		现浇T形梁	现浇箱梁
			高度/m						下横梁	中、上横梁		
			50以内	100以内	150以内	200以内	250以内					
模板接触面积 （m²/10m³混凝土）	内模	10.25	7.11	6.74	6.48	5.71	5.70	11.88	15.21	—	18.33
	外模	44.58	16.58	15.72	15.13	13.33	13.29	10.18	16.68	106.98	22.41
	合计	54.83	23.69	22.46	21.61	19.04	18.99	22.06	31.89	106.98	40.74

表 7-13 现浇混凝土构件模板接触面积表（6）

项　　目		现浇箱涵			现浇板上部构造			悬浇箱梁			
		跨径/m			矩形板	实体连续板	空心连续板	T形刚构等		连续刚构	
		3以内	5以内	8以内				0号块	悬浇段	0号块	悬浇段
模板接触面积 （m²/10m³混凝土）	内模	20.07	15.02	12.26	—	—	9.24	10.15	18.70	10.80	13.47
	外模	24.52	18.35	14.99	43.18	29.04	34.42	8.30	22.85	8.84	16.46
	合计	44.59	33.37	27.25	43.18	29.04	43.66	18.45	41.55	19.64	29.93

（8）预制、安装混凝土及钢筋混凝土构件

1）预制钢筋混凝土上部构造中，矩形板、空心板、连续板、少筋微弯板、预应力桁架梁、顶推预应力连续梁、桁架拱、刚架拱均已包括底模板，其余按配合底座（或台座）施工考虑。

2）顶进立交箱涵、圆管涵的顶进靠背由于形式很多，宜根据不同的地形、地质情况设计，定额中未单独编列子目，需要时可根据施工图采用有关定额另行计算。

3）顶进立交箱涵、圆管涵定额根据全部顶进的施工方法编制。顶进设备未包括在顶进定额中，应按顶进设备定额另行计算。"铁路线加固"定额除铁路线路的加固外，还包括临时信号灯、行车期间的线路维修和行车指挥等全部工作。

4）预制立交箱涵、箱梁的内模、翼板的门式支架等工、料已包括在定额中。

5）顶推预应力连续梁按多点顶推的施工工艺编制，顶推使用的滑道单独编列子目，其他滑块、拉杆、拉锚器及顶推用的机具、预制箱梁的工作平台均摊入顶推定额中。顶推用的导梁及工作平台底模顶升千斤顶以下的工程，本定额中未计入，应按有关定额另行计算。

6）构件安装指从架设孔起吊起至安装就位，整体化完成的全部施工工序。本节定额中除安装矩形板、空心板及连续板等项目的现浇混凝土可套用桥面铺装定额计算外，其他安装上部构造定额中均单独编列有现浇混凝土子目。

7）定额中凡采用金属结构吊装设备和缆索吊装设备安装的项目，均未包括吊装设备的费用，应按有关定额另行计算。

8）制作、张拉预应力钢筋、钢丝束定额，是按不同的锚头形式分别编制的，当每吨钢丝的束数或每吨钢筋的根数有变化时，可根据定额进行抽换。定额中的"××锚"是指金属加工部件的质量，锚头所用其他材料已分别列入定额中有关材料或其他材料费内。定额中的束长为一次张拉的长度。

9）预应力钢筋、钢丝束及钢绞线定额中均已计入预应力管道及压浆的消耗量，使用定额时不得另行计算。镦头锚的锚具质量可按设计数量进行调整。

10）对于钢绞线不同型号的锚具，使用定额时可按表 7-14 中的规定计算。

表 7-14 不同型号锚具的定额计算

设计采用锚具型号（孔）	1	4	5	6	8	9	10	14	15	16	17	24
套用定额的锚具型号（孔）		3		7				12			19	22

11）金属结构吊装设备定额是根据不同的安装方法划分子目的，如"单导梁"指安装用的拐脚门架、蝴蝶架、导梁等全套设备。定额是以 10t 设备质量为单位，并列有参考质量。实际质量与定额数量不同时，可根据实际质量计算，但设备质量不包括列入材料部分的铁件、钢丝绳、鱼尾板、道钉及列入"小型机具使用费"内的滑车等。

12）预制场用龙门架、悬浇箱梁用的墩顶拐脚门架，可套用高度 9m 以内的跨墩门架定额，但质量应根据实际计算。

13）安装金属支座的工程量指半成品钢板的质量（包括座板、齿板、垫板、辊轴等）。至于锚栓、梁上的钢筋网、铁件等均以材料数量综合在定额内。

14）预制构件的工程量为构件的实际体积（不包括空心部分的体积），但预应力构件的工程量为构件预制体积与构件端头封锚混凝土的数量之和。预制空心板的空心堵头混凝土已综合在预制定额内，计算工程量时不应再计列这部分混凝土的数量。

15）使用定额时，构件的预制数量应为安装定额中括号内所列的构件备制数量。

16）安装的工程量为安装构件的体积。

17）构件安装时的现浇混凝土的工程量为现浇混凝土和砂浆的数量之和。但如在安装定额中已计列砂浆消耗的项目，则在工程量中不应再计列砂浆的数量。

18）预制、悬拼预应力箱梁临时支座的工程量为临时支座中混凝土及硫黄砂浆的体积之和。

19）移动模架的质量包括托架（牛腿）、主梁、鼻梁、横梁、吊架、工作平台及爬梯的质量，不包括液压构件和内外模板（含模板支撑系统）的质量。

20）预应力钢绞线、预应力精轧螺纹粗钢筋及配锥形（弗氏）锚的预应力钢丝的工程量为锚固长度与工作长度的质量之和。

21）先张钢绞线质量为设计图图示质量，定额中已包括钢绞线损耗及预制场构件间的工作长度及张拉工作长度。

22）缆索吊装的索跨指两塔架间的距离。

23）各种结构的模板接触面积见表 7-15 ~ 表 17-17。

表 7-15　预制构件模板接触面积表（1）

项　　目		排架立柱	墩台管节	立交箱涵	钢筋混凝土板						钢筋混凝土 T 形梁	钢筋混凝土 I 形梁
					矩形板（跨径，m）		空心板	少筋微弯板	连续板			
					4 以内	8 以内						
模板接触面积（m²/10m³混凝土）	内模	—	76.47	11.97	—	—	67.14	—	62.85		—	—
	外模	94.34	96.86	4.02	38.85	30.95	25.61	34.57	42.24		88.33	82.68
	合计	94.34	173.33	15.99	38.85	30.95	92.75	34.57	105.09		88.33	82.68

表 7-16　预制构件模板接触面积表（2）

项　　目		预应力空心板	预应力混凝土 T 形梁	预应力混凝土 I 形梁	预应力组合箱梁				预应力箱梁		
					先张法		后张法		预制安装	预制悬拼	预制顶推
					主梁	空心板	主梁	空心板			
模板接触面积（m²/10m³混凝土）	内模	55.76	—	—	71.89	87.61	49.54	74.62	34.64	26.81	22.90
	外模	48.24	73.72	65.43	48.66	44.17	46.07	39.55	30.11	22.74	24.60
	合计	104.00	73.72	65.43	120.55	131.78	95.61	114.17	64.75	49.55	47.50

表 7-17 预制构件模板接触面积表（3）

项 目		预应力桁架梁		桁架拱			刚架拱			箱形拱	
		桁架	桥面板	桁拱片	横向联系	微弯板	刚拱片	横向联系	微弯板	拱圈	立柱盖梁
模板接触面积（m²/10m³混凝土）	内模	—	—	—	—	—	—	—	—	64.76	—
	外模	78.86	117.89	81.58	170.41	61.36	60.12	110.99	68.07	97.14	48.95
	合计	78.86	117.89	81.58	170.41	61.36	60.12	110.99	68.07	161.9	48.95

（9）构件运输

1）构件运输中各种运输距离以 10m、50m、1km 为计算单位，不足第一个 10m、50m、1km 者，均按 10m、50m、1km 计；超过第一个定额运距单位时，其运距尾数不足一个增运定额单位的半数时不计，等于或超过半数时按一个定额运距单位计算。

2）运输便道、轨道的铺设，栈桥码头、扒杆、龙门架、缆索的架设等，均未包括在定额内，应按有关章节定额另行计算。

3）定额未单列构件出坑堆放的定额，如需出坑堆放，可按相应构件运输第一个运距单位定额计列。

4）凡以手摇卷扬机和电动卷扬机配合运输的构件重载升坡时，第一个定额运距单位不增加人工及机械，每增加定额单位运距按以下规定乘换算系数：

① 手推车运输每增运 10m 定额的人工，按表 7-18 乘换算系数。

表 7-18 手推车运输换算系数

坡度	1% 以内	5% 以内	10% 以内
系数	1.0	1.5	2.5

② 垫滚子绞运每增运 10m 定额的人工和小型机具使用费，按表 7-19 乘换算系数。

表 7-19 垫滚子绞运换算系数

坡度	0.4% 以内	0.7% 以内	1.0% 以内	1.5% 以内	2.0% 以内	2.5% 以内
系数	1.0	1.1	1.3	1.9	2.5	3.0

③ 轻轨平车运输配电动卷扬机每增运 50m 定额的人工及电动卷扬机台班，按表 7-20 乘换算系数。

表 7-20 轻轨平车运输换算系数

坡度	0.7% 以内	1.0% 以内	1.5% 以内	2.0% 以内	3.0% 以内
系数	1.00	1.05	1.10	1.15	1.25

（10）拱盔、支架工程

1）桥梁拱盔、木支架及简单支架均按有效宽度 8.5m 计，钢支架按有效宽度 12.0m 计，如实际宽度与定额不同时可按比例换算。

2）木结构制作按机械配合人工编制，配备的木工机械均已计入定额中。结构中的半圆木构件，用圆木对剖加工所需的工日及机械台班均已计入定额内。

3）所有拱盔均包括底模板及工作台的材料，但不包括现浇混凝土的侧模板。

4）桁构式拱盔安装、拆除用的人字扒杆、地锚移动用工及拱盔缆风设备工料已计入定额，但不包括扒杆制作的工、料，扒杆数量根据施工组织设计另行计算。

5）桁构式支架定额中已包括了墩台两旁支撑排架及中间拼装、拆除用支撑架，支撑架已加计了拱矢高度并考虑了缆风设备。定额以孔为计量单位。

6）木支架及轻型门式钢支架的帽梁和地梁已计入定额中，地梁以下的基础工程未计入定额中，如需要时，应按有关相应定额另行计算。

7）简单支架定额适用于安装钢筋混凝土双曲拱桥拱肋及其他桥梁需增设的临时支架。稳定支架的缆风设施已计入定额内。

8）涵洞拱盔支架、板涵支架定额单位的水平投影面积为涵洞长度乘以净跨径。

9）桥梁拱盔定额单位的立面积指拱线以上的弓形侧面积。

10）桥梁支架定额单位的立面积为桥梁净跨径乘以高度，拱桥高度为起拱线以下至地面的高度，梁式桥高度为墩、台帽顶至地面的高度，这里的地面指支架地梁的底面。

11）钢拱架的工程量为钢拱架及支座金属构件的质量之和，其设备摊销费按4个月计算，若实际使用期与定额不同时可予以调整。

12）钢管支架定额指采用直径大于30cm的钢管作为立柱，在立柱上采用金属构件搭设水平支撑平台的支架，其中下部指立柱顶面以下部分，上部指立柱顶面以上部分。下部工程量按立柱质量计算，上部工程按支架水平投影面积计算。

13）支架预压的工程量按支架上现浇混凝土的体积计算。

（11）钢结构工程

1）钢桁梁桥定额是按钢桁现场节段拼装、钢桁梁节段悬臂吊机吊装编制的，钢索吊桥的加劲桁拼装定额也是按高强螺栓栓接编制的，如采用其他方法施工，应另行计算。

2）钢桁架桥中的钢桁梁，施工用的导梁钢桁和连接及加固杆件，钢索吊桥中的钢桁、钢纵横梁、悬吊系统构件、套筒及拉杆构件均为半成品，使用定额时应按半成品价格计算。

3）主索锚碇除套筒及拉杆、承托板以外，其他项目如锚洞开挖、衬砌，护索罩的预制、安装，检查井的砌筑等，应按其他章节有关定额另计。

4）钢索吊桥定额中已综合了缆索吊装设备及钢桁油漆项目，使用定额时不得另行计算。

5）抗风缆结构安装定额中未包括锚碇部分，使用定额时应按有关相应定额另行计算。

6）安装金属栏杆的工程量指钢管的质量。至于栏杆座钢板、插销等均以材料数量综合在定额内。

7）定额中成品构件单价构成：

工厂化生产，无需施工企业自行加工的产品为成品构件，以材料单价的形式进入定额。其材料单价为出厂价格加上运输至施工场地的费用。

① 平行钢丝拉索，吊杆、系杆、索股等以"t"为单位，以平行钢丝、钢丝绳或钢绞线质量计量，不包括锚头和PE或套管等防护料的质量，但锚头和PE或套管防护料的费用应含在成品单价中。

② 钢绞线斜拉索的工程量以钢绞线的质量计算，其单价包括厂家现场编索和锚具费用。悬索桥锚固系统预应力环氧钢绞线单价中包括两端锚具费用。

③ 钢箱梁、索鞍、拱肋、钢纵横梁等以"t"为单位。钢箱梁和拱肋单价中包括工地现场焊接费用。

8）施工电梯、施工塔式起重机未计入定额中。需要时根据施工组织设计另行计算其安拆及使用费。

9）钢管拱桥定额中未计入钢塔架、扣塔、地锚、索道的费用，应根据施工组织设计套用"预制、安装混凝土及钢筋混凝土构件"相关定额另行计算。

10）悬索桥的主缆、吊索、索夹、检修道定额未包括涂装防护，应另行计算。

11）定额未含施工监控费用，需要时另行计算。

12）定额未含施工期间航道占用费，需要时另行计算。

13）定位钢支架质量为定位支架型钢、钢板、钢管质量之和，以"t"为单位计算。

14）锚固拉杆质量为拉杆、连接器、螺母（包括锁紧和球面）、垫圈（包括锁紧和球面）质量之和，以"t"为单位计算。

15）锚固体系环氧钢绞线质量以"t"为单位计算。本定额包括了钢绞线张拉的工作长度。

16）塔顶门架质量为门架型钢质量，以"t"为单位计算。钢格栅以钢格栅和反力架质量之和计算，以"t"为单位。主索鞍质量包括承板、鞍体、安装板、挡块、槽盖、拉杆、隔板、锚梁、锌质填块的质量，以"t"为单位计算。散索鞍质量包括底板、底座、承板、鞍体、压紧梁、隔板、拉杆、锌质填块的质量，以"t"为单位计算。主索鞍定额按索鞍顶推按6次计算，如顶推次数不同，则按人工每10t·次1.8工日进行增减。鞍罩为钢结构，以"套"为单位计算，1个主索鞍处为1套。鞍罩的防腐和抽湿系统费用需另行计算。

17）牵引系统长度为牵引系统所需的单侧长度，以"m"为单位计算。

18）猫道系统长度为猫道系统的单侧长度，以"m"为单位计算。

19）索夹质量包括索夹主体、螺母、螺杆、防水螺母、球面垫圈质量，以"t"为单位计算。

20）缠丝以主缆长度扣除锚跨区、塔顶区、索夹处无需缠丝的主缆长度后的单侧长度，以"m"为单位计算。

21）缆套包括套体、锚碇处连接件、标准镀锌紧固件质量，以"t"为单位计算。

22）钢箱梁质量为钢箱梁（包括箱梁内横隔板）、桥面板（包括横肋）、横梁、钢锚箱质量之和。

23）钢拱肋的工程量以设计质量计算，包括拱肋钢管、横撑、腹板、拱脚处外侧钢板、拱脚接头钢板及各种加劲块，不包括支座和钢拱肋内的混凝土的质量。

（12）杂项工程

1）杂项工程包括：平整场地、锥坡填土、拱上填料及台背排水、土牛（拱）胎、防水层、基础垫层、水泥砂浆勾缝及抹面、伸缩缝及泄水管、混凝土构件蒸汽养护室建筑及蒸汽养护、预制构件底座、先张法预应力张拉台座、混凝土搅拌站、混凝土搅拌船及混凝土运输、钢桁架栈桥式码头、冷却管、施工电梯、塔式起重机安拆、拆除旧建筑物等项目，此定额适用于桥涵及其他构造物工程。

2）大型预制构件底座定额分为平面底座和曲面底座两项。平面底座定额适用于T形梁、I形梁、等截面箱梁，每根梁底座面积的工程量按下式计算：

$$底座面积 = （梁长 + 2.00m）\times（梁宽 + 1.00m）$$

曲面底座定额适用于梁底为曲面的箱形梁（如T形钢构等），每块梁底座的工程量按下式计算：

$$底座面积 = 构件下弧长 \times 底座实际修建宽度$$

平面底座的梁宽指预制梁的顶面宽度。

3）模数式伸缩缝预留槽钢纤维混凝土中钢纤维的含量按水泥用量的1%计算，如设计钢纤维含量与定额不同时，可按设计用量抽换定额中钢纤维的消耗。

4）蒸汽养护室面积按有效面积计算，其工程量按每一养护室安置两片梁，其梁间距离为0.8m，并按长度每端增加1.5m，宽度每边增加1.0m考虑。定额中已将其附属工程及设备，按摊销量计入定额中，编制预算时不得另行计算。

5）混凝土搅拌站的材料，均已按桥次摊销列入定额中。

6）钢桁架栈桥式码头定额适用于大型预制构件装船。码头上部为万能杆件及各类型钢加工的半成品和钢轨等，均已按摊销费计入定额中。

7）施工塔式起重机和施工电梯所需安拆数量和使用时间按施工组织设计的进度安排进行计算。

（13）桥梁工程的附属工程工程量计算

桥梁工程的附属工程中，金属栏杆按设计图所示尺寸以质量"t"计算；橡胶支座、钢支座、盆式支座按设计图所示数量以个计算；钢桥维修设备按设计图所示数量以套计算，桥梁伸缩装置、桥面泄水管按设计图所示的尺寸以长度"m"计算；油毛毡支座、隔声屏障、防水层按设计图所示尺寸以面积"m^2"计算。结构、钢拉索、钢拉杆按设计图所示尺寸以质量"t"计算，其余各项均按设计图所示尺寸以质量"t"计算（不包括螺栓焊缝质量）。

7.2.2　桥梁涵洞工程常用施工方案及方法

1. 桥梁下部结构施工

（1）墩台基础

1）刚性扩大基础。最常用的刚性扩大基础是实体基础，其平面形状一般为矩形，如果基础高度大而强度低，基底面积需要适当加大时，宜将基础立面做成台阶形或锥形。

2）桩基础。当地基土层较软弱、合适的硬土层较深时，常采用桩基础。桩基础由群桩和承台两部分组成。群桩的平面布置可采用对称形、梅花形和环形，各桩的顶面由承台连成一个整体，在承台上再修筑墩台。

3）沉井基础。利用自重，在地基挖掘过程中一边下沉一边接高的下口尖形的结构物，下沉到预定高程后，进行封底。构筑井内底板、梁、楼板、隔墙、顶盖板等构件，最终形成一个地下建筑物或建筑物基础。在施工过程中，它可充当挡水和护壁结构物，方便施工；施工结束时它又充当基础，其上建造桥梁墩台。

（2）墩台的施工

墩台施工前，必须测定墩台的中心位置，之后即可进行墩台平面位置和尺寸的放样。

1）模板。现浇混凝土墩台必须借助于模板进行施工，由于直接影响主体结构的质量和外形尺寸，故对模板要求必须尺寸准确、平整、密缝、耐震，具有可靠的强度和刚度，构造简单，装拆方便，能够连续重复使用等。桥梁施工常用模板有木模板、钢模板、钢木组合模板和胶合板模板等，按照模板的装拆方法分类，可分为零拼式模板、分片装拆式模板、整体装拆式模板。

2）钢筋的制作。钢筋的制作包括以下工序：整直→切断→除锈→标定尺寸→下料→弯曲→成形→焊接→绑扎→安装。

钢筋的安装以按设计图要求扎制成整体骨架，然后整体入模较好。但现浇混凝土墩台一般钢筋骨架较大，为配合混凝土分层浇筑，多采用现场绑扎安装方式施工。

3）混凝土的浇筑。浇筑混凝土之前应仔细检查模板尺寸、钢筋位置是否正确，支撑支架是否牢固，模板是否密缝以及是否要求安装预埋件、预留孔等。

混凝土的输送方法因地而异、因设备条件而异，在决定方案时，应结合实际作周密细致的考虑和布置，使大量的混凝土能迅速而不断地供应到浇筑工作面上，以保证墩台的质量。

墩台截面面积不大时，应连续一次浇筑完成，以保证其整体性；若墩台截面面积太大时，可分段分块浇筑，但必须在前一层未凝结前即浇灌次一层。

4）混凝土养护及模板拆除。混凝土经过一段时间的养护（一般要求28d），达到一定的强度之后，即可拆除模板。

2. 桥梁上部结构施工

桥梁上部结构的施工方法从 20 世纪 70 年代以后，随着预应力混凝土的广泛应用、构件生产的预制化、结构设计方法的进步、机械设备的发展，促进施工方法的进步与发展，形成了多种多样的施工方法，常用的主要有就地浇筑法、预制安装法、悬臂施工法、转体施工法、顶推施工法、逐孔施工法。

就地浇筑法是在桥位处搭设支架，在支架上浇筑桥体混凝土，达到强度后拆除模板、支架。就地浇筑施工无需预制场地，而且不需要大型起吊、运输设备，梁体的主筋可以不中断，桥梁整体性好。但这种方法施工工期长，施工质量不易控制；对预应力混凝土梁由于混凝土的收缩、徐变引起的应力损失比较大；支架和模板耗用量大、施工费用高；施工期间易受到洪水和漂流物的威胁。

预制安装法是在预制工厂或在运输方便的桥址附近设置预制场进行梁的预制工作，然后采用一定的架设方法进行安装。预制安装法施工一般是指钢筋混凝土或预应力混凝土简支梁的预制安装。预制构件安装的方法很多，需要的安装设备各不相同，可根据施工的实际情况合理选择。

悬臂施工法是从桥墩开始，两侧对称进行现浇梁段或将预制节段对称进行拼装。前者称悬臂浇筑施工，施工简便，结构整体性好，施工中可不断调整位置，常在跨径大于 100m 的桥梁上选用；后者称悬臂拼装施工，施工速度快，桥梁上下部结构可平行作业，但施工精度要求比较高，可在跨径 100m 以下的大桥中选用。

转体施工法是桥梁构件先在桥位所处的岸边（或路边及适当位置）进行预制，待混凝土达到设计强度后旋转构件就位的施工方法。转体施工法可以充分利用地形，方便构件预制；施工工序简单，施工迅速，高空作业少；适用于单跨和三跨桥梁，大跨径桥梁采用转体施工也可取得较好的技术经济效益。

顶推施工法是在沿桥纵轴方向的台后设置预制场地，分节段预制，并用纵向预应力钢筋将预制节段与施工完成的梁体连成整体，然后通过水平千斤顶施力，将梁体向前顶推出预制场地，之后继续在预制场进行下一节段梁的预制，循环操作直至施工完成。顶推施工法使用的施工设备简单，费用低；主梁分段预制，连续作业，结构整体性好；但施工阶段梁的受力状态与运营期的受力状态差别较大，宜在等截面梁上使用。

逐孔施工法适于中等跨径预应力混凝土连续梁，即用一套设备从桥梁的一端逐孔施工，直到对岸。逐孔施工法机械化、自动化程度高，节省劳动力，降低了劳动强度，上下部结构可平行作业，缩短工期；但施工设备投资大，施工准备和操作都较复杂。

此外，桥梁上部施工的方法还有横移施工法和提升与浮运施工法等。

由于桥梁施工方法的多样性，并且各具特点，所以要选择适当的施工方法就应充分考虑桥位处的地形、环境，安装方法的安全性、经济性和施工速度。因此在进行桥梁设计时需对桥位现场条件进行详细调查，掌握现场的地理环境、地质条件和气象水文条件。施工现场的条件不仅为选择正确、合理的施工方法提供依据，同时还直接影响到桥型方案的选择和布置。

在选择施工方法时，应根据以下条件综合考虑：

1）使用条件：选择施工方法时应考虑桥梁的类型、跨径、桥梁高度、桥下净空要求、平面场地的限制、结构形式等。

2）施工条件：主要考虑工期要求、起重能力和机具设备要求、施工期间是否封闭交通、临时设施选用、施工费用等。

3）自然环境条件：主要考虑山区或平原、地质条件及软弱层的状况、对河道和交通的影响。

4）社会环境影响：包括公害、污染、景观影响，对现场的交通阻碍等。

各类桥梁施工方法的选择可参照表 7-21 确定。

表7-21　各类桥梁可选择的主要施工方法

桥梁类型 施工方法	简支梁桥	悬臂梁桥	连续梁桥	T形刚构桥	刚架桥	拱桥	斜拉桥	吊桥
现场浇筑法	√	√	√	√	√	√	√	
预制安装法	√	√		√	√	√	√	√
悬臂施工法		√	√	√	√	√	√	√
转体施工法		√				√	√	
顶推施工法			√					
逐孔施工法		√	√	√	√	√		
横移施工法	√						√	
浮运施工法	√	√					√	

预制梁的安装是装配式桥梁施工中的关键性工序，其具体架梁方法的选择应结合施工现场条件、桥梁跨径大小、设备能力等情况而定。

3. 拱桥的修建

拱桥同其他桥梁一样，也是由桥跨结构（上部构造）及下部构造两大部分组成的，图7-4所示表示拱桥各主要组成部分的名称。

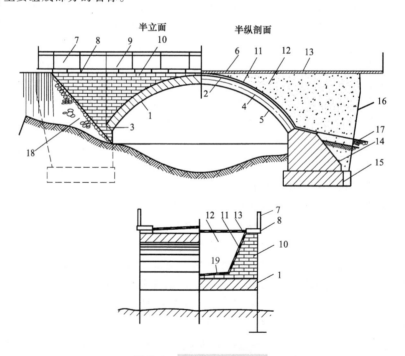

图7-4　拱桥的主要组成

1—拱圈　2—拱顶　3—拱脚　4—拱轴线　5—拱腹　6—拱背　7—栏杆　8—檐石
9—伸缩缝　10—具有镶面侧面墙　11—防水层　12—拱腹填料　13—桥面铺装
14—桥台台身　15—桥台基础　16—桥台翼墙　17—盲沟　18—护坡　19—防水层

拱桥的施工，从方法上可分为有支架施工和无支架施工两大类。前者常用于石桥和混凝土预制块拱桥；后者多用于肋拱、双曲拱、箱形拱、桁架拱桥等。

（1）有支架施工

有支架施工主要工序有准备材料、拱圈放样、拱架制作与安装、拱圈及拱上建筑砌筑等。

1）拱架的形式。砌筑石拱桥及就地浇筑混凝土拱圈时，需要搭设拱架，拱架要有足够的强度、刚度和稳定性。图 7-5 中例举了满布撑架式拱架和拱式拱架的形式。

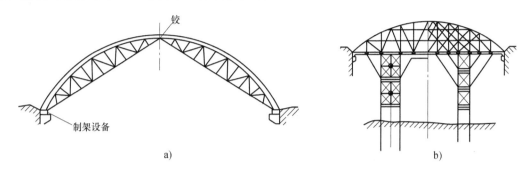

图 7-5　拱架的形式

a）V 式三铰木拱架　b）N 式三铰拱架

2）拱圈的施工。修建拱圈时，为保证在整个施工过程中拱架受力均匀，变形最小，使拱圈的质量符合设计要求，必须选择适当的砌筑方法和顺序。通常情况下，跨径较小的拱圈，可按拱的全宽全厚，由两端拱脚同时对称地向拱顶砌筑大、中跨径的拱桥，一般采用分段施工（见图 7-6）或分环（分层）与分段相结合的施工方法。

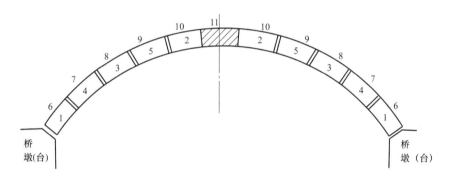

图 7-6　拱桥分段施工

3）拱上建筑的施工。拱上建筑的施工应在拱圈合龙、混凝土或砂浆强度达到设计强度 30% 后进行。实腹式拱上建筑，应由拱脚向拱顶对称地砌筑。当侧墙砌好以后，再填拱腹填料及修建桥面结构等。空腹式拱桥一般是在腹孔墩砌完后就卸落拱架，然后再对称均衡地砌筑腹拱圈，以免由于主拱圈的不均匀下沉而使腹拱圈开裂。

（2）无支架施工

在峡谷或水深流急的河段上，或在通航河流上，或在洪水季节施工条件下修建拱桥，宜考虑采用无支架的施工方法，即采用简易扒杆、大型浮吊、门式吊机、缆索架桥设备等多种方法架设，可不需搭设拱架作为临时支撑。

缆索架桥最突出的二拱圈和拱上建筑均可采用预制装配构件，这样就提高了桥梁工业化施工的水平，加快了施工速度。

拱桥缆索吊装施工大致包括：拱肋（箱）的预制、移运和吊装，主拱圈的砌筑，拱上建筑砌筑，桥面结构的施工等主要工序。

7.2.3　桥梁涵洞工程工程量清单计价的编制

工程量清单计价实行量价分离、风险分担的原则。在招标投标过程中工程量清单由建设单位编制，随招标文件发送所有投标单位。投标单位根据招标文件、设计图及施工规范编制施工方案，施工方案确定后，依据预算定额或企业定额填报工程量清单项目的单价和合价，形成清单报价。

【例 7-2】　某高速公路中有大桥一座，墩桩 60 根，共 10 排，其中有 2 排桩在水中，干处自然地面线至设计桩底高 30.5m，水中地面线至桩底高 28.4m，每根桩所处地层平均由上到下依次为轻亚黏土干处 9.5m（水中 7.4m），砂砾层 15m，以下为松软岩石。承台顶至设计桩底高 30m，承台高 1.5m，桩径 1.20m，桩身 C25 混凝土。

采取施工方案如下：钢护筒按干处施工布置 3m/孔；其中在水中的两排桩水深 2m，筑岛填芯 $(30 \times 4 \times 2.2 \times 2) m^3 = 528 m^3$，草袋围堰（2.2m 高）工程量 $(30 \times 4 + 4 \times 4) = 136m$；起重机配吊斗浇筑水下混凝土，为保证桩混凝土的密实度，每根桩需凿桩头 1m；混凝土由 $40 m^3/h$ 内集中拌和站搅拌，根据混凝土拌和站供应能力和范围，拌和站设备安拆及辅助设施费在本钻孔桩项目中摊销 20%；$6 m^3$ 混凝土搅拌运输车平均运距 3km；根据设计桩孔内埋设检测钢管共 2t。

问题：

（1）计算清单工程量。

（2）对清单工程量明确定额项目工程量。

（3）确定清单综合单价。

解：（1）桩基础清单工程量：

$$(30 - 1.5) \times 60m = 1710m$$

清单项目编码为 405-1 钻孔灌注桩桩径 120cm 以内。

（2）涉及的定额子目和工程量见表 7-22，清单项目综合单价见表 7-23。

表 7-22　405-1 清单项目涉及的定额组成

编　号	项　目　名　称	单　位	工程量计算表达式
4-2-2-6	草袋围堰高度 2.2m	10m	$(30 \times 4 + 4 \times 4) \div 10 = 13.6$
4-2-5-3	机械筑岛填土	$100m^3$	$(30 \times 4 \times 2.2 \times 2) \div 100 = 5.28$
4-4-9-7	钢护筒埋设干处	1t	$(60 \times 3 \times 390) \div 1000 = 70.2$
4-4-4-18	桩径 120cm 以内孔深 40m 以内黏土	10m	$[9.5 \times 48 + (7.4 + 2.2) \times 12] \div 10 = 57.1$
4-4-4-19	桩径 120cm 以内孔深 40m 以内砂砾	10m	$(60 \times 15) \div 10 = 90$
4-4-4-22	桩径 120cm 以内孔深 40m 以内软石	10m	$(60 \times 6) \div 10 = 36$
4-4-8-28	检测管	1t	2
4-4-8-12	回旋、潜水钻成孔桩径 250cm 以内混凝土输送泵	$10m^3$	$(1.2 \times 1.2 \times 3.14 \div 4 \times 1710) \div 10 = 193.3$
4-11-11-9	混凝土搅拌站安拆（$40m^3/h$ 以内）	1 座	0.2
4-11-11-14	混凝土搅拌站拌和（$40m^3/h$ 以内）	$100m^3$	$[1.2 \times 1.2 \times 3.14 \div 4 \times (1710 + 60)] \div 100 = 20.01$
4-11-11-24 + 4-11-11-25 × 4	$6m^3$ 以内搅拌运输车运混凝土 3km	$100m^3$	20.01

表7-23 综合单价分析表

清单子目号：405-1-a 清单子目名称：钻孔灌注桩 (1) 清单子目工程量：1710 (2) 计量单位：m (3) 清单综合单价：2646.92 元 货币单位：元

定额子目号	定额项目名称	(4) 单位	(5) 工程量	(6) 人工费	(7) 材料费	(8) 机械费	(9) 工料机合计	(10) 措施费	(11) 规费	(12) 企业管理费	(13) 利润及风险费	(14) 税金	(15) 定额项目单位工程量费用合计	(16) 综合造价	(17) 综合单价
计算程序							(6)+(7)+(8)	定额直接费×施工辅助费率+定额人工费和定额施工机械使用费之和×其余措施费率	各类工程人工费（含施工机械人工费）×规费综合费率	定额直接费×企管费率	[定额直接费+(10)+(12)]×利润及风险费率	(9)+(10)+(11)+(12)+(13)	(15)×(5)	(15)×(5)	(16)/(1)
4-2-2-6	草袋围堰高2.2m	10m	13.6	6165.72	2612.48	0.00	8778.20	525.88	12.40	507.04	686.78	1049.79	11547.68	157048.44	91.84
4-2-5-3	机械筑岛填土	100m³	5.28	526.50	0.00	0.00	526.50	31.54	1.06	30.39	41.19	62.96	692.58	36568.22	21.38
4-4-9-7	钢护管埋设干处	1t	70.2	1069.20	852.19	95.90	2017.30	99.63	2.14	70.51	153.12	234.06	2574.61	110399.28	64.56
4-4-4-18	桩径120cm以内孔深40m以内黏土	10m	57.1	1354.32	194.13	4269.93	5818.38	430.57	2.70	415.56	466.52	713.10	7844.13	447899.82	261.93
4-4-4-19	桩径120cm以内孔深40m以内砂砾	10m	90	2031.48	331.06	6784.92	9147.46	676.91	4.06	653.32	733.44	1121.11	12332.24	1109901.60	649.07
4-4-4-22	桩径120cm以内孔深40m以内软石	10m	36	5013.36	299.55	20114.16	25427.08	1881.61	10.02	1816.04	2038.73	3116.35	34279.81	1234073.16	721.68
4-4-8-28	检测管	1t	2	784.08	9695.20	238.95	10718.23	642.33	1.08	618.78	838.55	1281.79	14099.68	28199.36	16.49
4-4-8-12	回旋、潜水钻成孔桩径150cm以内混凝土输送泵	10m³	193.3	225.72	4207.26	241.12	4674.11	345.89	0.45	333.82	374.77	572.86	6301.45	1218070.29	712.32
4-11-11-9	混凝土搅拌站安拆（40m³/h以内）	1座	0.2	123444	52920	15396.75	191760.75	11509.80	248.40	11104.12	15006.23	22938.09	252318.99	50463.80	29.51
4-11-11-14	混凝土搅拌站拌和（40m³/h）	100m²	23.67	0.00	0.00	1798.66	1798.66	107.76	0.00	103.90	140.72	215.10	2366.14	47346.46	27.69
4-11-11-24 + 4-11-11-25×4	6m³搅拌运输车运混凝土3km	100m²	23.67	0.00	0.00	3517.94	3517.94	67.53	0.00	77.46	256.40	391.93	4311.27	86268.51	50.45

综合单价合计 2646.92

7.3 桥梁涵洞工程工程量清单计价综合案例

某公路工程桥涵部分采用工程量清单报价，具体报价见表7-24清单单价分析表。

表7-24 清单单价分析表　　　　　　　　　　　货币单位：元

项目编码	项目名称	计量单位	数量	人工费	材料费	机械费	人、材、机合计	综合费率（%）	综合费	合价	单价
403-1	基础钢筋										
-a	光圆钢筋	kg	25972.8	11357	147347	7842	166546	25.635	42694	209240	8.06
-b	带肋钢筋	kg	192623	84724	1098763	56105	1239592	26.99	334566	1574158	8.17
403-2	下部结构钢筋										
-a	光圆钢筋	kg	27005	15198	151688	6261	173147	25.542	44225	217372	8.05
-b	带肋钢筋	kg	96769	55212	547386	28265	630863	26.72	168567	799430	8.26
403-3	上部结构钢筋										
-a	光圆钢筋	kg	95446	94332	537483	22114	653929	26.06	170414	824343	8.64
-b	带肋钢筋	kg	279554.2	254035	1575677	67715	1897427	26.37	500351	2397778	8.58
403-4	附属结构钢筋										
-a	光圆钢筋	kg	5833.4	2516	33200	1227	36943	26.26	9701	46644	8.00
-b	带肋钢筋	kg	42233.8	22550	239422	4551	266523	27.13	72308	338831	8.02
404-1	干处挖土方	m³	283.1	8476	0	0	8476	25.74	2182	10658	37.65
405-1	钻孔灌注桩										
-a	陆上钻孔灌注桩	m	988.46	306714	540710	377669	1225093	22.78	279076	1504169	1521.73
-b	水中钻孔灌注桩	m	1734.93	751470	1448992	973341	3173803	22.81	723944	3897747	2246.63
410-1	混凝土基础	m³	190.4	39141	87763	6232	133136	21.52	28651	161787	849.72
410-2	C30混凝土下部结构	m³	851.32	184419	466213	62934	713566	22.37	159625	873191	1025.69
410-4	预制混凝土上部结构										
-a	C40混凝土	m³	250.6	79896	135862	71071	286829	24.01	68868	355697	1419.38
-b	C50混凝土	m³	1822.2	775777	1137779	521986	2435542	22.62	550920	2986462	1638.93
410-5	上部结构现浇混凝土										
-a	C40混凝土	m³	42.4	4231	20198	2542	26971	23.45	6325	33296	785.28
-b	C50混凝土	m³	223	16710	192592	3993	213295	21.86	46626	259921	1165.57
410-6	C30现浇混凝土附属结构										
-a	护栏	m³	181.7	57694	91579	4342	153615	22.04	33857	187472	1031.77
-b	搭板	m³	231.6	15157	97062	8182	120401	21.05	25344	145745	629.30
411-2	先张预应力钢绞线	kg	6812.4	14971	61126	6747	82844	36.44	30188	113032	16.59
411-5	后张预应力钢绞线	kg	89440.6	242840	1035110	78683	1356633	31.26	424083	1780716	19.91
415-2	水泥混凝土桥面铺装										
-a	C40混凝土	m³	79.2	7903	37731	4748	50382	23.45	11815	62197	785.32

（续）

项目编码	项目名称	计量单位	数量	人工费	材料费	机械费	人、材、机合计	综合费率（%）	综合费	合价	单价
-b	C50 混凝土	m³	238.1	23760	126048	14274	164082	22.99	37722	201804	847.56
415-3	防水层	m²	4420.6	25782	72779	0	98561	18.09	17830	116391	26.33
416-1	板式橡胶支座										
	GYZφ150×28	个	88	564	5587	0	6151	32.11	1975	8126	92.34
	GYZφ200×35	个	88	1255	12416	0	13671	32.08	4386	18057	205.19
	GYZφ150×30	个	88	605	13344	159	14108	30.59	4316	18424	209.36
	GYZφ275×72	个	32	1773	29944	468	32185	32.1	10331	42516	1328.63
	GYZφ400×88	个	64	2205	67944	0	70149	33.307	23365	93514	1461.16
417-2	伸缩装置										
-a	D60 型	m	55.6	20356	38904	6114	65374	26.08	17050	82424	1482.45
-b	D100 型	m	67.9	29832	95061	8961	133854	28.3	37881	171735	2529.23
419-1	单孔钢筋混凝土圆管涵										
-a	φ1.0m	m	110.93	48963	86315	4304	139582	21	29312	168894	1522.53
-b	φ1.5m	m	611.2	361943	725690	26509	1114142	21.56	240209	1354351	2215.89
-c	φ0.75m	m	91	42485	48093	4747	95325	21.57	20562	115887	1273.48
420-2	钢筋混凝土箱涵										
-a	4m×3m	m	126.7	444491	1050526	232666	1727683	21.76	375944	2103627	16603.21
-b	2.5m×2.2m	m	87.8	163350	394906	85095	643351	21.55	138642	781993	8906.53
	合计								24057629		

第 **8** 章 | 隧道工程工程量清单计量与计价

8.1 隧道工程工程量清单计量

8.1.1 隧道工程工程量清单计量规则说明

1. 隧道工程内容

隧道工程包括洞口与明洞工程、洞身开挖、洞身衬砌、防水与排水、洞内防火涂料和装饰工程、监控量测、地质预报、机电设施预埋件及消防设施的土建部分等。

2. 有关问题的说明及提示

1）场地布置，核对设计图、补充调查、编制施工组织设计、试验检测、施工测量、环境保护、安全措施、施工防排水、围岩类别划分及监控、通信、照明、通风、消防等设备、设施预埋构件设置与保护，所有准备工作和施工中应采取的措施均为各节、各细目工程的附属工作，不另行计量。

2）风、水、电作业及通风、照明、防尘为不可缺少的附属设施和作业，均应包括在本章各节有关工程细目中，不另行计量。

3）隧道铭牌、模板装拆、钢筋除锈、拱盔、支架、脚手架搭拆、养护清场等工作均为各细目的附属工作，不另行计量。

4）连接钢板、螺栓、螺母、拉杆、垫圈等作为钢支护的附属构件，不另行计量。

5）混凝土拌和场站、储料场的建设、拆除、恢复，若已在"105 施工标准化"（属选择性工程子目）清单中列入单独计量，则在该章相应清单项目综合单价中不再计入此部分费用；若未列入"105 施工标准化"清单中，则该部分费用均应包括在相应清单项目综合单价中，不另行计量。

6）洞身开挖包括主洞、竖井、斜井。洞外路面、洞外消防系统土石开挖、洞外弃渣防护等计量规则见有关章节。

7）材料的计量尺寸为设计净尺寸。

8.1.2 隧道工程工程量清单计量规则详表

隧道工程工程量清单计量规则见表 8-1。

表 8-1 隧道工程工程量清单计量规则

子目号	子目名称	计量单位	工程量计算规则	工程内容
502	洞口与明洞工程			
502-1	洞口、明洞开挖	m³	依据设计图所示位置及尺寸，按图示开挖的体积，不分土、石的种类，只区分为土方和石方，以"m³"为单位计量	1. 石方爆破 2. 挖、装、运输、卸车 3. 填料分理、弃土整形、压实 4. 坡面临时支护及排水 5. 坡面修整

（续）

子目号	子目名称	计量单位	工程量计算规则	工程内容
502-2	防水与排水			
-a	石砌截水沟、排水沟	m³	依据设计图所示位置及尺寸，按图示砌体体积分不同砂浆强度等级以"m³"为单位计量	1. 沟槽开挖 2. 基底检查 3. 铺设垫层 4. 砂浆拌制 5. 浆砌片石、勾缝、抹面、养护 6. 回填 7. 场地清理
-b	现浇混凝土沟槽	m³	依据设计图所示位置及尺寸，按图示混凝土体积分不同强度等级以"m³"为单位计量	1. 沟槽开挖 2. 基底检查 3. 铺设垫层 4. 模板制作、安装、拆除 5. 混凝土拌和、运输、浇筑、养护 6. 回填 7. 场地清理
-c	预制安装混凝土沟槽	m³	依据设计图所示位置及尺寸，按图示预制安装混凝土体积分不同强度等级以"m³"为单位计量	1. 沟槽开挖 2. 基底检查 3. 铺设垫层 4. 预制场建设 5. 混凝土沟槽预制、安装 6. 回填 7. 场地清理
-d	预制安装混凝土沟槽盖板	m³	依据设计图所示位置及尺寸，按图示预制安装混凝土体积分不同强度等级以"m³"为单位计量	1. 预制场建设 2. 混凝土沟槽盖板预制、安装 3. 回填
-e	土工合成材料	m²	1. 依据设计图所示的位置及规格，按图示铺设的土工合成材料面积，分不同材质以"m²"为单位计量 2. 接缝的重叠面积和边缘的包裹面积不予计量	1. 场地清理 2. 土工合成材料铺设、固定 3. 接缝处理（搭接、缝接、粘接） 4. 边缘处理
-f	渗沟	m³	依据设计图所示位置及尺寸，按图示渗沟体积以"m³"为单位计量	1. 开挖渗沟槽 2. 铺设土工材料 3. 铺设渗沟填料 4. 沟槽回填 5. 场地清理

（续）

子目号	子目名称	计量单位	工程量计算规则	工程内容
-g	钢筋	kg	1. 依据设计图所示及钢筋表所列钢筋质量以"kg"为单位计量 2. 固定钢筋的材料、定位架立钢筋、钢筋接头、吊装钢筋、钢板、铁丝作为钢筋作业的附属工作，不另行计量	1. 钢筋的保护、储存及除锈 2. 钢筋整直、接头 3. 钢筋截断、弯曲 4. 钢筋安设、支承及固定
502-3	洞口坡面防护			
-a	浆砌片石护坡	m³	依据设计图所示位置及尺寸，按图示砌体体积分不同砂浆强度等级以"m³"为单位计量	1. 清理边坡，坡面夯实，基础开挖 2. 铺设垫层 3. 砌筑片石 4. 勾缝、抹面、养护 5. 回填
-b	现浇混凝土护坡	m³	依据设计图所示位置及尺寸，按图示混凝土体积分不同强度等级以"m³"为单位计量	1. 清理边坡，坡面夯实，基坑开挖 2. 模板制作、安装、拆除 3. 混凝土拌和、运输、浇筑、养护 4. 泄水孔及其滤水层、沉降缝设置 5. 回填
-c	预制安装混凝土护坡	m³	依据设计图所示位置及尺寸，按图示预制安装混凝土体积分不同强度等级以"m³"为单位计量	1. 清理边坡，坡面夯实，基坑开挖 2. 预制件的预制 3. 预制件安装 4. 回填 5. 清理现场
-d	喷射混凝土护坡	m³	依据设计图所示位置及尺寸，按图示喷射混凝土体积分不同强度等级以"m³"为单位计量	1. 岩面清理 2. 设备安装与拆除 3. 混凝土拌制 4. 喷射 5. 沉降缝设置 6. 养护
-e	浆砌护面墙	m³	1. 依据设计图所示位置及尺寸，按图示砌体体积分不同砂浆强度等级以"m³"为单位计量 2. 不扣除沉降缝、泄水孔、预埋件所占体积	1. 基坑开挖、清理、平整、夯实 2. 浆砌片（块）石，泄水孔及其滤水层 3. 接缝处理 4. 勾缝、抹面 5. 墙背排水设施设置、填料分层填筑 6. 清理、废方弃运

（续）

子目号	子目名称	计量单位	工程量计算规则	工程内容
-f	现浇混凝土护面墙	m³	1. 依据设计图所示位置和断面尺寸，按图示不同强度等级混凝土体积以"m³"为单位计量 2. 不扣除沉降缝、泄水孔、预埋件所占体积	1. 场地清理 2. 基坑开挖，地基平整夯实，废方弃运 3. 边坡清理夯实 4. 模板制作、安装、拆除 5. 混凝土拌和、运输、浇筑、养护 6. 泄水孔及其滤水层、沉降缝设置 7. 墙背排水设施设置、填料分层填筑 8. 清理现场
-g	混凝土挡土墙	m³	1. 依据设计图所示位置及尺寸，按图示混凝土体积分不同强度等级以"m³"为单位计量 2. 不扣除沉降缝、泄水孔、预埋件所占体积	1. 基坑开挖、清理、平整、夯实 2. 模板制作、安装、拆除 3. 混凝土拌和、运输、浇筑、养护 4. 泄水孔及其滤水层、沉降缝设置 5. 填料分层填筑 6. 清理，弃方处理
-h	地表注浆	m³	依据设计图所示注浆量，按浆液体积分不同强度等级及材质以"m³"为单位计量	1. 场地清理 2. 钻孔 3. 安装注浆管 4. 安拆注浆机 5. 浆液制备 6. 注浆
-i	钢筋	kg	1. 依据设计图所示及钢筋表所列钢筋质量以"kg"为单位计量 2. 固定钢筋的材料、定位架立钢筋、钢筋接头、吊装钢筋、钢板、铁丝作为钢筋作业的附属工作，不另行计量	1. 钢筋的保护、储存及除锈 2. 钢筋整直、接头 3. 钢筋截断、弯曲 4. 钢筋安设、支承及固定
-j	锚杆	m	依据设计图所示位置及尺寸，按锚杆长度分不同直径以"m"为单位计量	1. 搭、拆、移作业平台 2. 锚杆及附件制作、运输 3. 布眼、钻孔、清孔 4. 浆液制作、注浆 5. 锚杆就位、顶进、锚固
-k	主动防护系统	m²	1. 依据设计图所示，按主动防护系统防护的坡面面积以"m²"为单位计量 2. 网片搭接部分作为附属工作，不另行计量	1. 坡面清理 2. 脚手架安设、拆除、完工清理和保养 3. 支撑绳穿绳、张拉、固定 4. 挂网、网片连接、缝合、固定 5. 钻孔、清孔、套管装拔、锚杆制作、安装、锚固、锚头处理 6. 浆液制备、注浆、养护 7. 网面调整

（续）

子目号	子目名称	计量单位	工程量计算规则	工程内容
-1	被动防护系统	m²	1. 依据设计图所示，按被动防护系统网面面积以"m²"为单位计量 2. 网片搭接部分作为附属工作，不另行计量	1. 坡面清理 2. 基础及立柱施工 3. 支撑绳穿绳、张拉、固定 4. 挂网、网片连接、缝合、固定 5. 钻孔、清孔、套管装拔，锚杆制作、安装、锚固、锚头处理 6. 浆液制备、注浆、养护 7. 网面调整
502-4	洞门建筑			
-a	现浇混凝土	m³	依据设计图所示位置及尺寸，按图示混凝土体积分不同强度等级以"m³"为单位计量	1. 基坑开挖、清理、平整、夯实 2. 模板制作、安装、拆除 3. 混凝土拌和、运输、浇筑、养护 4. 清理现场
-b	预制安装混凝土块	m³	依据设计图所示位置及尺寸，按图示预制安装混凝土体积分不同强度等级以"m³"为单位计量	1. 基坑开挖、清理、平整、夯实 2. 构件预制 3. 预制件安装，设置泄水孔及其滤水层 4. 接缝处理 5. 勾缝、抹面 6. 场地清理
-c	浆砌片粗料石（块石）	m³	依据设计图所示位置及尺寸，按图示砌体体积分不同砂浆强度等级以"m³"为单位计量	1. 基坑开挖、清理、平整、夯实 2. 砌筑，设置泄水孔及其滤水层 3. 接缝处理 4. 勾缝、抹面 5. 场地清理
-d	洞门墙装修	m²	依据设计图所示位置及尺寸，按图示装修面积分不同的材质以"m²"为单位计量	1. 搭拆作业平台 2. 墙面拉毛、清洁、润湿 3. 装修材料加工制作 4. 配、拌、运砂浆及涂料 5. 装修、养护 6. 制作安装隧道铭牌 7. 清理现场
-e	钢筋	kg	1. 依据设计图所示及钢筋表所列钢筋质量以"kg"为单位计量 2. 固定钢筋的材料、定位架立钢筋、钢筋接头、吊装钢筋、钢板、铁丝作为钢筋作业的附属工作，不另行计量	1. 钢筋的保护、储存及除锈 2. 钢筋整直、接头 3. 钢筋截断、弯曲 4. 钢筋安设、支承及固定

（续）

子目号	子目名称	计量单位	工程量计算规则	工程内容
-f	隧道铭牌	处	依据设计图所示位置及规格，按图示每一洞口以"处"为单位计量	1. 搭拆作业平台 2. 铭牌制作 3. 铭牌安装
502-5	明洞衬砌			
-a	现浇混凝土	m³	依据设计图所示位置及尺寸，按图示混凝土体积分不同强度等级以"m³"为单位计量	1. 搭拆作业平台 2. 模板制作、安装、拆除 3. 混凝土拌和、运输、浇筑、养护 4. 接缝处理 5. 场地清理
-b	钢筋	kg	1. 依据设计图所示及钢筋表所列钢筋质量以"kg"为单位计量 2. 固定钢筋的材料、定位架立钢筋、钢筋接头、吊装钢筋、钢板、铁丝作为钢筋作业的附属工作，不另行计量	1. 钢筋的保护、储存及除锈 2. 钢筋整直、接头 3. 钢筋截断、弯曲 4. 钢筋安设、支承及固定
502-6	遮光棚（板）	m²	依据设计图所示位置及规格，按照不同材质棚板的面积以"m²"为单位计量	1. 安装、拆除工作平台 2. 支架设置 3. 遮光棚（板）制作 4. 遮光棚（板）安装
502-7	洞顶回填			
-a	防水层			
-a-1	黏土防水层	m³	依据设计图所示的位置及规格，按图示铺设的防水层体积，以"m³"为单位计量	1. 场地清理 2. 填筑 3. 平整、夯实
-a-2	土工合成材料	m²	1. 依据设计图所示的位置及规格，按图示铺设的防水材料面积，分不同材质以"m²"为单位计量 2. 接缝的重叠面积和边缘的包裹面积不予计量	1. 场地清理 2. 防水材料铺设、固定 3. 接缝处理（搭接、缝接、粘接） 4. 边缘处理
-b	回填	m³	依据设计图所示的位置及尺寸，按图示回填体积，分不同材质以"m³"为单位计量	1. 场地清理 2. 填筑 3. 平整、夯实
503	洞身开挖			
503-1	洞身开挖			

（续）

子目号	子目名称	计量单位	工程量计算规则	工 程 内 容
- a	洞身开挖（不含竖井、斜井）	m³	1. 依据设计图所示成洞断面（不计允许超挖值及预留变形量的设计净断面）计算开挖体积，不分围岩级别，只区分为土方和石方，以"m³"为单位计量 2. 含紧急停车带、车行横洞、人行横洞以及设备洞室的开挖	1. 钻孔爆破 2. 风、水、电作业及通风防尘 3. 粉尘、有害气体、可燃气体量测监控及防护 4. 临时支护及临时防排水 5. 装渣、运输、卸车 6. 填料分理、弃土整形、压实
- b	竖井洞身开挖	m³	依据设计图所示成洞断面（不计允许超挖值及预留变形量的设计净断面）计算开挖体积，不分围岩级别，只区分为土方和石方，以"m³"为单位计量	1. 钻孔爆破 2. 风、水、电作业及通风防尘 3. 粉尘、有害气体、可燃气体量测监控及防护 4. 临时支护及临时防排水 5. 装渣、运输、卸车 6. 填料分理、弃土整形、压实
- c	斜井洞身开挖	m³	依据设计图所示成洞断面（不计允许超挖值及预留变形量的设计净断面）计算开挖体积，不分围岩级别，只区分为土方和石方，以"m³"为单位计量	1. 钻孔爆破 2. 风、水、电作业及通风防尘 3. 粉尘、有害气体、可燃气体量测监控及防护 4. 临时支护及临时防排水 5. 装渣、运输、卸车 6. 填料分理、弃土整形、压实
503-2	洞身支护			
- a	管棚支护			
- a-1	基础钢管桩	m	依据设计图所示位置和断面尺寸，按图示不同规格的钢管桩长度以"m"为单位计量	1. 场地清理 2. 打桩机定位 3. 沉管 4. 混凝土（水泥浆）拌制 5. 灌注混凝土（水泥浆） 6. 打桩机移位
- a-2	套拱混凝土	m³	依据设计图所示位置及尺寸，按图示混凝土体积分不同强度等级以"m³"为单位计量	1. 场地清理 2. 模板制作、安装、拆除 3. 混凝土拌和、运输、浇筑、养护
- a-3	孔口管	m	依据设计图所示位置及尺寸，按钢管长度分不同的规格以"m"为单位计量	1. 场地清理 2. 搭拆工作平台 3. 布眼、钻孔、清孔 4. 钢管制作、运输、就位、顶进

（续）

子目号	子目名称	计量单位	工程量计算规则	工程内容
- a-4	套拱钢架	kg	1. 依据设计图所示位置及尺寸，按钢材质量以"kg"为单位计量 2. 钢架纵向连接钢筋作为附属工作，不另行计量 3. 连接钢板、螺栓、螺母、拉杆、垫圈为套拱钢架的附属工作，均不另行计量	1. 场地清理 2. 搭拆工作平台 3. 钢架加工及安装 4. 钢架安装 5. 钢架固定
- a-5	钢筋	kg	1. 依据设计图所示及钢筋所列钢筋质量以"kg"为单位计量 2. 固定钢筋的材料、定位架立钢筋、钢筋接头、吊装钢筋、钢板、铁丝作为钢筋作业的附属工作，不另行计量	1. 钢筋的保护、储存及除锈 2. 钢筋整直、接头 3. 钢筋截断、弯曲 4. 钢筋安设、支承及固定
- a-6	管棚	m	依据设计图所示位置及尺寸，按钢管长度分不同的规格以"m"为单位计量	1. 场地清理 2. 搭拆工作平台 3. 布眼、钻孔、清孔 4. 钢管制作、运输、就位、顶进 5. 浆液制作、注浆、检查、堵孔
- b	注浆小导管	m	依据设计图所示位置及尺寸，按钢管长度分不同的规格以"m"为单位计量	1. 场地清理 2. 搭拆工作平台 3. 布眼、钻孔、清孔 4. 钢管制作、就位、顶进 5. 浆液制作、注浆、检查、堵孔
- c	锚杆支护			
- c-1	砂浆锚杆	m	依据设计图所示位置及尺寸，按锚杆长度分不同直径以"m"为单位计量	1. 搭、拆、移作业平台 2. 锚杆及附件制作、运输 3. 布眼、钻孔、清孔 4. 浆液制作、注浆 5. 锚杆就位、顶进、锚固
- c-2	药包锚杆	m	依据设计图所示位置及尺寸，按锚杆长度分不同直径以"m"为单位计量	1. 搭、拆、移作业平台 2. 锚杆及附件制作、运输 3. 布眼、钻孔、清孔 4. 药包浸泡及安装入孔 5. 锚杆就位、顶进、锚固

（续）

子目号	子目名称	计量单位	工程量计算规则	工程内容
-c-3	中空注浆锚杆	m	依据设计图所示位置及尺寸，按锚杆长度分不同直径以"m"为单位计量	1. 搭、拆、移作业平台 2. 锚杆及附件制作、运输 3. 布眼、钻孔、清孔 4. 锚杆就位、顶进 5. 浆液制作、注浆、锚固
-c-4	自进式锚杆	m	依据设计图所示位置及尺寸，按锚杆长度分不同直径以"m"为单位计量	1. 搭、拆、移作业平台 2. 锚杆及附件制作、运输 3. 锚杆就位、布眼、钻进 4. 浆液制作、注浆、锚固
-c-5	预应力锚杆	m	依据设计图所示位置及尺寸，按锚杆长度分不同直径以"m"为单位计量	1. 搭、拆、移作业平台 2. 锚杆及附件制作、运输 3. 布眼、钻孔、清孔 4. 锚杆安装、就位 5. 浆液制作、注浆 6. 预应力张拉、锚固 7. 二次注浆 8. 封锚
-d	喷射混凝土支护			
-d-1	钢筋网	kg	1. 依据设计图所示位置及尺寸，按图示钢筋网质量以"kg"为单位计量 2. 钢筋网锚固件为钢筋网的附属工作，不另行计量	1. 搭、拆、移作业平台 2. 布眼、钻孔、清孔、安设锚固件 3. 挂网、绑扎、焊接、加固
-d-2	喷射混凝土	m³	依据设计图所示位置及尺寸，按图示喷射混凝土体积，分不同强度等级以"m³"为单位计量	1. 冲洗岩面 2. 安、拆、移喷射设备 3. 搭、拆、移作业平台 4. 配、拌、运混凝土 5. 上料、喷射、养护
-e	钢支架支护			
-e-1	型钢支架	kg	1. 依据设计图所示位置及尺寸，按型钢质量以"kg"为单位计量 2. 型钢支架纵向连接钢筋作为附属工作，不另行计量 3. 连接钢板、螺栓、螺母、拉杆、垫圈为型钢支架的附属工作，均不另行计量	1. 场地清理 2. 搭拆工作平台 3. 型钢支架加工 4. 型钢支架成形 5. 型钢支架修整、焊接 6. 安装就位、紧固螺栓 7. 型钢支架纵向连接

（续）

子目号	子目名称	计量单位	工程量计算规则	工程内容
- e-2	钢筋格栅	kg	1. 依据设计图所示位置及尺寸，按钢筋质量以"kg"为单位计量 2. 钢筋格栅纵向连接钢筋作为附属工作，不另行计量 3. 连接钢板、螺栓、螺母、拉杆、垫圈为钢筋格栅的附属工作，均不另行计量	1. 场地清理 2. 搭拆工作平台 3. 钢筋格栅加工 4. 钢筋格栅成形 5. 钢筋格栅修整、焊接 6. 安装就位、紧固螺栓 7. 钢筋格栅纵向连接
504	洞身衬砌			
504-1	洞身衬砌			
- a	钢筋	kg	1. 依据设计图所示及钢筋表所列钢筋质量以"kg"为单位计量 2. 固定钢筋的材料、定位架立钢筋、钢筋接头、吊装钢筋、钢板、铁丝作为钢筋作业的附属工作，不另行计量	1. 钢筋的保护、储存及除锈 2. 钢筋整直、接头 3. 钢筋截断、弯曲 4. 钢筋安设、支承及固定
- b	现浇混凝土	m³	依据设计图所示位置及尺寸，按图示混凝土体积分不同强度等级以"m³"为单位计量	1. 场地清理 2. 基底检查 3. 模板制作、安装、拆除 4. 混凝土拌和、运输、浇筑、养护 5. 设置施工缝、沉降缝
504-2	仰拱、铺底混凝土			
- a	现浇混凝土仰拱	m³	依据设计图所示位置及尺寸，按图示混凝土体积分不同强度等级以"m³"为单位计量	1. 场地清理 2. 基底检查 3. 模板制作、安装、拆除 4. 混凝土拌和、运输、浇筑、养护 5. 设置施工缝、沉降缝
- b	现浇混凝土仰拱回填	m³	依据设计图所示位置及尺寸，按图示混凝土体积分不同强度等级以"m³"为单位计量	1. 场地清理 2. 基底检查 3. 混凝土拌和、运输、浇筑、养护
504-3	边沟、电缆沟混凝土			

（续）

子目号	子目名称	计量单位	工程量计算规则	工程内容
-a	现浇混凝土沟槽	m³	依据设计图所示位置及尺寸，按图示混凝土体积分不同强度等级以"m³"为单位计量	1. 沟槽开挖 2. 基底检查 3. 模板制作、安装、拆除 4. 混凝土拌和、运输、浇筑、养护 5. 设置施工缝、沉降缝
-b	预制安装混凝土沟槽	m³	依据设计图所示位置及尺寸，按图示预制安装混凝土体积分不同强度等级以"m³"为单位计量	1. 沟槽开挖 2. 预制场地建设 3. 模板制作、安装、拆除 4. 构件预制 5. 构件安装 6. 设置施工缝、沉降缝
-c	预制安装混凝土沟槽盖板	m³	依据设计图所示位置及尺寸，按图示预制安装混凝土体积分不同强度等级以"m³"为单位计量	1. 预制场地建设 2. 模板制作、安装、拆除 3. 构件预制、安装
-d	钢筋	kg	1. 依据设计图所示及钢筋表所列钢筋质量以"kg"为单位计量 2. 固定钢筋的材料、定位架立钢筋、钢筋接头、吊装钢筋、钢板、铁丝作为钢筋作业的附属工作，不另行计量	1. 钢筋的保护、储存及除锈 2. 钢筋整直、接头 3. 钢筋截断、弯曲 4. 钢筋安设、支承及固定
-e	铸铁盖板	kg	依据设计图所示位置及尺寸，按制作安设铸铁盖板的质量以"kg"为单位计量	1. 盖板的加工制作及防腐处理 2. 盖板安装
504-4	洞室门	个	按设计图所示位置及尺寸，按安装就位的洞室门数量以"个"为单位计量	1. 洞室门制作 2. 洞室门安装
504-5	洞内路面			
-a	钢筋	kg	1. 依据设计图所示及钢筋表所列钢筋质量以"kg"为单位计量 2. 含拉杆、补强钢筋、传力杆 3. 钢筋接头、铁丝作为钢筋作业的附属工作，不另行计量	1. 钢筋的保护、储存及除锈 2. 钢筋整直、接头 3. 钢筋截断、弯曲 4. 钢筋安设、支承及固定

（续）

子目号	子目名称	计量单位	工程量计算规则	工程内容
-b	现浇混凝土	m³	依据设计图所示位置及尺寸，按图示混凝土体积分不同强度等级以"m³"为单位计量	1. 基底检查 2. 模板制作、安装、拆除 3. 混凝土拌和、运输、浇筑、养护 4. 接缝处理
505	防水与排水			
505-1	防水与排水			
-a	金属材料	kg	1. 依据设计图所示位置及规格，按金属材料的质量，分不同材质以"kg"为单位计量 2. 接头、固定、定位材料作为附属工作，均不另行计量	1. 金属材料的保护、储存及除锈 2. 材料加工，整直、截断、弯曲 3. 接头 4. 安设、支承及固定 5. 盖板安设
-b	排水管			
-b-1	钢筋混凝土排水管	m	依据设计图所示位置，按图示排水管的长度，分不同管径以"m"为单位计量	1. 管材预制、运输 2. 布管、接缝 3. 回填 4. 现场清理
-b-2	PVC 排水管	m	依据设计图所示位置，按图示排水管的长度，分不同管径以"m"为单位计量	1. 场地清理 2. 搭、拆、移作业平台 3. 排水管制作 4. 土工布包裹、绑扎 5. 水管布设、连接 6. 水管定位锚固
-b-3	U 形排水管	m	依据设计图所示位置，按图示排水管的长度，分不同规格以"m"为单位计量	1. 场地清理 2. 搭、拆、移作业平台 3. 排水管制作 4. 土工布包裹、绑扎 5. 水管布设、连接 6. 水管定位锚固
-b-3	Ω 形排水管	m	依据设计图所示位置，按图示排水管的长度，分不同规格以"m"为单位计量	1. 场地清理 2. 搭、拆、移作业平台 3. 排水管制作 4. 土工布包裹、绑扎 5. 水管布设、连接 6. 水管定位锚固

（续）

子目号	子目名称	计量单位	工程量计算规则	工程内容
- c	防水板	m²	依据设计图所示位置及规格，按照铺设的不同材质防水板面积以"m²"为单位计量	1. 场地清理 2. 搭、拆、移作业平台 3. 基面处理 4. 下料、拼接就位、焊接拉紧、锚固
- d	止水带	m	依据设计图所示位置及规格，按照铺设的不同材质止水带长度以"m"为单位计量	1. 缝隙设置 2. 固定架安装 3. 止水带安装、拉紧、固定 4. 接头黏结
- e	止水条	m	依据设计图所示位置及规格，按照铺设的不同型号止水条长度以"m"为单位计量	1. 预留槽设置 2. 止水条安装 3. 固定止水条 4. 注浆
- f	涂料防水层	m²	依据设计图所示位置及涂料类型，按照不同厚度以"m²"为单位计量	1. 场地清理 2. 搭、拆、移作业平台 3. 基面拉毛、清洗 4. 涂料制作、运输 5. 喷涂 6. 移动作业平台
- g	注浆			
- g-1	水泥	t	依据设计图位置，按图示掺加的水泥质量，分不同强度等级以"t"为单位计量	1. 场地清理 2. 搭、拆、移作业平台 3. 钻孔 4. 顶进注浆钢管 5. 配、拌、运浆液 6. 压浆、堵孔
- g-2	水玻璃原液	m³	依据设计图位置，按图示掺加的水玻璃原液体积以"m³"为单位计量	1. 场地清理 2. 搭、拆、移作业平台 3. 钻孔 4. 顶进注浆钢管 5. 配、拌、运浆液 6. 压浆、堵孔
505-2	保温			
- a	保温层	m²	1. 依据设计图所示位置、尺寸及保温材料类型，按图示保温层面积以"m²"为单位计量 2. 保温板的重叠面积不予计量	1. 选备保温板材（聚氨酯板等） 2. 保温板下料、拼接、就位、焊接、拉紧、锚固

（续）

子目号	子目名称	计量单位	工程量计算规则	工程内容
-b	洞口排水保温			
-b-1	洞口排水沟保温层	m²	1. 依据设计图所示位置、尺寸及保温材料类型，按图示保温层面积以"m²"为单位计量 2. 保温板的重叠面积不予计量	1. 选备保温板材（聚氨酯板等） 2. 保温板下料、拼接、就位、焊接、拉紧、锚固
-b-2	保温出水口暗管	m	依据设计图所示位置、材料、尺寸及埋设深度，按图示不同材料的保温出水口暗管长度以"m"为单位计量	1. 场地清理 2. 开挖管沟 3. 边坡临时防护 4. 铺设垫层 5. 敷设排水管、连接、固定 6. 砌（浇）筑检查井 7. 回填土、覆盖表土护坡
-b-3	保温出水口	处	依据设计图所示位置、结构、尺寸，分不同类型，按图示出水口形式以"处"为单位计量	1. 铲除地表腐殖质及植物 2. 换填渗水性好的土壤 3. 铺设碎石垫层 4. 干砌、堆砌片石 5. 做流水陡坡 6. 出水口覆盖层护坡
506	洞内防火涂料和装饰工程			
506-1	洞内防火涂料	m²	依据设计图所示位置及尺寸，按图示面积分不同喷涂厚度以"m²"为单位计量	1. 场地清理 2. 搭、拆、移作业平台 3. 基面拉毛、清洗 4. 涂料制作 5. 喷涂
506-2	洞内装饰工程			
-a	墙面装饰	m²	依据设计图所示位置及尺寸，按图示装饰面积分不同材质以"m²"为单位计量	1. 场地清理 2. 搭、拆、移作业平台 3. 墙面拉毛、清洗 4. 砂浆制作 5. 镶贴装饰材料 6. 抹平、养护
-b	喷涂混凝土专用漆	m²	依据设计图所示位置及尺寸，按图示面积以"m²"为单位计量	1. 场地清理 2. 搭、拆、移作业平台 3. 基面拉毛、清洗 4. 涂料制作 5. 喷涂

（续）

子目号	子目名称	计量单位	工程量计算规则	工 程 内 容
-c	吊顶	m²	依据设计图所示位置及尺寸，按图示面积分不同材质以"m²"为单位计量	1. 场地清理 2. 搭、拆、移作业平台 3. 吊顶骨架安设 4. 吊顶板面安装
508	监控量测			
508-1	监控量测			
-a	必测项目	总额	依据设计图所示及《公路隧道施工技术规范》（JTG F60—2009）规定的必测项目进行监控量测，以"总额"为单位计量	1. 选择量测仪器和元件 2. 埋设测试元件 3. 数据采集 4. 数据分析 5. 后续数据分析、处理
-b	选测项目	总额	依据设计图所示及《公路隧道施工技术规范》（JTG F60—2009）规定的选测项目进行监控量测，以"总额"为单位计量	1. 选择量测仪器和元件 2. 埋设测试元件 3. 数据采集 4. 数据分析 5. 后续数据分析、处理
509	特殊地质地段的施工与地质预报			
509-1	地质预报	总额	依据需要预报的距离和内容，分不同的探测手段，以"总额"为单位计量	1. 按地质预报需要采用合适的探测手段进行探测 2. 地质分析与推断 3. 预报结果及施工建议
510	洞内机电设施预埋件和消防设施			
510-1	预埋件	kg	1. 依据设计图所示位置和断面尺寸，按照材料表所列的金属结构预埋件质量以"kg"为单位计量 2. 金属结构接头、螺栓、螺母、垫片、固定及定位材料作为金属结构预埋件的附属工作，不另行计量 3. 非金属结构预埋件作为预埋件的附属工作，不另行计量	1. 预埋件加工与涂装 2. 预埋件安装、固定 3. 工地涂装

（续）

子目号	子目名称	计量单位	工程量计算规则	工程内容
510-2	消防设施			
-a	供水钢管（φ…mm）	m	1. 依据图示要求材料、尺寸，按供水管管道中心线长度以"m"为单位计量 2. 不扣除阀门、管件及各种组件所占长度	1. 管道定位，沟槽开挖、回填 2. 钢管制作加工、防腐、运输、装卸 3. 安装、就位、除锈、刷油、防腐 4. 接头接续，定位，固定 5. 管道吹扫，水压试验
-b	消防洞室防火门	套	1. 依据图示要求，按满足设计功能要求的隧道消防洞室防火门数量以"套"为单位计量 2. 包含帘板、导轨、底座、电机、控制器、手动装置	1. 按配置要求提交隧道消防洞室防火门（含附件） 2. 防火门及附件搬运、就位 3. 钻孔、螺栓固定，电机测试，安装固定，就位 4. 电缆保护套安装固定 5. 电力电缆连接，控制电缆引出至电缆沟 6. 调试，指标测试
-c	集水池	座	1. 依据图示结构、尺寸，按钢筋混凝土集水池数量以"座"计量 2. 包含池内检查梯、池顶棚、人孔盖	1. 水池基础土石方开挖 2. 基坑临时支护，临时排水 3. 垫层铺筑、碾压 4. 模板、支架架设、拆除 5. 钢筋加工、安装 6. 混凝土制作浇筑 7. 检查梯制作安装，各管道、管件、仪表的安装配合 8. 堵洞，水池防渗处理 9. 基坑回填，现场清理，弃方处理
-d	蓄水池	座	依据图示结构、尺寸，按蓄水池数量以"座"为单位计量	1. 基坑开挖，混凝土或砂浆制作 2. 基底垫层铺筑，施工排水 3. 模板安设浇筑混凝土或池体砌筑 4. 清理场地，基坑回填，弃方处理
-e	泵房	座	1. 依据图示规格、功能，按水泵房建筑以"座"为单位计量 2. 包含泵房防雷接地	1. 配置泵房全部结构、装饰 2. 配电、排水、各种预埋件 3. 场地硬化

8.1.3　隧道工程工程量清单编制实例

【例8-1】　某公路隧道长80m，洞口桩号为K3+250～K3+330，其中K3+270～K3+310段围岩级别Ⅳ级，采用机械开挖自卸汽车运输，运距离2km，断面设计图如图8-1所示，拱部衬砌及边墙衬砌均采用C30级防水混凝土。试编制隧道K3+270～K3+310段的隧道清单工程量。

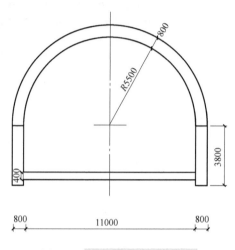

图8-1　某公路隧道洞身尺寸

解：

（1）平洞开挖量计算。

502-1洞口、明洞开挖：

$$\left[\frac{1}{2}\times\pi\times(5.5+0.8)^2+3.8\times(11+0.8\times2)\right]\times40\text{m}^3=4409.0\text{m}^3$$

（2）衬砌工程量计算。

504-1-b现浇混凝土：

拱部衬砌　　　$\frac{1}{2}\times\pi\left[(5.5+0.8)^2-5.5^2\right]\times40\text{m}^3=593.13\text{m}^3$

边墙衬砌　　　$2\times3.8\times0.8\times40\text{m}^3=243.20\text{m}^3$

合计：　　　　$(593.13+243.20)\text{m}^3=836.33\text{m}^3$

洞身工程量清单见表8-2。

表8-2　某隧道洞身工程量清单

子目号	子目名称	项目特征	单位	数量	单价	合价
502	洞口与明洞工程					
502-1	洞口、明洞开挖	Ⅳ级围岩	m³	4409.0		
504-1	洞身衬砌					
-b	现浇混凝土	C30防水混凝土	m³	836.03		

8.2　隧道工程工程量清单计价

8.2.1　隧道工程预算定额应用

1. 定额名称解释

隧道工程：指为道路从地层内部或水底通过而修筑的建筑物。按穿越地层的不同，可分为土质隧道和岩石隧道两大类。按所处地理位置的不同，可分为山岭隧道、水下隧道和城市隧道三种。按施工方式的不同，可分为钻爆法、沉埋法和盾构法三种。

土质隧道：指构筑在土质地层中的隧道。在土层中开挖隧道，易坍塌、成洞困难，施工中常需要采用预加固、超前支护等措施。新奥法、明挖法、盖挖法、顶进法是常用的施工方法。

岩石隧道：指构筑在成岩地层中的隧道。硬岩隧道的围岩一般具有较长时间的自稳能力和较强的自承能力，多采用全断面或上下断面钻爆掘进施工，常采用柔性的锚喷支护作为主要受力结构。软岩隧道的围岩一般自稳时间较短、自承能力较差，因而施工时多采用超前支护、分部开挖、强支护等措施，复合衬砌的二次衬砌也考虑承担一定的荷载。

沉埋隧道：指用沉埋法修建的水下隧道，也称沉管隧道。多采用矩形多箱断面的预制管段，长度为 100m 左右，水下拼接而成。施工的主要程序有：干坞修建、管段预制、浚挖沉管基槽、管段浮运、管段水下就位与拼接、回填覆盖土。沉埋隧道的主要特点有：覆盖层厚度较小（约 1.5m），能缩短引线隧道的长度；管段受水浮力作用对软弱地基的承载力要求较低；采用预制管段、漂浮运输，能在较短工期内建成优良、大断面隧道。

盾构隧道：指采用盾构法修建的隧道。多采用圆环断面衬砌，用预制管片在盾构机内拼装而成。施工的主要程序有：预制管片、修建盾构出发井室、拼装盾构机、盾构推进及管片安装、修建盾构到达井室、拆卸盾构机。盾构隧道的主要特点有：属暗挖法施工，不受地面交通、河道航运、潮汐等影响；采取的施工措施能保证对地面及地面建筑的影响最小；可作为水底隧道、城区隧道、山区的软土隧道，使用范围广。

连拱隧道：指结构为多拱连成一体的隧道，如两拱相连叫作双连拱隧道、三拱相连叫作三连拱隧道等。

隧道长度：指进出口洞门端墙之间的水平距离，即两端端墙面与路面的交线同路线中线交点间的距离。

洞身：狭义上指隧道的衬砌，广义上指包括围岩在内的隧道承载结构。隧道洞身可以是开挖出的裸洞，也可以是埋置地下的隧管，还可以是经锚喷支护、衬砌被覆的坑道。洞身是隧道工程的主要组成部分，按其所处地形、地质条件及施工方法的不同，分为隧道洞身、明洞洞身和棚洞洞身。

掏槽眼：将开挖面上适当部位先掏出一个小型槽口，以形成新的临空面，为后爆的辅助炮眼创造更有利的临空面，以达到提高爆破的作用，这个小型槽口称槽眼。

钢支撑：指用型钢或钢筋等弯曲加工成的拱形构件。

平洞（平巷）：隧道设计轴线与水平线平行，或与水平线形成一个较小夹角的隧道。岩石隧道定额平洞的设计轴线与水平线的夹角为 0°~5°。

斜井：隧道设计轴线与水平线形成一个较大夹角的隧道。系统定额的岩石隧道定额斜井设计轴线与水平线的夹角为 15°~30°。

竖井：隧道设计轴线垂直于水平线的隧道。

开挖（掘进）：岩石隧道开挖，是将岩石从岩体上破碎下来，形成设计要求的空间。

围岩：岩石隧道开挖，使其直径一般在开挖断面最大直径 3～5 倍范围内的岩体应力发生显著变化。通常将此范围的岩体称为围岩。

衬砌（支护）：为防止岩石隧道开挖后，围岩发生过大的变形或破坏、垮塌而采取的维护措施。

衬砌（支护）通常的形式有多种，现列举以下几种：

锚杆支护：在开挖后的岩面上，用钻孔机，按设计要求的深度、间距和角度向岩面钻孔。在孔内灌满砂浆后，插入锚杆，使砂浆、锚杆和岩石黏结为一体（砂浆锚杆），以制止或缓和岩体变形继续发展，使岩体仍然保持相当大的承载能力。

喷射混凝土支护：按设计确定含有水泥、砂、石和速凝剂的喷射混凝土配合比进行搅拌（干拌），装入喷射机罐内，用压缩空气作动力，将喷射混凝土拌合料经管道送入喷枪，加水，以较高的速度喷上，洗净的岩面很快凝结硬化，达到稳定、维护岩面的目的。

混凝土及钢筋混凝土衬砌：隧道开挖后的围岩易破碎、不稳定或有淋水、涌水等情况，必须采用混凝土或钢筋混凝土衬砌。混凝土或钢筋混凝土衬砌多采用直墙拱顶式，拱部将承受的顶压力传给边墙，使隧道形成一个稳定的空间。

料石衬砌：隧道开挖后的围岩易破碎、不稳定或有淋水、涌水等情况，而隧道的跨径不大时，多采用料石衬砌。料石衬砌也采用直墙拱顶式。拱部用一定规格的楔形料石和砌碹方法，直墙采用常用规格的料石砌筑。拱部将承受的顶压力传给边墙，使其形成稳定的空间。

塌方：岩体在未开挖（掘进）之前，岩体内任意一点的应力都处于平衡状态；开挖后，岩体中出现空间，破坏了原来岩体的应力平衡状态，围岩应力就要重新分布，直到建立新的应力平衡为止。在建立新的应力平衡的过程中，某些部位的应力超过岩体强度，使围岩有较大范围的破坏、膨胀而坍塌，这种现象称为塌方。

处理塌方：为使开挖后隧道岩体应力维持平衡，将要坍塌而尚未坍塌的岩石进行处理、将坍塌的岩体进行清理、采取某些使围岩保持长期稳定的衬砌措施等，称为处理塌方。

溶洞：以岩溶水的溶蚀作用为主，间有潜蚀和机械塌陷作用而造成的近于水平方向延伸的洞穴称为溶洞。

处理溶洞：当开挖的隧道穿过溶洞时，隧道因溶洞而增加的清理溶洞异物、对溶洞空间的填筑、为稳定溶洞岩层应力平衡等进行必需的衬砌等，称为处理溶洞。

沉井：这是软土地层建造地下构筑物的一种方法。即先在地面上浇筑一个上无盖、下无底的筒状结构物，采用机械挖土或水力冲洗泥的方法将井内的土取出，借助其自重下沉。下沉中井壁起着挡土防水作用。下沉到设计高程后，再封底板、加顶板，使之成为一个地下构筑物。

刃脚：沉井井壁底部一段有特殊形状和结构的混凝土墙体的俗称，主要起减小沉井下沉阻力的作用。其断面一般为斜梯形，为减少沉井下沉阻力，有些沉井还设有外凸口，即刃脚凸出井壁。

盾构掘进：软土地区采用盾构机械建造地下隧道的一种暗挖式施工方法，有干式出土盾构掘进、水力出土盾构掘进、刀盘式土压平衡盾构掘进和刀盘式泥水平衡盾构掘进。

干式出土盾构掘进：指采用网格式盾构掘进机掘进，并采用干式出土的施工方法。

水力出土盾构掘进：指采用网格式盾构掘进机掘进，并将土用高压水成泥浆排出的施工方法。

刀盘式土压平衡盾构掘进：指盾构头部采用大刀盘切割土体，盾构前仓有一个土压平衡隔离仓，以达到能控制内外土体平衡的一种挖掘方法。

刀盘式泥水平衡盾构掘进：指盾构头部采用大刀盘切割土体，盾构前仓有一个泥水平衡隔离仓，以达到能控制内外土体平衡的一种挖掘方法。

管片：盾构掘进后，拼装成圆环状组成隧道衬砌以承受外部压力的混凝土构件。

地下连续墙：是软土地层建造地下构筑物或挡土墙的一种方法，施工时采用分幅施工，先挖槽同时注入护壁泥浆，再放钢筋骨架，最后用水下混凝土置换出泥浆，形成一道地下混凝土墙，逐段连续施工连接成地下连续墙。

压密注浆与分层注浆：这是软土地基加固土体、提高土体承载力的一种方法。施工时采用钻孔放入注浆管，用压力泵将浆液注入地基孔隙，以提高土体强度。压密注浆是指渗入性注浆，当土壤渗透困难时，就需要采用劈裂注浆，即提高注浆压力，使土体发生剪切裂缝，浆液沿裂缝面渗入土体，因开挖后浆材与土体形成一层层间隔，所以又称分层注浆。

双重管与三重管高压旋喷：采用先钻孔，再放入旋喷管，用高压喷射切割的方法把土和水泥浆液搅拌，拌和体固化后形成加固体或截水墙的地基加固方法。双重管法是水和水泥浆液同时喷射、旋转、内喷嘴喷水泥浆液，外喷嘴喷水。三重管法有水、气和水泥浆液三种介质，注浆管由三根同轴的不同直径的钢管组成，内管输送水流，中管输送气流，外管输送水泥浆液。高压水、气沿轴喷射切割周围土体，使土和水泥浆液充分拌和，边喷射，边旋转和提升注浆管，形成较大直径的加固体。

2. 隧道工程预算定额说明

（1）总说明

本章定额包括按钻爆法施工的开挖、支护、防排水、衬砌、装饰、洞门、辅助坑道及瓦斯隧道等项目。隧道开挖定额按照一般凿岩机钻爆法施工的开挖方法进行编制。

1）本章定额按现行隧道设计、施工技术规范将围岩分为六级，即Ⅰ～Ⅵ级。

2）本章定额中混凝土工程均未考虑拌和的费用，应按桥涵工程相关定额另行计算。

3）本章开挖定额中已综合考虑超挖及预留变形因素。

4）洞内出渣运输定额已综合洞门外500m运距，当洞门外运距超过此运距时，可按照路基工程自卸汽车运输土石方的增运定额加计增运部分的费用。

5）本定额中均未包括混凝土及预制块的运输，需要时应按有关定额另行计算。

6）本定额未考虑地震、坍塌、溶洞及大量地下水处理，以及其他特殊情况所需的费用，需要时可根据设计另行计算。

7）隧道工程项目采用其他章节定额的规定：

① 洞门挖基、仰坡及天沟开挖、明洞明挖土石方等，应使用其他章节有关定额计算。

② 洞内工程项目如需采用其他章节定额，所采用定额的人工工日、机械台班数量及小型机具使用费，应乘1.26的系数。

（2）洞身工程

1）本章定额人工开挖、机械开挖轻轨斗车运输项目是按上导洞、扩大、马口开挖编制的，也综合了下导洞扇形扩大开挖方法，并综合了木支撑和出渣、通风及临时管线的工料机消耗。

2）本章定额正洞机械开挖自卸汽车运输定额按开挖、出渣运输分别编制，不分工程部位（即拱部、边墙、仰拱、底板、沟槽、洞室）均使用本定额。施工通风及高压风水管和照明电线路单独编制定额项目。

3）本章定额连拱隧道中导洞、侧导洞开挖和中隔墙衬砌是按连拱隧道施工方法编制的，除此之外的其他部位的开挖、衬砌、支护可套用本部分其他定额。

4）格栅钢架和型钢钢架均按永久性支护编制，如作为临时支护使用时，应按规定计取回收。

5）喷射混凝土定额中已综合考虑混凝土的回弹量，钢纤维混凝土中钢纤维掺入量为按喷射混凝土质量的3%。当设计采用的钢纤维掺入量与隧道工程定额不同或采用其他材料时，可进行抽换。

6）洞身衬砌项目按现浇混凝土衬砌，石料、混凝土预制板块衬砌分别编制，定额中已综合考虑超挖回填因素，当设计采用的混凝土强度等级与定额采用的不符或采用特殊混凝土时，可根据具体情况对混凝土配合比进行抽换。

7）本章定额中凡是按不同隧道长度编制的项目，均只编制到隧道长度在5000m以内。当隧道长度超过5000m时，应按以下规定计算：

① 洞身开挖：以隧道长度在5000m以内的定额为基础，与隧道长度在5000m以上每增加1000m定额叠加使用。

② 正洞出渣运输：通过隧道进出口开挖正洞，以换算隧道长度套用相应的出渣定额计算。换算隧道长度计算公式如下：

$$换算隧道长度 = 全隧长度 - 通过辅助坑道开挖正洞长度$$

当换算隧道长度超过5000m时，以隧道长度5000m以内的定额为基础，与隧道长度5000m以上每增加1000m定额叠加使用。

通过斜井开挖正洞，出渣运输按正洞和斜井两段分别计算，两者叠加使用。

③ 通风、管线路定额，按正洞隧道长度综合编制，当隧道长度超过5000m时，以隧道长度在5000m以内的定额为基础，与隧道长度5000m以上每增加1000m定额叠加使用。

8）混凝土运输应按桥涵工程有关定额计算。

9）洞内排水定额仅适用于反坡排水情况，排水量按10m³/h以内编制，超过此排水量时，抽水机台班按表8-3中系数调整。

表8-3　定额调整系数

涌水量/（m³/h）	调整系数
10 以内	1.00
15 以内	1.20
20 以内	1.35
50 以内	1.7
100 以内	2
150 以内	2.18
200 以内	2.3

注：当排水量超过10m³/h时，根据采取治水措施后的排水量采用表中系数调整。

正洞内排水系统按全隧道长度综合编制，当隧道长度超过5000m时，以隧道长度5000m以内的定额为基础，与隧道长度在5000m以上每增加1000m定额叠加使用。

10）工程量计算规则。

① 本章定额所指隧道长度均指隧道进出口（不含与隧道相连的明洞）洞门端墙墙面之间的距离，即两端端墙墙面与路面的交线同路线中线交点间的距离。双线隧道按上、下行隧道长度的平均值计算。

② 洞身开挖、出渣工程量按设计断面数量（成洞断面加衬砌断面）计算，包含洞身及所有附属洞室的数量，定额中已考虑超挖因素，不得将超挖数量计入工程量。

③ 现浇混凝土衬砌中浇筑、运输的工程数量，均按设计断面衬砌数量计算，包含洞身及所有附属洞室的衬砌数量。定额中已综合因超挖及预留变形需回填的混凝土数量，不得将上述因素的

工程量计入计价工程量中。

④ 防水板、明洞防水层的工程数量按设计敷设面积计算。

⑤ 止水带（条）、盲沟、透水管的工程数量，均按设计数量计算。

⑥ 拱顶压浆的工程数量按设计数量计算，无设计时可按每延长米 $0.25m^3$ 综合考虑。

⑦ 喷射混凝土的工程量按设计厚度乘以喷射面积计算，喷射面积按设计外轮廓线计算。

⑧ 砂浆锚杆工程量为锚杆、垫板及螺母等材料质量之和，中空注浆锚杆、自进式锚杆的工程量按锚杆设计长度计算。

⑨ 格栅钢架、型钢钢架连接钢筋工程数量按钢架的设计质量计算。

⑩ 管棚、小导管的工程量按设计钢管长度计算，当管径与定额不同时，可调整定额中钢管的消耗量。

⑪ 横向塑料排水管按每侧隧道设计的铺设长度计算；纵向弹簧管按隧道纵向每侧铺设长度之和计算；环向盲沟按隧道横截面敷设长度计算。

⑫ 正洞高压风水管、照明、电线路的工程量按隧道设计长度计算。

（3）洞门工程

1）隧道和明洞洞门，均采用本章定额。

2）洞门墙工程量为主墙和翼墙等圬工体积之和。仰坡、截水沟等应按有关定额另行计算。

3）本章定额的工程量均按设计工程数量计算。

（4）辅助坑道

1）斜井项目按开挖、出渣、通风及管线路分别编制，竖井项目定额中已综合了出渣、通风及管线路。

2）斜井相关定额项目是按斜井长度 1500m 以内综合编制的，已含斜井建成后，通过斜井进行正洞作业时，斜井内通风及管线路的摊销部分。

3）斜井支护按正洞相关定额计算。

4）工程量计算规则。

① 开挖、出渣工程量按设计断面数量（成洞断面加衬砌断面）计算，定额中已考虑超挖因素，不得将超挖数量计入工程量。

② 现浇混凝土衬砌工程数量均按设计断面衬砌数量计算。

③ 喷射混凝土工程量按设计厚度乘以喷射面积计算，喷射面积按设计外轮廓线计算。

④ 锚杆工程量为锚杆、垫板及螺母等材料质量之和。

⑤ 斜井洞内通风、风水管照明及管线路的工程量按斜井设计长度计算。

（5）瓦斯隧道

1）瓦斯隧道包括瓦斯隧道超前探测钻孔、瓦斯排放钻眼、瓦斯隧道正洞机械开挖、瓦斯隧道现浇混凝土衬砌、瓦斯隧道正洞通风、瓦斯隧道施工监测监控系统等项目。

2）格栅钢架和型钢钢架均按永久性支护编制，如作为临时支护使用，应按规定计取回收。

3）喷射混凝土定额分为气密性混凝土和钢纤维混凝土，定额中已综合考虑混凝土的回弹量。气密性混凝土考虑了气密剂费用，气密剂掺量为水泥用量的 7%，钢纤维混凝土中钢纤维掺入量为喷射混凝土质量的 3%。当设计采用的气密剂、钢纤维掺入量与本章定额不同或采用其他材料时，可进行抽换。

4）洞身衬砌项目按现浇混凝土衬砌编制，定额中已综合考虑超挖回填因素，当设计采用的混凝土强度等级与定额采用的不符或采用特殊混凝土时，可根据具体情况对混凝土配合比进行抽换。

5）本章定额中凡是按不同隧道长度编制的项目，均只编制到隧道长度在 5000m 以内。当隧道长度超过 5000m 时，应按以下规定计算：

① 洞身开挖：以隧道长度 5000m 以内定额为基础，与隧道长度 5000m 以上每增加 1000m 定额叠加使用。

② 正洞出渣运输：通过隧道进出口开挖正洞，以换算隧道长度套用相应的出渣定额计算。换算隧道长度的计算公式为

$$换算隧道长度 = 全隧长度 - 通过辅助坑道开挖正洞的长度$$

当换算隧道长度超过 5000m 时，以隧道长度 5000m 以内定额为基础，与隧道长度 5000m 以上每增加 1000m 定额叠加使用。

③ 通风、管线路定额，按正洞隧道长度综合编制；当隧道长度超过 5000m 时，以隧道长度 5000m 以内定额为基础，与隧道长度 5000m 以上每增加 1000m 定额叠加使用。

6）瓦斯隧道采用对向平行施工时，套用本部分定额，隧道长度按单向施工长度计；若仅有单向为瓦斯隧道，则瓦斯隧道一侧套用本部分定额，另侧套用本章洞身工程相应定额。

7）本部分未包括的其他内容，套用本章相应定额。

8.2.2　隧道工程常用施工方案及方法

1. 隧道施工爆破知识

（1）隧道爆破开挖中的炮眼布置方法

在公路隧道工程施工中，多数情况下都需要采用钻眼爆破。按照炮眼的位置、作用的不同有三种炮眼，即掏槽眼、辅助眼、周边眼。

1）掏槽眼。掏槽眼的布置应掌握好炮眼的"三度"，即深度、密度和斜度，掏槽方式一般可分为斜眼掏槽和直眼掏槽两大类，目前现场多采用直眼掏槽。

2）辅助眼及周边眼。辅助眼的作用是进一步扩大槽口体积和爆破量，并逐步接近开挖断面形状，为周边眼创造有利的条件。辅助眼应由内向，逐层布置，逐层起爆，逐步接近开挖断面轮廓形状。周边眼是一种辅助炮眼，目的是成形作用。为了保证开挖面平整，辅助眼及周边眼应使其眼底落在同一垂直面上。

（2）光面爆破法

光面爆破法是利用岩石抗剪能力低，用缩小周边眼间距、严格控制周边眼方向、限制装药量、正确支撑起爆顺序等措施，使爆破面沿周边眼劈裂开来，从而避免周边眼以外的岩石受到破坏，并使坑道周边达到规整的效果。

光面爆破的分区起爆顺序：掏槽眼→辅助眼→周边眼→底板眼。

（3）预裂爆破法

预裂爆破法是沿设计开挖轮廓面钻孔，先于其他炮眼起爆，以形成一道贯穿性的裂缝面，使非爆破区免遭破坏的爆破技术。预裂爆破法的分区起爆顺序：周边眼→掏槽眼→辅助眼→底板眼。

（4）毫秒爆破法

毫秒爆破法是以毫秒雷管严格按照一定顺序起爆炸药包组，使爆破前后阶段的时间间隔极其短促，仅以毫秒计算。爆破产生的岩石破坏作用力（应力波和冲击波）可以叠加，促使岩石易于被炸碎；同时，前后阶段爆破传递到围岩内部的冲击波又相互干扰和相互抵消，使冲击波对围岩的振动破坏大为减弱。实现毫秒爆破一般有两个方法：一是用毫秒雷管和毫秒起爆器（用延长仪器控制延发时间）；另一方法是使用毫秒雷管起爆。

2. 洞口及明洞工程

洞口工程是隧道工程的咽喉，必须高度重视。为确保安全进洞，洞口加固应遵循"宁强勿弱"的原则。洞口施工内容主要有边（仰）坡开挖、洞口加固及防护、明洞段衬砌、明洞顶回填、排

水系统、洞门工程等。

（1）洞口施工

开挖进洞时，宜用钢支撑紧贴洞口开挖面进行支护，围岩差时可用管棚支护，支撑作业应紧跟开挖作业，稳妥前进。

洞门衬砌拱墙应与洞内相连的拱墙同时施工，连成整体。如是接长明洞，则应按设计要求采取加强连接措施，确保与已成的拱墙连接良好。洞门端墙的砌筑与墙背回填应两侧同时进行，防止对衬砌边墙产生偏压。洞门衬砌完成后，及时处治洞门上方仰坡脚受破坏处。当边（仰）坡地层松软、破碎时，应采取坡面防护措施。

（2）明洞工程

1）当边坡能暂时稳定时，可采用先墙后拱法。

2）当边坡稳定性差，但拱脚承载力较好，能保证拱圈稳定时，可采用先拱后墙法。

3）半路堑式明洞施工时，可采用墙拱交替法，且宜先做外侧边墙，继做拱圈，再做内侧边墙。

4）当路堑式明洞拱脚地层松软，不能采用先拱后墙法施工时，可待起拱线以上挖成后，采用跳槽挖井法先灌筑两侧部分边墙，再做拱圈，最后做其余边墙。

5）具备相应的机具条件时，可采用拱墙整体灌筑。

3．洞身工程

一个多世纪以来，世界各国的隧道工作者在实践中已经创造出能够适应各种围岩的多种隧道施工方法。习惯上将它们分成为：传统矿山法、掘进机法、沉管法、顶进法、明挖法等。

（1）传统矿山法隧道施工

矿山法因最早应用于矿石开采而得名，由于在这种方法中，多数情况下都需要采用钻眼爆破进行开挖，故又称为钻爆法。它包括传统方法和新奥法。传统矿山法是人们在长期的施工实践中发展来的。它是以木或钢构件作为临时支撑，待隧道开挖成形后，逐步将临时支撑撤换下来，而代之以整体衬砌作为永久性支护的施工方法。

1）传统的矿山法施工的基本原则。

① 少扰动：在进行隧道开挖时，应尽量减少对围岩的扰动次数、扰动强度、扰动范围和扰动持续时间，这与新奥法施工的要求是一致的。采用钢支撑，可以增大一次开挖断面跨度，减少分部次数，从而减少对围岩的扰动次数。

② 早支撑：开挖后应及时施作临时构件支撑，使围岩不致因变形松弛过度而产生坍塌失稳，并承受围岩松弛变形产生的压力——早期松弛荷载。定期检查支撑的工作状况，若发现变形严重或出现损坏征兆，应及时增设支撑予以加强。作用在临时支撑上的早期松弛荷载大小可比照设计永久衬砌的计算围岩压力大小来确定。临时支撑的结构设计也采用类似于永久衬砌的设计方法及结构力学方法。

③ 慎撤换：拆除临时支撑而代之以永久性模筑混凝土衬砌时要慎重，即要防止撤换过程中围岩坍塌失稳。每次撤换的范围、顺序和时间要视围岩稳定性及支撑的受力状况而定。若预计到不能拆除，则应在确定开挖断面大小及选择支撑材料时就予以研究解决。使用钢支撑作为临时支撑，则可以避免超出支撑的麻烦和危险。

④ 快衬砌：快衬砌是指拆除临时支撑后要及时修筑永久性混凝土衬砌，并使之尽早承载参与工作。若采用的是钢支撑又不必拆除，或无临时支撑时，也应尽早施作永久性混凝土衬砌。

2）开挖。传统的矿山法施工，其开挖、支撑、衬砌几大工序的相互联系更紧密，传统的矿山法施工顺序，主要按衬砌的施作顺序分为：先墙后拱法和先拱后墙法。

① 先墙后拱法也称为顺作法。开挖可以采用全断面法、台阶法或导坑超前法。这种方法常

用于较为稳定的围岩条件。这种方法也可用于围岩更为软弱破碎松散的浅埋隧道中。先墙后拱法的施工速度较快，施工各工序及各工作面之间的相互干扰较小；衬砌的整体性好，受力状态较好。

② 先拱后墙法也称为逆作法。先拱后墙法施工速度较慢，上部施工较困难。但上部完成后，下部施工就较安全和快捷。由于先拱后墙，使得衬砌的整体性较差，受力状态不好，而且由于拱部衬砌沉降量较大，要求的预留沉落量较大，因此增加了开挖工作量。

3）构件支护的架设。

① 应根据中线、水平、坑道断面和预留沉落量等将构件支护架设在中线方向的垂直面上，并力求整齐。同时，支护之间应纵向连接牢固，构成整体。

② 支护与围岩间用板、楔块和背柴顶紧，并填塞密实。

③ 应根据地质条件采取不致使支护产生下沉的措施。支护柱脚下虚渣必须清除，地层松软时应加设垫板或垫托梁，必要时可用混凝土加固地基。

④ 导坑支护可用半框架式。松软地基具有底压力时应增设底梁，在洞口的导坑支护排架，应伸出洞外3～5m以上，并设纵护予以加固。

⑤ 构件支护构架的架设间距，宜取80～120cm，松软破碎地段可适当加密。

⑥ 在开挖漏斗时，应对该处下导坑支护进行临时加固，松软地层中的漏斗孔采用框架支护，并将框架外四周空隙填塞紧密。

⑦ 拱部扩大采用扇形构架支护时，应配合开挖分部架设，并随挖随护。如采用纵梁，应考虑施作衬砌时便于拆除，不得灌注于衬砌之中。

⑧ 仰拱开挖前，应架设横撑顶紧两侧墙脚，防止边墙内挤。横撑间距可采用1～1.2m，横撑应待仰拱混凝土强度达到设计强度70%时才能拆除。

⑨ 构件支护的加强及抽换。支护应有专人经常进行检查，特别是每次放炮后。如发现杆件有破裂、倾斜、弯扭、变形以及接头松脱、填塞漏空等异常时，应立即用可靠的方法进行加固处理。

支护变形非常明显必须抽换，应从末端起逐排抽换。并应本着"先顶后拆"原则进行，防止围岩松动坍塌。

开挖中层或落底前需拆除下导坑支护时，应由里向外倒退拆除。

4）采用辅助施工方法对地层进行预加固、超前支护或止水。在浅埋、严重偏压、岩溶流泥地段、砂土层、砂卵（砾）石层、自稳性差的软弱破碎地层、短处破碎带以及大面积淋水或涌水地段进行施工时，可采用辅助施工方法对地层进行预加固、超前支护或止水。可以采用以下稳定开挖面的方法：地面砂浆锚杆；超前锚杆或超前小钢管支护；管棚钢架超前支护；超前小导管预注浆；超前围岩预注浆加固（包括周边劈裂预注浆、周边短孔预注浆）。

5）模筑衬砌。

① 混凝土运送时，原则上采用混凝土搅拌运输车，采用其他方法运送时，应确保混凝土在运送中不产生离析、损失及混入杂物。已经达到初凝的剩余混凝土，不得重新搅拌使用。

② 浇筑混凝土阶段长度应根据围岩状况、施工方法和机具设备能力等确定。

③ 拱圈施工。拱圈浇筑顺序应从两侧拱脚向拱顶对称进行，间歇及封顶的层面应成辐射状。

分段施工的拱圈合龙宜选在围岩较好处。

先拱后墙法施工的拱圈，混凝土浇筑前应将拱脚支撑面找平。

与辅助坑道交汇处的拱圈应置于坑道两侧基岩上。

钢筋混凝土衬砌先做拱圈时，应在拱脚下预留钢筋接头，使拱墙连成整体。

④ 边墙施工。浇筑混凝土前，必须将基底石渣、污物和基坑内积水排除干净，严禁向有水基

坑内倾倒混凝土干拌物。墙基松软时，应做加固处理。

边墙扩大基础的扩大部分及仰拱的拱座，应结合边墙施工一次完成。

采用片石混凝土时，片石应距模板5cm以上，片石间距应大于粗集料的最大粒径，并应分层掺放，捣固密实。

采用先拱后墙法施工时，边墙混凝土应尽早浇筑，以避免对拱圈产生不良影响。墙顶刹尖混凝土应捣实。

⑤ 拱圈封顶应随拱圈的浇筑及时进行。墙顶封口应留7~10cm，在完成边墙灌注24h后进行，封口前必须将拱脚的浮渣清除干净，封顶、封口的混凝土均应适当降低水灰比，并捣固密实，不得漏水。

⑥ 仰拱施工。应结合拱圈施工抓紧进行使结构尽快封闭；仰拱浇筑前应清除积水、杂物、虚渣等；应使用拱架模板浇筑仰拱混凝土。

⑦ 拱墙背后的空隙必须回填密实，并与衬砌同时施工。先拱后墙法施工时，拱脚以上1m范围内的超挖，应用与拱圈相同等级混凝土同时浇筑。边墙基底以上1m范围内超挖，应与边墙同时浇筑。其余部位（包括仰拱），超挖在允许范围内可用与衬砌相同等级混凝土同时浇筑；超挖大于规定时，宜用片石混凝土或M10浆砌片石回填，不得用渣体随意回填，严禁片石侵入衬砌断面（或仰拱断面）。当围岩稳定并干燥无水时，可先用干砌片石回填，再在衬砌背后压浆。

⑧ 隧道通过含有侵蚀性地下水段时，应对地下水作水质分析，衬砌应采用抗侵蚀性混凝土。

⑨ 衬砌拆模后应立即养护，养护时间一般为7~14d。寒冷地区，应做好衬砌的防寒保温工作。

⑩ 衬砌采用防水混凝土施工。

目前一些高速公路建设项目要求水泥等级不低于42.5级；水灰比不应大于0.55，严寒地区不应大于0.5；最小水泥用量不应少于200kg/m³，拱顶封顶部分不应少于350kg/m³；冬季施工的防水混凝土，应掺用加气剂降低原有的水灰比。混凝土浇筑前，必须清除模板上泥污杂物，且用水湿润，确保模板不漏浆；有承压水时应先引流再浇筑防水混凝土。

（2）新奥法

新奥法即奥地利隧道施工新方法（New Austrian Tunnelling Method，NATM），是奥地利学者腊布希维兹首先提出来的。新奥法是以控制爆破或机械开挖为主要掘进手段，以锚杆、喷射混凝土为主要支护方法，理论、量测和经验相结合的一种施工方法。

1）新奥法施工的基本原则。

① 少扰动：在进行隧道开挖时，尽量减少对围岩的扰动次数、扰动强度、扰动范围和扰动持续时间。严格进行控制爆破；尽量采用大断面开挖；根据围岩级别、开挖方法、支护条件选择合理的循环掘进进尺；自稳定性差的围岩，循环掘进进尺应短一些；支护应尽量紧跟开挖面，缩短围岩应力松弛时间。

② 早喷锚：开挖后及时施作初期锚喷支护，使围岩的变形进入受控制状态。一方面是为了使围岩不致因变形过度而产生坍塌失稳；另一方面是使围岩变形适度发展，以充分发挥围岩的自承能力。必要时可采取超前预支护措施。

③ 勤量测：以直观、可靠的量测方法和量测数据来准确评价围岩（或围岩加支护）的稳定状态，或判断其动态发展趋势，以便及时调整支护形式、开挖方法，以确保施工安全和顺利进行。

④ 紧封闭：一方面是指采取喷射混凝土等防护措施，避免围岩因长时间暴露而致强度和稳定性的衰减，尤其是对于易风化的软弱围岩；另一方面是指要对围岩施作封闭支护，这样做不仅可以及时阻止围岩变形，而且可以使支护和围岩能进入良好的共同工作状态。

2）隧道开挖。根据地质条件、断面开挖宽度的不同，新奥法的开挖施工一般采用全断面开挖法、台阶开挖法及分部开挖法。全断面开挖法及台阶开挖法应用最广，约占新奥法施工总量的98%，其施工程序及施工方法同矿山法。分部开挖法仅在以下情况下采用：断面开挖宽度大于 8m，围岩十分软弱；采用其他方法基础承载力不能满足要求；对地面沉陷有严格控制时。

全断面开挖法是按设计开挖断面一次开挖成形。全断面开挖有较大的工作空间，适用于大型配套机械化施工，施工速度快，因单工作面作业，便于施工组织和管理。一般应尽量采用全断面开挖法。

台阶开挖法一般是将设计断面分上半断面和下半断面两次开挖成形，也有采用台阶上部弧形导坑超前开挖的。

分部开挖法是将隧道断面分部开挖逐步成形，且一般将某部超前开挖，故也可称为导坑超前开挖法。常用的有上下导坑超前开挖法、上导坑超前开挖法、单（双）侧壁导坑超前开挖法等。

3）喷射混凝土。

① 喷射作业应分段、分片自下而上顺序进行，每段长度不宜超过 6m。

② 喷射混凝土作业需紧跟开挖面时，下次爆破距喷混凝土作业完成时间的间隔，不得小于 4h。

③ 采用钢筋网喷射混凝土时，可在岩面喷射一层混凝土后再进行钢筋网的铺设，并在锚杆安设后进行。

④ 采用钢架喷射混凝土。

⑤ 钢架支撑可选用 H 型钢、工字钢、U 型钢、钢轨、钢管或钢筋格栅等制作。

4）锚杆支护的施工。

① 锚杆安设作业应在喷射混凝土后及时进行。

② 钻孔前应根据设计要求定出孔位，钻孔方向宜尽量与岩层主要结构面垂直。

③ 灌浆作业：注浆开始或中途暂停超过 30min 时，应用水润滑灌浆罐及其管路。注浆孔口压力不得大于 0.4MPa。注浆管插至距孔底 5～10cm 处，随水泥砂浆的注入缓慢匀速拔出，随即迅速将锚杆插入，锚杆插入孔内的长度不得短于设计长度的 95%。若孔口无砂浆流出，应将杆体拔出重新注浆。早强水泥砂浆锚杆和楔缝锚杆（包括胀壳式锚杆）是两种主要的锚杆类型，施工时应符合有关规定。

5）二次衬砌。

① 二次衬砌的施作，应在围岩和锚杆支护变形基本稳定后进行。

② 灌筑作业由下向上依次灌筑。当设计规定需先灌筑拱圈时，应采取防止拱脚下沉措施，必要时，可架设纵向托梁；隧道有仰拱时，宜先灌筑仰拱。每段施工长度应根据地质情况确定；二次衬砌的混凝土应连续灌筑，不得间歇。

6）混凝土养护。

① 采用硅酸盐水泥拌制的混凝土，其养护时间不得小于 7d，掺有外加剂或有抗渗要求的混凝土，不得少于 14d。

② 加覆盖物或洒水。养护用水的温度应与环境温度基本相同。

（3）全断面掘进机法施工

隧道掘进机法是用掘进机切削破岩，开凿岩石的施工方法，始于 20 世纪 30 年代。随着掘进机技术的迅速发展和机械性能的日益完善，隧道掘进机施工得到了很快发展。掘进机施工有着与钻爆法施工不可比拟的优点。在世界科技飞速发展的今天，更使掘进机有了广阔的使用条件。虽然钻爆法仍是当前山岭隧道施工的最普遍的方法，而且掘进机也不能取代钻爆法施工，但用掘进机施工的隧道数量不断上升。

1）掘进机法服务业特点。

① 作业人员少，进度快，日进尺可达 10 ~ 30m；有时可达 50m。

② 与钻爆法施工比较，洞内粉尘、有害气体含量低，改善了劳动条件；施工过程是连续的，具有隧道工程"工厂化"的特点。

③ 对围岩扰动小，岩壁完整，施工安全，减少隧洞塌方事故。

④ 成洞质量好，无超欠挖现象，可减少洞壁衬砌与灌浆，衬砌支护质量好、通风条件好、减少辅助工程，节省投资。

⑤ 掘进机设备一次性投资大；对地质条件的依赖性大；设备的型号一旦决定，开挖断面尺寸不可改变；机械运输和组装较难。

2）掘进机的施工隧洞工艺流程。

① 隧洞进洞前常规的洞口处理，包括劈坡、安全处理及洞口施工的现场平整，附属设施修建等。

② 由厂家运来的掘进机零部件在洞口外组装。

③ 用钻爆法先掘进一定长度（即为掘进机机身的全长），并用混凝土支护洞壁。

④ 将施工用的风、水、电、道路（如用有轨运输应修铁路）、激光定向点等引入洞内。

⑤ 整机移入洞内，利用侧支撑与洞壁的摩擦力将刀盘顶拢岩面，回转刀盘使岩块削落，装在刀盘上的铲斗将石渣装入机头皮带机运到存料斗，再用其他运输工具运到洞外。

⑥ 刀盘推进到一定长度（即推进活塞杆长度视不同机械而异），收缩侧支撑，刀盘质量由前下支撑承担，收缩推进活塞，侧支撑向前移动，然后再将侧支撑靴板顶拢洞壁，完成刀盘一次掘进全过程。

（4）盾构法施工

盾构是一种集施工开挖、支护、推进、衬砌、出土等多种作业于一体的大型暗挖隧道施工机械。盾构通常由盾构壳体、推进系统、拼装系统、出土系统四大部分组成。按盾构断面形状不同可将盾构分为圆形、拱形、矩形和马蹄形四种。圆形因其抵抗地层中的土压力和水压力较好，衬砌拼装简便，可采用通用构件，易于更换，因而应用较广泛。按开挖方式不同可将盾构分为手工挖掘式盾构、半机械挖掘式盾构和机械挖掘式盾构三种。

1）手工挖掘式盾构：有敞开式、正面支撑式和棚式，此类盾构辅以气压法或降水法等疏干地层的措施并使用必要的正面支撑后，可适用于各种地层中，特别是地下障碍物较多的地层；在精心施工的条件下，也可将地表变形控制到中等或较小的程度。

2）半机械挖掘式盾构：包括正铲、反铲、螺旋切削、软岩掘进机等，适用范围基本和手工挖掘式盾构一样，可减轻劳动强度。

3）机械式挖掘盾构：有开胸的大刀盘切削、闭胸式的局部气压、泥水加压、土压平衡等形式，当土质好，能自立，或采用辅助措施后自立时，则可用开胸式机械盾构；如地层土质差，应采用闭胸机械式盾构。

盾构法隧道的衬砌应具有支承土压的能力和易于操作的结构形式。因此，一般而言，结构由两层构成：第一层是推进时在盾尾内进行拼装的一次衬砌；第二层是在一衬内侧浇筑的二次衬砌。一次衬砌在施工中起到支撑和承受盾构推力的作用，成环后成为永久性的结构。一次衬砌一般采用的是施工迅速、安装容易的管片结构。二次衬砌通常用来加强管片防水、防锈的能力，并且起到内部装修的作用，还用来提高结构的刚度并以此作为防振措施。

8.2.3　隧道工程定额运用实例

【例8-2】　某隧道开挖正洞长8000m，辅助坑道为斜井长500m，其中从进出口开挖6000m，从辅洞开挖2000m，围岩均为Ⅲ级，开挖方式采用机械开挖自卸汽车运土。确定该工程适用的预算定额。

解：

（1）确定开挖定额。

1）从进出口开挖长度6000m，其中5000m适用定额为 [3-1-3-27]，另外1000m需叠加计算，即增加 [3-1-3-33]×1。

2）从辅助坑道分两部分：第一部分为正洞开挖长度2000m，适用定额为 [3-1-3-9]；第二部分为辅助坑道开挖长度500m，适用定额为 [3-3-1-3]。

（2）确定出渣定额。

1）通过进出口的正洞出渣，适用定额为 [3-1-3-55] + [3-1-3-58]×1

2）通过辅助坑道的正洞出渣，出渣运输按正洞和斜井两段分别计算，二者叠加使用，适用定额为 [3-1-3-46]；辅助坑道出渣适用定额为 [3-1-3-61]。

8.3　隧道工程工程量清单计价综合案例

【例8-3】 广西某高速公路隧道设计形式为分离式隧道，隧道左线起讫里程桩号：K35 + 070 ~ K35 + 510，长440m；隧道右线起讫里程桩号：K35 + 090 ~ K35 + 550，长460m。按隧道分类属短隧道，隧道最大埋深约65m。洞身施工开挖采用三台阶法施工，拌和场地位于K34 + 550右侧20m处，具体开挖方案施工单位可根据实际地质条件作适当调整。图8-2为隧道示意图。根据施工图统计该隧道工程工程量清单见表8-4。

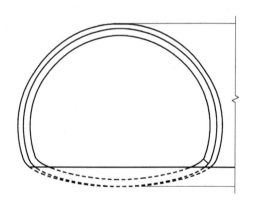

图8-2　广西某高速公路隧道示意图

表8-4　某隧道工程工程量清单表

结构部位	材料名称	单位	合计	备注
洞口防护	M7.5浆砌片石护坡	m³	118	挖沟硬土90m³
	C20喷混凝土	m³	384	
	光圆钢筋（HPB235）	kg	3820	挂网钢筋1.95t，基础、支撑梁钢筋2.87t
	砂浆锚杆（φ22mm）	m	1031	

（续）

结构部位	材料名称	单位	合计	备注
洞门建筑	大理石或花岗石镶面	m²	360	
	C25 混凝土洞门	m²	14	
	C15 片石混凝土	m³	440	
	M7.5 浆砌片石	m³	133	
	带肋钢筋	kg	655	
洞顶回填	回填土石方	m³	131	填砂砾
洞身开挖	洞内挖方	m³	29619	平均 2km 做利用方
超前支护	锚杆（φ22mm 砂浆锚杆）	m	8583	
	管棚（φ108mm）	m	3438	
	注浆小导管（φ42mm）	m	6704	
	I18 工字钢	kg	1639	
	C25 混凝土	m³	97	
	φ127mm×4mm 孔口管	kg	1941	
	光圆钢筋	kg	177	
	带肋钢筋	kg	2100	
喷锚支护	C20 喷射混凝土	m³	12781	
	注浆锚杆（规格）	m	27122	
	锚杆（规格）	m	151685	
	钢筋网	kg	169488	
钢架支护	钢筋格栅	kg	193031	
	型钢支架	kg	101737	
洞身衬砌	C25 防水混凝土	m³	31860	
	光圆钢筋（Ⅰ级）	kg	12190	
	带肋钢筋（HRB335）	kg	138386	
…级仰拱、铺底混凝土	C15 片石混凝土	m³	2255	
	C20 混凝土整平层	m³	5562	
…级边沟、电缆沟混凝土	C25 现浇混凝土	m³	1172	
	光圆钢筋（HPB235）	kg	98096	
	带肋钢筋（HPB335、HRB400）	kg	109463	
	预埋钢材	kg	102	
	C15 混凝土	m³	619	
洞内路面	光圆钢筋（HPB235）	kg	932	
	带肋钢筋	kg	8708	
	水泥混凝土底层（厚 250mm）	m²	28928	
洞内机电设施预埋件和消防设施	预埋件	kg	8293	
	集水池	座	4	
防水与排水	防水板	m²	89203	
	止水带	m	878	
	止水条	m	7590	
	Ω 形弹簧排水管	m	8328	
	φ100mm HDPE 双壁波纹管	m	8928	

解：利用"纵横公路工程造价软件"对以上清单项目进行计算，工、料、机单价采用部颁《公路工程预算定额》价格，各费率采用山东省高速及一级公路费用标准，实际报价时应采用当时当地工、料、机价格及费率标准，各报表见表8-5和表8-6。

表8-5　某隧道工程量清单报价表

合同段：某公路隧道　　　　　　　　　　　　　　　　　　　　　　货币单位：元

细目号	细目名称	单位	数量	单价	合价
	清单　第500章　隧道				
502-1	洞口、明洞开挖				
-b	石方	m³	1176	8.82	10372
502-3	洞口坡面防护				
-a	浆砌片石护坡	m³	118	227.79	26879
-d	喷射混凝土护坡	m³	384	646.88	248402
-i	钢筋	kg	3820	6.23	23799
-j	锚杆	m	1031	41.54	42828
502-4	洞门建筑				
-d	洞门墙装修	m²	14	575.07	8051
-c	浆砌片粗料石（块石）	m³	133	284.94	37897
-e	钢筋	kg	655	4.63	3033
502-7	洞顶回填				
-b	回填	m³	131	91.96	12047
503-1	洞身开挖				
-a	洞身开挖（不含竖井、斜井）	m³	29619	78.54	2326276
503-2	洞身支护				
-c-1	砂浆锚杆	m	8583	31.48	270193
-a-6	管棚	m	3438	258.00	887004
-b	注浆小导管	m	6704	41.11	275601
-e-1	型钢支架	kg	1639	17.19	28174
-d-2	喷射混凝土	m³	97	544.41	52808
-a-3	孔口管	kg	1941	118.94	230863
-a-5	钢筋	kg	2277	5.33	12136
-d-2	喷射混凝土	m³	12781	753.88	9635340
-c-3	中空注浆锚杆	m	27122	40.74	1104950
-c-5	预应力锚杆	m	151685	31.55	4785662
-d-1	钢筋网	kg	169488	5.86	993200
-e	钢支架支护				
-e-2	钢筋格栅	kg	193031	17.2	3320133
-e-1	型钢支架	kg	101737	19.78	2012358
504-1	洞身衬砌				
-b	现浇混凝土	m³	31860	490.24	15619046

（续）

清单 第 500 章 隧道

细目号	细 目 名 称	单位	数量	单价	合价
- a	钢筋	kg	150576	5.33	802570
504-2	仰拱、铺底混凝土				
- a	现浇混凝土仰拱	m²	2255	305.67	689286
- b	现浇混凝土仰拱回填	m³	5562	314.04	1746690
504-3	边沟、电缆沟混凝土				
- a	现浇混凝土沟槽	m³	1172	707.54	829237
- d	钢筋	kg	207559	5.08	1054400
- e	铸铁盖板	kg	102	6.90	704
- c	预制安装混凝土沟槽盖板	m³	619	321.91	199262
504-5	洞内路面				
- a	钢筋	kg	9640	4.49	43284
- b	现浇混凝土	m³	28928	91.06	2634184
510-1	预埋件	kg	8293	6.91	57305
510-2-c	集水池	座	4	6669.00	26676
505-1	防水与排水				
- c	防水板	m²	89203	37.27	3324596
- d	止水带	m	878	53.46	46938
- e	止水条	m	7590	36.99	280754
- b-4	Ω 形排水管	m	8328	41.75	347694
- b-3	U 形排水管	m	8928	25.32	226057

表 8-6 某隧道工程量清单报价分析表

建设项目名称：某公路隧道

编制范围：某公路隧道

编号	名 称	单位	工程量	费率编号	备 注
	清单 第 500 章 隧道				
502-1	洞口、明洞开挖	m³	1176		
1-1-10-5 改	2m³ 内装载机装软石	1000m³	1.176	5	
1-1-15-30	165kW 内推土机 20m 软石	1000m³	1.176	5	
1-1-11-3 改	8t 内自卸车运土 2km	1000m³	1.176	3	+4×2
502-3	洞口坡面防护				
- a	浆砌片石护坡	m³	118		
5-1-10-2 改	浆砌片石护坡	10m³	11.800	8	M5，-3.5，M7.5，+3.5
1-2-1-3	人工挖沟硬土	1000m³	0.118	1	
- d	喷射混凝土护坡	m³	384		
5-1-8-8	喷混凝土边坡（高 20m 内）	10m³	38.400	8	
4-11-11-20	6m³ 内混凝土搅拌运输车运 1km	100m³	3.840	3	

（续）

编号	名　称	单位	工程量	费率编号	备　注
-i	钢筋	kg	3820		
5-1-8-2 改	钢筋挂网边坡（高 20m 内）	1t	1.950	13	
4-6-1-12 改	基础、支撑梁钢筋	1t	2.870	13	111 量 1.025，112 量 0
-j	锚杆	m	1031		
5-1-8-11	锚杆埋设边坡（高 20m 内）	1t	3.079	13	
502-4	洞门建筑				
-d	洞门墙装修	m²	14		
4-6-1-5 改	支撑梁混凝土	10m³	1.400	8	普 C20-32.5-4，-10.2，普 C25-32.5-2，+10.2
4-11-11-11	混凝土搅拌站拌和（40m³/h 内）	100m³	0.140	8	
4-11-11-20	6m³ 内混凝土搅拌运输车运 1km	100m³	0.140	3	
-c	浆砌片粗料石（块石）	m³	133		
4-5-2-3	实体式墩高 10m 内	10m³	13.300	8	
1-2-1-3	人工挖沟硬土	1000m³	0.133	1	
-e	钢筋	kg	655		
4-6-1-12	基础、支撑梁钢筋	1t	0.655	13	
502-7	洞顶回填				
-b	回填	m³	131		
4-11-5-1	填砂砾（砂）垫层	10m³	13.100	8	
503-1	洞身开挖				
-a	洞身开挖（不含竖井、斜井）	m³	29619		
3-1-3-4	正洞Ⅳ级围岩隧长 1000m 内开挖	100m³	296.190	12	
3-1-3-4	Ⅳ～Ⅴ级围岩隧长 1000m 内出渣	100m³	296.190	12	
503-2	洞身支护				
-c-1	砂浆锚杆	m	8583		
3-1-6-1	砂浆锚杆	1t	25.578	12	
-a-6	管棚	m	3438		
3-1-7-4	管棚 φ108mm	10m	343.800	12	
-b	注浆小导管	m	6704		
3-1-7-5	超前小导管	100m	67.040	12	
-e-1	型钢支架	kg	1639		
3-1-5-1	制作安装型钢钢架	1t	1.639	12	
3-1-6-1	砂浆锚杆	1t	1.639	12	
-d-2	喷射混凝土	m³	97		
3-1-7-1	套拱混凝土	10m³	9.700	12	
4-11-11-11	混凝土搅拌站拌和（40m³/h 内）	100m³	0.970	8	
3-1-9-9	6m³ 内混凝土搅运车洞内运 1km	100m³	0.970	12	

（续）

编号	名　　称	单位	工程量	费率编号	备　注
4-11-11-20	6m³内混凝土搅拌运输车运1km	100m³	0.970	3	
-a-3	孔口管	kg	1941		
3-1-7-2	套拱孔口管	10m	194.100	12	
-a-5	钢筋	kg	2277		
3-1-9-6	衬砌钢筋	1t	2.277	13	
-d-2	喷射混凝土		12781		
3-1-8-1改	喷射混凝土	10m³	1278.100	12	喷C25-32.5-2，-12，喷C20-32.5-2，+12
4-11-11-11改	混凝土搅拌站拌和（40m³/h内）	100m³	127.810	8	人、机、小型机具×1.26
3-1-9-9改	6m³内混凝土搅运车洞内运1km	100m³	127.810	12	人、机、小型机具×1.26
4-11-11-20改	6m³内混凝土搅拌运输车运1km	100m³	127.810	3	
-c-3	中空注浆锚杆	m	27122		
3-1-6-1	砂浆锚杆	1t	104.590	12	
-c-5	预应力锚杆	m	151685		
3-1-6-1	砂浆锚杆	1t	452.970	12	
-d-1	钢筋网	kg	169488		
3-1-6-5	金属网（钢筋网）	1t	169.488	13	
-e	钢支架支护				
-e-2	钢筋格栅	kg	193031		
3-1-5-2	制作安装格栅钢架	1t	193.031	12	
3-1-6-1	砂浆锚杆	1t	28.036	12	
-e-1	型钢支架	kg	101737		
3-1-5-1	制作安装型钢钢架	1t	101.737	12	
504-1	洞身衬砌				
-b	现浇混凝土		31860		
3-1-9-2改	现浇混凝土模架	10m³	3032.440	12	泵C25-32.5-4，-11.7，防C25-32.5-4，+11.7
3-1-9-3改	现浇混凝土仰拱	10m³	153.560	12	泵C25-32.5-4，-10.4，防C25-32.5-4，+10.4
4-11-11-11改	混凝土搅拌站拌和（40m³/h内）	100m³	318.600	8	人、机、小型机具×1.26
3-1-9-9改	6m³内混凝土搅运车洞内运1km	100m³	318.600	12	人、机、小型机具×1.26
4-11-11-20改	6m³内混凝土搅拌运输车运1km	100m³	318.600	3	人、机、小型机具×1.26
-a	钢筋	kg	150576		
3-1-9-6	衬砌钢筋	1t	15.0576	13	
504-2	仰拱、铺底混凝土				
-a	现浇混凝土仰拱	m²	2255		
4-11-11-11改	混凝土搅拌站拌和（40m³/h内）	100m³	22.550	8	人、机、小型机具×1.26

（续）

编号	名　称	单位	工程量	费率编号	备　注
3-1-9-9 改	6m³ 内混凝土搅运车洞内运 1km	100m³	22.550	12	人、机、小型机具×1.26
4-11-11-20 改	6m³ 内混凝土搅运车运 1km	100m³	22.550	3	人、机、小型机具×1.26
3-1-9-3 改	现浇混凝仰拱	10m³	225.500	12	泵 C25-32.5-4，-10.4，泵 C15-32.5-4，+10.4
-b	现浇混凝土仰拱回填	m³	5562		
3-1-9-3 改	现浇混凝仰拱	10m³	556.200	12	泵 C25-32.5-4，-10.4，泵 C20-32.5-4，+10.4
4-11-11-11	混凝土搅拌站拌和（40m³/h 内）	100m³	55.620	8	
3-1-9-9	6m³ 内混凝土搅运车洞内运 1km	100m³	55.620	12	
4-11-11-20	6m³ 内混凝土搅拌运输车运 1km	100m³	55.620	3	
504-3	边沟、电缆沟混凝土				
-a	现浇混凝土沟槽		1172		
3-1-13-1	现浇混凝土沟槽	10m³	117.200	12	
4-11-11-11 改	混凝土搅拌站拌和（40m³/h 内）	100m³	11.720	8	人、机、小型机具×1.26
3-1-9-9	6m³ 内混凝土搅运车洞内运 1km	100m³	11.720	12	
4-11-11-20	6m³ 内混凝土搅拌运输车运 1km	100m³	11.720	3	
-d	钢筋	kg	207559		
3-1-13-4	沟槽钢筋	1t	207.559	13	
-e	铸铁盖板	kg	102		
3-4-1-1	通风机预埋件	1t	0.102	10	
-c	预制安装混凝土沟槽盖板		619		
4-11-5-6 改	混凝土垫层	10m³	61.900	8	普 C10-32.5-4，-10.2，普 C15-32.5-4，+10.2，人、机、小型机具×1.26
4-11-11-11	混凝土搅拌站拌和（40m³/h 内）	100m³	6.190	8	
3-1-9-9	6m³ 内混凝土搅运车洞内运 1km	100m³	6.190	12	
4-11-11-20	6m³ 内混凝土搅运车运 1km	100m³	6.190	3	
504-5	洞内路面				
-a	钢筋	kg	9640		
2-2-17-15	路面钢筋	1t	9.640	6	
-b	现浇混凝土	m³	28928		
2-2-17-1 改	人工铺筑混凝土厚 20cm	1000m²	28.928	6	人、机、小型机具×1.26
3-1-9-9 改	6m³ 内混凝土搅运车洞内运 1km	100m³	72.300	12	人、机、小型机具×1.26
4-11-11-20 改	6m³ 内混凝土搅拌运输车运 1km	100m³	72.300	3	人、机、小型机具×1.26
510-1	预埋件	kg	8293		
5-4-2-1	风机预埋件	1t	8.293	10	
510-2-c	集水池	座	4		

（续）

编 号	名 称	单位	工程量	费率编号	备 注
4-1-1-5	人工挖淤泥	1000m³	0.004	8	
3-1-13-1	现浇混凝土沟槽	10m³	0.400	12	
3-1-13-3	预制混凝土盖板	10m³	0.400	12	
1-2-4-11 改	安装水沟盖板	10m³	0.400	8	人、机、小型机具×1.26
3-1-13-4	沟槽钢筋	1t	4	13	
4-11-11-11	混凝土搅拌站拌和（40m³/h 内）	100m³	0.040	8	
4-11-11-20	6m³ 内混凝土搅拌运输车运 1km	100m³	0.040	3	
505-1	防水与排水				
-c	防水板		89203		
3-1-11-1	复合式防水板	100m²	892.030	12	
-d	止水带	m	878		
3-1-11-2	橡胶止水带	10m	87.800	12	
-e	止水条	m	7590		
3-1-11-3	橡胶止水条	100m	75.900	12	
-b-4	Ω 形排水管	m	8328		
3-1-12-1	纵向排水管（弹簧管）	100m	83.280	12	
-b-3	U 形排水管	m	8928		
3-1-12-2	纵向排水管（HPDE 管）	100m	89.280	12	

第9章 | 安全设施及预埋管线工程 工程量清单计量与计价

9.1 安全设施及预埋管线工程工程量清单计量

9.1.1 安全设施及预埋管线工程工程量清单计量规则说明

1. 安全设施及预埋管线工程内容

安全设施及预埋管线工程包括护栏、隔离栅、道路交通标志、道路交通标线、防眩设施、通信管道及电力管道、预埋（预留）基础、收费设施和地下通道工程。

2. 有关问题的说明及提示

1）混凝土护栏不扣除混凝土沉降缝、泄水孔所占体积，桥上混凝土护栏（护墙、立柱）在《公路工程标准施工招标文件》第八章"工程量清单计量规则"的410-6"现浇混凝土附属结构"中计量。固定钢筋的材料、定位架立钢筋、钢筋接头、吊装钢筋、钢板、铁丝作为钢筋作业的附属工作，不另行计量。

2）石砌护墙不扣除砌体沉降缝、泄水孔所占体积。

3）隔离栅不扣除混凝土立柱所占沿路线长度，三角形起讫端按相应沿路线长度的1/2计量。防落物网的立柱、安装网片的支架，预埋件及紧固件、防雷接地等不另行计量。

4）防眩网不扣除立柱所占长度。

5）管道工程不扣除人孔、手孔所占长度。

9.1.2 安全设施及预埋管线工程工程量清单计量规则详表

安全设施及预埋管线工程工程量清单计量规则见表9-1。

表 9-1　安全设施及预埋管线工程工程量清单计量规则

子目号	子目名称	计量单位	工程量计算	工程内容
602	护栏			
602-1	混凝土护栏（护墙、立柱）			
-a	现浇混凝土护栏	m³	1. 依据设计图所示位置和断面尺寸，按图示浇筑的不同强度的混凝土体积以"m³"为单位计量 2. 不扣除混凝土沉降缝、泄水孔所占体积 3. 桥上混凝土护栏（护墙、立柱）在410-6中计量	1. 基槽开挖 2. 铺筑垫层 3. 模板制作、安装、拆除 4. 混凝土制作、运输、浇筑、养护 5. 沉降缝、泄水孔预留、灌缝处理 6. 基坑回填、夯实 7. 清理，弃方处理

（续）

子目号	子目名称	计量单位	工程量计算	工程内容
-b	预制安装混凝土护栏	m³	1. 依据设计图所示位置和断面尺寸，按图示预制并安装的不同强度等级的混凝土体积以"m³"为单位计量 2. 不扣除混凝土沉降缝、泄水孔和预埋件所占体积 3. 桥上混凝土护栏（护墙、立柱）在410-7中计量	1. 混凝土护栏块预制、运输 2. 基槽开挖 3. 铺筑垫层 4. 结合面凿毛 5. 混凝土护栏块安装 6. 接缝处理 7. 基坑回填、夯实 8. 清理、弃方处理
-c	现浇混凝土基础	m³	依据设计图所示位置和断面尺寸，按图示浇筑混凝土体积以"m³"为单位计量	1. 基槽开挖、清理 2. 模板制作、安装、拆除 3. 混凝土拌制、运输、浇筑、养护 4. 基坑回填、夯实 5. 清理，弃方处理
-d	钢筋	kg	1. 依据设计图所示及钢筋表所列钢筋质量以"kg"为单位计量 2. 固定钢筋的材料、定位架立钢筋、钢筋接头、吊装钢筋、钢板、铁丝作为钢筋作业的附属工作，不另行计量	1. 钢筋的保护、储存及除锈 2. 钢筋整直、接头 3. 钢筋截断、弯曲 4. 钢筋安设、支承及固定
602-2	石砌护墙	m³	1. 依据设计图所示位置和断面尺寸，按图示各类石砌体积以"m³"为单位计量 2. 不扣除砌体沉降缝、泄水孔所占体积	1. 基槽开挖 2. 铺筑碎（砾）石垫层 3. 砂浆制作、运输，石料清洗，块石修面，砌体砌筑 4. 沉降缝、泄水孔预留，灌缝处理，勾缝抹面 5. 基坑回填、夯实 6. 清理，弃方处理
602-3	波形梁钢护栏			
-a	路侧波形梁钢护栏	m	依据设计图所示位置、防撞等级、构造形式代号，按图示长度以"m"为单位计量	1. 基础施工（成孔、埋入或预埋套筒或预埋地脚螺栓等） 2. 波形梁及其匹配件安装 3. 场地清理，弃方处理 4. 补涂防腐涂装
-b	中央分隔带波形梁钢护栏	m	依据设计图所示位置、防撞等级、构造形式代号，按图示长度（单柱）以"m"为单位计量	1. 基础施工（成孔、埋入或预埋套筒或预埋地脚螺栓等） 2. 波形梁及其匹配件安装 3 场地清理，弃方处理 4. 补涂防腐涂装

（续）

子目号	子目名称	计量单位	工程量计算	工程内容
- c	波形梁钢护栏端头	个	1. 依据设计图所示位置、断面尺寸，按图示各型号端头数量，以"个"为单位计量 2. 每个端头的长度为沿路线的长度，详见《公路交通安全设施设计细则》（JTG/T D81—2017）	1. 基槽开挖 2. 混凝土制备、运输，埋设预埋件，浇筑、养护 3. 安装波形梁护栏端头 4. 场地清理，弃方处理 5. 补涂防腐涂装
602-4	缆索护栏			
- a	路侧缆索护栏	m	依据设计图所示位置和断面尺寸，分不同类型，按图示护栏长度以"m"为单位计量	1. 基槽开挖 2. 基础施工 3. 缆索及各种匹配件安装 4. 张拉、固定 5. 场地清理，弃方处理 6. 补涂防腐涂装
- b	中央分隔带缆索护栏	m	依据设计图所示位置和断面尺寸，分不同类型，按图示护栏长度以"m"为单位计量	1. 基槽开挖 2. 基础施工 3. 立柱及支架设置 4. 缆索及各种匹配件安装 5. 张拉、固定 6. 场地清理，弃方处理 7. 补涂防腐涂装
602-5	中央分隔带活动护栏			
- a	钢质插拔式	m	依据设计图所示位置和断面尺寸，按图示活动护栏长度以"m"为单位计量	1. 基础开挖 2. 护栏固定型钢及插口型钢基槽埋设 3. 护栏及其匹配件连接，防盗和开启装置设施安装，表面反射体安装
- b	钢质伸缩式	m	依据设计图所示位置和断面尺寸，按图示活动护栏长度以"m"为单位计量	1. 基础开挖 2. 护栏固定型钢基槽埋设 3. 护栏及其匹配件连接，防盗和开启装置设施安装，表面反射体安装
- c	钢管预应力索防撞活动护栏	m	依据设计图所示位置和断面尺寸，按图示活动护栏长度以"m"为单位计量	1. 基础开挖 2. 导向板埋设，混凝土拌制、运输、浇筑、养护，基础回填、夯实 3. 护栏单元框架及其匹配件安装，防盗和开启装置设施安装，表面反射体安装

（续）

子目号	子目名称	计量单位	工程量计算	工程内容
603	隔离栅和防落物网			
603-1	钢板网隔离栅	m	1. 依据设计图所示位置和断面尺寸，按图示钢板网隔离栅沿路线展开长度以"m"为单位计量 2. 不扣除钢管（型钢）所占沿路线长度，三角形起讫端按相应沿路线长度的1/2计量	1. 沿路线清理，基槽开挖 2. 基础混凝土制作、运输，钢管（型钢）柱埋设，浇筑、振捣、养护，网框、网面安装，隔离栅门制作安装 3. 场地清理，基坑回填，弃方处理
603-2	编织网隔离栅	m	1. 依据设计图所示位置和断面尺寸，按图示编织网隔离栅沿路线展开长度以"m"为单位计量 2. 不扣除钢管（型钢）所占沿路线长度，三角形起讫端按相应沿路线长度的1/2计量	1. 沿路线清理，基槽开挖 2. 基础混凝土制作、运输，钢管（型钢）柱埋设，浇筑、振捣、养护，网框、网面安装，隔离栅门制作安装 3. 场地清理，基坑回填，弃方处理
603-3	焊接网隔离栅	m	1. 依据设计图所示位置和断面尺寸，按图示电焊网隔离栅沿路线展开长度以"m"为单位计量 2. 不扣除钢管（型钢）所占沿路线长度，三角形起讫端按相应沿路线长度的1/2计量	1. 沿路线清理，基槽开挖 2. 基础混凝土制作、运输，钢管（型钢）柱埋设，浇筑、振捣、养护，网框、网面安装，隔离栅门制作安装 3. 场地清理，基坑回填，弃方处理
603-4	刺铁丝网隔离栅	m	1. 依据设计图所示位置和断面尺寸，按图示刺铁丝网隔离栅沿路线展开长度以"m"为单位计量 2. 不扣除混凝土立柱所占沿路线长度，三角形起讫端按相应沿路线长度的1/2计量	1. 沿路线清理，基槽开挖 2. 预制场平整、硬化，立柱钢筋（挂钩）制作安装，立柱混凝土浇筑、养护 3. 基础混凝土制作、运输，立柱埋设，浇筑、振捣、养护，刺铁丝安装，隔离栅门制作安装 4. 场地清理，基坑回填，弃方处理
603-5	防落物网	m	1. 按设计图设计以"m"为单位计量 2. 立柱、安装网片的支架，预埋件及紧固件、防雷接地等不另行计量	1. 钢管（型钢）柱埋设、浇注、养护 2. 网框、网面安装 3. 对防雷接地处理
604	道路交通标志			
604-1	单柱式交通标志	个	依据设计图所示位置和断面尺寸，分不同规格的标志板面，按安装就位的标志数量以"个"为单位计量	1. 基槽开挖 2. 基础施工（钢筋与预埋件安装、混凝土浇筑等） 3. 立柱、标志板及各种匹配件制作与安装 4. 清理，弃方处理

（续）

子目号	子目名称	计量单位	工程量计算	工程内容
604-2	双柱式交通标志	个	依据设计图所示位置和断面尺寸，分不同规格的标志板面，按安装就位的标志数量以"个"为单位计量	1. 基槽开挖 2. 基础施工（钢筋与预埋件安装、混凝土浇筑等） 3. 立柱、标志板及各种匹配件制作与安装 4. 清理，弃方处理
604-3	三柱式交通标志	个	依据设计图所示位置和断面尺寸，分不同规格的标志板面，按安装就位的标志数量以"个"为单位计量	1. 基槽开挖 2. 基础施工（钢筋与预埋件安装、混凝土浇筑等） 3. 立柱、标志板及各种匹配件制作与安装 4. 清理，弃方处理
604-4	门架式交通标志	个	依据设计图所示位置和断面尺寸，分不同规格的标志板面，按安装就位的标志数量以"个"为单位计量	1. 基槽开挖 2. 基础施工（钢筋与预埋件安装、混凝土浇筑等） 3. 门架构件、标志板及各种匹配件制作与安装 4. 清理，弃方处理
604-5	单悬臂式交通标志	个	依据设计图所示位置和断面尺寸，分不同规格的标志板面，按安装就位的标志数量以"个"为单位计量	1. 基槽开挖 2. 基础施工（钢筋与预埋件安装、混凝土浇筑等） 3. 立柱、标志板及各种匹配件制作与安装 4. 清理，弃方处理
604-6	双悬臂式交通标志	个	依据设计图所示位置和断面尺寸，分不同规格的标志板面，按安装就位的标志数量以"个"为单位计量	1. 基槽开挖 2. 基础施工（钢筋与预埋件安装、混凝土浇筑等） 3. 立柱、标志板及各种匹配件制作与安装 4. 清理，弃方处理
604-7	附着式交通标志	个	依据设计图所示位置和断面尺寸，分不同规格的标志板面，按安装就位的标志数量以"个"为单位计量	1. 安设预埋件或连接件 2. 立柱及板面制作与安装
604-8	里程碑	个	依据设计图所示位置和断面尺寸，按图示里程碑数量以"个"为单位计量	1. 基础施工或设置连接件 2. 里程碑制作与安装

（续）

子目号	子目名称	计量单位	工程量计算	工程内容
604-9	公路界碑	个	依据设计图所示位置和断面尺寸，按图示公路界碑数量以"个"为单位计量	1. 界碑制作 2. 基槽开挖、基槽混凝土浇筑、界碑埋设 3. 基坑回填、夯实 4. 清理，弃方处理
604-10	百米桩	个	依据设计图所示位置和断面尺寸，分不同类型，按图示百米桩数量以"个"为单位计量	百米桩制作、安装
604-11	防撞桶	个	依据设计图所示位置和断面尺寸，按图示防撞桶数量以"个"为单位计量	防撞桶安设、表面粘贴反光膜
604-12	锥形桶	个	依据设计图所示位置和断面尺寸，按图示锥形桶数量以"个"为单位计量	锥形桶安设、表面粘贴反光膜
604-13	道路反光镜	个	依据设计图所示位置，分不同类型的反光镜数量，以"个"为单位计量	1. 基础施工 2. 反光镜安装 3. 场地清理
605	**道路交通标线**			
605-1	热熔型涂料路面标线	m²	依据设计图所示位置和断面尺寸，分不同类型，按图示标线面积以"m²"为单位计量	1. 路面清扫 2. 刮涂底油，涂料加热溶解，喷（刮）标线，撒布玻璃珠（反光标线），初期养护
605-2	溶剂型涂料路面标线	m²	依据设计图所示位置和断面尺寸，分不同类型，按图示标线面积以"m²"为单位计量	1. 路面清扫 2. 涂料拌和溶解，喷（刮）标线，撒布玻璃珠（反光标线），初期养护
605-3	预成型标线带	m²	依据设计图所示位置和断面尺寸，分不同类型，按图示标线面积以"m²"为单位计量	1. 路面清扫 2. 刮涂底油，粘贴标线，初期养护
605-4	突起路标	个	依据设计图所示位置，分不同类型，按图示突起路标数量以"个"为单位计量	1. 路面清扫 2. 底胶调和，粘贴突起路标，初期养护
605-5	轮廓标	个	依据设计图所示位置，分不同类型，按图示轮廓标数量以"个"为单位计量	1. 基础施工及连接件设置 2. 轮廓标安装 3. 发光型轮廓标调试
605-6	立面标记	处	依据设计图所示位置，按图示立面标记以"处"为单位计量	表面清理，刮（喷）涂
605-7	锥形路标	个	依据设计图所示位置，按图示锥形路标以"个"为单位计量	锥形路标制作与安装

（续）

子目号	子目名称	计量单位	工程量计算	工程内容
605-8	减速带	m	依据设计图所示位置，按图示减速带长度以"m"为单位计量	1. 钻孔及锚杆安设 2. 橡胶减速带安装
605-9	铲除原有路面标线	m²	依据设计图所示，按铲除的原有路面标线面积以"m²"为单位计量	1. 铲除原有标线 2. 清理现场
606	防眩设施			
606-1	防眩板	块	依据设计图所示位置和断面尺寸，分不同类型，按图示防眩板数量以"块"为单位计量	1. 钻孔及螺栓安设 2. 支架安装 3. 防眩板安装，校位
606-2	防眩网	m	1. 依据设计图所示位置和断面尺寸，分不同类型，按图示防眩网长度以"m"为单位计量 2. 不扣除立柱所占长度	1. 钻孔及螺栓安设 2. 支架安装 3. 防眩网安装，校位
607	通信和电力管道与预埋（预留）基础			
607-1	人（手）孔	个	依据设计图所示位置和断面尺寸，按图示现浇混凝土人孔的数量以"个"为单位计量	1. 基槽开挖 2. 铺筑碎（砾）石垫层，立模 3. 混凝土制作、运输，构造钢筋和穿钉、管道支架、拉力环的加工制作、装卸运输、预埋，浇筑、振捣、养护，拆模 4. 钢筋混凝土上腹盖板预制或现浇的全部工序，井孔口圈和井盖制作安装 5. 基坑回填、夯实 6. 清理，弃方处理
607-2	紧急电话平台	个	依据设计图所示位置和断面尺寸，按图示电话平台的数量以"个"为单位计量	1. 基槽开挖 2. 浆砌片石基础调整，铺筑碎（砾）石垫层，立模 3. 混凝土制作、运输，钢管护栏加工制作、装卸运输、预埋，浇筑、振捣，接地母线预埋，养护，拆模 4. 基坑回填、夯实 5. 清理，弃方处理
607-3	管道工程	m	1. 依据设计图所示位置和断面尺寸，分不同类型及规格，按图示铺设的管道长度以"m"为单位计量 2. 不扣除人孔、手孔所占长度	1. 基槽开挖 2. 铺筑细粒土找平层 3. 硅芯管下料铺设，接头接续，定位，编码，包封，人孔和手孔封口，管口保护 4. 土体回填、夯实 5. 过桥管箱支架及管箱安装 6. 清理，弃方处理

（续）

子目号	子目名称	计量单位	工程量计算	工程内容
608	收费设施及地下管道			
608-1	收费亭	个	依据设计图所示位置和尺寸，分不同类型，按图示材料材质制作安装收费亭数量，以"个"为单位计量	收费亭制作、防腐，粘贴反光标识，就位、固定
608-2	收费天棚	m²	依据图示位置和尺寸，按图示材料制作安装的收费天棚平面投影面积，以"m²"为单位计量	1. 基础施工 2. 立柱结构制作、架设 3. 天棚支撑系统结构制作、安装、固定 4. 刷防护油漆
608-3	收费岛	个	依据设计图所示位置和断面尺寸，分不同类型，按图示混凝土收费岛数量，以"个"为单位计量	1. 模板制作、安装、拆除 2. 钢筋制作、安装 3. 混凝土拌和、运输、浇筑、养护 4. 涂料拌制、刮涂底油、喷（刮）标线、初期养护 5. 清理现场
608-4	地下通道	m	依据设计图所示位置和结构形式及断面尺寸，分不同类型，按地下通道中心量测的洞口间距离以"m"为单位计量	1. 支架、模板制作、安装、拆除 2. 钢筋制作、安装 3. 混凝土拌和、运输、浇筑、养护 4. 预制梁板、运输、安装 5. 清理现场
608-5	预埋管线	m	依据设计图所示位置和断面尺寸，分不同类型，按图示预埋管线长度以"m"为单位计量	1. 备管、运输 2. 基槽开挖、埋地管就位，穿放牵引铁丝、安装接续、焊缝防腐处理 3. 包封及进出口端封口处理 4. 基槽回填、夯实 5. 清理现场，弃方处理
608-6	架设管线	m	依据设计图所示位置和断面尺寸，分不同类型，按图示架设管线长度以"m"为单位计量	1. 管线支架、运输，安装 2. 管线现场就位、安装，焊缝防腐处理 3. 进出口端封口处理

9.2 安全设施及预埋管线工程工程量清单计价

9.2.1 安全设施及预埋管线预算定额应用

1. 定额名称解释

交通工程：由土木工程（主要是道路工程）衍生发展起来的一门工程分科，通常是指提高道路交通系统运行效率、安全、环保等内容有关的工程技术（如规划、设计、控制与管理等）以及相关设施（如交通安全、交通控制、通信、收费系统等）的建设活动。

交通安全设施：指为保障交通行为参与各方的出行安全、顺利到达目的而设置的各种设施；交通服务设施是指为交通行为参与各方提供休息和方便而设置的各种设施；交通管理设施是指管理部门为保证交通行为的有序进行而设置的各种设施。

护栏：指设置在道路边缘用于防止失控车辆驶出道路或越过中央分隔带而设置的交通安全设施，它兼有诱导驾驶人员的视线，引起其警惕性或限制行人任意横穿等目的，一般在路基填土较高而边坡较陡处或路线急弯处设置。其形式按刚度的不同分为柔性护栏、半刚性护栏和刚性护栏三种。

柱式护栏：指将预制的钢筋混凝土柱（一般长度在1~2m）埋置于路肩上事先挖出的洞中并在柱脚填石固定和夯实或挡土墙上事先预留的孔洞中并在柱脚填砂浆固定而构成的防止车辆驶出道路的交通安全设施。柱式护栏一般用于山区低等级公路的高填路堤、悬崖、急弯的外侧等路段，其设置间距一般2~4m，并在混凝土柱上涂上红白相间的油漆。

墙式护栏：刚性护栏的主要形式，是指以一定外观形状连续设置的墙式圬工结构物，利用失控车辆碰撞其后爬高并转向来吸收碰撞能量。墙式护栏分石砌护栏和混凝土护栏两种。

石砌墙式护栏：一般多用于低等级公路高填路堤、悬崖、急弯的外侧等路段，通常采用天然石料砌成，并用水泥砂浆抹面，在迎车行道一侧的墙上和两端涂以红白相间的油漆。其截面一般为40cm×60cm（宽×高，其高度不包括埋入路肩内的深度），有整体式和间断式两种，间断式一般以长20m、间隔20m的形式进行布置。

钢筋混凝土防撞护栏由墙体和铸铁柱及栏杆组成，按其设置位置不同，分中央分隔带护栏和路侧护栏两种，护栏高度一般为80cm左右。中央分隔带护栏的墙顶一般不设置栏杆，而是设置防眩设施。中央分隔带护栏一般用于中央分隔带宽度较窄的路段，路侧护栏一般用于构造物或半径较小的弯道、行驶条件较差以及危险陡坡的路段。

波形钢板护栏：一种以波纹状钢板相互拼接并由钢立柱支撑而组成的连续梁柱式的护栏结构，具有一定的刚度和柔性，故又称为波形梁护栏。其特点是利用土基、立柱、波形梁的变形来吸收失控车辆的碰撞能量，并使其改变方向，恢复到正常的行驶方向，避免越出路外或穿越中央分隔带闯入对面行车道。波形钢板护栏由立柱、波形钢板、紧固件以及防阻块和横隔梁等组成。

隔离栅：指将金属网绷紧在支撑结构上的一种栅栏，是对高速和一级公路进行隔离封闭的人工构造物。其目的在于防止人、畜进入或穿越公路，防止非法侵占公路用地。隔离栅有多种结构形式，主要由立柱、斜撑、金属网、连接件和基础等组成。

中间带：指由两条左侧路缘带和中央分隔带组成的道路中间部分的构造物，一般用在高速公路、一级公路整体式断面的路段。中央分隔带的作用主要是分隔对向行驶的车辆、排除纵向干扰、防止对向车辆发生碰撞；减轻夜间车灯眩光；清晰显示道路内侧边缘，引导司机视线；防止车辆任意转弯掉头；并可作为设置防撞护栏、防眩设施、交通标志及绿化等的场地。左侧路缘带起诱导视线及增加侧向余宽的作用，以提高行车速度和行车安全。

防眩板：指防止夜间行车不受到对向车辆前照灯眩目的一种防眩构造物。设置在中央分隔带中，与中央分隔带的护栏相连或直接预埋在中央分隔带土中。

车道分隔块：指设置于道路中间用于分隔对向行驶车道，防止车辆任意转弯掉头的一种分隔设施。一般采用间隔设置，并用钢筋或钢管将其串联起来，形成一道隔离设施。车道分隔块一般用于未设置中央分隔带的道路。

标志牌：指用图形符号、颜色和文字向交通参与者传递特定信息，用于交通管理的设施。其形状、图案、尺寸、设置、构造、反光、照明和道路交通标志的颜色范围以及制作，必须按规定执行。

轮廓标：指以指示道路线形轮廓为主要目标，用以指示道路方向、行车道边界及危险段位置的一种视线诱导设施。轮廓标分柱式和栏式两种。通常都是全线连续地设置在高速公路和一级公路的主线，以及互通式立体交叉、服务区、停车场等的进出匝道或连接道前进方向左、右两侧的道路边缘，设置间隔直线段一般为50m，曲线段根据半径大小可适当缩小设置间隔。

路面标线：指以规定的线条、箭头、文字、立面标记、突起路标或其他导向装置，划设于路面或其他设施上，用以管制和引导交通的设施。路面标线按功能分为指示标线、禁止标线和警告标线三类。

拦水带：指沿硬路肩外侧或路面外侧边缘设置的用以拦截路面和路肩表面水的堤埝。当路面排水采用集中排水方式时，需设置拦水带，将路面表面水汇集到拦水带内，通过间隔一定距离设置的泄水口和急流槽集中排放到路堤坡脚外。拦水带可采用水泥混凝土或沥青混凝土铺筑而成。

里程碑：指设置于公路路肩上用于指示道路里程的标牌。里程碑一般用混凝土浇筑而成，埋设于土路肩中。

百米桩：指设置于公路路肩上两块里程碑之间用以标注每100m路线长度的标牌。

界碑：指当公路穿过不同的行政区域时，在两个行政区域交界处设置于公路路肩上用以指示不同行政区域的标牌。

公共汽车停靠站防雨篷：指在公路两侧设置的公共汽车停靠站处修建的供乘客避雨的设施。

监控系统：指为了控制和诱导交通，促进交通畅通和安全而实施的管理手段，一般采用与随时变化的交通情况相适应的设备，如监视、监控、监测、传感、信号灯及电子计算机等设施，以准确地指挥交通。

收费系统：指完成收费功能的设施、装备和人员的集合体。按收费方式的不同，收费系统分为全人工收费、半自动收费、自动收费；按是否停车，收费系统分为停车收费和不停车收费。收费系统包括收费站场、收费出入口、车道控制设备、车道外场设备、计算机终端、收费站计算系统。

管理中心：监控、收费系统的核心，信息采集子系统将采集的信息传输到管理中心，经计算机处理后，向信息提供子系统发出指令，指挥车辆安全运行。一般情况下，每个省、自治区、直辖市行政区域内设置一个管理中心，负责对区域所有道路监控管理，一般下设若干个管理分中心，并对各分中心进行协调管理。

管理分中心：指在管理中心下设置的负责某条道路监控、收费的管理机构，一般每条路设置一个，并下设若干个管理站。

管理站：指在管理分中心下设置的对某个路段的监控、收费进行管理的机构，应根据管理业务的需要进行设置，一般间隔50km设置一处，并与收费站点合并设置。

2. 预算定额说明

（1）总说明

1）本章定额包括交通安全设施、监控收费系统、通信管道及通信系统、通风机消防设施、供电照明系统、电缆敷设、配管配线及铁构件制作安装等项目。

2）本章定额中均已包括混凝土的拌和费用。

（2）安全设施

本部分定额包括混凝土、砌体护栏，钢护栏，隔离栅，标志牌，路面标线，里程碑、百米桩、界碑，轮廓标，防眩、防撞设施，中间带，拆除安全设施，客运汽车停靠站防雨篷等项目。

1）定额中波形钢板、型钢立柱、钢管立柱、镀锌钢管、护栏、钢板网、钢板标志、铝合金板标志、柱式轮廓标、钢管防撞立柱、镀锌钢管栏杆、预埋钢管等均为成品，编制预算时按成品价格计算。其中标志牌单价中不含反光膜的费用。

2）水泥混凝土构件的预制、安装定额中均包括了混凝土及构件运输的工程内容，使用定额时，不得另行计算。

3）工程量计算规则：

① 钢筋混凝土防撞护栏中铸铁柱与钢管栏杆按柱与栏杆的总质量计算，预埋螺栓、螺母及垫圈等附件已综合在定额内，使用定额时，不得另行计算。

② 波形钢板护栏中钢管柱、型钢柱按柱的成品质量计算；波形钢板按波形钢板、端头板（包括端部稳定的锚定板、夹具、挡板）与撑架的总质量计算，柱帽、固定螺栓、连接螺栓、钢丝绳、螺母及垫圈等附件已综合在定额内，使用定额时，不得另行计算。

③ 隔离栅中钢管柱按钢管与网框型钢的总质量计算，型钢立柱按柱与斜撑的总质量计算，钢管柱定额中已综合了螺栓、螺母、垫圈及柱帽钢板的数量，型钢立柱定额中已综合了各种连接件及地锚钢筋的数量，使用定额时，不得另行计算。

钢板网面积按各网框外边缘所包围的净面积之和计算。

刺铁丝网按刺铁丝的总质量计算；铁丝编织网面积按网高（幅宽）乘以网长计算。

④ 中间带隔离墩上的钢管栏杆与防眩板分别按钢管与钢板的总质量计算。

⑤ 金属标志牌中立柱质量按立柱、横梁、法兰盘等的总质量计算；面板质量按面板、加固槽钢、抱箍、螺栓、滑块等的总质量计算。

⑥ 路面标线按画线的净面积计算。

⑦ 公共汽车停靠站防雨篷中钢结构防雨篷的长度按顺路方向防雨篷两端立柱中心间的长度计算；钢筋混凝土防雨篷的水泥混凝土体积按水泥混凝土垫层、基础、立柱及顶棚的体积之和计算，定额中已综合了浇筑立柱及篷顶混凝土所需的支架等，使用定额时，不得另行计算。

站台地坪按地坪铺砌的净面积计算，路缘石及地坪垫层已综合在定额中，使用定额时，不得另行计算。

（3）监控、收费系统

1）监控、收费系统包括监控、收费系统中管理站、分中心、中心（计算机及网络设备，软件，视频控制设备安装，附属配套设备），收费车道设备，外场管理设备（称重设备安装，隧道监控设备，信息显示设备安装、调试，视频监控与传输设备安装、调试，信号灯、车辆检测器安装），系统互联与调试，隧道监控设备，系统试运行，收费岛和人（手）孔等十三个项目。

2）监控、收费系统不包括以下工作内容：

① 设备本身的功能性故障排除。

② 制作缺件、配件。

③ 在特殊环境条件下的设备加固、防护。

④ 与计算机系统以外的外系统联试、校验或统调。

⑤ 设备基础和隐蔽管线施工。

⑥ 外场主干通信电缆和信号控制电缆的敷设施工及试运行。

⑦ 接地装置、防雷装置的制作与安装，安装调试设备必需的技术改造和修复施工。

3）收费岛上涂刷反光标漆和粘贴反光膜的数量，已综合在收费岛混凝土定额中，使用定额时，均不得另行计算。

4）防撞栏杆的预埋钢套管的数量已综合在定额中，使用定额时，不得另行计算。

5）防撞立柱的预埋钢套管及立柱填充水泥混凝土、立柱与预埋钢套管之间灌填水泥砂浆的数量，均已综合在定额中，使用定额时，不得另行计算。

6）设备基础混凝土定额中综合了预埋钢筋、地脚螺母、底座法兰盘等的数量，使用定额时，不得另行计算。

（4）通信系统及通信管道

1）本部分定额适用于通信系统及通信管道工程，通信系统内容包括光通信设备安装，程控交换机安装，通信电源设备，广播、会议设备，通信机房附属设施安装，光缆工程等共六个项目；通信管道工程内容包括塑料管敷设、穿放、布放电话线，钢管敷设，管道包封及填充，管箱安装，人（手）孔，拆除工程等七个项目。

2）安装电缆走线架定额中，不包括通过沉降（伸缩）缝和要做特殊处理的内容，需要时按有关定额另行计算。

3）2.5Gb/s系统的ADM分插复用器，分插支路是按8个155Mb/s（或140Mb/s）光口或电口考虑的，当支路数超于8个时，每增加1个155Mb/s（或140Mb/s）支路增加2个工日。

4）双绞线缆的敷设及跳线架和配线架的安装、打接定额消耗量是按五类非屏蔽布线系统编制的，高于五类的布线工程按定额人工工日消耗量增加10%、屏蔽系统增加20%计取。

5）通信管道定额中不包括管道过桥时的托架和管箱等工程内容，应按相关定额另行计算。挖管沟本定额也未包括，应按"电缆敷设电缆沟"项目人工挖运土方定额计算。

6）硅芯管敷设定额已综合标石的制作及埋放、人孔处的包封等，使用定额时，不得另行计算。

7）镀锌钢管敷设定额中已综合接口处套管的切割、焊接、防锈处理等内容，使用定额时，不得另行计算。

8）敷设管道和管道包封的工程量均按管道（不含桥梁）长度计算。

（5）通风及消防设施

1）本部分定额中不含通风机、控制柜、消火栓、消防水泵接合器、水流指示器、电气信号装置、气压水罐、泡沫比例混合器、防火门等的购置费用，应按编办规定单独计列。

2）通风机预埋件按设计所示为完成通风机安装而需预埋的一切金属构件的质量计算工程数量，包括钢拱架、通风机拱部钢筋、通风机支座及各部分连接件等。

3）洞内预埋件工程量按设计预埋件的敷设长度计算，定额中已综合了预留导线的数量。

4）镀锌钢管法兰连接定额中，管件是按成品、弯头两端是按短管焊法兰考虑的，包括了直管、管件、法兰等全部安装工序内容。

5）给水管道：室内外界线以建筑物外墙皮1.5m为界，入口处设阀门者以阀门为界；与市政管道界线以水表井为界，无水表井者，以市政管道碰头点为界。

（6）供电、照明系统

1）本部分定额包括干式变压器安装，电力变压器干燥，杆上、埋地变压器安装，组合型成套箱式变电站安装，安装调试供电设施，安装柴油发电机，照明系统，配管配线，母线、母线槽安装，配电箱安装，接地防雷设施安装等共八个项目。

2）干式变压器如果带有保护外罩时，人工和机械乘以系数1.2。

3）变压器油是按设备自带考虑的，但施工中变压器油的过滤损耗及操作损耗已包括在定额中。变压器安装过程中放注油、油过滤所使用的油罐，已摊入油过滤定额中。

4）高压成套配电柜中断路器安装定额系综合考虑，不分容量大小，也不包括母线配制及设备干燥。

5）组合型成套箱式变电站主要是指10kV以下的箱式变电站，一般布置形式为变压器在箱的中间，箱的一端为高压开关位置，另一端为低压开关位置。

6）控制设备安装未包括支架的制作和安装，需要时可按相关定额另行计算。

7）送配电设备系统调试包括系统内的电缆试验、瓷瓶耐压等全套调试工作。供电桥回路中的断路器、母线分段断路器皆作为独立的供电系统计算，定额皆按一个系统一侧配一台断路器考虑，若两侧皆有断路器时，则按两个系统计算。如果分配电箱内只有刀开关、熔断器等不含调试元件的供电回路，则不再作为调试系统计算。

8）3～10kV 母线系统调试含一组电压互感器，1kV 以下母线系统调试定额不含电压互感器，适用于低压配电装置的各种母线（包括软母线）的调试。

9）灯具安装定额是按灯具类型分别编制的，对于灯具本身及异型光源，定额已综合了安装费，但未包括其本身的价值，应另行计算。

10）各种灯架元器具件的配线，均已综合考虑在定额内，使用时不作调整。

11）本定额已包括利用仪表测量绝缘及一般灯具的试亮等工作内容，使用定额时，不得另行计算，但不包括全负荷试运行。

12）本定额未包括电缆接头的制作及导线的焊压接线端子。

13）各种灯柱穿线均套相应的配管配线定额。

14）室内照明灯具的安装高度，应急灯、碘钨灯和混光灯定额是按 10m 以下编制的，其他照明灯具安装高度均是按 5m 以下编制的。

15）普通吸顶灯、LED 灯、高压钠灯、标志灯等成套灯具安装是按灯具出厂时达到安装条件编制的，其他成套灯具安装所需配线，定额中均已包括。

16）立灯杆定额中未包括防雷及接地装置。

17）25m 以上高杆灯安装，未包括杆内电缆敷设。

18）接地装置是指变配电系统接地、车间接地和设备接地等工业设施接地编制的。定额中未包括接地电阻率高的土质换土和化学处理的土壤及由此发生的接地电阻测试等费用，需要时应另行计算。接地装置换填土执行电缆沟挖填土相应子目。

19）定额中接闪器安装、防雷引下线的安装均已考虑了高空作业的因素。接闪器按成品考虑。

（7）电缆敷设

1）本部分定额包括电缆沟工程（挖填方、开槽、电缆沟铺砂盖砖、揭盖板）铜芯电缆铺设、同轴电缆布放、多芯电缆敷设、电缆终端头、中间头制作安装，桥架、支架安装，线槽安装等项定额。

2）工程量计算规则：

① 电缆敷设按单根延长米计算（如一个架上敷设 3 根各长 100m 的电缆，工程量应按 300m 计算，依次类推）。电缆附加及预留的长度是电缆敷设长度的组成部分，应计入电缆工程量之内。电缆进入建筑物预留长度按 2m 计算，电缆进入沟内或吊架预留长度按 1.5m 计算，电缆中间接头盒预留长度两端各按 2m 计算。

② 电缆沟盖板揭、盖定额，按每揭、盖一次以延长米计算。如又揭又盖，则按两次计算。

③ 用于扩改建工程时，所用定额的人工工日乘以系数 1.35；用于拆除工程时，所用定额的人工工日乘以系数 0.25。施工单位为配合认证单位验收测试而发生的费用，按本定额验证测试子目的工日、仪器仪表台班总用量乘以系数 0.30 计取。

（8）配管及铁构件制作安装

本部分定额包括各种配管，包括钢管埋地，钢管砖、混凝土结构明配，暗配，钢管钢结构支架配管、PVC 阻燃塑料管敷设，金属软管、可挠性金属管安装，顶管敷设及非标铁构件、箱盒制作等七项定额。

9.2.2 安全设施及预埋管线常用施工方案及方法

1. 安全设施施工要求

（1）道路交通标志的施工要求

1）标志定位与设置。所有交通标志都应按设计图的要求定位和设置，安装的标志应与交通流方向几乎成直角，在曲线路段，标志的设置角度应由交通流的行进方向来确定。为了防止路侧标志表面产生眩光，标志应向后旋转约 5°，以避开车前灯光束的直射；门架标志的垂直轴应向后倾成一角度；对于路侧标志，标志板内缘距土路肩边缘不得小于 250mm，或根据监理人的指示确定。

2）基础。标志基础可根据《公路工程标准施工招标文件》第七章"技术规范"第 410 节可就地浇筑或预制后再埋置。基础位置的确定、开挖以及浇筑混凝土立模和锚固螺栓的设置等，都应经监理人批准后方可施工。

3）标志支承结构。

① 路侧标志的装设，应符合《道路交通标志和标线》（GB 5768.2—2009）的规定。

② 钢支承结构应根据《公路桥涵施工技术规范》（JTG/T F50—2011）第 19.3 节和《道路交通标志和标线》、《道路交通标志板及支撑件》（GB/T 23827—2009）的规定制作和安装。

③ 管状或空心截面的支承结构，应设有经监理人同意的防雨帽。

④ 钻孔、冲孔和车间焊接，应在钢材电镀之前完成。提供的连接件和附件应适合标志安装系统并符合《道路交通标志板及支撑件》的要求。

⑤ 承包人应把其推荐的安装系统，包括多标志组合装置的详情报送监理人审批。安装期间，标志板应适当支撑和加固，其表面应采取防止损坏的保护措施。

⑥ 标志支撑结构的架设应在基础混凝土强度达到要求，并得到监理人的批准后才能进行。门架标志结构整个安装过程应以高空起重机为工具，不允许施工人员在门架的横梁上作业。在横梁安装之前，应先预拱，横梁中间处的预拱度一般为 50mm。悬臂标志的预拱度为 40mm。

门架和悬臂式标志支撑结构安装完毕后，应按设计图要求，用高强级反光膜贴在立柱的迎交通流面，作为立面标记。

⑦ 标志中与铝合金或其他金属接触的所有钢材都应加以保护，以避免发生钢材或铝合金的锈蚀，保护措施应经监理人认可。

4）标志板制作安装。

① 标志面的制作。

a. 交通标志的形状、图案和颜色应严格按照《道路交通标志和标线》及设计图的规定执行。所有标志上的汉字、汉语拼音字母、英文字、阿拉伯数字应符合《道路交通标志和标线》的规定，不得采用其他字体。

b. 交通标志板面上的图案、字符的平面布设，应在施工前 3 个月做出样品，提交给监理人审批。标志采用全反光、部分反光及反光膜的级别，应符合设计图要求。

c. 粘贴反光膜时，不允许采用手工操作或用溶剂激活黏结剂。在标志面的最外层可涂保护层如透明涂料等。

d. 反光膜应尽可能减少拼接，当粘贴反光膜不可避免出现接缝时，应使用反光膜产品的最大宽度进行拼接，接缝以搭接为主。当需要滚筒粘贴或丝网印刷时，可以平接，其间隙不应超过 1mm，距标志板边缘 50mm 之内，不得有拼接。

e. 当用反光膜拼接标志图案时，拼接处应有 3～6mm 的重叠部分，如果监理人同意采用对接，则接缝间隙不得大于 0.8mm。反光膜粘贴在挤压型材板面上，并伸出上、下边缘的最小长度为

8mm，且应紧密地粘贴在上、下边缘上。

② 标志板应在车间剪裁或切割，以产生整齐、方正的边缘，不应有毛刺，应符合《道路交通标志板及支撑件》的规定。所有标志板的槽钢应在粘贴定向反光膜之前焊接好。

③ 承包人应先提供一种所有各类标志板面各种图案的配置图，在取得监理人同意之后，再进行图案制作。

④ 定向反光膜应用不剥落的热活性胶黏剂粘贴，将反光膜牢固粘贴到标志板上，其表面不得产生任何气泡和污损等缺陷。

⑤ 标志板的运输、储存和搬运方式应按制造厂商的要求进行，两块标志邻接面之间应使用适合的衬垫材料分隔，以免在运输、搬运过程中磨损标志板面。标志板应储存在干净、干燥的室内。

⑥ 标志板安装前，承包人应对标志板板面外观逐一进行检查，以满足设计要求，监理人应按一定比例进行抽检。安装标志板时，应事先获得监理人的批准，标志的紧固方法应符合设计图的要求。

⑦ 标志安装完毕后，承包人应根据标志制造厂商建议的方法，清扫所有标志板。在清扫过程中，不应损坏标志面或产生其他缺陷。

⑧ 标志安装完毕后，监理人检查所有标志，以确认在白天和夜间条件下标志的外观、视认性、颜色、镜面眩光等是否符合设计图要求。

在标志检查中发现的任何缺陷，承包人应按监理人指示予以修正或更换。

5）里程标、百米桩、公路界碑。

① 里程标、公路界碑、测量标志碑、安全标、固定物标志及其他标志应根据《道路交通标志和标线》和设计图制作和设置，并应按设计图所示或监理人指示准确定位。

② 里程标、公路界碑等混凝土构件的预制及强度要求等应符合设计图要求及《公路工程标准施工招标文件》第七章"技术规范"第410节、第403节的规定。

③ 除设计图另有示出或监理人另有指示外，金属结构件应按《道路交通标志板及支撑件》及《公路交通工程钢构件防腐技术条件》（GB/T 18226—2015）的要求进行防腐处理。

（2）标线、突起路标、轮廓标施工要求

1）路面标线。

① 设置标线的路面表面应清洁干燥，无松散颗粒、灰尘、沥青、油污或其他有害物质。

② 在水泥路面或旧的沥青路面施加标线需要预涂底油时，应先喷涂热熔底油下涂剂，按试验决定的间隔时间喷涂热熔涂料，以提高其黏结力。

③ 为了确保标线涂料和路面材料完全相适应，底油的类型和用量应经监理人批准。

④ 标线的颜色为白色和黄色，应符合《路面标线涂料》（JT/T 280—2004）、《路面防滑涂料》（JT/T 712—2008）的要求。并按监理人同意的方法施工。喷涂机具应使用自行式机械。

⑤ 标线宽度、虚线长及间隔、点线长及间隔、双标线的间隔，应按《道路交通标志和标线》的规定办理。标线喷涂厚度应符合图纸要求。

⑥ 特殊标线的图案、标记如箭头及字母等的尺寸应按图纸要求和《道路交通标志和标线》的规定办理。

⑦ 所有标线应具有顺直、平顺、光洁、均匀及精美外观，湿膜厚度符合设计图要求，否则，应按监理人指示进行返工处理。

⑧ 有缺陷、施工不当、尺寸不正确或位置错误的标线均应清除，路面应修补，材料应更换，并由承包人承担相关责任。

⑨ 涂料在容器内加热时，温度应控制在涂料生产商的使用说明规定值内，不得超过最高限制温度。烃树脂类材料，保持在熔融状态的时间不大于6h；树胶树脂类材料，保持在熔融状态的时

间不大于 4h。

⑩ 涂料喷涂于路面时的温度，应符合涂料生产商使用说明的要求，否则会影响喷涂使用寿命。

⑪ 喷涂施工应在白天进行，遇到雨天、尘埃大、风大及气温低于 10℃ 时应暂时停止施工。

⑫ 玻璃珠的撒布应经试验并获监理人批准后方可实施。撒布玻璃珠应在涂料喷涂后立即进行，以 0.3kg/m² 的用量加压撒布在所有标线上。

⑬ 喷涂标线时，应有交通安全措施，设置适当警告标志，阻止车辆及行人在作业区内通行，防止将涂料带出或形成车辙，直至标线充分干燥。

⑭ 振荡标线是在平滑的基础标线上，一次成形长方形排骨式突起的高亮度道路标线涂料，即使在雨天也能取得超群的高视认性，在汽车压线的瞬间引起轻快的振动，以提醒驾驶员注意安全，防止越线的新型产品。具体施工工艺为：

a. 路面处理。先清除路面泥土、尘埃等杂物；如含有水分，则应先用喷枪进行干燥处理。

b. 底漆涂刷。使用专用设备按热熔型标线涂料的规定用量均匀涂刷。

c. 振荡标线的涂敷。往热熔釜中投入专门材料，在充分搅拌的条件下使之完全熔解；在确认底漆完全干燥后，使用专用划线机在 170～210℃ 之间进行涂敷施工。

d. 玻璃微珠的撒布。使用与划线机一体的撒布器在涂敷之后，随即撒布玻璃微珠。

e. 确认涂料充分冷却、固化后，方可开放车辆通行。

f. 振荡标线规格及质量应符合设计图要求。

2）突起路标。

① 突起路标应按设计图要求或监理人的指示地点设置，设置时路面面层应干燥清洁，无杂屑，此时将环氧树脂均匀涂覆于突起路标的底部，涂覆厚度约为 8mm，将突起路标压在路面的正确位置上，轻微转动，直到四周出现挤浆并及时清除其溢出部分，在凝固前突起路标不得扰动。

② 在水泥混凝土路面设置突起路标时，先用硬刷和 10% 盐酸溶液洗刷混凝土表面，然后用清水冲洗干净，待路面清洁干燥后安装突起路标。

③ 突起路标设置高度，顶部不得高出路面 25mm。

④ 突起路标的反光玻璃球有白色、红色或黄色，白色设在一般路段，红色或黄色设在危险路段。

⑤ 设置间距及其他规定应按设计图要求和监理人的指示进行。

⑥ 在降雨、风速过大或气温过高过低时，不进行设置。

⑦ 突起路标设置后，经检查不合格时，应拆除重新安装，费用由承包人承担。

3）轮廓标。

① 柱式轮廓标。

a. 柱式轮廓标应按设计图的规定量距定位。

b. 混凝土基础可采用现浇或预制的方法施工，并应符合《公路工程标准施工招标文件》第七章 "技术规范" 第 400 章的规定，预制时应按设计图的规定预埋连接件。

c. 柱式轮廓标安装时，柱体应垂直于水平面，三角形柱体的顶角平分线应垂直于公路中心线，柱体与混凝土基础之间可用螺栓连接。

② 附着式轮廓标。

a. 附着于梁柱式护栏上的轮廓标可按立柱间距定位，附着于混凝土护栏和隧道侧墙上的轮廓标应量距定位。

b. 附着式轮廓标应按照放样确定的位置进行安装。反射器的安装角度应符合设计图的规定。安装高度宜尽量统一，并应连接牢固。

4）立面标记。

① 立面标记设置的位置应符合设计图的规定。

② 立面标记的颜色为黄黑相间的倾斜线条，斜线倾角为45°，线宽及其间距均为150mm，设置时应把向下倾斜的一边朝向行车道。

5）锥形交通路标的设置。锥形交通路标应根据《交通锥》（GB/T 24720—2009）和图纸制作和设置，并应按设计图所示或监理人指示准确定位。

（3）路基护栏施工要求

1）一般规定。

① 缆索护栏、波形梁护栏的路基土压实度和混凝土护栏的地基承载力应符合设计图的规定。

② 所有钢构件均应进行防腐处理。防腐处理应符合设计图要求及《公路工程标准施工招标文件》第七章"技术规范"第602.02节的相关规定，螺栓、螺母等紧固件和连接件在防腐处理后，必须清理螺纹或进行离心分离处理。

2）波形梁护栏。

① 立柱放样。

a. 应根据设计图进行立柱放样，并以桥梁、通道、涵洞、隧道、中央分隔带开口、紧急电话开口、互通式立体交叉等控制立柱的位置，进行测距定位。

b. 立柱放样时可利用调节板调节间距，并利用分配方法处理间距零头数。

c. 应调查立柱所在处是否存在地下管线、排水管等设施，或构造物顶部埋土深度不足的情况。

② 立柱安装。

a. 立柱安装应与设计图相符，并与公路线形相协调。

b. 位于土基中的立柱，可采用打入法、挖埋法或钻孔法施工。立柱高程应符合设计图要求，并不得损坏立柱端部。

（a）采用打入法打入过深时，不得将立柱部分拔出加以矫正，必须将其全部拔出，将基础压实后再重新打入。立柱无法打入到要求深度时，严禁将立柱的地面以上部分焊割、钻孔，不得使用锯短的立柱。

（b）采用挖埋法施工时，回填土应采用良好的材料并分层夯实，回填土的压实度不应小于设计规定值。填石路基中的柱坑，应用粒料回填并夯实。

（c）采用钻孔法施工时，立柱定位后应用与路基相同的材料回填，并分层夯填密实。

c. 在铺有路面的路段设置立柱时，柱坑从路基至面层以下50mm处应采用与路基相同的材料回填并分层夯实，余下部分应采用与路面相同的材料回填并压实。

d. 位于石方区的立柱，应根据设计图的要求设置混凝土基础。

e. 位于小桥、通道、明涵等混凝土基础中的立柱，可设置在预埋的套筒内，通过灌注砂浆或混凝土固定，或通过地脚螺栓与桥梁护轮带基础相连。

f. 立柱安装就位后，其水平方向和竖直方向应形成平顺的线形。

g. 护栏渐变段及端部的立柱，须按设计图规定的坐标进行安装。

③ 防阻块、托架、横隔梁安装。

a. 防阻块、托架应通过连接螺栓固定于护栏板和立柱之间，在拧紧连接螺栓前应调整防阻块、托架使其准确就位。防撞等级为SA、SAm和SS的波形梁护栏，在安装防阻块时，应同时安装上层立柱，线形应与下层立柱相同。

b. 设有横隔梁的中央分隔带护栏，应在立柱准确定位后安装横隔梁。在护栏板安装前，横隔梁与立柱间的连接螺栓不应过早拧紧。

④ 横梁安装。

a. 护栏板应通过拼接螺栓相互连接成纵向横梁，并由连接螺栓固定于防阻块、托架或横隔梁上。护栏板拼接方向应与行车方向一致。拼接螺栓必须采用高强螺栓。

b. 防撞等级为 SA、SAm 和 SS 的波形梁护栏通过螺栓将上层横梁与上层立柱加以连接。

c. 立柱间距不规则时，可利用调节板、梁进行调节，不得采用现场切割护栏板的方法。

d. 所有的连接螺栓及拼接螺栓应在护栏的线形达到规定要求时才能拧紧。

⑤ 端头安装。

各类护栏端头应通过拼接螺栓与护栏板牢固连接，拼接螺栓必须采用高强螺栓。防撞等级为 SA、SAm 和 SS 的波形梁护栏上，横梁必须按设计图的规定进行端部处理。

3）混凝土护栏。

混凝土护栏的施工应符合《公路工程标准施工招标文件》第七章"技术规范"第 400 章的规定外，还应满足下列要求：

① 应根据现场条件确定并核对混凝土护栏的设置位置，确定控制点，检测基础承载力是否达到本章或设计图的要求。

② 现场浇筑混凝土护栏。

a. 采用固定模板法施工时，模板宜采用钢模板，钢模板的厚度不应小于 4mm。

b. 混凝土浇筑前的温度应维持在 10～32℃ 之间。

c. 采用滑动模板法施工时，滑模机的施工速度应根据旋转搅拌车、混凝土卸载速度以及成形断面的大小决定。混凝土振捣由设置在滑模机上的液压振动器完成，振动器应能根据混凝土的坍落度无级调速，一边振动一边前进。

d. 两处伸缩缝之间的混凝土护栏必须一次浇筑完成，伸缩缝应与水平面垂直，宽度应符合设计图的规定，伸缩缝内不得连浆。

e. 混凝土初凝后，严禁振动模板，预埋钢筋不得承受外力。

f. 应根据气温和混凝土强度确定拆模时间，一般可在混凝土终凝后 3～5d 拆除混凝土护栏侧模。拆模时不应损坏混凝土护栏的边角，并应保持模板的完好状况。

g. 假缝可在混凝土护栏拆除模板后，按设计图要求的间距和规格采用切割机切开，并应保证断面光滑、平整。

③ 预制混凝土护栏。

a. 预制混凝土护栏的施工场地应平整、坚实、排水良好、交通方便。

b. 应采用钢模板，模板长度应根据吊装和运输条件确定，宜采用固定的规格。

c. 每块预制混凝土护栏必须一次浇筑完成。

d. 拆模时混凝土强度不应低于设计强度的 70%。拆模时不得损坏混凝土护栏的边角，并应保持模板完好。

e. 在起吊、运输和堆放过程中，不得损坏混凝土护栏构件的边角，否则在安装就位后，应采用高于混凝土护栏强度的材料及时修补。

f. 混凝土护栏的安装应从一端逐步向前推进，护栏的线形应与公路的平、纵线形相协调。

g. 中央分隔带混凝土护栏在超高路段，应按设计图要求处理好排水问题。

4）缆索护栏。

① 承包人应在缆索护栏运往工地之前，向监理人提供所采用的护栏部件的样品及出厂检验合格证书供其审查批准，必要时应根据监理人的要求进行荷载试验。所有运往工地的护栏构件的质量均应符合设计图纸和相关的要求。

② 护栏在施工之前承包人应编制详细的缆索护栏施工组织设计，上报监理人审查批准，并应详细了解地下管线，构造物的位置以便进行合理的处理。无论采用何种方法安装护栏，承包人应

避免损坏路面下埋设的管线设施，若造成损坏，承包人应负责修好，修理费用由承包人承担。

③ 放样。

a. 应根据现场桥梁、涵洞、通道、路线交叉、隧道等的分布确定控制立柱的位置，并测定控制立柱之间的间距，据此调整端部立柱、中间端部立柱、中间立柱的设置位置。

b. 应调查立柱下是否存在地下管线、构造物等设施，并进行适当处理。

④ 端部立柱和中间端部立柱的设置。

a. 应根据设计图的要求，将立柱、斜撑及底板焊接成牢固的三角形支架。

b. 应根据最终确定的立柱位置开挖基坑、浇筑混凝土基础，到达规定高程时，应对三角形支架进行定位。基坑开挖、地基检验、地基处理及混凝土的浇筑应符合设计图及《公路工程标准施工招标文件》第七章 "技术规范" 第 400 章的相关规定。

c. 位于桥梁、涵洞、通道、挡土墙等构造物处的端部立柱和中间端部立柱，应根据设计图的要求进行基础预埋。

⑤ 中间立柱的设置。

a. 中间立柱应定位准确，纵向和横向位置与公路线形一致。

b. 位于土基中的中间立柱，可采用挖埋法、钻孔法或打入法施工。立柱高程应符合设计图要求，并不得损坏立柱端部。

c. 位于混凝土基础中的中间立柱，可设置在预埋的套筒内，通过灌注砂浆或混凝土固定，或通过地脚螺栓与桥梁护轮带基础相连。

⑥ 托架安装。

中间立柱或中间端部立柱上的托架，应按设计图规定的托架编号和组合正确安装。

⑦ 架设缆索。

a. 缆索应在端部立柱和中间端部立柱的混凝土基础达到设计强度的 80% 以上时方可架设。

b. 缆索应支放在立柱的内侧，通过中间支架向另一端滚放。严禁在路面上长距离拖拽缆索。

c. 可用楔子固定或注入合金的方法将一端的缆索锚固在索端锚具上。

d. 应在另一端部立柱或中间端部立柱上设置倒链滑车或杠杆式倒链张紧器将缆索临时拉紧。B 级和 A 级缆索护栏的初拉力应为 20kN，其他等级的缆索护栏初拉力应符合设计图的规定。

e. 应根据索端锚具的规格，切断多余的缆索。缆索切断面应垂直整齐，不得松散，可按相关规定的方法锚固在索端锚头上。

f. 索端锚具安装到端部立柱或中间端部立柱后，可卸除临时张拉力。

g. 缆索应按从上向下的顺序架设。

h. 缆索调整完毕后，应拧紧各中间立柱、中间端部立柱托架上的索夹螺栓。

（4）桥梁护栏施工要求

1）一般规定。

① 桥梁护栏应在桥梁车行道板、人行道板施工完毕，跨中支架及脚手架拆除后，桥跨处于独立支撑的状态时施工。

② 对于焊接的金属护栏，在进行防腐处理前应对所有外露焊缝做好磨光或补满的清面工作。

③ 桥梁护栏施工前应对所有预埋件的设置位置、强度、腐蚀程度进行检查，不符合要求的必须整改。

2）金属桥梁护栏。

① 立柱放样与预埋件设置。

a. 应以桥梁伸缩缝附近的端部立柱作为控制立柱，并在控制立柱之间测距定位。

b. 立柱间距出现零数时，可用分配的办法使其符合横梁规定的尺寸，立柱宜等距设置。

c. 在车行道板或人行道板上应准确地设置套筒或地脚螺栓等预埋件，并采取适当措施，使预埋件在桥梁施工期间免遭损坏。

② 护栏安装。

a. 横梁和立柱的安装位置应准确。连接螺栓和拼接螺栓开始时不宜过早拧紧，以便在安装过程中充分利用横梁和立柱法兰盘的长圆孔进行调整，使其线形顺适，不应出现局部的凹凸现象。调整完毕后，必须拧紧螺栓。

b. 横梁、立柱等构件在安装过程中应避免损坏防腐层。安装完成后，应对被损坏的防腐层按规定的方法进行修复。

3）钢筋混凝土墙式和梁柱式桥梁护栏。

① 宜采用现场浇筑的方法进行施工，当采用预制件时，护栏与车行道板或人行道板间应按照设计图的要求进行可靠连接。

② 护栏的施工应符合《公路工程标准施工招标文件》第七章"技术规范"第 602.03-2 条的规定。

③ 护栏伸缩缝内清理干净后，应填满橡胶或沥青胶泥等弹性、不透水的材料。

④ 端部翼墙应根据设计图的要求加工模板，设置在桥梁上或路基段的端部翼墙应采用现场浇筑施工方法，并设置预埋件。

4）组合式桥梁护栏。

① 金属结构部分应符合《公路工程标准施工招标文件》第七章"技术规范"第 602.04-2 条的规定。

② 钢筋混凝土部分应符合《公路工程标准施工招标文件》第七章"技术规范"第 602.04-3 条的规定。

（5）活动护栏施工要求

1）一般规定。

① 插拔式活动护栏的预埋基础应在面层施工前完成，其余部分应在路面施工后安装。插拔式活动护栏应在工厂加工制作。

② 充填式活动护栏应在路面施工后安装。

2）插拔式活动护栏的施工。

① 插拔式活动护栏基础应根据设计图放样，并与中央分隔带护栏端头相协调。

应调查基础与地下管线是否冲突，经论证可对基础的埋设位置或高程进行适当调整。

② 混凝土基础可采用现浇法施工，并应符合《公路工程标准施工招标文件》第七章"技术规范"第 400 章的规定，混凝土浇筑时应按设计图的规定预埋连接件。基础施工完成后应采取措施，防止杂物落入预埋套管内。

③ 基础混凝土强度达设计强度的 70% 以上后，方可将焊接成整体的插拔式活动护栏片插入预埋套管内。

④ 对有防眩和视线诱导要求的路段，应按设计图要求安装防眩设施和轮廓标。

3）充填式活动护栏。

① 充填式活动护栏应按设计图的规定放样定位和拼装。

② 线形调整平顺后，应将符合图纸要求的材料按规定数量充填活动护栏。

（6）隔离栅和防落物网施工要求

1）一般规定。

① 隔离栅所在位置应进行场地清理，且基础严禁坐埋在虚土上和易于坍塌的土埂上，软基应进行处理。

② 任何立柱在运到工地之前，承包人首先应向监理人提交每一种柱子的试样。监理人将检查其外观质量，并进行检验（钢筋混凝土柱参照《公路工程标准施工招标文件》第七章"技术规范"第410节要求进行）；监理人将通知每种立柱是否适用，所交的立柱都应符合批准的标准。

③ 监理人可以按交货的每种立柱从每500个立柱（或每种中的一部分）中任意挑选一个进行复验。如果一个立柱未能通过试验，应加倍抽验，如不合格，则由该试件代表的所有立柱均应被拒收。

④ 防落物网施工前应对所有预埋件的设置位置、强度、腐蚀程度进行检查，不符合要求的应整改。

2）隔离栅。

① 隔离栅宜在路基工程完成后尽早实施；承包人应在施工前制定详细的施工组织设计并送监理人审批。承包人应根据批准的施工组织设计，按设计图要求及实际地形地物的情况进行施工放样，定出立柱中心线进行必要的清场和挖除树根，以便按规定的坡度和线形修建隔离栅。

② 每个柱位均应按设计图的要求确定高程，并应按实际地形进行调整。

③ 应根据设计图的规定开挖基坑。

④ 立柱应根据设计图的规定设置在现浇混凝土基础或预制混凝土基础内。立柱的埋设应分段进行。可先埋设两端的立柱，然后拉线埋设中间立柱，控制立柱与中间立柱的平面投影在一条直线上，柱顶应平顺。预制混凝土立柱和基础在运输及装卸时应避免折断或损坏边角。

⑤ 混凝土基础强度达到设计强度的70%以上时，可按下列规定安装隔离栅网片：

a. 安装无框架卷网时，应从端头立柱开始，沿纵向展开，边铺设边拉紧，挂钩时网片不得变形。

b. 安装有框架的片网时，网面应平整，框架应整体平顺、美观，框架与立柱应连接牢固。

c. 安装刺铁丝网时，应从端头立柱开始。刺铁丝之间应平行、平直，绷紧后应与立柱上的铁钩牢固绑扎，横向与斜向刺铁丝相交处也应绑扎牢固。

⑥ 隔离栅网片安装完毕后，应对基础周围进行夯实处理。

3）防落物网。

① 应以上跨桥梁与公路、铁路等设施的交叉点为控制点，向两侧对称进行防落物网的施工。防落物网的设置长度应符合设计图的规定。

② 应根据防落物网立柱预埋基础的位置安装立柱。未设置预埋件时，应采取后固定的施工工艺固定立柱。

③ 桥梁防护网网片应牢固地安装在立柱上，网片应平整、绷紧。

④ 应根据设计图的规定对防落物网做防雷接地处理。

（7）防眩设施的施工要求

1）设置于混凝土护栏上的防眩板或防眩网的安装。

① 防眩板或防眩网可通过混凝土护栏顶部的预埋件及连接件安装在混凝土护栏上。未设置预埋件时，可采取后固定的施工工艺安装。

② 混凝土护栏强度低于设计强度的70%时，不得安装防眩板或防眩网。

③ 防眩板或防眩网下缘与混凝土护栏顶部的间距应符合设计图的规定。

④ 防眩板或防眩网安装后，不得削弱混凝土护栏的原有功能。

2）设置于波形梁护栏上的防眩板或防眩网的安装。

① 防眩板或防眩网可通过连接件安装在波形梁护栏上。

② 防眩板或防眩网安装在波形梁护栏上时，不得削弱波形梁护栏的原有功能。

③ 防眩板或防眩网下缘与波形梁护栏顶面的间距应符合设计图的规定。

④ 施工过程中不应损伤波形梁护栏的防腐层，否则应在24h之内予以修补。

3）独立设置立柱的防眩板或防眩网的安装。

① 施工前，应清理场地，协调与其他设施的关系。

② 防眩板或防眩网单独设置立柱时，可根据所在位置将立柱埋入土中，设置混凝土基础或固定于桥梁、通道、明涵等构造物上。设置混凝土基础，其强度达到设计强度的 70% 以上时，才能在立柱上安装防眩板或防眩网。

③ 立柱施工时，不得破坏地下管线和排水设施。

2. 通信和电力管道与预埋（预留）基础系统施工要求

（1）人（手）孔

1）混凝土（钢筋混凝土）人（手）孔及井盖的施工应符合设计图及《公路工程标准施工招标文件》第七章"技术规范"第 410 节有关要求。

2）人（手）孔壁上预留管道（多孔管块或钢管）口子的大小尺寸应符合邮电部门的有关规范和规定。

3）人（手）孔也可采用砖砌。砖砌圬工应参照《公路工程标准施工招标文件》第七章"技术规范"第 413 节有关规定进行。

4）混凝土强度未达到设计等级以前不许回填。所有接缝封闭防水处理应符合《通信管道工程施工及验收规范》（GB 50374—2006）的要求。

（2）紧急电话平台

1）紧急电话平台基础的开挖与回填应按《公路工程标准施工招标文件》第七章"技术规范"第 404 节进行。混凝土底座的成形，锚固螺栓的安装和管道的设置等，应在浇筑混凝土前取得监理人的批准。混凝土应按《公路工程标准施工招标文件》第七章"技术规范"第 410 节的要求拌和、浇筑、抹面和养护。

2）大桥（结构物）上钢质紧急电话平台的设置和施工，应按设计图的规定执行。

（3）管道工程

1）管道沟（坑）的挖掘、回填和多余材料的处理应按《公路工程标准施工招标文件》第七章"技术规范"第 404 节的要求进行。

2）除设计图另有规定者外，管道工程应根据《通信管道工程施工及验收规范》和《通信线路工程验收规范》（YD 5121—2010）的要求进行修建。

3）中央分隔带的纵向主管道埋设时，按设计图要求，且每一段落应具有形成一个单元所需的管孔数。其他纵向和横向的管道应符合设计图要求。

4）除中央分隔带的管道一般铺设在混凝土基础之上外，其他管道均应按设计图所示铺设在混凝土或粒料基座上。管道铺设的线形应顺适，检查井之间的管道应无低凹处，管节之间的连接角度应不大于 5°。封闭接缝防水按《通信管道工程施工及验收规范》执行。管道铺设后，其端口应用封头堵塞，防止异物进入管孔。

5）当管道工程、人（手）孔将修建在路面底基层内时，管道工程应铺设在底基层的下面，并应在路面底基层开始摊铺前完成。

6）横穿路基的牵引线应按监理人批准的方法装入每一条管孔中，并牢牢地固定在每条管道的终点或坑内，以防止牵引线被拉入管道内。牵引线应采用经监理人批准的具有一定强度的尼龙线或镀锌钢丝。

7）除硅芯管外，管道工程铺设完成后，应按邮电部门的规定做拉棒检验，以保证管道的施工质量。

（4）接地系统

1）按设计图要求做好接地系统，配合土建施工同时进行，隐蔽部分应在覆盖前及时做好中间测试、检查与验收。施工中技术要求应符合《电气装置安装工程接地装置施工及验收规范》（GB 50169—2016）的有关规定。

2）独立的接地系统与变电所接地网按施工图施工，不得任意连接或断开。接地引线数量不得任意改变及减少。

3）接地系统的所有焊接必须牢固，无虚焊，接地引线应防止发生机械损伤和化学腐蚀。接地引线和接地电极均应进行镀锌处理，接地电阻应符合设计图要求。

3. 收费设施及地下通道施工要求

1）收费亭的结构形式及施工要求应符合设计图要求。铝合金构件组装结构应按制造厂商的组装顺序进行。

2）收费天棚为钢构件组装架设时，应符合设计图要求并应符合《钢结构工程施工质量验收规范》（GB 50205—2001）的规定。其他形式的收费天棚按设计图要求施工。

3）收费岛混凝土工程的施工按施工要求并应符合《公路工程标准施工招标文件》第七章"技术规范"第410节的有关规定。

4）地下通道开挖的土方工程参照《公路工程标准施工招标文件》第七章"技术规范"第203节的有关规定；混凝土工程参照《公路工程标准施工招标文件》第七章"技术规范"第400章有关节的规定；砖石结构的施工应符合《砌体结构工程施工质量验收规范》（GB 50203—2011）的规定，通道内的装饰应符合《建筑装饰装修工程质量验收标准》（GB 50210—2018）的有关规定，做好通道内的防、排水处理，并应符合《地下工程防水技术规范》（GB 50108—2008）的规定。

5）地下通道和收费设施的管线预埋和架设及预埋件的设置，其埋置及架设位置应符合设计图要求。

9.3 安全设施及预埋管线工程工程量清单计价综合案例

【例9-1】 江西某一级公路安全设施及预埋管线工程招标，工程量清单见表9-2，编制投标报价。

表9-2 江西某一级公路安全设施及预埋管线工程量清单

合同段：某合同段 货币单位：元

清单 第600章 安全设施及预埋管线

子目号	子 目 名 称	单位	数量	单价	合价
602	护栏				
602-1	混凝土护栏（护墙、立柱）				
-a	现浇混凝土护栏	m³	53		
-d	钢筋	kg	4860		
602-3	波形梁钢护栏				
-a	路侧波形梁钢护栏	m	2346		
-b	中央分隔带波形梁钢护栏	m	753		
-c	波形梁钢护栏端头	m	78		
603	隔离栅和防落物网				
603-1	钢板网隔离栅	m	180		
604	道路交通标志				
604-1	单柱式交通标志	个	18		
604-2	双柱式交通标志	个	14		

（续）

清单　第 600 章　安全设施及预埋管线

子目号	子 目 名 称	单位	数量	单价	合价
604-4	门架式交通标志	个	1		
604-5	单悬臂式交通标志	个	12		
604-6	双悬臂式交通标志	个	6		
604-8	里程碑	个	42		
604-9	公路界碑	个	237		
604-10	百米桩	个	424		
605	道路交通标线				
605-1	热熔型涂料路面标线	m²	10043		
605-5	轮廓标				
-a	柱式轮廓标	个	1325		
-b	附着式轮廓标	个	1400		
607	通信和电力管道与预埋（预留）基础				
607-1	人（手）孔	个	5		
608	收费设施及地下管道				
608-1	收费亭				
-b	双人收费亭	个	1		
608-5	预埋管线	m	1056		
清单　第 600 章合计：					

　　解：利用"纵横公路工程造价软件"对以上清单项目进行计算，工、料、机单价采用部颁《公路工程预算定额》价格，各费率采用江西一级公路概预算——厅办字［2016］64 号，实际报价时应采用当时当地工、料、机价格及费率标准，各报表见表9-3和表9-4。

表 9-3　工程量清单

合同段：某合同段　　　　　　　　　　　　　　　　　　　　　　　　　　货币单位：元

清单　第 600 章　安全设施及预埋管线

子目号	子 目 名 称	单位	数量	单价	合价
602	护栏				
602-1	混凝土护栏（护墙、立柱）				119028
-a	现浇混凝土护栏	m³	53	1653.43	87632
-d	钢筋	kg	4860	6.46	31396
602-3	波形梁钢护栏				757363
-a	路侧波形梁钢护栏	m	2346	235.47	552413
-b	中央分隔带波形梁钢护栏	m	753	245.70	185012
-c	波形梁钢护栏端头	m	78	255.62	19938
603	隔离栅和防落物网				23488
603-1	钢板网隔离栅	m	180	130.49	23488

（续）

清单　第600章　安全设施及预埋管线

子目号	子目名称	单位	数量	单价	合价
604	道路交通标志				1140522
604-1	单柱式交通标志	个	18	4261.00	76698
604-2	双柱式交通标志	个	14	24203.79	338853
604-4	门架式交通标志	个	1	73057.00	73057
604-5	单悬臂式交通标志	个	12	23188.17	278258
604-6	双悬臂式交通标志	个	6	53184.50	319107
604-8	里程碑	个	42	121.19	5090
604-9	公路界碑	个	237	161.78	38342
604-10	百米桩	个	424	26.22	11117
605	道路交通标线				1197285
605-1	热熔型涂料路面标线	m²	10043	39.21	393786
605-5	轮廓标				803499
-a	柱式轮廓标	个	1325	152.18	201639
-b	附着式轮廓标	个	1400	429.90	601860
607	通信和电力管道与预埋（预留）基础				28085
607-1	人（手）孔	个	5	5617.00	28085
608	收费设施及地下管道				49450
608-1	收费亭				2458
-b	双人收费亭	个	1	2458.00	2458
608-5	预埋管线	m	1056	44.50	46992

清单　第600章合计：3315221

表9-4　原始数据

建设项目名称：江西某一级公路安全设施及预埋管线工程

编制范围：安全设施及预埋管线工程　　　　　　　　　　第1页　共1页

编号	名称	单位	工程量	费率编号	备注
	清单　第600章　安全设施及预埋管线				
602	护栏				
602-1	混凝土护栏（护墙、立柱）				
-a	现浇混凝土护栏	m³	53		
5-1-1-5	现浇混凝土墙体防撞护栏	10m³	5.300	6	普C25-32.5-4，-10.2，普C30-32.5-4，+10.2，添740量49.8

（续）

编号	名　　称	单位	工程量	费率编号	备注
-d	钢筋	kg	4860		
5-1-1-6	墙体护栏钢筋	1t	4.860	10	
602-3	波形梁钢护栏				
-a	路侧波形梁钢护栏	m	2346		
5-1-2-3	打入钢管立柱	1t	22.860	10	
5-1-2-5	单面波形钢板	1t	40.600	10	
-b	中央分隔带波形梁钢护栏	m	753		
5-1-2-3	打入钢管立柱	1t	8.850	10	
5-1-2-5	单面波形钢板	1t	12.250	10	
-c	波形梁钢护栏端头	m	78		
5-1-2-2	埋入钢管立柱	1t	0.870	10	
5-1-2-5	单面波形钢板	1t	1.324	10	
603	隔离栅和防落物网				
603-1	钢板网隔离栅	m	180		
5-1-3-5	钢板网	100m²	2.096	10	添182 量 0.486
5-1-3-4	型钢立柱	1t	0.615	10	
604	道路交通标志				
604-1	单柱式交通标志	个	18		
5-1-4-1	金属标志牌混凝土基础	10m³	5.186	6	
5-1-4-2	金属标志牌基础钢筋	1t	0.420	10	
5-1-4-3	单柱式铝合金标志立柱	10t	0.213	10	
5-1-4-4	单柱式铝合金标志面板	10t	0.053	10	
604-2	双柱式交通标志	个	14		
5-1-4-5	双柱式铝合金标志立柱	10t	1.285	10	
5-1-4-6	双柱式铝合金标志面板	10t	0.252	10	
5-1-4-1	金属标志牌混凝土基础	10m³	17.248	6	
5-1-4-2	金属标志牌基础钢筋	1t	1.326	10	
604-4	门架式交通标志	个	1		
5-1-4-1	金属标志牌混凝土基础	10m³	2.272	6	
5-1-4-2	金属标志牌基础钢筋	1t	0.434	10	
5-1-4-11	门架式铝合金标志立柱	10t	0.500	10	
5-1-4-12	门架式铝合金标志面板	10t	0.032	10	

（续）

编号	名　称	单位	工程量	费率编号	备注
604-5	单悬臂式交通标志	个	12		
5-1-4-7	单悬臂铝合金标志立柱	10t	1.517	10	
5-1-4-8	单悬臂铝合金标志面板	10t	0.153	10	
5-1-4-1	金属标志牌混凝土基础	10m³	12.552	6	
5-1-4-2	金属标志牌基础钢筋	1t	0.840	10	
604-6	双悬臂式交通标志	个	6		
5-1-4-1	金属标志牌混凝土基础	10m³	7.356	6	
5-1-4-2	金属标志牌基础钢筋	1t	0.569	10	
5-1-4-9	双悬臂铝合金标志立柱	10t	1.835	10	
5-1-4-10	双悬臂铝合金标志面板	10t	0.329	10	
604-8	里程碑	个	42		
5-1-6-1	里程碑	100块	0.420	6	
604-9	公路界碑	个	237		
5-1-6-3	界碑	100块	4.740	6	
604-10	百米桩	个	424		
5-1-6-2	百米桩	100块	8.470	6	
605	道路交通标线				
605-1	热熔型涂料路面标线	m²	10043		
5-1-5-4	沥青路面热熔标线	100m²	100.430	6	
605-5	轮廓标				
-a	柱式轮廓标	个	1325		
5-1-7-2	玻璃钢柱式轮廓标	100根	13.250	10	
-b	附着式轮廓标	个	1400		
5-1-7-3	栏式轮廓标	100块	14	15	208换182，182量0.023，740量1.35，添10004量101
607	通信和电力管道与预埋（预留）基础				
607-1	人（手）孔	个	5		
5-3-13-6	现浇混凝土人孔2.2×1.4×2.17	1个	5	6	
608	收费设施及地下管道				
608-1	收费亭				
-b	双人收费亭	个	1		
5-2-13-1	收费岛混凝土	10m³	0.166	6	

（续）

编号	名称	单位	工程量	费率编号	备注
5-2-13-2	收费岛钢筋	1 t	0.200	6	111 量 0.381，添 112 量 0.644
608-5	预埋管线	m	692		
5-3-8-1	塑料子管 1 孔	1000m	0.692	6	
5-7-1-4	钢管地埋敷设 φ100mm 内	1000m	0.364	6	

第 *10* 章 | 绿化及环境保护工程工程量清单计量与计价

10.1 绿化及环境保护工程工程量清单计量

10.1.1 绿化及环境保护设施工程工程量清单计量规则说明

1. 绿化及环境保护设施工程内容

绿化及环境保护设施工程包括：铺设表土，撒播草种和铺植草皮，种植乔木，灌木和攀缘植物，声屏障工程。

2. 有关问题的说明及提示

1）撒播草种和铺植草皮扣除结构工程防护和密栽灌木所占面积，不扣除散栽苗木所占面积。

2）吸声砖声屏障和砖墙声屏障的基础作为附属工作，不另行计量。

10.1.2 绿化及环境保护设施工程工程量清单计量规则详表

绿化及环境保护设施工程工程量清单计量规则见表 10-1。

表 10-1 绿化及环境保护设施工程工程量清单计量规则

子目号	子目名称	计量单位	工程量计算	工程内容
702	铺设表土			
702-1	开挖并铺设表土	m³	依据设计图所示位置和断面尺寸，按开挖并铺设的种植土体积以"m³"为单位计量	1. 填前场地清理 2. 回填种植土、清除杂物、拍实、耙细整平、找坡、沉降后补填 3. 路面清洁保护，场地清理，废弃物装卸运输
702-2	铺设利用的表土	m³	依据设计图所示位置和断面尺寸，按铺设利用的种植土体积以"m³"为单位计量	1. 填前场地清理 2. 回填种植土、清除杂物、拍实、耙细整平、找坡、沉降后补填 3. 路面清洁保护，场地清理，废弃物装卸运输
703	撒播草种和铺植草皮			

（续）

子目号	子目名称	计量单位	工程量计算	工程内容
703-1	撒播草种（含喷播）	m²	1. 依据设计图所示位置，按图示种植的面积以"m²"为单位计量 2. 扣除结构工程防护和密栽灌木所占面积，不扣除散栽苗木所占面积	1. 场地清理，耙细 2. 种植及覆盖 3. 浇水、施肥、除虫、除杂草、修剪、补种 4. 清除垃圾、杂物
703-2	撒播草种及花卉、灌木籽（含喷播）	m²	1. 依据设计图所示位置，按图示种植的面积以"m²"为单位计量 2. 扣除结构工程防护和密栽灌木所占面积，不扣除散栽苗木所占面积	1. 场地清理，耙细 2. 种植及覆盖 3. 浇水、施肥、除虫、除杂草、修剪、补种 4. 清除垃圾、杂物
703-3	先点播灌木后喷播草种	m²	1. 依据设计图所示位置，按图示种植的面积以"m²"为单位计量 2. 扣除结构工程防护和密栽灌木所占面积，不扣除散栽苗木所占面积	1. 场地清理，耙细 2. 挖坑穴（槽），灌木点播 3. 喷播草种，覆盖 4. 浇水、施肥、除虫、除杂草、修剪、补种 5. 清除垃圾、杂物
703-4	铺植草皮	m²	1. 依据设计图所示位置，按图示种植的面积以"m²"为单位计量 2. 扣除结构工程和密栽灌木所占面积，不扣除散栽苗木所占面积	1. 场地清理，耙细 2. 铺植草皮 3. 浇水、施肥、除虫、除杂草、修剪、补种 4. 清除垃圾、杂物
703-5	三维土工网植草	m²	1. 依据设计图所示位置，按图示种植的面积以"m²"为单位计量 2. 扣除结构工程面积	1. 地表整理、修整坡面 2. 铺设三维土工网及锚钉固定 3. 铺设表土 4. 喷播草种（灌木籽） 5. 浇水、施肥、除虫、除杂草、修剪、补种 6. 清除垃圾、杂物
703-6	客土喷播	m²	依据设计图所示，按照客土喷播的面积以"m²"为单位计量	1. 坡面整理 2. 安设锚杆 3. 安设铁丝网（钢丝网） 4. 绿化基材制备 5. 喷播绿化基材 6. 浇水、施肥、除虫、除杂草、修剪、补种 7. 清除垃圾、杂物

（续）

子目号	子目名称	计量单位	工程量计算	工程内容
703-7	植生袋	m²	依据设计图所示位置，按铺设面积以"m²"计算	1. 清理坡面 2. 垫铺碎石 3. 安放植生袋 4. 浇水、施肥、除虫、除杂草、修剪、补种 5. 清除垃圾、杂物
703-8	绿地喷灌管道	m	依据设计图所示，按敷设的不同管径的管道长度以"m"为单位计量	1. 开挖与回填 2. 管道敷设，管道连接，闸阀、洒水栓安装 3. 通水及洒水调试
704	种植乔木、灌木和攀缘植物			
704-1	人工种植乔木	棵	依据设计图所示位置，按图示种植的不同规格的各类乔木数量以"棵"为单位计量	1. 开挖种植穴（槽） 2. 换填种植土 3. 苗木栽植 4. 支撑、浇水、施肥、除虫、除杂草、修剪、补种 5. 场地清理，废弃物装卸运输
704-2	人工种植灌木	棵	依据设计图所示位置，按图示种植的不同规格的各类灌木数量以"棵"为单位计量	1. 开挖种植穴（槽） 2. 换填种植土 3. 苗木栽植 4. 支撑、浇水、施肥、除虫、除杂草、修剪、补种 5. 场地清理，废弃物装卸运输
704-3	人工种植攀缘植物	棵	依据设计图所示位置，按图示种植的不同规格的各类攀缘植物数量以"棵"为单位计量	1. 开挖种植穴（槽） 2. 换填种植土 3. 苗木栽植 4. 支撑牵引、浇水、施肥、除虫、除杂草、修剪、补种 5. 场地清理，废弃物装卸运输
704-4	人工种植竹类	棵	依据设计图所示位置，按图示种植的不同类型的竹类数量以"棵"为单位计量	1. 开挖种植穴（槽） 2. 换填种植土 3. 苗木栽植 4. 支撑、浇水、施肥、除虫、除杂草、修剪、补种 5. 场地清理，废弃物装卸运输
706	声屏障			
706-1	吸、隔声板声屏障	m	依据设计图所示位置和断面尺寸，分不同类型，按图示吸、隔声板声屏障的长度以"m"为单位计量	1. 场地清理 2. 基础施工 3. 声屏障制作 4. 声屏障安装

（续）

子目号	子目名称	计量单位	工程量计算	工 程 内 容
706-2	吸声砖声屏障	m³	1. 依据设计图所示位置和断面尺寸，分不同类型，按图示吸声砖的体积以 "m³" 为单位计量 2. 基础作为附属工作，不另行计量	1. 场地清理 2. 基础施工 3. 吸声砖砌筑 4. 压顶 5. 装饰装修
706-3	砖墙声屏障	m³	1. 依据设计图所示位置和断面尺寸，分不同类型，按图示砖墙的体积以 "m³" 为单位计量 2. 基础作为附属工作，不另行计量	1. 场地清理 2. 基础施工 3. 砖墙砌筑 4. 压顶 5. 装饰装修

注：苗木计算应符合下列规定。

1. 胸径应为地表面向上 1.2m 处树干直径。

2. 冠径（冠幅）应为苗木冠丛垂直投影面的最大直径和最小直径之间的平均值。

3. 蓬径应为灌木、灌丛垂直投影面的直径。

4. 地径应为地表面向上 0.1m 高处树干直径。

5. 干径应为地表面向上 0.3m 高处树干直径。

6. 株高应为地表面至树顶端的高度。

7. 冠丛高应为地表面至乔（灌）木顶端的高度。

8. 篱高应为地表面至绿篱顶端的高度。

10.2　绿化及环境保护工程工程量清单计价

10.2.1　绿化及环境保护设施工程预算定额名称解释

三维植被网：指用聚乙烯制成的网状物，一般有 3～4 层，网孔 6mm×6mm，厚度 18mm，幅宽 1.5m。其网孔用于固定种子和土壤。

假植：苗木运到施工现场后，若不能及时定植，先用湿润物或湿土将树根埋严的处理措施。

定植：指按设计将苗木栽植到位不再移动，操作程序分为散苗和栽苗。

散苗：将苗木按设计图或定点木桩，散放在定制坑（穴）旁边。

栽苗：散苗后将苗木放入坑内扶直，提苗到适宜深度，分层埋土压实、固定的过程。

开堰：单株树木定植埋土后，在植树坑（穴）的外缘用细土培起 15～20cm 高的土埂，称为"开堰"。浇水堰应拍平踏实，防止漏水。

作畦：株距很近、联片栽植的树木，如绿篱、色块、灌木丛等可将几棵树或呈条、块栽植的树木联合起来集体围堰。作畦时必须保证畦内地势水平，确保畦内树木吃水均匀，畦壁不跑水。

林带的透风率：就是风通过林带时能够透过多少风量的比率，可用百分比来表示。一般起防风作用的林带，通风率应为 25%～30%；防沙林带透风率为 20%。透风率的大小，可采取改变株行距、改变种植点排列方式和选用不同枝叶密实度的树种等方法来调整。

10.2.2 预算定额说明

1. 绿化工程

1) 栽植子目中已包含死苗补植，使用定额时不得更改。盆栽植物均按脱盆的规格套用相应的定额子目。

2) 苗木及地被植物的场内运输已在定额中综合考虑，使用定额时不得另行增加。

3) 定额工程内容中的清理场地，是指工程完工后将树穴余泥杂物清除并归堆，若有余泥杂物需要外运时，其费用另按土石方有关定额子目计算。

4) 栽植子目均已综合了挖树穴工程量，底肥费用计入其他材料费中，浇水按1次计算，其余内容按相应定额计算，但不得重复计算。栽植子目中均按填土可用的情况进行编制；若需要换土，则按有关子目进行计算。

5) 当编制中央分隔带部分的绿化工程预算时，若中央分隔带的填土没有计入该项工程预算，其填土可按路基土方有关定额子目计算，但应扣减树穴所占的体积。

6) 为了确保路基边坡的稳定而修建各种形式的网格植草或播种草籽等护坡，应并入防护工程内计算。

7) 测量放样均指在场地平整好，达到设计要求后进行，场地平整费用另按场地平整定额子目计算。

8) 运苗木子目仅适用于自运苗木的运输。

9) 定额适用于公路沿线及管理服务区的绿化和公路交叉处（互通立交、平交）的美化绿化工程。

10) 定额中的胸径是指距地坪1.30m高处的树干直径；株高是指树顶端距地坪的高度；篱高是指绿篱苗木顶端距地坪的高度。

2. 环境保护工程

1) 本部分定额包括声屏障基础、声屏障立柱安装和声屏障板材安装等定额项目。

2) 立柱安装中预埋件、H型钢立柱等均按成品镀锌构件编制。使用定额时，刷防腐油漆等工序不应另行计算。

3) 板材安装定额不包括板材的制作与运输。另外，本定额中板材是按定额表中所给出的结构形式及尺寸来编制的；若板材各单元的组合或尺寸有变，可根据设计按实进行调整。

10.3 绿化及环境保护工程工程量清单计价综合案例

【例10-1】 江西某一级公路某合同段绿化及环境保护设施工程招标，半固化清单见表10-2，编制投标报价。

表10-2 江西某一级公路某合同段绿化及环境保护设施工程工程量清单

合同段：某合同段　　　　　　　　　　　　　　　　　　　　　　货币单位：元

	清单 第700章 绿化及环境保护设施				
子目号	子目名称	单位	数量	单价	合价
702-1	开挖并铺设表土	m³	43612		
703-1	撒播草种（含喷播）	m²	64262		
703-4	铺植草皮	m²	147		
703-6	客土喷播				

（续）

清单　第 700 章　绿化及环境保护设施

子目号	子目名称	单位	数量	单价	合价
- a	喷播（厚 80mm）	m²	26850		
- b	镀锌铁丝网（网孔尺寸 80mm × 130mm，网丝 φ2.0mm）	m²	30682		
704-1	人工种植乔木				
- a	香樟	棵	61		
- b	大叶樟	棵	82		
- c	杜英	棵	110		
704-2	人工种植灌木				
- a	夹竹桃	棵	150		

清单　第 700 章合计：

解： 利用"纵横公路工程造价软件"对以上清单项目进行计算，工、料、机单价采用部颁公路工程预算定额价格，各费率采用江西标准（2016），实际报价时应采用当时当地工、料、机价格及费率标准，各报价见表 10-3，原始数据见表 10-4。

表 10-3　实际工程量清单报价

合同段：某合同段　　　　　　　　　　　　　　　　　　　　　　　　　货币单位：元

清单　第 700 章　绿化及环境保护设施

子目号	子目名称	单位	数量	单价	合价
702-1	开挖并铺设表土	m³	43612	14.39	627577
703-1	撒播草种（含喷播）	m²	64262	12.88	827695
703-4	铺植草皮	m²	147	6.27	922
703-6	客土喷播				
- a	喷播（厚 80mm）	m²	26850	33.21	891689
- b	镀锌铁丝网（网孔尺寸 80mm × 130mm，网丝 φ2.0mm）	m²	30682	29.34	900210
704-1	人工种植乔木				
- a	香樟	棵	61	31.52	1923
- b	大叶樟	棵	82	35.41	2904
- c	杜英	棵	110	102.51	11276
704-2	人工种植灌木				
- a	夹竹桃	棵	150	17.29	2594

清单　第 700 章合计：3285870

表 10-4 原始数据

建设项目名称：江西某一级公路绿化及环境保护设施工程

编制范围：绿化及环境保护设施工程

编号	名　　称	单位	工程量	费率编号
702-1	开挖并铺设表土	m³	43612	
1-1-7-1	人工夯实填土	1000m³	43.612	1
703-1	撒播草种（含喷播）	m²	64262	
1-4-2-7	机械液压喷播植草（填方边坡）	1000m²	64.262	8
703-4	铺植草皮	m²	147	
1-4-1-1	满铺（边坡高10m内）	1000m²	0.147	8
703-6	客土喷播	m²		
-a	喷播（厚80mm）	m²	26850	
1-4-2-11	客土喷播植草（厚度8cm）	1000m²	26.850	8
-b	镀锌铁丝网（网孔尺寸80mm×130mm，网丝 φ2.0mm）	m²	30682	
1-4-2-3	铁丝网	1000m²	30.682	8
704-1	人工种植乔木	棵		
-a	香樟	棵	61	
6-1-1-3	乔木栽植带土球（土球 φ30cm内）	100株	0.61	8
-b	大叶樟	棵	82	
6-1-1-4	乔木栽植带土球（土球 φ40cm内）	100株	0.82	8
-c	杜英	棵	110	
6-1-1-12	乔木栽植带土球（土球 φ120cm内）	100株	1.10	8
704-2	人工种植灌木			
-a	夹竹桃	棵	150	8
6-1-2-3	灌木栽植带土球（土球 φ30cm内）	100株	1.500	8

第 **11** 章 | 山东某高速公路 A1 合同段工程施工投标案例

11.1 山东某高速公路改扩建工程工程量清单

11.1.1 清单说明

1）工程量清单应与招标文件中的投标人须知、通用合同条款、专用合同条款、工程量清单计量规则、技术规范及设计图等一起阅读和理解。

2）工程量清单中所列工程数量是估算或设计的预计数量，仅作为投标报价的共同基础，不能作为最终结算与支付的依据。实际支付应按实际完成的工程量，由承包人按工程量清单计量规则规定的计量方法，以监理人认可的尺寸、断面计量，按本工程量清单的单价和总额价计算支付金额；或根据具体情况，按合同条款第 15.4 款的规定，按监理人确定的单价或总额价计算支付额。

3）除非合同另有规定，工程量清单中有标价的单价和总额价均已包括了为实施和完成合同工程所需的劳务、材料、机械、质检（自检）、安装、缺陷修复、管理、保险、税费、利润等费用，以及合同明示或暗示的所有责任、义务和一般风险。

4）工程一切险的投保金额为工程量清单第 100 章（不含工程一切险及第三方责任险的保险费）至第 700 章的合计金额，暂定保险费率为 0.3%，第三方责任险的投保金额为 3 万元，事故次数不限，保险费率 0。工程量清单第 100 章内列有上述保险费的支付细目，投标人根据上述保险费率计算出保险费，填入工程量清单。除上述工程一切险及第三方责任险以外，所投其他保险的保险费均由承包人承担并支付，不在报价中单列。

5）工程量清单中本合同工程的每一个细目，都需填入单价；对于没有填入单价或总额价的细目，其费用应视为已包括在工程量清单的其他单价或总额价之中，承包人必须按监理工程师指令完成工程量清单中未填入单价或总额价的工程细目，但不能得到结算与支付。

6）符合合同条款规定的全部费用应认为已被计入有标价的工程量清单所列各细目之中，未列细目不予计量的工作，其费用应视为已分摊在本合同工程的有关细目的单价或总额价之中。

7）工程量清单各章是按《公路工程标准施工招标文件》第七章"技术规范"相应章节编号的，因此，工程量清单中各章的工程细目的范围与计量等应与《公路工程标准施工招标文件》第七章"技术规范"相应章节的范围、计量与支付条款结合起来理解或解释。

8）对作业和材料的一般说明或规定，未重复写入工程量清单内，在给工程量清单各细目标价前，应参阅招标文件中技术规范的有关部分。

9）对符合要求的投标文件，在签订合同协议书前，如发生工程量清单中有计算方面的算术性差错，应按投标人须知规定予以修正。

10）工程量清单中所列工程量的变动，丝毫不会降低或影响合同条款的效力，也不免除承包人按规定的标准进行施工和修复缺陷的责任。

11）承包人用于本合同工程的各类装备的提供、运输、维护、拆卸、拼装等支付的费用，已包括在工程量清单的单价与总额价之中。

12）在工程量清单中标明的暂定金额，除合同另有规定外，应由监理工程师按合同条款第15.6款的规定，结合工程具体情况，报经业主批准后指令全部或部分地使用，或者根本不予动用。

13）第200章中借土填方中土价及运距均由承包人自行调查。

14）计量方法。

① 用于支付已完工程的计量方法，应符合《公路工程标准施工招标文件》第七章"技术规范"中相应章节的"计量与支付"条款的规定。

② 设计图中所列的工程数量表及数量汇总表仅是提供资料，不是工程量清单的外延。当设计图与工程量清单所列数量不一致时，以工程量清单所列数量作为报价的依据。

15）工程量清单中各项金额结算均以"元"为单位。

11.1.2　招标文件的工程量清单

招标文件的工程量清单第100～700章见表11-1～表11-7。

表 11-1　工程量清单（第100章）

合同段：山东某高速公路改扩建工程A1合同段　　　　　　　　　　　　　　货币单位：元

清单　第100章　总则

子目号	子 目 名 称	单位	数量	单价	合价
101	通则				
101-1	保险费				
-a	按合同条款规定，提供建筑工程一切险	总额	1		
-b	按合同条款规定，提供第三者责任险	总额	1		
102	工程管理				
102-1	竣工文件	总额	1		
102-3	安全生产费	总额	1		
102-4	信息化系统（暂估价）	总额	1		
103	临时工程与设施				
103-1	临时道路修建、养护与拆除（包括原道路的养护）	总额	1		
103-2	临时占地	亩	5617		
104	承包人驻地建设				
104-1	承包人驻地建设	总额	1		
105	施工标准化	总额	1		

清单　第100章合计：

表 11-2　工程量清单（第 200 章）

合同段：山东某高速公路改扩建工程 A1 合同段　　　　　　　　　　货币单位：元

清单　第 200 章　路基

子目号	子目名称	单位	数量	单价	合价
202	场地清理				
202-1	清理与掘除				
-a	清理现场	m²	906910.300		
202-2	挖除旧路面				
-a	水泥混凝土路面	m³	4409		
-b	沥青混凝土路面	m³	17194.800		
202-3	拆除结构物				
-a	钢筋混凝土结构				
-a-1	凿除桥面铺装	m³	504.800		
-a-2	凿除防撞护栏（或栏杆）	m	10165.700		
-a-3	拆除板（梁）	m³	6226.100		
-a-4	拆除及凿除下部结构、基础	m³	1304.900		
-b	混凝土结构	m³	12555		
-c	砖、石及其他砌体结构	m³	53715.190		
203	挖方路基				
203-1	路基挖方				
-a	挖土方	m³	1931116		
-c	挖除非适用材料（不含淤泥、盐岩、冻土）	m³	11964.600		
203-2	改河、改渠、改路挖方				
-a	挖土方	m³	192013.600		
204	填方路基				
204-1	路基填筑（包括填前压实）				
-a	利用土方	m³	1028231.300		
-b	利用石方	m³	1492754		
-h	结构物台背回填	m³	169838.150		
-i	锥坡及台前溜坡填土	m³	80762		
204-2	改河、改渠、改路填筑				
-a	利用土方	m³	170791		
205	特殊地区路基处理				
205-1	软土路基处理				
-a	抛石挤淤	m³	4552.500		
-n	强夯及强夯置换				
-n-1	强夯	m²	178960		
-n-2	强夯置换	m³	8129.800		

（续）

清单　第 200 章　路基

子目号	子 目 名 称	单位	数量	单价	合价
207	坡面排水				
207-1	边沟				
-a	浆砌片石				
-a-1	M7.5 浆砌片石矩形盖板边沟（底宽 80cm）	m	22009.700		
-a-2	M7.5 浆砌片石矩形边沟（底宽 80cm）	m	2040		
-a-3	M7.5 浆砌片石梯形边沟（底宽 80cm）	m	26847.260		
207-3	截水沟				
-a	浆砌片石	m	4205		
207-4	跌水与急流槽				
-b	浆砌片石	m³	1271.340		
-c	现浇混凝土	m³	1525.940		
208	护坡、护面墙				
208-3	浆砌片石护坡				
-a	满铺浆砌片石护坡	m³	2166.300		
209	挡土墙				
209-3	砌体挡土墙				
-a	浆砌片（块）石	m³	17704		
209-5	混凝土挡土墙				
-a	混凝土	m³	420		

清单　第 200 章合计：

表 11-3　工程量清单（第 300 章）

合同段：山东某高速公路改扩建工程 A1 合同段　　　　　　　　　　　　　货币单位：元

清单　第 300 章　路面

子目号	子 目 名 称	单位	数量	单价	合价
302	垫层				
302-1	碎石垫层				
-a	厚 150mm	m²	329497		
304	水泥稳定土底基层、基层				
304-1	水泥稳定土底基层				
-a	厚 200mm	m²	7490		
-b	厚 180mm	m²	573218		
304-3	水泥稳定土基层				
-a	厚 200mm	m²	7490		
-b	厚 180mm	m²	1369160		
-c	厚 150mm	m²	23781		

（续）

清单　第 300 章　路面

子目号	子目名称	单位	数量	单价	合价
307	沥青稳定碎石基层（ATB）				
307-1	沥青稳定碎石基层（ATB）				
-a	厚 120mm	m²	23912		
308	透层和黏层				
308-1	透层	m²	884500		
308-2	黏层	m²	2675520		
309	热拌沥青混合料面层				
309-1	细粒式沥青混凝土				
-a	厚 40mm	m²	1295		
309-2	中粒式沥青混凝土				
-a	厚 60mm	m²	700		
309-3	粗粒式沥青混凝土				
-a	厚 80mm	m²	664210.100		
310	沥青表面处治与封层				
310-2	封层	m²	7490		
311	改性沥青及改性沥青混合料				
311-2	中粒式改性沥青混合料路面				
-a	厚 60mm	m²	1241708		
311-3	SMA 路面				
-a	厚 40mm	m²	1241708		
312	水泥混凝土面板				
312-1	水泥混凝土面板				
-a	厚 280mm（混凝土弯拉强度 5.0MPa）	m³	7490		
-b	厚 200mm（混凝土弯拉强度 4.0MPa）	m³	67569		
312-2	钢筋				
-a	光圆钢筋（HPB300）	kg	111589		
-b	带肋钢筋（HRB400）	kg	30948		
313	路肩培土、中央分隔带回填土、土路肩加固及路缘石				
313-1	路肩培土	m³	18209		
313-2	中央分隔带回填土				
-a	路面加铺段中分带改造填土	m³	9855		
-b	新建中分带填土	m³	12265		
313-5	混凝土预制块路缘石				
-a	C30 混凝土预制立缘石（300mm×200mm）	m	49539		
-b	C30 混凝土预制平缘石（180mm×200mm）	m	31632		

（续）

清单　第300章　路面

子目号	子 目 名 称	单位	数量	单价	合价
- c	C35 混凝土预制 U 形路缘石	m	12695		
- d	C15 缘石基座	m³	966		
314	**路面及中央分隔带排水**				
314-1	排水管				
- a	D8cm 横向塑料排水管	m	5335		
- c	D30cm 横向玻璃钢夹砂管	m	1547		
314-2	纵向雨水沟（管）	m	5850		
314-3	集水井	座	96		
314-4	中央分隔带渗沟				
- a	碎石盲沟（300mm×130mm）	m	5317		
314-5	沥青油毡防水层	m²	59326		
314-6	路肩排水沟				
- a	多孔隙水稳碎石盲沟（300mm×270mm）	m	16103		
- b	多孔隙水稳碎石盲沟（300mm×370mm）	m	16958		

清单　第300章合计：

第11-4　工程量清单（第400章）

合同段：山东某高速公路改扩建工程 A1 合同段 　　　　　　　　货币单位：元

清单　第400章　桥梁、涵洞

子目号	子 目 名 称	单位	数量	单价	合价
401	**通则**				
401-1	桥梁荷载试验（暂估价）	总额	1		
403	**钢筋**				
403-1	基础钢筋（含灌注桩、承台、桩系梁、沉桩、沉井等）				
- a	光圆钢筋（HPB300）	kg	1417924.180		
- b	带肋钢筋（HRB400）	kg	6901743.700		
403-2	下部结构钢筋				
- a	光圆钢筋（HPB300）	kg	512190.500		
- b	带肋钢筋（HRB400）	kg	9566646.800		
403-3	上部结构钢筋				
- a	光圆钢筋（HPB300）	kg	2377587.760		
- b	带肋钢筋（HRB400）	kg	17566761.700		
404	**基坑开挖及回填**				
404-1	干处挖土方	m³	57693.400		

（续）

清单 第400章 桥梁、涵洞

子目号	子 目 名 称	单位	数量	单价	合价
404-3	干处挖石方	m³	14491.500		
405	**钻孔灌注桩**				
405-1	钻孔灌注桩				
-a	陆上钻孔灌注桩	m	7984		
405-2	钻取混凝土芯样检测（暂定工程量）	m	289		
410	**结构混凝土工程**				
410-1	混凝土基础（包括支撑梁、桩基承台、桩系梁，但不包括桩基）				
-a	C30 混凝土承台	m³	2854.100		
-b	C30 混凝土支撑梁	m³	67.600		
-c	C30 混凝土下系梁	m³	8665		
-d	C30 混凝土扩大基础	m³	4142.200		
-e	C25 片石混凝土扩大基础	m³	9162.700		
410-2	混凝土下部结构				
-a	桥台混凝土	m³	13549.500		
-b	桥墩混凝土	m³	27535.400		
-c	盖梁混凝土	m³	26382.200		
-d	台帽混凝土	m³	225		
410-3	现浇混凝土上部结构				
-a	C40 现浇混凝土整体板	m³	588		
410-5	桥梁上部结构现浇整体化混凝土				
-a	C40 混凝土现浇层（空心板、小箱梁、T形梁、天桥等桥面整体化层混凝土）	m³	769.540		
-b	C50 混凝土现浇层（空心板、小箱梁、T形梁、天桥等桥面整体化层混凝土）	m³	21773.920		
-d	C50 混凝土湿接缝、横隔板	m³	13695.530		
-e	C50 混凝土铰缝	m³	152.900		
410-6	现浇混凝土附属结构				
-a	C30 混凝土防撞护栏	m³	10804.100		
-b	C30 混凝土搭板	m³	5184.030		
-d	C50 小石子混凝土垫石	m³	353.100		
-e	C30 混凝土垫石、挡块	m³	306.900		
-f	C40 混凝土垫石、挡块	m³	54.500		
-g	C30 混凝土波形护栏基础	m³	49.940		
411	**预应力混凝土工程**				
411-2	先张法预应力钢绞线	kg	46985.450		

（续）

清单　第400章　桥梁、涵洞

子目号	子目名称	单位	数量	单价	合价
411-5	后张法预应力钢绞线	kg	3502262.760		
411-7	现浇预应力混凝土上部结构				
-a	C50预应力混凝土连续箱梁	m³	8381.700		
411-8	预制预应力混凝土上部结构				
-a	C50预应力混凝土空心板	m³	1405.850		
-b	C50预应力混凝土箱梁	m³	69393.300		
-c	C50预应力混凝土T形梁	m³	9438.400		
413	砌石工程				
413-1	浆砌片石				
-a	M10浆砌片石台身	m³	458		
-b	M10浆砌片石侧墙	m³	502.600		
413-2	浆砌块石				
-a	M10浆砌块石台身镶面	m³	72.500		
-b	M10浆砌块石侧墙镶面	m³	30		
416	桥梁支座				
416-1	板式橡胶支座	个	84		
416-4	球形支座	个	38		
417	桥梁接缝和伸缩装置				
417-2	模数式伸缩装置	m	3077.500		

清单　第400章合计：

表11-5　工程量清单（第500章）

合同段：山东某高速公路改扩建工程A1合同段　　　　　　　　　货币单位：元

清单　第500章　隧道

子目号	子目名称	单位	数量	单价	合价
502	洞口与明洞工程				
502-1	洞口、明洞开挖				
-a	土方	m³	67756.900		
-b	石方	m³	74797.800		
502-2	防水与排水				
-a	石砌截水沟、排水沟	m³	2069.430		
502-3	洞口坡面防护				
-c	预制安装混凝土护坡	m³	17.360		
-d	喷射混凝土护坡	m³	2329.510		
-j	锚杆	m	122871.810		

（续）

清单　第 500 章　隧道

子目号	子 目 名 称	单位	数量	单价	合价
502-4	洞门建筑				
-a	现浇混凝土	m³	11833.100		
-e	钢筋				
-e-1	光圆钢筋（HPB300）	kg	70239.600		
-e-2	带肋钢筋（HRB400）	kg	749428.600		
502-5	明洞衬砌				
-a	现浇混凝土	m³	17612.460		
-b	钢筋				
-b-1	光圆钢筋（HPB300）	kg	111829.700		
-b-2	带肋钢筋（HRB400）	kg	952673.160		
502-7	洞顶回填				
-a	防水层				
-a-1	黏土防水层	m³	2258.070		
-b	回填				
-b-1	回填土石方	m³	62986.890		
-b-2	M10 浆砌片石	m³	6392.620		
-b-3	种植土	m³	3756.330		
503	洞身开挖				
503-1	洞身开挖				
-a	洞身开挖（不含竖井、斜井）	m³	625395.690		
503-2	洞身支护				
-a	管棚支护	m	58240		
-b	注浆小导管	m	590704.400		
-d	喷射混凝土支护	m³	1299.760		
-e	钢支架支护	kg	138533.480		
504	洞身衬砌				
504-1	洞身衬砌				
-a	钢筋				
-a-1	光圆钢筋（HPB300）	kg	1566960.160		
-a-2	带肋钢筋（HRB400）	kg	16685926.220		
-b	现浇混凝土	m³	169922.650		
504-2	仰拱、铺底混凝土				
-a	现浇混凝土仰拱	m³	60627.560		
504-3	边沟、电缆沟混凝土				
-a	现浇混凝土沟槽	m³	6566.990		
-b	预制安装混凝土沟槽	m³	4929.280		

（续）

清单　第500章　隧道

子目号	子目名称	单位	数量	单价	合价
-d	钢筋				
-d-1	光圆钢筋（HPB300）	kg	465496.170		
-d-2	带肋钢筋（HRB400）	kg	684021.770		
504-5	洞内路面				
-a	钢筋				
-a-1	光圆钢筋（HPB300）	kg	328488.700		
-a-2	带肋钢筋（HRB400）	kg	173413.580		
-b	现浇混凝土	m^3			
-b-1	26cm厚水泥混凝土面板（弯拉强度不小于5.0MPa）	m^2	139313.480		
-b-2	35cm厚水泥混凝土面板（弯拉强度不小于4.0MPa）	m^2	303.600		
-b-3	15cm厚水泥混凝土面板（弯拉强度不小于1.8MPa）	m^2	919.090		
505	防水与排水				
505-1	防水与排水				
-b	排水管				
-b-4	Ω形排水管	m	52218.930		
-c	防水板	m^2	319811.530		
-d	止水带	m	57942.320		
506	洞内防火涂料和装饰工程				
506-1	洞内防火涂料	m^2	265593.370		
506-2	洞内装饰工程				
-b	喷涂混凝土专用漆	m^2	239.880		
510	洞内机电设施预埋件和消防设施				
510-1	预埋件				
-a	通风设施预埋件	kg	6742.800		
-c	照明设施预埋件				
-c-1	热镀锌钢管（φ65mm×4mm）	kg	76371.460		
-c-2	热镀锌钢管（φ80mm×4mm）	kg	44272.800		
-c-3	热镀锌钢管（φ100mm×4mm）	kg	3125.090		
-c-4	预留接线盒（带盖）（40cm×50cm×40cm）	kg	5064.190		
-d	监控设施预埋件				
-d-1	包塑可挠金属保护管（LV-5-50#）	m	21007.140		
-d-2	热镀锌接线盒	kg	8399.370		
-e	供配电设施预埋件				

（续）

清单　第 500 章　隧道

子目号	子 目 名 称	单位	数量	单价	合价
-e-1	预留接线盒（带盖）（通风用）（40cm×50cm×40cm）	kg	949.540		
-e-2	热镀锌钢管（通风用）（φ80mm×4mm）	kg	6037.200		
-e-3	热镀锌钢管（通风用）（φ100mm×4mm）	kg	1041.700		
-e-4	电缆沟预埋件，热轧角钢	kg	97115.200		
-e-5	电缆沟预埋件，热轧扁钢	kg	12936.800		
-e-6	电缆沟预埋件，热轧角钢接地极	kg	895.380		
-e-7	电缆沟预埋件，膨胀螺栓	套	27600		
-e-8	跨路预埋管，热镀锌钢管（φ200mm×10mm）	kg	35048.560		
-e-9	跨路预埋管，热镀锌钢管（φ100mm×5mm）	kg	15188.330		
-e-10	PVC 管（φ25mm）	m	508.230		
-e-11	PVC 管（φ40mm）	m	575.860		
-e-12	钢管（φ219mm×10mm）	kg	280337.760		
-e-13	钢管（φ325mm×12mm）	kg	5557.600		
510-2	消防设施				
-a	供水钢管（φ325mm）	m	600		

清单　第 500 章合计：

表 11-6　工程量清单（第 600 章）

合同段：山东某高速公路改扩建工程 A1 合同段　　　　　　　　　　货币单位：元

清单　第 600 章　安全设施及预埋管线

子目号	子 目 名 称	单位	数量	单价	合价
602	护栏				
602-1	混凝土护栏（护墙、立柱）				
-a	现浇混凝土护栏	m³	961		
-b	预制安装混凝土护栏	m³	898.500		
607	通信和电力管道与预埋（预留）基础				
607-1	人（手）孔				
-a	直通人孔	个	75		
-b	分歧人孔	个	42		
-c	三（四）通人孔	个	12		
-d	手孔	个	124		
-e	收费路肩人孔（手井-07SD101-8）	个	6		
607-3	管道工程	m	22127.600		

（续）

清单　第600章　安全设施及预埋管线

子目号	子目名称	单位	数量	单价	合价
608	收费设施及地下管道				
608-1	收费亭				
-a	单人收费亭	个	21		
608-2	收费天棚				
-a	C30 混凝土	m³	167		
-b	C15 素混凝土垫层 100mm 厚	m³	22.500		
-c	钢筋	t	14.950		
-d	镀锌钢管	m	150		
608-3	收费岛				
-a	单向收费岛	个	9		
-b	双向收费岛	个	3		

清单　第600章合计：

表 11-7　工程量清单（第700章）

合同段：山东某高速公路改扩建工程 A1 合同段　　　　　　　　　　　　　货币单位：元

清单　第700章　绿化及环境保护设施

子目号	子目名称	单位	数量	单价	合价
704	种植乔木、灌木和攀缘植物				
704-1	人工种植乔木				
-a	香樟	棵	4232		
704-2	人工种植灌木				
-c	春杜鹃	棵	2563		
706	声屏障				
706-1	吸、隔声板声屏障	m			
-a	路基侧声屏障（含基础）	m	1375		
-b	桥梁侧护栏声屏障				
-b-1	波形护栏侧声屏障	m	100		
-b-2	墙式混凝土护栏顶声屏障	m	987		

清单　第700章合计：

11.1.3　专项暂定金额汇总表

表 11-8 为专项暂定金额汇总表。

表 11-8 专项暂定金额汇总表

合同段：山东某高速公路改扩建工程 A1 合同段

清单编号	细目号	名 称	估计金额（元）
400	401-1	桥梁荷载试验（专项暂定金额）	600000

注：表列各项专项暂定金额，应已在工程清单相关章、目中以暂定金额名义列出，已转入工程清单汇总中，仅在此表中摘出予以汇总。

11.2 计日工

11.2.1 总则

1）本节应参照合同通用条款第 15.7 款一并理解。

2）未经监理工程师书面指令，任何工程不得按计日工施工；接到监理工程师按计日工施工的书面指令，承包人不得拒绝。

3）投标人应在计日工单价表中填列计日工子目的基本单价或租价，该基本单价或租价适用于监理人指令的任何数量的计日工的结算与支付。计日工的劳务、材料和施工机械由招标人（或发包人）列出正常的估计数量，投标人报出单价，计算出计日工总额后列入工程量清单汇总表中并进入评标价。

4）计日工不调价。

11.2.2 计日工劳务

1）在计算应付给承包人的计日工工资时，工时应从工人到达施工现场，并开始从事指定的工作算起，到返回原出发地点为止，扣去用餐和休息的时间。只有直接从事指定的工作，且能胜任该工作的工人才能计工，随同工人一起做工的班长应计算在内，但不包括领工（工长）和其他质检管理人员。

2）承包人可以得到用于计日工劳务的全部工时的支付，此支付按承包人填报的"计日工劳务单价表"所列单价计算，该单价应包括基本单价及承包人的管理费、税费、利润等所有附加费，说明如下：

① 劳务基本单价包括：承包人劳务的全部直接费用，如：工资、加班费、津贴、福利费及劳动保护费等。

② 承包人的利润、管理、质检、保险、税费；易耗品的使用，水电及照明费，工作台、脚手架、临时设施费，手动机具与工具的使用及维修，以及上述各项伴随而来的费用。

11.2.3 计日工材料

承包人可以得到计日工使用的材料费用（上述计日工劳务已计入劳务费内的材料费用除外）的支付，此费用按承包人"计日工材料单价表"中所填报的单价计算，该单价应包括基本单价及承包人的管理费、税费、利润等所有附加费，说明如下：

1）材料基本单价按供货价加运杂费（到达承包人现场仓库）、保险费、仓库管理费以及运输损耗等计算。

2）承包人的利润、管理、质检、保险、税费及其他附加费。

3）从现场运至使用地点的人工费和施工机械使用费不包括在上述基本单价内。

11.2.4 计日工施工机械

1）承包人可以得到用于计日工作业的施工机械费用的支付，该费用按承包人填报的"计日工施工机械单价表"中的租价计算。该租价应包括施工机械的折旧、利息、维修、保养、零配件、油燃料、保险和其他消耗品的费用以及全部有关使用这些机械的管理费、税费、利润和驾驶员与助手的劳务费等费用。

2）在计日工作业中，承包人计算所用的施工机械费用时，应按实际工作小时支付。除非经监理工程师的同意，计算的工作小时才能将施工机械从现场某处运到监理工程师指令的计日工作业的另一现场往返运送时间包括在内。

11.2.5 计日工详表

劳务、材料、施工机械计日工单价表及计日工汇总表见表11-9～表11-12。

表 11-9 计日工劳务单价表

合同段：山东某高速公路改扩建工程 A1 合同段

细目号	名称	估计数量/h	单价（元/小时）	合价（元）
101	班长	50		
102	普通工	50		
103	焊工	50		
104	电工	50		
105	混凝土工	50		
106	木工	50		
107	钢筋工	50		
	计日工劳务小计（结转至计日工汇总表）			

注：根据具体工程情况，也可用天数作为计日工劳务单位。

表 11-10 计日工材料单价表

合同段：山东某高速公路改扩建工程 A1 合同段

细目号	名称	单位	估计数量	单价（元）	合价（元）
201	木材	m^3	20		
202	钢筋	t	30		
203	钢绞线	t	10		
204	32.5级水泥	t	100		
205	石油沥青	t	5		
206	中（粗）砂	m^3	120		
207	片石	m^3	300		
208	石渣	m^3	500		
209	碎石（4cm）	m^3	200		
	计日工材料小计（结转至计日工汇总表）				

表 11-11　计日工施工机械单价表

合同段：山东某高速公路改扩建工程 A1 合同段

细目号	名　称	估计数量/h	租价（元）	合价（元）
301	135kW 以内履带式推土机	150		
302	1.0m³ 以内履带式单斗挖掘机	200		
303	3.0m³ 以内轮胎式装载机	150		
304	120kW 以内自行式平地机	50		
305	15t 以内振动压路机	150		
306	250L 以内混凝土搅拌机	150		
307	10t 以内自卸汽车	200		
308	16t 以内汽车式起重机	50		
309	25t 以内汽车式起重机	50		
310	50t 以内汽车式起重机	50		
311	30kN 内单筒慢动卷扬机	50		
	计日工施工机械小计（结转至计日工汇总表）			

表 11-12　计日工汇总表

合同段：山东某高速公路改扩建工程 A1 合同段

名　称	金额（元）	备　注
劳务		
材料		
施工机械		
计日工合计（结转至投标报价汇总表）		

11.2.6　工程量清单汇总

工程量清单汇总见表 11-13。

表 11-13　工程量清单汇总

合同段：山东某高速公路改扩建工程 A1 合同段

序号	章次	科目名称	金额
1	100	总则	
2	200	路基	
3	300	路面	
4	400	桥梁、涵洞	
5	500	隧道	
6	600	安全设施及预埋管线	
7	700	绿化及环境保护设施	
8	第 100～700 章清单合计		
9	已包含在清单合计中的专项暂定金额小计		
10	清单合计减去专项暂定金额（即 8－9＝10）		
11	计日工合计		

11.3 工程量清单投标报价示例

根据业主招标要求、工程量清单及设计图，并根据《公路工程标准施工招标文件》中的规定，依据企业定额或《公路工程预算定额》编制综合单价。本示例列出各清单详细工程量，给出了报价示例及各清单项目原始预算，见表11-14～表11-26；原始数据见表11-27～表11-46。

表11-14　工程量清单（第100章）

合同段：山东某高速公路改扩建工程 A1 合同段　　　　　　　　　　　　　货币单位：元

子目号	子目名称	单位	数量	单价	合价
	清单　第100章　总则				
101	通则				
101-1	保险费				
-a	按合同条款规定，提供建筑工程一切险	总额	1	44500378.00	44500378.00
-b	按合同条款规定，提供第三者责任险	总额	1	30000.00	30000.00
102	工程管理				
102-1	竣工文件	总额	1	1200000.00	1200000.00
102-3	安全生产费	总额	1	54900000.00	54900000.00
102-4	信息化系统（暂估价）	总额	1	2750000.00	2750000.00
103	临时工程与设施				
103-1	临时道路修建、养护与拆除（包括原道路的养护）	总额	1	4800000.00	4800000.00
103-2	临时占地	亩	5617	1500.00	8425500.00
104	承包人驻地建设				
104-1	承包人驻地建设	总额	1	11430960.00	11430960.00
105	施工标准化	总额	1	29280000.00	29280000.00

清单　第100章合计：157316838.00

表11-15　工程量清单（第200章）

合同段：山东某高速公路改扩建工程 A1 合同段　　　　　　　　　　　　　货币单位：元

子目号	子目名称	单位	数量	单价	合价
	清单　第200章　路基				
202	场地清理				
202-1	清理与掘除				
-a	清理现场	m²	906910.300	2.78	2521211.00
202-2	挖除旧路面				
-a	水泥混凝土路面	m³	4409	174.19	768004.00
-b	沥青混凝土路面	m³	17194.800	88.33	1518817.00
202-3	拆除结构物				
-a	钢筋混凝土结构				

（续）

清单　第 200 章　路基

子目号	子 目 名 称	单位	数量	单价	合价
- a-1	凿除桥面铺装	m³	504.800	620.14	313047.00
- a-2	凿除防撞护栏（或栏杆）	m	10165.700	173.60	1764766.00
- a-3	拆除板（梁）	m³	6226.100	715.31	4453592.00
- a-4	拆除及凿除下部结构、基础	m³	1304.900	515.42	672572.00
- b	混凝土结构	m³	12555	675.72	8483665.00
- c	砖、石及其他砌体结构	m³	53715.190	109.92	5904374.00
203	**挖方路基**				
203-1	路基挖方				
- a	挖土方	m³	1931116	16.23	31342013.00
- c	挖除非适用材料（不含淤泥、岩盐、冻土）	m³	11964.600	19.69	235583.00
203-2	改河、改渠、改路挖方				
- a	挖土方	m³	192013.600	9.90	1900935.00
204	**填方路基**				
204-1	路基填筑（包括填前压实）				
- a	利用土方	m³	1028231.300	70.81	72809058.00
- b	利用石方	m³	1492754	117.48	175368740.00
- h	结构物台背回填	m³	169838.150	104.89	17814324.00
- i	锥坡及台前溜坡填土	m³	80762	51.88	4189933.00
204-2	改河、改渠、改路填筑				
- a	利用土方	m³	170791	5.70	973509.00
205	**特殊地区路基处理**				
205-1	软土路基处理				
- a	抛石挤淤	m³	4552.500	124.18	565329.00
- n	强夯及强夯置换				
- n-1	强夯	m²	178960	19.83	3548777.00
- n-2	强夯置换	m³	8129.800	143.13	1163618.00
207	**坡面排水**				
207-1	边沟				
- a	浆砌片石				
- a-1	M7.5 浆砌片石矩形盖板边沟（底宽 80cm）	m	22009.700	639.25	14069701.00
- a-2	M7.5 浆砌片石矩形边沟（底宽 80cm）	m	2040	301.86	615794.00
- a-3	M7.5 浆砌片石梯形边沟（底宽 80cm）	m	26847.260	486.79	13068978.00
207-3	截水沟				
- a	浆砌片石	m	4205	129.87	546103.00
207-4	跌水与急流槽				
- b	浆砌片石	m³	1271.340	389.91	495708.00

（续）

清单　第 200 章　路基

子目号	子目名称	单位	数量	单价	合价
-c	现浇混凝土	m³	1525.940	1010.57	1542069.00
208	护坡、护面墙				
208-3	浆砌片石护坡				
-a	满铺浆砌片石护坡	m³	2166.300	408.26	884414.00
209	挡土墙				
209-3	砌体挡土墙				
-a	浆砌片（块）石	m³	17704	400.48	7090098.00
209-5	混凝土挡土墙				
-a	混凝土	m³	420	663.46	278653.00

清单　第 200 章合计：374903385.00

表 11-16　工程量清单（第 300 章）

合同段：山东某高速公路改扩建工程 A1 合同段　　　　　　　　　　货币单位：元

清单　第 300 章　路面

子目号	子目名称	单位	数量	单价	合价
302	垫层				
302-1	碎石垫层				
-a	厚150mm	m²	329497	27.64	9107297.00
304	水泥稳定土底基层、基层				
304-1	水泥稳定土底基层				
-a	厚200mm	m²	7490	43.52	325965.00
-b	厚180mm	m²	573218	39.44	22607718.00
304-3	水泥稳定土基层				
-a	厚200mm	m²	7490	45.10	337799.00
-b	厚180mm	m²	1369160	40.51	55464672.00
-c	厚150mm	m²	23781	34.50	820445.00
307	沥青稳定碎石基层（ATB）				
307-1	沥青稳定碎石基层（ATB）				
-a	厚120mm	m²	23912	94.24	2253467.00
308	透层和黏层				
308-1	透层	m²	884500	7.60	6722200.00
308-2	黏层	m²	2675520	5.44	14554829.00
309	热拌沥青混合料面层				
309-1	细粒式沥青混凝土				
-a	厚40mm	m²	1295	48.07	62251.00
309-2	中粒式沥青混凝土				

（续）

清单　第 300 章　路面

子目号	子 目 名 称	单位	数量	单价	合价
- a	厚 60mm	m²	700	68.42	47894.00
309-3	粗粒式沥青混凝土				
- a	厚 80mm	m²	664210.100	85.04	56484427.00
310	沥青表面处治与封层				
310-2	封层	m²	7490	35.35	264772.00
311	改性沥青及改性沥青混合料				
311-2	中粒式改性沥青混合料路面				
- a	厚 60mm	m²	1241708	66.95	83132351.00
311-3	SMA 路面				
- a	厚 40mm	m²	1241708	62.12	77134901.00
312	水泥混凝土面板				
312-1	水泥混凝土面板				
- a	厚 280mm（混凝土弯拉强度 5.0MPa）	m³	7490	182.89	1369846.00
- b	厚 200mm（混凝土弯拉强度 4.0MPa）	m³	67569	133.35	9010326.00
312-2	钢筋				
- a	光圆钢筋（HPB300）	kg	111589	4.79	534511.00
- b	带肋钢筋（HRB400）	kg	30948	5.38	166500.00
313	路肩培土、中央分隔带回填土、土路肩加固及路缘石				
313-1	路肩培土	m³	18209	45.34	825596.00
313-2	中央分隔带回填土				
- a	路面加铺段中分带改造填土	m³	9855	50.72	499846.00
- b	新建中分带填土	m³	12265	50.72	622081.00
313-5	混凝土预制块路缘石	m³			
- a	C30 混凝土预制立缘石（300mm×200mm）	m	49539	58.93	2919333.00
- b	C30 混凝土预制平缘石（180mm×200mm）	m	31632	92.29	2919317.00
- c	C35 混凝土预制 U 形路缘石	m	12695	230.19	2922262.00
- d	C15 缘石基座	m³	966	383.38	370345.00
314	路面及中央分隔带排水				
314-1	排水管				
- a	D8cm 横向塑料排水管	m	5335	104.09	555320.00
- c	D30cm 横向玻璃钢夹砂管	m	1547	104.80	162126.00
314-2	纵向雨水沟（管）	m	5850	918.14	5371119.00
314-3	集水井	座	96	1283.41	123207.00
314-4	中央分隔带渗沟				
- a	碎石盲沟（300mm×130mm）	m	5317	32.80	174398.00

（续）

清单　第300章　路面

子目号	子 目 名 称	单位	数量	单价	合价
314-5	沥青油毡防水层	m²	59326	50.13	2974012.00
314-6	路肩排水沟				
-a	多孔隙水稳碎石盲沟（300mm×270mm）	m	16103	225.99	3639117.00
-b	多孔隙水稳碎石盲沟（300mm×370mm）	m	16958	225.99	3832338.00

清单　第300章合计：368312588.00

表 11-17　工程量清单（第400章）

合同段：山东某高速公路改扩建工程 A1 合同段　　　　　　　　　　货币单位：元

清单　第400章　桥梁、涵洞

子目号	子 目 名 称	单位	数量	单价	合价
401	通则				
401-1	桥梁荷载试验（暂估价）	总额	1	600000.00	600000.00
403	钢筋				
403-1	基础钢筋（含灌注桩、承台、桩系梁、沉桩、沉井等）				
-a	光圆钢筋（HPB300）	kg	1417924.180	4.99	7075442.00
-b	带肋钢筋（HRB400）	kg	6901743.700	4.86	33542474.00
403-2	下部结构钢筋				
-a	光圆钢筋（HPB300）	kg	512190.500	5.19	2658269.00
-b	带肋钢筋（HRB400）	kg	9566646.800	5.18	49555230.00
403-3	上部结构钢筋				
-a	光圆钢筋（HPB300）	kg	2377587.760	5.37	12767646.00
-b	带肋钢筋（HRB400）	kg	17566761.700	5.32	93455172.00
404	基坑开挖及回填				
404-1	干处挖土方	m³	57693.400	40.50	2336583.00
404-3	干处挖石方	m³	14491.500	101.64	1472916.00
405	钻孔灌注桩				
405-1	钻孔灌注桩				
-a	陆上钻孔灌注桩	m	7984	2998.51	23940104.00
405-2	钻取混凝土芯样检测（暂定工程量）	m	289	300.00	86700.00
410	结构混凝土工程				
410-1	混凝土基础（包括支撑梁、桩基承台、桩系梁，但不包括桩基）				
-a	C30混凝土承台	m³	2854.100	506.98	1446972.00
-b	C30混凝土支撑梁	m³	67.600	851.63	57570.00
-c	C30混凝土下系梁	m³	8665	591.49	5125261.00

（续）

清单 第400章 桥梁、涵洞

子目号	子目名称	单位	数量	单价	合价
-d	C30 混凝土扩大基础	m³	4142.200	445.49	1845309.00
-e	C25 片石混凝土扩大基础	m³	9162.700	423.26	3878204.00
410-2	混凝土下部结构				
-a	桥台混凝土	m³	13549.500	610.58	8273054.00
-b	桥墩混凝土	m³	27535.400	738.52	20335444.00
-c	盖梁混凝土	m³	26382.200	1041.28	27471257.00
-d	台帽混凝土	m³	225	863.04	194184.00
410-3	现浇混凝土上部结构				
-a	C40 现浇混凝土整体板	m³	588	737.57	433691.00
410-5	桥梁上部结构现浇整体化混凝土				
-a	C40 混凝土现浇层（空心板、小箱梁、T 形梁、天桥等桥面整体化层混凝土）	m³	769.540	972.06	748039.00
-b	C50 混凝土现浇层（空心板、小箱梁、T 形梁、天桥等桥面整体化层混凝土）	m³	21773.920	972.07	21165774.00
-d	C50 混凝土湿接缝、横隔板	m³	13695.530	825.81	11309906.00
-e	C50 混凝土铰缝	m³	152.900	972.07	148630.00
410-6	现浇混凝土附属结构				
-a	C30 混凝土防撞护栏	m³	10804.100	802.23	8667373.00
-b	C30 混凝土搭板	m³	5184.030	577.20	2992222.00
-d	C50 小石子混凝土垫石	m³	353.100	761.49	268882.00
-e	C30 混凝土垫石、挡块	m³	306.900	700.76	215063.00
-f	C40 混凝土垫石、挡块	m³	54.500	700.81	38194.00
-g	C30 混凝土波形护栏基础	m³	49.940	1027.55	51316.00
411	预应力混凝土工程				
411-2	先张法预应力钢绞线	kg	46985.450	18.32	860773.00
411-5	后张法预应力钢绞线	kg	3502262.760	16.65	58312675.00
411-7	现浇预应力混凝土上部结构				
-a	C50 预应力混凝土连续箱梁	m³	8381.700	1569.89	13158347.00
411-8	预制预应力混凝土上部结构				
-a	C50 预应力混凝土空心板	m³	1405.850	1125.68	1582537.00
-b	C50 预应力混凝土箱梁	m³	69393.300	1459.26	101262867.00
-c	C50 预应力混凝土 T 形梁	m³	9438.400	1378.74	13013100.00
413	砌石工程				
413-1	浆砌片石				
-a	M10 浆砌片石台身	m³	458	365.21	167266.00
-b	M10 浆砌片石侧墙	m³	502.600	365.21	183555.00

（续）

清单　第400章　桥梁、涵洞

子目号	子目名称	单位	数量	单价	合价
413-2	浆砌块石				
-a	M10 浆砌块石台身镶面	m³	72.500	478.46	34688.00
-b	M10 浆砌块石侧墙镶面	m³	30	478.50	14355.00
416	桥梁支座				
416-1	板式橡胶支座	个	84	42517.31	3571454.00
416-4	球形支座	个	38	6320.74	240188.00
417	桥梁接缝和伸缩装置				
417-2	模数式伸缩装置	m	3077.500	57399.72	176647638.00

清单　第400章合计：711206324.00

表 11-18　工程量清单（第 500 章）

合同段：山东某高速公路改扩建工程 A1 合同段　　　　　　　　　　货币单位：元

清单　第500章　隧道

子目号	子目名称	单位	数量	单价	合价
502	洞口与明洞工程				
502-1	洞口、明洞开挖				
-a	土方	m³	67756.900	9.74	659952.00
-b	石方	m³	74797.800	41.29	3088401.00
502-2	防水与排水				
-a	石砌截水沟、排水沟	m³	2069.430	393.55	814424.00
502-3	洞口坡面防护				
-c	预制安装混凝土护坡	m³	17.360	1004.26	17434.00
-d	喷射混凝土护坡	m³	2329.510	845.36	1969275.00
-j	锚杆	m	122871.810	17683.36	2172786450.00
502-4	洞门建筑				
-a	现浇混凝土	m³	11833.100	705.57	8349080.00
-e	钢筋				
-e-1	光圆钢筋（HPB300）	kg	70239.600	5.19	364544.00
-e-2	带肋钢筋（HRB400）	kg	749428.600	5.05	3784614.00
502-5	明洞衬砌				
-a	现浇混凝土	m³	17612.460	725.35	12775198.00
-b	钢筋				
-b-1	光圆钢筋（HPB300）	kg	111829.700	5.50	615063.00
-b-2	带肋钢筋（HRB400）	kg	952673.160	5.37	5115855.00
502-7	洞顶回填				

（续）

清单　第 500 章　隧道

子目号	子 目 名 称	单位	数量	单价	合价
-a	防水层				
-a-1	黏土防水层	m³	2258.070	80.81	182475.00
-b	回填				
-b-1	回填土石方	m³	62986.890	38.14	2402320.00
-b-2	M10 浆砌片石	m³	6392.620	337.34	2156486.00
-b-3	种植土	m³	3756.330	43.19	162236.00
503	洞身开挖				
503-1	洞身开挖				
-a	洞身开挖（不含竖井、斜井）	m³	625395.690	146.71	91751802.00
503-2	洞身支护				
-a	管棚支护	m	58240	314.90	18339776.00
-b	注浆小导管	m	590704.400	647.54	382504727.00
-d	喷射混凝土支护	m³	1299.760	754.22	980305.00
-e	钢支架支护	kg	138533.480	7.86	1088873.00
504	洞身衬砌				
504-1	洞身衬砌				
-a	钢筋				
-a-1	光圆钢筋（HPB300）	kg	1566960.160	6.02	9433100.00
-a-2	带肋钢筋（HRB400）	kg	16685926.220	5.89	98280105.00
-b	现浇混凝土	m³	169922.650	603.97	102628183.00
504-2	仰拱、铺底混凝土				
-a	现浇混凝土仰拱	m³	60627.560	464.04	28133613.00
504-3	边沟、电缆沟混凝土				
-a	现浇混凝土沟槽	m³	6566.990	982.70	6453381.00
-b	预制安装混凝土沟槽	m³	4929.280	1074.19	5294983.00
-d	钢筋				
-d-1	光圆钢筋（HPB300）	kg	465496.170	5.81	2704533.00
-d-2	带肋钢筋（HRB400）	kg	684021.770	5.68	3885244.00
504-5	洞内路面				
-a	钢筋				
-a-1	光圆钢筋（HPB300）	kg	328488.700	4.79	1573461.00
-a-2	带肋钢筋（HRB400）	kg	173413.580	4.65	806373.00
-b	现浇混凝土	m³			
-b-1	26cm 厚水泥混凝土面板（弯拉强度不小于 5.0MPa）	m²	139313.480	125.18	17439261.00

（续）

清单　第500章　隧道

子目号	子目名称	单位	数量	单价	合价
-b-2	35cm厚水泥混凝土面板（弯拉强度不小于4.0MPa）	m²	303.600	169.21	51372.00
-b-3	15cm厚水泥混凝土面板（弯拉强度不小于1.8MPa）	m²	919.090	77.86	71560.00
505	防水与排水				
505-1	防水与排水				
-b	排水管				
-b-4	Ω形排水管	m	52218.930	61.79	3226608.00
-c	防水板	m²	319811.530	44.83	14337151.00
-d	止水带	m	57942.320	74.40	4310909.00
506	洞内防火涂料和装饰工程				
506-1	洞内防火涂料	m²	265593.370	46.97	12474921.00
506-2	洞内装饰工程				
-b	喷涂混凝土专用漆	m²	239.880	27.87	6685.00
510	洞内机电设施预埋件和消防设施				
510-1	预埋件				
-a	通风设施预埋件	kg	6742.800	4661.44	31431158.00
-c	照明设施预埋件				
-c-1	热镀锌钢管（φ65mm×4mm）	kg	76371.460	121908.77	9310350752.00
-c-2	热镀锌钢管（φ80mm×4mm）	kg	44272.800	6.15	272278.00
-c-3	热镀锌钢管（φ100mm×4mm）	kg	3125.090	4.87	15219.00
-c-4	预留接线盒（带盖）（40cm×50cm×40cm）	kg	5064.190	1.02	5165.00
-d	监控设施预埋件				
-d-1	包塑可挠金属保护管（LV-5-50#）	m	21007.140	16.27	341786.00
-d-2	热镀锌接线盒	kg	8399.370	1.02	8567.00
-e	供配电设施预埋件	kg			
-e-1	预留接线盒（带盖）（通风用）（40cm×50cm×40cm）	kg	949.540	1.02	969.00
-e-2	热镀锌钢管（通风用）（φ80mm×4mm）	kg	6037.200	6.39	38578.00
-e-3	热镀锌钢管（通风用）（φ100mm×4mm）	kg	1041.700	4.87	5073.00
-e-4	电缆沟预埋件，热轧角钢50mm×50mm×5mm	kg	97115.200	9194.05	892882005.00
-e-5	电缆沟预埋件，热轧扁钢40mm×4mm	kg	12936.800	9.19	118889.00
-e-6	电缆沟预埋件，热轧角钢接地极50mm×50mm×5mm	kg	895.380	9.19	8229.00
-e-7	电缆沟预埋件，膨胀螺栓M10×110mm	套	27600	5.20	143520.00

（续）

清单 第 500 章 隧道

子目号	子目名称	单位	数量	单价	合价
-e-8	跨路预埋管，热镀锌钢管（ϕ200mm×10mm）	kg	35048.560	0.99	34698.00
-e-9	跨路预埋管，热镀锌钢管（ϕ100mm×5mm）	kg	15188.330	3.93	59690.00
-e-10	PVC 管（ϕ25mm）	m	508.230	34.93	17752.00
-e-11	PVC 管（ϕ40mm）	m	575.860	37.56	21629.00
-e-12	钢管（ϕ219mm×10mm）	kg	280337.760	0.89	249501.00
-e-13	钢管（ϕ325mm×12mm）	kg	5557.600	0.50	2779.00
510-2	消防设施				
-a	供水钢管（ϕ325mm）	m	600	46.11	27666.00

清单 第 500 章合计：13257056636.00

表 11-19 工程量清单（第 600 章）

合同段：山东某高速公路改扩建工程 A1 合同段   货币单位：元

清单 第 600 章 安全设施及预埋管线

子目号	子目名称	单位	数量	单价	合价
602	护栏				
602-1	混凝土护栏（护墙、立柱）				
-a	现浇混凝土护栏	m³	961	1059.29	1017978.00
-b	预制安装混凝土护栏	m³	898.500	697.91	627072.00
607	通信和电力管道与预埋（预留）基础				
607-1	人（手）孔	个			
-a	直通人孔	个	75	5992.57	449443.00
-b	分歧人孔	个	42	5992.57	251688.00
-c	三（四）通人孔	个	12	5992.58	71911.00
-d	手孔	个	124	5782.81	717068.00
-e	收费路肩人孔（手井-07SD101-8）	个	6	5782.83	34697.00
607-3	管道工程	m	22127.600	128.75	2848929.00
608	收费设施及地下管道				
608-1	收费亭				
-a	单人收费亭	个	21	27662.18	580906.00
608-2	收费天棚	m²			
-a	C30 混凝土	m³	167	816.15	136297.00
-b	C15 素混凝土垫层 100mm 厚	m³	22.500	468.67	10545.00
-c	钢筋	t	14.950	5437.06	81284.00

（续）

清单 第600章 安全设施及预埋管线

子目号	子目名称	单位	数量	单价	合价
-d	镀锌钢管	m	150	357.51	53627.00
608-3	收费岛				
-a	单向收费岛	个	9	45020.00	405180.00
-b	双向收费岛	个	3	83520.00	250560.00

清单 第600章合计：7537185.00

表 11-20 工程量清单（第700章）

合同段：山东某高速公路改扩建工程 A1 合同段　　　　　　　　　　　　　货币单位：元

清单 第700章 绿化及环境保护设施

子目号	子目名称	单位	数量	单价	合价
704	种植乔木、灌木和攀缘植物				
704-1	人工种植乔木				
-a	香樟	棵	4232	236.27	999895.00
704-2	人工种植灌木				
-c	春杜鹃	棵	2563	87.75	224903.00
706	声屏障				
706-1	吸、隔声板声屏障				
-a	路基侧声屏障（含基础）	m	1375	214.79	295336.00
-b	桥梁侧护栏声屏障				
-b-1	波形护栏侧声屏障	m	100	175.81	17581.00
-b-2	墙式混凝土护栏顶声屏障	m	987	120.68	119111.00

清单 第700章合计：1656826.00

表 11-21 专项暂定金额汇总表

合同段：山东某高速公路改扩建工程 A1 合同段

清单编号	细目号	名　　称	估计金额（元）
400	401-1	桥梁荷载试验（专项暂定金额）	600000
		小计（结转至工程量清单汇总表）	600000 元

表 11-22　计日工劳务单价表

合同段：山东某高速公路改扩建工程 A1 合同段

细目号	名　称	估计数量/h	单价（元/h）	合价（元）
101	班长	50	80.00	4000
102	普通工	50	80.00	4000
103	焊工	50	80.00	4000
104	电工	50	80.00	4000
105	混凝土工	50	80.00	4000
106	木工	50	80.00	4000
107	钢筋工	50	80.00	4000
计日工劳务（结转至计日工汇总表）			28000	

表 11-23　计日工材料单价表

合同段：山东某高速公路改扩建工程 A1 合同段

细目号	名　称	单位	估计数量	单价（元）	合价（元）
201	木材	m³	20	2500.00	50000
202	钢筋	t	30	3900.00	117000
203	钢绞线	t	10	6850.00	68500
204	32.5 级水泥	t	100	380.00	38000
205	石油沥青	t	5	4050.00	20250
206	中（粗）砂	m³	120	125.00	15000
207	片石	m³	300	65.00	19500
208	石渣	m³	500	80.00	40000
209	碎石（4cm）	m³	200	80.00	16000
计日工材料小计（结转至计日工汇总表）				384250	

表 11-24　计日工施工机械单价表

合同段：山东某高速公路改扩建工程 A1 合同段

细目号	名　称	估计数量/h	租价（元）	合价（元）
301	135kW 以内履带式推土机	150	1574.16	236124
302	1.0m³ 以内履带式单斗挖掘机	200	1229.61	245922
303	3.0m³ 以内轮胎式装载机	150	1339.64	200946
304	120kW 以内平地机	50	1208.82	60441
305	15t 以内振动压路机	150	1029.54	154431
306	250L 以内强制式混凝土搅拌机	150	128.73	19309.5
307	20t 以内载货汽车	200	1249.78	249956
308	16t 以内汽车式起重机	50	1112.93	55646.5
309	30t 以内汽车式起重机	50	1557.22	77861
310	75t 以内汽车式起重机	50	3414.62	170731
311	30kN 以内单筒慢动电动卷扬机	50	125.30	6265
计日工施工机械小计（结转至计日工汇总表）			1477633	

表 11-25　计日工汇总表

合同段：山东某高速公路改扩建工程 A1 合同段

名　　称	金额（元）	备　　注
劳务	28000.00	
材料	384250.00	
施工机械	1477633.00	
计日工合计（结转至投标报价汇总表）	1889883.00	

表 11-26　工程量清单汇总表

合同段：山东某高速公路改扩建工程 A1 合同段

序号	章次	科目名称	金额（元）
1	100	总则	157316838.00
2	200	路基	374903385.00
3	300	路面	368312588.00
4	400	桥梁、涵洞	711206324.00
5	500	隧道	13257056636.00
6	600	安全设施及预埋管线	7537185.00
7	700	绿化及环境保护设施	1656826.00
8	第 100～700 章清单合计		14877989782.00
9	已包含在清单合计中的专项暂定金额小计		600000.00
10	清单合计减去专项暂定金额（即 8 - 9 = 10）		14877389782.00
11	计日工合计		1889883.00
12	不可预见费		9997455.00
13	投标价（8 + 11 + 12）= 13		14889877120.00

表 11-27　原始数据表（1）

建设项目名称：山东某高速公路改扩建工程

编制范围：山东某高速公路改扩建工程 A1 合同段

编号	名　　称	单位	工程量	费率编号	备注
	第 100～700 章清单				
	清单　第 100 章　总则				
101	通则				
101-1	保险费				
- a	按合同条款规定，提供建筑工程一切险	总额	1		
- b	按合同条款规定，提供第三者责任险	总额	1		
102	工程管理				
102-1	竣工文件	总额	1		
102-3	安全生产费	总额	1		

（续）

编号	名　　称	单位	工程量	费率编号	备注
102-4	信息化系统（暂估价）	总额	1		
103	临时工程与设施				
103-1	临时道路修建、养护与拆除（包括原道路的养护）	总额	1		
103-2	临时占地	亩	5617		
104	承包人驻地建设				
104-1	承包人驻地建设	总额	1		
105	施工标准化	总额	1		
	清单　第200章　路基				
202	场地清理				
202-1	清理与掘除				
-a	清理现场	m²	906910.300		
1-1-1-12	清除表土（135kW 内推土机）	100m³	1813.821	2	
1-1-10-3	3m³ 内装载机装土方	1000m³ 天然密实方	181.382	2	
1-1-11-17 改	12t 内自卸汽车运土 3km	1000m³ 天然密实方	181.382	3	+18×4
202-2	挖除旧路面				
-a	水泥混凝土路面	m³	4409		
2-3-1-11	破碎机凿除水泥混凝土面层	10m³	440.900	7	
1-1-10-6	3m³ 内装载机装软石	1000m³ 天然密实方	4.409	5	
1-1-11-49 改	15t 内自卸汽车运石 6km	1000m³ 天然密实方	4.409	3	+51×10
-b	沥青混凝土路面	m³	17194.800		
鲁养 3-10-3	铣刨机刨除沥青面层	10m³	1719.480	5	
1-1-10-6	3m³ 内装载机装软石	1000m³ 天然密实方	17.195	5	
1-1-11-49 改	15t 内自卸汽车运石 6km	1000m³ 天然密实方	17.195	3	+51×10
202-3	拆除结构物				
-a	钢筋混凝土结构				
-a-1	凿除桥面铺装	m³	504.800		
鲁养 4-16-5	拆（凿）除桥面铺装水泥混凝土	10m³	50.480	6	
1-1-10-6	3m³ 内装载机装软石	1000m³ 天然密实方	0.505	5	
1-1-11-17	12t 内自卸汽车运土 1km	1000m³ 天然密实方	0.505	3	
-a-2	凿除防撞护栏（或栏杆）	m	10165.700		
鲁养 4-16-5	拆（凿）除桥面铺装水泥混凝土	10m³	254.143	6	

表 11-28　原始数据表（2）

建设项目名称：山东某高速公路改扩建工程

编制范围：山东某高速公路改扩建工程 A1 合同段

编号	名称	单位	工程量	费率编号	备注
4-8-3-8 改	6t 内汽车式起重机装卸 6km	100m³	31.514	3	+16×10
-a-3	拆除板（梁）	m³	6226.100		
鲁养 4-16-10	梁板整体吊拆跨径 20m 以上	10m³	622.610	6	
4-9-5-2	钢管支架上部	100m²	40	8	
4-8-4-8 改	40t 内起重机装车 6km	100m³	62.261	3	+16×10
-a-4	拆除及凿除下部结构、基础	m³	1304.900		
鲁养 4-16-3 改	拆（凿）除钢筋混凝土	10m³	130.490	6	
1-1-10-6	3m³ 内装载机装软石	1000m³ 天然密实方	1.305	5	
1-1-11-17 改	12t 内自卸汽车运土 6km	1000m³ 天然密实方	1.305	3	+19×10
-b	混凝土结构	m³	12555		
4-11-17-3	凿除混凝土及钢筋混凝土	10m³	1255.500	8	
1-1-10-6	3m³ 内装载机装软石	1000m³ 天然密实方	1.305	5	
1-1-11-17 改	12t 内自卸汽车运土 6km	1000m³ 天然密实方	1.305	3	+19×10
-c	砖、石及其他砌体结构	m³	53715.190		
4-11-17-2	浆砌圬工	10m³	5371.519	8	
1-1-10-6	3m³ 内装载机装软石	1000m³ 天然密实方	53.715	5	
1-1-11-17 改	12t 内自卸汽车运土 6km	1000m³ 天然密实方	53.715	3	+19×10
203	挖方路基				
203-1	路基挖方				
-a	挖土方	m³	1931116		
1-1-9-7	2.0m³ 内挖掘机挖装土方松土	1000m³ 天然密实方	81.494	2	
1-1-9-8	2.0m³ 内挖掘机挖装土方普通土	1000m³ 天然密实方	803.676	2	
1-1-9-9	2.0m³ 内挖掘机挖装土方硬土	1000m³ 天然密实方	1748.703	2	
1-1-11-21 改	15t 内自卸汽车运土 6km	1000m³ 天然密实方	1931.116	3	+23×10
-c	挖除非适用材料（不含淤泥、岩盐、冻土）	m³	11964.600		
1-1-2-5	挖掘机挖装、淤泥、流沙	1000m³	11.965	2	
1-1-11-21 改	15t 内自卸汽车运土 6km	1000m³ 天然密实方	11.965	3	+23×10
203-2	改河、改渠、改路挖方				
-a	挖土方	m³	192013.600		
1-1-9-8	2.0m³ 内挖掘机挖装土方普通土	1000m³ 天然密实方	192.014	2	
1-1-11-21 改	15t 内自卸汽车运土 2km	1000m³ 天然密实方	192.014	3	+22×2
204	填方路基				
204-1	路基填筑（包括填前压实）				
-a	利用土方	m³	1028231.300		

（续）

编号	名　　称	单位	工程量	费率编号	备注
1-1-18-5	高速、一级公路 20t 内振动压路机压土	1000m³ 压实方	1028.231	2	
1-1-11-25 改	20t 内自卸汽车运土 6km	1000m³ 天然密实方	6169.388	3	+27×10
1-1-22-5 改	6000L 内洒水车洒水 6km	1000m³ 水	30.847	3	+7×10
-b	利用石方	m³	1492754		
1-1-18-18	高速、一级公路 20t 内振动压路机压石	1000m³ 压实方	1492.754	5	
1-1-11-53 改	20t 内自卸汽车运石 6km	1000m³ 天然密实方	8956.524	3	+55×10
-h	结构物台背回填	m³	169838.150		
1-2-12-2	软基砂砾垫层	1000m³	169.838	7	
4-11-5-2	填碎（砾）石垫层	10m³	78.806	8	
4-11-4-1	胶泥防水层	10m³	2821.029	8	
-i	锥坡及台前溜坡填土	m³	80762		
4-11-2-1	锥坡填土	10m³	8076.200	8	
204-2	改河、改渠、改路填筑				
-a	利用土方	m³	170791		
1-1-18-11	三、四级公路 10～12t 压路机压土	1000m³ 压实方	170.791	2	
1-1-22-5 改	6000L 内洒水车洒水 6km	1000m³ 水	8.540	3	+7×10

表 11-29　原始数据表（3）

建设项目名称：山东某高速公路改扩建工程

编制范围：山东某高速公路改扩建工程 A1 合同段

编号	名　　称	单位	工程量	费率编号	备注
205	特殊地区路基处理				
205-1	软土路基处理				
-a	抛石挤淤	m³	4552.500		
1-2-11-1	抛石挤淤	1000m³	4.553	7	
-n	强夯及强夯置换				
-n-1	强夯	m²	178960		
1-2-10-1	强夯一般软土（夯击 2 遍）	1000m²	178.960	7	
-n-2	强夯置换	m³	8129.800		
1-2-12-3	软基石渣垫层	1000m³	8.130	7	
1-1-9-8	2.0m³ 内挖掘机挖装土方普通土	1000m³ 天然密实方	8.130	2	
1-1-11-21 改	15t 内自卸汽车运土 6km	1000m³ 天然密实方	8.130	3	+23×10
207	坡面排水				
207-1	边沟				
-a	浆砌片石	m³			
-a-1	M7.5 浆砌片石矩形盖板边沟（底宽 80cm）	m	22009.700		

（续）

编号	名　称	单位	工程量	费率编号	备注
1-3-3-1 改	浆砌片石边沟、排水沟、截水沟	10m³	1738.770	8	M5，-3.5，M7.5，+3.5
1-3-4-9 改	预制混凝土水沟盖板矩形带孔	10m³	335.020	8	普 C20-32.5-2，-10.1，普 C30-42.5-2，+10.1
1-3-4-11	安装水沟盖板	10m³	335.020	8	
1-3-4-10 改	水沟盖板钢筋	1t	59.915	8	111 量 1.025，112 量 0
1-3-4-10 改	水沟盖板钢筋	1t	578.524	8	111 量 0，112 量 1.025
-a-2	M7.5 浆砌片石矩形边沟（底宽80cm）	m	2040		
1-3-3-1 改	浆砌片石边沟、排水沟、截水沟	10m³	139.300	8	M5，-3.5，M7.5，+3.5
1-2-12-2	软基砂砾垫层	1000m³	0.265	7	
1-3-1-2	人工挖沟普通土	1000m³ 天然密实方	1.658	1	
-a-3	M7.5 浆砌片石梯形边沟（底宽80cm）	m	26847.260		
1-3-3-1 改	浆砌片石边沟、排水沟、截水沟	10m³	3015.110	8	M5，-3.5，M7.5，+3.5
1-2-12-2	软基砂砾垫层	1000m³	12.071	7	
1-1-9-8	2.0m³ 内挖掘机挖装土方普通土	1000m³ 天然密实方	42.220	2	
207-3	截水沟				
-a	浆砌片石	m	4205		
1-3-3-1 改	浆砌片石边沟、排水沟、截水沟	10m³	123.200	8	M5，-3.5，M7.5，+3.5
1-2-12-2	软基砂砾垫层	1000m³	0.247	7	
1-3-1-2	人工挖沟普通土	1000m³ 天然密实方	1.479	1	

表 11-30　原始数据表（4）

建设项目名称：山东某高速公路改扩建工程

编制范围：山东某高速公路改扩建工程 A1 合同段

编号	名　称	单位	工程量	费率编号	备注
207-4	跌水与急流槽				
-b	浆砌片石	m³	1271.340		
1-3-3-3 改	浆砌片石急流槽	10m³	127.134	8	M5，-3.5，M7.5，+3.5
1-2-12-3	软基石渣垫层	1000m³	0.320	7	

（续）

编号	名　　称	单位	工程量	费率编号	备注
1-3-4-8 改	预制混凝土水沟盖板矩形	10m³	0.510	8	普 C20-32.5-2，-10.1，普 C30-42.5-2，+10.1
1-3-4-11 改	安装水沟盖板	10m³	0.748	8	832 换 833，833 量 0.118
1-3-4-10 改	水沟盖板钢筋	1t	0.109	8	111 量 1.025，112 量 0
1-3-4-10 改	水沟盖板钢筋	1t	0.500	8	111 量 0，112 量 1.025
1-1-9-8	2.0m³ 内挖掘机挖装土方普通土	1000m³ 天然密实方	0.955	2	
- c	现浇混凝土	m³	1525.940		
1-3-4-14 改	现浇混凝土急流槽	10m³	152.594	8	普 C20-32.5-2，-10.2，普 C25-32.5-2，+10.2
1-2-12-2	软基砂砾垫层	1000m³	0.790	7	
1-1-9-8	2.0m³ 内挖掘机挖装土方普通土	1000m³ 天然密实方	2.917	2	
208	护坡、护面墙				
208-3	浆砌片石护坡				
- a	满铺浆砌片石护坡	m³	2166.300		
1-4-11-2 改	浆砌片石护坡	10m³	216.630	8	M5，-3.5，M7.5，+3.5，人工 ×1.5
209	挡土墙				
209-3	砌体挡土墙				
- a	浆砌片（块）石	m³	17704		
1-4-16-7 改	浆砌片石墙身	10m³	1770.400	8	M5，-3.5，M10，+3.5
1-4-26-2	砂砾泄水层	100m³	19.044	8	
4-11-4-1	胶泥防水层	10m³	17.300	8	
4-1-3-4	单个基坑 ≤1500m³，2.0m³ 内挖掘机挖土	1000m³	6.374	8	
1-1-7-2	夯土机夯实填土	1000m³ 压实方	1.797	2	
1-3-7-1 改	横向排水管安装	10m	178.750	8	添 770 量 1.49，786 换 780，780 量 10.2
209-5	混凝土挡土墙				

（续）

编号	名　　称	单位	工程量	费率编号	备注
- a	混凝土	m³	420		
1-4-19-2 改	现浇混凝土挡土墙	10m³	42	8	普 C20-32.5-8， - 10.2， 泵 C25-32.5-2， + 10.2

表 11-31　原始数据表（5）

建设项目名称：山东某高速公路改扩建工程

编制范围：山东某高速公路改扩建工程 A1 合同段

编号	名　　称	单位	工程量	费率编号	备注
	清单　第 300 章　路面				
302	垫层				
302-1	碎石垫层				
- a	厚 150mm	m²	329497		
2-2-2-15 改	平地机拌机铺碎石底基层厚度 15cm	1000m²	329.497	7	+ 18 × 7
2-1-8-21 改	稳定土运输 15t 内 6.5km	1000m³	49.425	3	+ 23 × 11
304	水泥稳定土底基层、基层				
304-1	水泥稳定土底基层				
- a	厚 200mm	m²	7490		
2-1-7-5 改	厂拌水泥碎石 4:96 厚度 20cm	1000m²	7.490	7	+ 138 × 5，4:96， 400t/h 内 厂拌设备
2-1-8-21 改	稳定土运输 15t 内 6.5km	1000m³	1.498	3	+ 23 × 11
2-1-9-11	摊铺机铺筑基层（12.5m 内）	1000m²	7.490	7	
2-1-10-5	稳定土厂拌设备安拆（400t/h 内）	1 座	0.006	10	
- b	厚 180mm	m²	573218		
2-1-7-5 改	厂拌水泥碎石 4:96 厚度 18cm	1000m²	573.218	7	+ 138 × 3，4:96， 400t/h 内 厂拌设备
2-1-8-21 改	稳定土运输 15t 内 6.5km	1000m³	103.179	3	+ 23 × 11
2-1-9-11	摊铺机铺筑基层（12.5m 内）	1000m²	573.218	7	
2-1-10-5	稳定土厂拌设备安拆（400t/h 内）	1 座	0.474	10	
304-3	水泥稳定土基层				
- a	厚 200mm	m²	7490		
2-1-7-5 改	厂拌水泥碎石 5:95 厚度 20cm	1000m²	7.490	7	+ 138 × 5， 400t/h 内 厂拌设备
2-1-8-21 改	稳定土运输 15t 内 6.5km	1000m³	1.498	3	+ 23 × 11
2-1-9-11	摊铺机铺筑基层（12.5m 内）	1000m²	7.490	7	

（续）

编号	名　　称	单位	工程量	费率编号	备注
2-1-10-5	稳定土厂拌设备安拆（400t/h 内）	1 座	0.006	10	
- b	厚 180mm	m²	1369160		
2-1-7-5 改	厂拌水泥碎石 5:95 厚度 18cm	1000m²	1369.160	7	+138×3，400t/h 内厂拌设备
2-1-8-21 改	稳定土运输 15t 内 6.5km	1000m³	246.449	3	+23×11
2-1-9-11	摊铺机铺筑基层（12.5m 内）	1000m²	1369.160	7	
2-1-10-5	稳定土厂拌设备安拆（400t/h 内）	1 座	0.133	10	
- c	厚 150mm	m²	23781		
2-1-7-5 改	厂拌水泥碎石 5:95 厚度 15cm	1000m²	23.781	7	400t/h 内厂拌设备
2-1-8-21 改	稳定土运输 15t 内 6.5km	1000m³	3.567	3	+23×11
2-1-9-11	摊铺机铺筑基层（12.5m 内）	1000m²	23.781	7	
2-1-10-5	稳定土厂拌设备安拆（400t/h 内）	1 座	0.020	10	
307	沥青稳定碎石基层（ATB）				
307-1	沥青稳定碎石基层（ATB）				
- a	厚 120mm	m²	23912		
2-2-10-13	中粒沥青碎石拌和（30t/h 内）	1000m³	2.869	6	
2-2-13-25 改	沥青混合料运输 20t 内 7km	1000m³	2.869	3	+27×12
2-2-14-27	机铺沥青碎石粗粒式 320t/h 内	1000m³	2.869	6	
2-2-15-6	沥青混合料拌和设备安拆（320t/h 内）	1 座	0.019	14	

表 11-32　原始数据表（6）

建设项目名称：山东某高速公路改扩建工程

编制范围：山东某高速公路改扩建工程 A1 合同段

编号	名　　称	单位	工程量	费率编号	备注
308	透层和黏层				
308-1	透层	m²	884500		
2-2-16-2	乳化沥青粒料基层透层	1000m²	884.500	7	
308-2	黏层	m²	2675520		
2-2-16-6 改	乳化沥青沥青层黏层	1000m²	2675.520	7	853 量 1
309	热拌沥青混合料面层				
309-1	细粒式沥青混凝土				
- a	厚 40mm	m²	1295		
2-2-11-18 改	细粒沥青混凝土拌和（320t/h 内）	1000m³	0.052	6	851 换 852，852 量 122.536
2-2-13-25 改	沥青混合料运输 20t 内 7km	1000m³	0.052	3	+27×12

（续）

编号	名　称	单位	工程量	费率编号	备注
2-2-14-52	机铺沥青混凝土细粒式 320t/h 内	1000m³	0.052	6	
2-2-15-6	沥青混合料拌和设备安拆（320t/h 内）	1 座	0.001	14	
309-2	中粒式沥青混凝土				
- a	厚 60mm	m²	700		
2-2-11-12 改	中粒沥青混凝土拌和（320t/h 内）	1000m³	0.042	6	851 换 852，852 量 113.465
2-2-13-25 改	沥青混合料运输 20t 内 7km	1000m³	0.042	3	+ 27 × 12
2-2-14-51	机铺沥青混凝土中粒式 320t/h 内	1000m³	0.042	6	
2-2-15-6	沥青混合料拌和设备安拆（320t/h 内）	1 座	0.001	14	
309-3	粗粒式沥青混凝土				
- a	厚 80mm	m²	664210.100		
2-2-11-6 改	粗粒沥青混凝土拌和（320t/h 内）	1000m³	53.137	6	851 换 852，852 量 105.857
2-2-13-25 改	沥青混合料运输 20t 内 7km	1000m³	53.137	3	+ 27 × 12
2-2-14-50	机铺沥青混凝土粗粒式 320t/h 内	1000m³	53.137	6	
2-2-15-6	沥青混合料拌和设备安拆（320t/h 内）	1 座	0.367	14	
310	沥青表面处治与封层				
310-2	封层	m²	7490		
4-6-13-13	人行道铺装沥青砂	10m³	14.980	8	
311	改性沥青及改性沥青混合料				
311-2	中粒式改性沥青混合料路面				
- a	厚 60mm	m²	1241708		
2-2-11-12 改	中粒沥青混凝土拌和（320t/h 内）	1000m³	74.502	6	851 换 852，852 量 113.465
2-2-13-25 改	沥青混合料运输 20t 内 7km	1000m³	74.502	3	+ 27 × 12
2-2-14-51	机铺沥青混凝土中粒式 320t/h 内	1000m³	74.502	6	
2-2-15-6	沥青混合料拌和设备安拆（320t/h 内）	1 座	0.511	14	
311-3	SMA 路面				
- a	厚 40mm	m²	1241708		
2-2-12-4	沥青玛琋脂碎石拌和（320t/h 内）	1000m³	49.668	6	
2-2-13-25 改	沥青混合料运输 20t 内 7km	1000m³	49.668	3	+ 27 × 12
2-2-14-57	机铺沥青玛琋脂碎石 320t/h 内	1000m³	49.668	6	
2-2-15-6	沥青混合料拌和设备安拆（320t/h 内）	1 座	0.399	14	

表 11-33　原始数据表（7）

建设项目名称：山东某高速公路改扩建工程

编制范围：山东某高速公路改扩建工程 A1 合同段

编号	名　称	单位	工程量	费率编号	备注
312	水泥混凝土面板				
312-1	水泥混凝土面板				
-a	厚 280mm（混凝土弯拉强度 5.0MPa）	m³	7490		
2-2-17-3 改	轨道摊铺机铺筑混凝土厚 28cm	1000m²	7.490	6	+4×8，普 C30-32.5-4，−285.6，普 C40-42.5-4，+285.6，1325 换 1327，1327 量 1.4
4-11-11-20 改	6m³ 内混凝土搅拌运输车运 1.5km	100m³	167.776	3	+21×1
-b	厚 200mm（混凝土弯拉强度 4.0MPa）	m³	67569		
2-2-17-3 改	轨道摊铺机铺筑混凝土厚 20cm	1000m²	67.569	6	普 C30-32.5-4，−204，普 C40-42.5-4，+204，1325 换 1327，1327 量 1
4-11-11-20 改	6m³ 内混凝土搅拌运输车运 1.5km	100m³	1081.104	3	+21×1
312-2	钢筋				
-a	光圆钢筋（HPB300）	kg	111589		
2-2-17-15 改	路面钢筋	1t	111.589	13	111 量 1.025，112 量 0
-b	带肋钢筋（HRB400）	kg	30948		
2-2-17-13 改	拉杆传力杆（人工轨道摊铺机铺）	1t	30.948	13	111 量 0，112 量 1.138
313	路肩培土、中央分隔带回填土、土路肩加固及路缘石				
313-1	路肩培土	m³	18209		
2-3-2-5 改	培路肩厚度 30cm	1000m²	60.697	7	+6×10
1-1-9-8	2.0m³ 内挖掘机挖装土方普通土	1000m³ 天然密实方	18.209	2	
2-2-19-21 改	水泥混凝土运输 15t 内 6km	1000m³	18.209	3	+23×10
313-2	中央分隔带回填土				
-a	路面加铺段中分带改造填土	m³	9855		
5-1-9-3	中间带填土	10m³	985.500	8	
-b	新建中分带填土	m³	12265		
5-1-9-3	中间带填土	10m³	1226.500	8	

（续）

编号	名　　称	单位	工程量	费率编号	备注
313-5	混凝土预制块路缘石				
-a	C30混凝土预制立缘石（300mm×200mm）	m	49539		
2-3-3-4 改	预制安砌混凝土路缘石	10m³	297.234	8	普C25-32.5-4， -10.1， 普C30-42.5-4， +10.1
-b	C30混凝土预制平缘石（180mm×200mm）	m	31632		
2-3-3-4 改	预制安砌混凝土路缘石	10m³	297.234	8	普C25-32.5-4， -10.1， 普C30-42.5-4， +10.1
-c	C35混凝土预制U形路缘石	m	12695		
2-3-3-4 改	预制安砌混凝土路缘石	10m³	297.234	8	M10，-0.68， M12.5，+0.68， 普C25-32.5-4， -10.1， 普C30-42.5-4， +10.1
-d	C15缘石基座	m³	966		
4-11-5-6 改	混凝土垫层	10m³	96.600	8	普C10-32.5-4， -10.2， 普C15-32.5-4， +10.2

表 11-34　原始数据表（8）

建设项目名称：山东某高速公路改扩建工程

编制范围：山东某高速公路改扩建工程A1合同段

编号	名　　称	单位	工程量	费率编号	备注
314	路面及中央分隔带排水				
314-1	排水管				
-a	D8cm横向塑料排水管	m	5335		
1-3-5-5	现浇排水管基础混凝土（φ600mm内）	100m	53.350	8	
-c	D30cm横向玻璃钢夹砂管	m	1547		
1-3-5-5	现浇排水管基础混凝土（φ600mm内）	100m	15.470	8	
5-1-3-7	铁丝编织网	100m²	0.272	15	
314-2	纵向雨水沟（管）	m	5850		
1-3-4-5 改	现浇混凝土边沟	10m³	585	8	普C20-32.5-2， -10.2， 普C25-32.5-2， +10.2

（续）

编号	名　称	单位	工程量	费率编号	备注
314-3	集水井	座	96		
1-3-6-1 改	现浇井身混凝土	10m³	7.278	8	普 C15-32.5-4， -10.2， 普 C25-32.5-4， +10.2
1-3-4-9 改	预制混凝土水沟盖板矩形带孔	10m³	0.380	8	普 C20-32.5-2， -10.1， 普 C30-32.5-2， +10.1
1-3-4-11	安装水沟盖板	10m³	0.380	8	
1-3-4-10 改	水沟盖板钢筋	1t	0.067	8	111 量 1.025， 112 量 0
1-3-4-10 改	水沟盖板钢筋	1t	0.194	8	111 量 0， 112 量 1.025
314-4	中央分隔带渗沟				
-a	碎石盲沟（300mm×130mm）	m	5317		
1-3-2-1	碎石料盲沟 20cm×30cm	10m	531.700	8	
314-5	沥青油毡防水层	m²	59326		
1-3-9-1	软基土工布处理	1000m²	59.326	7	
4-11-4-5	涂沥青防水层	10m²	5932.600	8	
314-6	路肩排水沟				
-a	多孔隙水稳碎石盲沟（300mm×270mm）	m	16103		
1-3-2-2	碎石料盲沟 30cm×40cm	10m	1610.300	8	
1-3-7-2	纵向排水管安装	10m	1610.300	8	
-b	多孔隙水稳碎石盲沟（300mm×370mm）	m	16958		
1-3-2-2	碎石料盲沟 30cm×40cm	10m	1695.800	8	
1-3-7-2	纵向排水管安装	10m	1695.800	8	

表 11-35　原始数据表（9）

建设项目名称：山东某高速公路改扩建工程

编制范围：山东某高速公路改扩建工程 A1 合同段

编号	名　称	单位	工程量	费率编号	备注
	清单　第 400 章　桥梁、涵洞				
401	通则				
401-1	桥梁荷载试验（暂估价）	总额	1		
403	钢筋				
403-1	基础钢筋（含灌注桩、承台、桩系梁、沉桩、沉井等）				

（续）

编　号	名　　　称	单位	工程量	费率编号	备注
- a	光圆钢筋（HPB300）	kg	1417924.180		
4-6-1-13 改	承台钢筋	1t	0.200	13	111 量 1.025，112 量 0
4-4-8-22 改	焊接连接钢筋	1t	1417.724	13	111 量 1.025，112 量 0
- b	带肋钢筋（HRB400）	kg	6901743.700		
4-6-1-13	承台钢筋	1t	850.010	13	
4-4-8-22 改	焊接连接钢筋	1t	5712.783	13	111 量 0，112 量 1.025
4-6-1-12 改	基础、支撑梁钢筋	1t	338.950	13	111 量 0，112 量 1.025
403-2	下部结构钢筋				
- a	光圆钢筋（HPB300）	kg	512190.500		
4-6-2-21 改	柱式墩台焊接钢筋（高 40m 内）	1t	12.035	13	111 量 1.025，112 量 0
4-6-4-13 改	耳背墙钢筋	1t	11.090	13	111 量 1.025，112 量 0
4-6-2-8 改	实体式墩台钢筋	1t	461.926	13	111 量 1.025，112 量 0
4-6-2-59 改	薄壁墩套接钢筋（高 40m 内）	1t	27.140	13	111 量 1.01，112 量 0
- b	带肋钢筋（HRB400）	kg	9566646.800		
4-6-2-62	支座垫石钢筋	1t	194.800	13	
4-6-4-13 改	耳背墙钢筋	1t	484.400	13	111 量 0，112 量 1.025
4-6-4-11 改	盖梁钢筋	1t	3934.750	13	111 量 0，112 量 1.025
4-6-3-9 改	桥（涵）台帽钢筋	1t	762.600	13	111 量 0，112 量 1.025
4-6-2-8 改	实体式墩台钢筋	1t	408.198	13	111 量 0，112 量 1.025
4-6-14-3	现浇桥头搭板钢筋	1t	274.306	13	
4-6-2-59 改	薄壁墩套接钢筋（高 40m 内）	1t	65.320	13	111 量 0，112 量 1.01
4-6-2-21 改	柱式墩台焊接钢筋（高 40m 内）	1t	3442.273	13	111 量 0，112 量 1.025
403-3	上部结构钢筋				

（续）

编号	名　　称	单位	工程量	费率编号	备注
- a	光圆钢筋（HPB300）	kg	2377587.760		
4-7-16-3 改	预制预应力箱梁钢筋	1t	1426.553	13	111 量 1.025，112 量 0
4-7-11-2 改	预制连续板钢筋	1t	356.638	13	111 量 1.025，112 量 0
4-6-10-4 改	现浇预应力箱梁上部构造钢筋	1t	594.397	13	111 量 1.025，112 量 0
- b	带肋钢筋（HRB400）	kg	17566761.700		
4-7-16-3 改	预制预应力箱梁钢筋	1t	15904	13	111 量 0，112 量 1.025
4-6-10-4 改	现浇预应力箱梁上部构造钢筋	1t	1068	13	111 量 0，112 量 1.025
4-7-13-3 改	预制预应力空心板钢筋	1t	127	13	111 量 0，112 量 1.025
4-6-13-10 改	水泥及防水混凝土钢筋 ϕ8mm 上	1t	67.500	13	111 量 0，112 量 1.025
5-1-1-4 改	墙体护栏钢筋	1t	400.260	13	111 量 0，112 量 1.025

表 11-36　原始数据表（10）

建设项目名称：山东某高速公路改扩建工程

编制范围：山东某高速公路改扩建工程 A1 合同段

编号	名　　称	单位	工程量	费率编号	备注
404	基坑开挖及回填				
404-1	干处挖土方	m³	57693.400		
4-1-3-3	单个基坑 ≤1500m³，1.0m³ 内挖掘机挖土	1000m³	57.693	8	
1-1-11-17 改	12t 内自卸汽车运土 3km	1000m³ 天然密实方	65.217	3	+18×4
404-3	干处挖石方	m³	14491.500		
4-1-3-9	单个基坑 ≤1500m³ 石方	1000m³	14.492	8	
1-1-11-49 改	15t 内自卸汽车运石 3km	1000m³ 天然密实方	15.752	3	+50×4
405	钻孔灌注桩				
405-1	钻孔灌注桩				
- a	陆上钻孔灌注桩	m	7984		
4-4-4-70 改	陆地 ϕ160cm 内回旋钻机钻孔深 40m 内软石	10m	319.360	9	定额 ×0.7
4-4-6-67 改	陆地 ϕ160cm 内回旋钻机钻孔深 40m 内砂砾	10m	479.040	9	定额 ×0.7

（续）

编号	名　　称	单位	工程量	费率编号	备注
4-4-8-17 改	回旋潜水钻 φ250cm 起重机吊斗混凝土	10m³	1604.465	9	水 C25-32.5-4， -11.74， 水 C30-32.5-4， +11.74
4-4-9-7	埋设钢护筒干处	1t	4.899	13	
4-11-11-12	混凝土搅拌站拌和（60m³/h 内）	100m³	188.364	8	
4-11-11-20 改	6m³ 内混凝土搅拌运输车运 2km	100m³	188.364	3	+21×2
405-2	钻取混凝土芯样检测（暂定工程量）	m	289		
410	结构混凝土工程				
410-1	混凝土基础（包括支撑梁、桩基承台、桩系梁，但不包括桩基）				
-a	C30 混凝土承台	m³	2854.100		
4-6-1-6 改	承台混凝土（起重机配吊斗有底模）	10m³	285.410	8	普 C25-32.5-4， -10.2， 普 C30-42.5-4， +10.2， 人工 ×1.2
4-11-11-12	混凝土搅拌站拌和（60m³/h 内）	100m³	29.683	8	
4-11-11-20 改	6m³ 内混凝土搅拌运输车运 2km	100m³	29.683	3	+21×2
-b	C30 混凝土支撑梁	m³	67.600		
4-6-1-5 改	支撑梁混凝土	10m³	6.760	8	普 C20-32.5-4， -10.2， 普 C30-42.5-4， +10.2
4-11-11-12	混凝土搅拌站拌和（60m³/h 内）	100m³	0.690	8	
4-11-11-20 改	6m³ 内混凝土搅拌运输车运 2km	100m³	0.690	3	+21×2
-c	C30 混凝土下系梁	m³	8665		
4-6-4-5	系梁混凝土（地面下非泵送）	10m³	866.500	8	
4-11-11-12	混凝土搅拌站拌和（60m³/h 内）	100m³	88.383	8	
4-11-11-20 改	6m³ 内混凝土搅拌运输车运 2km	100m³	88.383	3	+21×2
-d	C30 混凝土扩大基础	m³	4142.200		
4-6-1-3 改	实体墩台基础混凝土（配梁板式上构）	10m³	414.220	8	片 C15-32.5-8， -10.2， 普 C30-42.5-4 砾， +10.2
4-11-11-12	混凝土搅拌站拌和（60m³/h 内）	100m³	42.250	8	
4-11-11-20 改	6m³ 内混凝土搅拌运输车运 2km	100m³	42.250	3	+21×2
-e	C25 片石混凝土扩大基础	m³	9162.700		

（续）

编号	名　称	单位	工程量	费率编号	备注
4-6-1-3 改	实体墩台基础混凝土（配梁板式上构）	10m³	916.270	8	片 C15-32.5-8，－10.2，普 C25-32.5-2 砾，+10.2
4-11-11-12	混凝土搅拌站拌和（60m³/h 内）	100m³	79.441	8	
4-11-11-20 改	6m³ 内混凝土搅拌运输车运 2km	100m³	79.441	3	+21×2

表 11-37　原始数据表（11）

建设项目名称：山东某高速公路改扩建工程

编制范围：山东某高速公路改扩建工程 A1 合同段

编号	名　称	单位	工程量	费率编号	备注
410-2	混凝土下部结构				
-a	桥台混凝土	m³	13549.500		
4-6-2-5	梁板桥墩台混凝土（高 20m 内）	10m³	1354.950	8	
4-11-11-12	混凝土搅拌站拌和（60m³/h 内）	100m³	135.495	8	
4-11-11-20 改	6m³ 内混凝土搅拌运输车运 2km	100m³	135.495	3	+21×2
-b	桥墩混凝土	m³	27535.400		
4-6-2-12 改	圆柱式墩台混凝土（泵送高 20m 内）	10m³	2753.540	8	泵 C25-32.5-4，－10.4，泵 C30-32.5-4，+10.4
4-11-11-12	混凝土搅拌站拌和（60m³/h 内）	100m³	286.368	8	
4-11-11-20 改	6m³ 内混凝土搅拌运输车运 2km	100m³	286.368	3	+21×2
-c	盖梁混凝土	m³	26382.200		
4-6-4-2 改	盖梁混凝土（钢模非泵送）	10m³	2638.220	8	普 C30-32.5-4，－10.2，普 C30-42.5-4，+10.2
4-11-11-12	混凝土搅拌站拌和（60m³/h 内）	100m³	263.822	8	
4-11-11-20 改	6m³ 内混凝土搅拌运输车运 2km	100m³	263.822	3	+21×2
-d	台帽混凝土	m³	225		
4-6-3-2 改	墩、台帽混凝土（钢模非泵送）	10m³ 实体	22.500	8	普 C30-32.5-4，－10.2，普 C30-42.5-4，+10.2
4-11-11-12	混凝土搅拌站拌和（60m³/h 内）	100m³	2.295	8	
4-11-11-20 改	6m³ 内混凝土搅拌运输车运 2km	100m³	2.295	3	+21×2

（续）

编号	名　称	单位	工程量	费率编号	备注
410-3	现浇混凝土上部结构				
-a	C40 现浇混凝土整体板	m³	588		
4-6-8-1 改	现浇矩形板混凝土	10m³	58.800	8	普 C30-32.5-4, −10.2, 普 C40-42.5-4, +10.2
4-11-11-12	混凝土搅拌站拌和（60m³/h 内）	100m³	5.998	8	
4-11-11-20 改	6m³ 内混凝土搅拌运输车运 2km	100m³	5.998	3	+21×2
410-5	桥梁上部结构现浇整体化混凝土				
-a	C40 混凝土现浇层（空心板、小箱梁、T 形梁、天桥等桥面整体化层混凝土）	m³	769.540		
4-7-15-6 改	现浇连续梁接缝混凝土	10m³	76.954	8	普 C50-42.5-2, −10.2, 普 C40-52.5-2, +10.2
4-11-11-12	混凝土搅拌站拌和（60m³/h 内）	100m³	7.849	8	
4-11-11-20 改	6m³ 内混凝土搅拌运输车运 2km	100m³	7.849	3	+21×2
-b	C50 混凝土现浇层（空心板、小箱梁、T 形梁、天桥等桥面整体化层混凝土）	m³	21773.920		
4-7-15-6 改	现浇连续梁接缝混凝土	10m³	2177.392	8	普 C50-42.5-2, −10.2, 普 C40-52.5-2, +10.2
4-11-11-12	混凝土搅拌站拌和（60m³/h 内）	100m³	222.094	8	
4-11-11-20 改	6m³ 内混凝土搅拌运输车运 2km	100m³	222.094	3	+21×2
-d	C50 混凝土湿接缝、横隔板	m³	13695.530		
4-7-15-11 改	现浇横隔板及接缝（先张法）	10m³	1369.553	8	普 C40-42.5-2, −10.2, 普 C50-52.5-2, +10.2
4-11-11-12	混凝土搅拌站拌和（60m³/h 内）	100m³	139.694	8	
4-11-11-20 改	6m³ 内混凝土搅拌运输车运 2km	100m³	139.694	3	+21×2
-e	C50 混凝土铰缝	m³	152.900		

（续）

编号	名　　称	单位	工程量	费率编号	备注
4-7-15-6 改	现浇连续梁接缝混凝土	10m³	15.290	8	普 C50-42.5-2， -10.2， 普 C40-52.5-2， +10.2
4-11-11-12	混凝土搅拌站拌和（60m³/h 内）	100m³	1.560	8	
4-11-11-20 改	6m³ 内混凝土搅拌运输车运 2km	100m³	1.560	3	+21×2

表 11-38　原始数据表（12）

建设项目名称：山东某高速公路改扩建工程

编制范围：山东某高速公路改扩建工程 A1 合同段

编号	名　　称	单位	工程量	费率编号	备注
410-6	现浇混凝土附属结构				
-a	C30 混凝土防撞护栏	m³	10804.100		
5-1-1-3 改	现浇混凝土墙体防撞护栏	10m³	1080.410	8	普 C25-32.5-4， -10.2， 普 C30-32.5-4， +10.2
4-11-11-20 改	6m³ 内混凝土搅拌运输车运 2km	100m³	110.200	3	+21×2
-b	C30 混凝土搭板	m³	5184.030		
4-6-14-1 改	现浇搭板混凝土	10m³	518.403	8	普 C30-32.5-4， -10.2， 普 C30-42.5-4， +10.2
4-11-11-12	混凝土搅拌站拌和（60m³/h 内）	100m³	52.877	8	
4-11-11-20 改	6m³ 内混凝土搅拌运输车运 2km	100m³	52.877	3	+21×2
-d	C50 小石子混凝土垫石	m³	353.100		
4-6-2-61 改	板式支座垫石混凝土	10m³	35.310	8	普 C30-32.5-4， -10.2， 普 C50-52.5-2， +10.2
4-11-11-12	混凝土搅拌站拌和（60m³/h 内）	100m³	3.602	8	
4-11-11-20 改	6m³ 内混凝土搅拌运输车运 2km	100m³	3.602	3	+21×2
-e	C30 混凝土垫石、挡块	m³	306.900		
4-6-2-61 改	板式支座垫石混凝土	10m³	30.690	8	普 C30-32.5-4， -10.2， 普 C30-42.5-4， +10.2
4-11-11-12	混凝土搅拌站拌和（60m³/h 内）	100m³	3.130	8	
4-11-11-20 改	6m³ 内混凝土搅拌运输车运 2km	100m³	3.130	3	+21×2

（续）

编号	名　称	单位	工程量	费率编号	备注
-f	C40 混凝土垫石、挡块	m³	54.500		
4-6-2-61 改	板式支座垫石混凝土	10m³	5.450	8	普 C30-32.5-4， -10.2， 普 C30-42.5-4， +10.2
4-11-11-12	混凝土搅拌站拌和（60m³/h 内）	100m³	0.556	8	
4-11-11-20 改	6m³ 内混凝土搅拌运输车运 2km	100m³	0.556	3	+21×2
-g	C30 混凝土波形护栏基础	m³	49.940		
5-1-2-1 改	混凝土基础	10m³	4.994	8	普 C20-32.5-8， -10.2， 普 C30-42.5-4， +10.2
4-11-11-12	混凝土搅拌站拌和（60m³/h 内）	100m³	5.090	8	
4-11-11-20 改	6m³ 内混凝土搅拌运输车运 2km	100m³	5.090	3	+21×2
411	预应力混凝土工程				
411-2	先张法预应力钢绞线	kg	46985.450		
4-7-19-5	先张法钢绞线	1t	46.985	13	
4-11-10-1	60m 钢绞线、钢筋张拉台座 3000kN	1 座	4	8	
411-5	后张法预应力钢绞线	kg	3502262.760		
4-7-19-29 改	预应力钢绞线束长 40m 内 7 孔 6.66 束/t	1t	3502.263	13	+30×2.84
411-7	现浇预应力混凝土上部结构				
-a	C50 预应力混凝土连续箱梁	m³	8381.700		
4-6-10-2	支架现浇预应力箱梁混凝土（泵送）	10m³	838.170	8	
4-9-6-1	支架预压	10m³	838.170	8	
4-9-3-10	满堂式轻型钢支架（墩台高 10m 内）	10m²	300	13	
4-11-11-12	混凝土搅拌站拌和（60m³/h 内）	100m³	83.817	8	
4-11-11-20 改	6m³ 内混凝土搅拌运输车运 2km	100m³	83.817	3	+21×2
4-11-1-2	场地需碾压	1000m²	20	8	
4-11-5-6	混凝土垫层	10m³	1400	8	

表 11-39　原始数据表（13）

建设项目名称：山东某高速公路改扩建工程

编制范围：山东某高速公路改扩建工程 A1 合同段

编号	名　称	单位	工程量	费率编号	备注
411-8	预制预应力混凝土上部结构				
-a	C50 预应力混凝土空心板	m³	1405.850		

（续）

编号	名　称	单位	工程量	费率编号	备注
4-7-9-4 改	预制空心板混凝土	10m³	140.585	8	普 C30-32.5-2， －10.22， 普 C50-42.5-2， ＋10.22
4-7-10-4	起重机安装空心板	10m³	140.585	8	
4-8-3-7 改	4t 内汽车式起重机装卸 3km	100m³	14.059	3	＋11×4
4-11-11-12	混凝土搅拌站拌和（60m³/h 内）	100m³	14.368	8	
4-11-11-20 改	6m³ 内混凝土搅拌运输车运 2km	100m³	14.368	3	＋21×2
-b	C50 预应力混凝土箱梁	m³	69393.300		
4-7-15-2	预制预应力等截面箱梁混凝土泵送	10m³	6939.330	8	
4-7-15-4	双导梁安装预应力箱梁简支梁	10m³	6939.330	8	
4-8-2-21	80t 内龙门架装拖头牵引 50m	100m³	693.933	8	
4-7-28-2	双导梁	10t	264	13	
4-7-28-3	跨墩门架高 9m	10t	112.640	13	
4-11-9-1	平面底座	10m²	5000	8	
4-11-11-12	混凝土搅拌站拌和（60m³/h 内）	100m³	714.751	8	
4-11-11-20 改	6m³ 内混凝土搅拌运输车运 2km	100m³	714.751	3	＋21×2
4-11-5-1	填砂砾（砂）垫层	10m³	5000	8	
-c	C50 预应力混凝土 T 形梁	m³	9438.400		
4-7-14-2	预制预应力 T 形梁混凝土泵送	10m³	943.840	8	
4-7-14-7	双导梁安装 T 形梁	10m³	943.840	8	
4-8-2-21	80t 内龙门架装车轨道拖车头牵引 50m	100m³	94.384	8	
4-7-28-2	双导梁	10t	66	13	
4-7-28-3	跨墩门架高 9m	10t	42	13	
4-11-9-1	平面底座	10m²	40	8	
4-11-11-12	混凝土搅拌站拌和（60m³/h 内）	100m³	97.216	8	
4-11-11-20	6m³ 内混凝土搅拌运输车运 1km	100m³	97.216	3	
4-11-5-1	填砂砾（砂）垫层	10m³	200	8	
413	砌石工程				
413-1	浆砌片石				
-a	M10 浆砌片石台身	m³	458		
4-5-2-5 改	浆砌片石实体式台、墙高 10m 内	10m³	45.800	8	M7.5，－3.5， M10，＋3.5
-b	M10 浆砌片石侧墙	m³	502.600		
4-5-2-5 改	浆砌片石实体式台、墙高 10m 内	10m³	50.260	8	M7.5，－3.5， M10，＋3.5

（续）

编号	名 称	单位	工程量	费率编号	备注
413-2	浆砌块石				
-a	M10浆砌块石台身镶面	m³	72.500		
4-5-4-1改	浆砌料石墩、台、墙粗料石镶面高10m内	10m³	7.250	8	M7.5，-2，M10，+2
-b	M10浆砌块石侧墙镶面	m³	30		
4-5-4-1改	浆砌料石墩、台、墙粗料石镶面高10m内	10m³	3	8	M7.5，-2，M10，+2
416	桥梁支座				
416-1	板式橡胶支座	个	84		
4-7-27-3	板式橡胶支座	dm³	27844.740	13	
416-4	球形支座	个	38		
4-7-27-5	钢盆式橡胶支座反力3000kN	1个	38	13	
417	桥梁接缝和伸缩装置				
417-2	模数式伸缩装置	m	3077.500		
4-11-7-1	模数伸缩缝伸缩量80~480mm	1t	3077.500	13	

表 11-40 原始数据表（14）

建设项目名称：山东某高速公路改扩建工程

编制范围：山东某高速公路改扩建工程 A1 合同段

编号	名 称	单位	工程量	费率编号	备注
	清单 第500章 隧道				
502	洞口与明洞工程				
502-1	洞口、明洞开挖				
-a	土方	m³	67756.900		
1-1-9-9	2.0m³内挖掘机挖装土方硬土	1000m³ 天然密实方	67.757	2	
1-1-11-25改	20t内自卸汽车运土2km	1000m³ 天然密实方	67.757	3	+26×2
-b	石方	m³	74797.800		
1-1-15-13	90kW内推土机20m开炸运次坚石	1000m³ 天然密实方	74.798	5	
1-1-10-9	3m³内装载机装次坚石、坚石	1000m³ 天然密实方	74.798	5	
1-1-11-53改	20t内自卸汽车运石2km	1000m³ 天然密实方	74.798	3	+54×2
502-2	防水与排水				
-a	石砌截水沟、排水沟	m³	2069.430		
1-3-3-1改	浆砌片石边沟、排水沟、截水沟	10m³	206.943	8	M5，-3.5，M7.5，+3.5
502-3	洞口坡面防护				
-c	预制安装混凝土护坡	m³	17.360		
1-4-6-4	预制混凝土菱形格	10m³	1.736	8	
1-4-6-6	码砌菱形格护坡	100m²	2.604	8	

（续）

编号	名　　称	单位	工程量	费率编号	备注
- d	喷射混凝土护坡	m³	2329.510		
1-4-8-7 改	喷混凝土边坡（高 10m 内）	10m³	232.951	8	喷 C20-32.5-2， -10.71， 喷 C25-32.5-2， +10.71
- j	锚杆	m	122871.810		
1-4-8-11	锚杆埋设边坡（高 20m 内）	1t	122871.810	13	
502-4	洞门建筑				
- a	现浇混凝土	m³	11833.100		
3-2-2-2	混凝土洞门墙	10m³	1183.310	12	
4-11-11-12	混凝土搅拌站拌和（60m³/h 内）	100m³	120.698	8	
4-11-11-20	6m³ 内混凝土搅拌运输车运 1km	100m³	120.698	3	
- e	钢筋				
- e-1	光圆钢筋（HPB300）	kg	70239.600		
3-2-2-3 改	洞门墙钢筋	1t	70.240	13	111 量 1.025， 112 量 0
- e-2	带肋钢筋（HRB400）	kg	749428.600		
3-2-2-3 改	洞门墙钢筋	1t	749.429	13	111 量 0， 112 量 1.025

表 11-41　原始数据表（15）

建设项目名称：山东某高速公路改扩建工程

编制范围：山东某高速公路改扩建工程 A1 合同段

编号	名　　称	单位	工程量	费率编号	备注
502-5	明洞衬砌				
- a	现浇混凝土	m³	17612.460		
3-1-18-4 改	混凝土明洞	10m³	1761.246	12	普 C25-32.5-4， -10.2， 普 C30-32.5-4， +10.2
4-11-11-12	混凝土搅拌站拌和（60m³/h 内）	100m³	176.125	8	
4-11-11-20 改	6m³ 内混凝土搅拌运输车运 2km	100m³	176.125	3	+21×2
- b	钢筋				
- b-1	光圆钢筋（HPB300）	kg	111829.700		
3-1-18-5 改	明洞钢筋	1t	111.830	13	111 量 1.025， 112 量 0
- b-2	带肋钢筋（HRB400）	kg	952673.160		
3-1-18-5 改	明洞钢筋	1t	952.673	13	111 量 0， 112 量 1.025

（续）

编号	名　　称	单位	工程量	费率编号	备注
502-7	洞顶回填				
-a	防水层				
-a-1	黏土防水层	m³	2258.070		
3-1-20-1	明洞隔水层	10m³	225.807	12	
-b	回填				
-b-1	回填土石方	m³	62986.890		
3-1-19-4	明洞回填土石	10m³	6298.689	12	
-b-2	M10 浆砌片石	m³	6392.620		
3-1-19-1 改	明洞浆砌片石回填	10m³	639.262	12	M7.5，-3.5， M10，+3.5
-b-3	种植土	m³	3756.330		
3-1-19-4	明洞回填土石	10m³	375.633	12	
1-1-11-25	20t 内自卸汽车运土 1km	1000m³ 天然密实方	3.756	3	
503	洞身开挖				
503-1	洞身开挖				
-a	洞身开挖（不含竖井、斜井）	m³	625395.690		
3-1-3-3	Ⅲ级围岩隧道长 1000m 内开挖	100m³	6253.957	12	
3-1-3-37	Ⅰ～Ⅲ级围岩隧道长 1000m 内出渣	100m³	6253.957	12	
3-1-15-1	正洞通风隧道长 1000m 内	100 延米（每）	31.800	12	
3-1-16-1	正洞高压风管、照明、电线路隧道长 ≤1000m	100 延米（每）	31.800	12	
1-1-11-17 改	12t 内自卸汽车运土 2km	1000m³ 天然密实方	625.396	3	+18×2
503-2	洞身支护				
-a	管棚支护	m	58240		
3-1-7-4	管棚 φ108mm	10m	5824	12	
-b	注浆小导管	m	590704.400		
3-1-7-5	超前小导管	100m	5907.044	12	
3-1-7-6	注浆（水泥浆）	10m³	59070.440	12	
-d	喷射混凝土支护	m³	1299.760		
3-1-7-1 改	套拱混凝土管棚	10m³	129.976	12	普 C25-32.5-4， -10.2， 普 C30-32.5-4， +10.2
4-11-11-12	混凝土搅拌站拌和（60m³/h 内）	100m³	12.998	8	
4-11-11-20 改	6m³ 内混凝土搅拌运输车运 2km	100m³	12.998	3	+21×2
-e	钢支架支护	kg	138533.480		
3-1-5-1	制作安装型钢钢架	1t	138.533	12	

表 11-42　原始数据表（16）

建设项目名称：山东某高速公路改扩建工程

编制范围：山东某高速公路改扩建工程 A1 合同段

编号	名　称	单位	工程量	费率编号	备注
504	洞身衬砌				
504-1	洞身衬砌				
-a	钢筋				
-a-1	光圆钢筋（HPB300）	kg	1566960.160		
3-1-9-6 改	衬砌钢筋	1t	1566.960	13	111 量 1.025，112 量 0
-a-2	带肋钢筋（HRB400）	kg	16685926.220		
3-1-9-6	衬砌钢筋	1t	16685.926	13	
-b	现浇混凝土	m³	169922.650		
3-1-9-1 改	现浇混凝土（模板台车）	10m³	16992.265	12	泵 C25-32.5-4，-11.7，泵 C30-32.5-4，+11.7
4-11-11-12	混凝土搅拌站拌和（60m³/h 内）	100m³	1988.095	8	
4-11-11-20	6m³ 内混凝土搅拌运输车运 1km	100m³	1988.095	3	
504-2	仰拱、铺底混凝土				
-a	现浇混凝土仰拱	m³	60627.560		
3-1-9-3 改	现浇混凝土仰拱	10m³	6062.756	12	泵 C25-32.5-4，-10.4，泵 C30-32.5-4，+10.4
4-11-11-12	混凝土搅拌站拌和（60m³/h 内）	100m³	630.527	8	
4-11-11-20 改	6m³ 内混凝土搅拌运输车运 2km	100m³	630.527	3	+21×2
504-3	边沟、电缆沟混凝土				
-a	现浇混凝土沟槽	m³	6566.990		
3-1-13-1	现浇混凝土沟槽	10m³	656.699	12	
4-11-11-12	混凝土搅拌站拌和（60m³/h 内）	100m³	65.670	8	
4-11-11-20 改	6m³ 内混凝土搅拌运输车运 2km	100m³	65.670	3	+21×2
-b	预制安装混凝土沟槽	m³	4929.280		
3-1-13-3	预制混凝土盖板	10m³	492.928	12	
9-1-5-13 改	载货汽车运料石、盖板石 2km（6t 内）	100m³	49.293	3	+14×1
-d	钢筋				
-d-1	光圆钢筋（HPB300）	kg	465496.170		
3-1-13-4	沟槽钢筋	1t	465.496	13	
-d-2	带肋钢筋（HRB400）	kg	684021.770		
3-1-13-4 改	沟槽钢筋	1t	684.022	13	111 量 0，112 量 1.025

（续）

编号	名　称	单位	工程量	费率编号	备注
504-5	洞内路面				
-a	钢筋	kg			
-a-1	光圆钢筋（HPB300）	kg	328488.700		
2-2-17-15 改	路面钢筋	1t	328.489	13	111 量 1.025，112 量 0
-a-2	带肋钢筋（HRB400）	kg	173413.580		
2-2-17-15 改	路面钢筋	1t	173.414	13	111 量 0，112 量 1.025
-b	现浇混凝土	m³			
-b-1	26cm 厚水泥混凝土面板（弯拉强度不小于 5.0MPa）	m²	139313.480		
2-2-17-3 改	轨道摊铺机铺筑混凝土厚 26cm	1000m²	139.313	6	+4×6，普 C30-32.5-4，-265.2，普 C45-42.5-4，+265.2
4-11-11-20 改	6m³ 内混凝土搅拌运输车运 2km	100m³	36.222	3	+21×2
-b-2	35cm 厚水泥混凝土面板（弯拉强度不小于 4.0MPa）	m²	303.600		
2-2-17-3 改	轨道摊铺机铺筑混凝土厚 35cm	1000m²	0.304	6	+4×15，普 C30-32.5-4，-357，普 C40-42.5-4，+357
4-11-11-20 改	6m³ 内混凝土搅拌运输车运 2km	100m³	1.063	3	+21×2
-b-3	15cm 厚水泥混凝土面板（弯拉强度不小于 1.8MPa）	m²	919.090		
2-2-17-3 改	轨道摊铺机铺筑混凝土厚 15cm	1000m²	0.919	6	+4×-5，普 C30-32.5-4，-153，普 C40-42.5-4，+153
4-11-11-20 改	6m³ 内混凝土搅拌运输车运 2km	100m³	1.379	3	+21×2
505	防水与排水				
505-1	防水与排水				

（续）

编号	名　称	单位	工程量	费率编号	备注
-b	排水管				
-b-4	Ω形排水管	m	52218.930		
3-1-12-4	环向排水管（弹簧管）	100m	522.189	12	
-c	防水板	m²	319811.530		
3-1-11-1	复合式防水板	100m²	3198.115	12	
-d	止水带	m	57942.320		
3-1-11-2	橡胶止水带	10m	5794.232	12	
506	洞内防火涂料和装饰工程				
506-1	洞内防火涂料	m²	265593.370		
3-1-21-4 改	洞内拱顶喷涂	100m²	2655.934	12	734 量 140
506-2	洞内装饰工程				
-b	喷涂混凝土专用漆	m²	239.880		
3-1-21-4 改	洞内拱顶喷涂	100m²	2.399	12	734 换 732，732 量 45

表 11-43　原始数据表（17）

建设项目名称：山东某高速公路改扩建工程

编制范围：山东某高速公路改扩建工程 A1 合同段

编号	名　称	单位	工程量	费率编号	备注
510	洞内机电设施预埋件和消防设施				
510-1	预埋件				
-a	通风设施预埋件	kg	6742.800		
4-7-31-6 改	箱涵预埋件	1t	6.743	13	651 换 182，182 量 1020
-c	照明设施预埋件				
-c-1	热镀锌钢管（φ65mm×4mm）	kg	76371.460		
3-4-4-1 改	预埋钢管	100m	126.879	10	191 量 12687.9
-c-2	热镀锌钢管（φ80mm×4mm）	kg	44272.800		
3-4-4-1	预埋钢管	100m	59.030	10	
-c-3	热镀锌钢管（φ100mm×4mm）	kg	3125.090		
3-4-4-1	预埋钢管	100m	3.300	10	
-c-4	预留接线盒（带盖）（40cm×50cm×40cm）	kg	5064.190		
5-6-7-6 改	明装接线盒	10 个	19.200	8	添 728 量 1
-d	监控设施预埋件				
-d-1	包塑可挠金属保护管（LV-5-50#）	m	21007.140		
3-4-4-2	预埋可挠性金属套管	100m	210.071	10	

（续）

编号	名　　称	单位	工程量	费率编号	备注
-d-2	热镀锌接线盒	kg	8399.370		
5-6-7-6 改	明装接线盒	10 个	31.845	8	添 728 量 1
-e	供配电设施预埋件				
-e-1	预留接线盒（带盖）（通风用）（40cm×50cm×40cm）	kg	949.540		
5-6-7-6 改	明装接线盒	10 个	3.600	8	添 728 量 1
-e-2	热镀锌钢管（通风用）（φ80mm×4mm）	kg	6037.200		
3-4-4-1	预埋钢管	100m	8.370	10	
-e-3	热镀锌钢管（通风用）（φ100mm×4mm）	kg	1041.700		
3-4-4-1	预埋钢管	100m	1.100	10	
-e-4	电缆沟预埋件，热轧角钢 50mm×50mm×5mm	kg	97115.200		
3-4-8-1	通风机预埋件	1t	97.115	10	
-e-5	电缆沟预埋件，热轧扁钢 40mm×4mm	kg	12936.800		
3-4-8-1	通风机预埋件	1t	12.937	10	
-e-6	电缆沟预埋件，热轧角钢接地极 50mm×50mm×5mm	kg	895.380		
3-4-8-1	通风机预埋件	1t	0.895	10	
-e-7	电缆沟预埋件，膨胀螺栓 M10×110mm	套	27600		
-e-8	跨路预埋管，热镀锌钢管（φ200mm×10mm）	kg	35048.560		
3-4-4-1	预埋钢管	100m	7.500	10	
-e-9	跨路预埋管，热镀锌钢管（φ100mm×5mm）	kg	15188.330		
3-4-4-1	预埋钢管	100m	12.960	10	
-e-10	PVC 管（φ25mm）	m	508.230		
5-3-11-1	明敷塑料管 φ50mm 内	1000m	0.508	8	
-e-11	PVC 管（φ40mm）	m	575.860		
5-3-11-2	明敷塑料管 φ70mm 内	1000m	0.576	8	
-e-12	钢管（φ219mm×10mm）	kg	280337.760		
3-4-4-1	预埋钢管	100m	54.390	10	

（续）

编号	名　称	单位	工程量	费率编号	备注
- e-13	钢管（φ325mm×12mm）	kg	5557.600		
3-4-4-1	预埋钢管	100m	0.600	10	
510-2	消防设施				
- a	供水钢管（φ325mm）	m	600		
3-4-4-1	预埋钢管	100m	6	10	

表 11-44　原始数据表（18）

建设项目名称：山东某高速公路改扩建工程

编制范围：山东某高速公路改扩建工程 A1 合同段

编号	名　称	单位	工程量	费率编号	备注
	清单　第 600 章　安全设施及预埋管线				
602	护栏				
602-1	混凝土护栏（护墙、立柱）				
- a	现浇混凝土护栏	m³	961		
5-1-1-3 改	现浇混凝土墙体防撞护栏	10m³	69.050	8	普 C25-32.5-4,-10.2,普 C30-32.5-4,+10.2
5-1-1-4	墙体护栏钢筋	1t	80.733	13	
4-11-11-20 改	6m³ 内混凝土搅拌运输车运 2km	100m³	6.905	3	+21×2
- b	预制安装混凝土护栏	m³	898.500		
鲁养 6-7-1	预制混凝土	10m³	28.887	6	
5-1-9-6	安装隔离墩	10m³	28.887	8	
5-1-1-3	现浇混凝土墙体防撞护栏	10m³	1.797	8	
鲁养 6-7-2	预制钢筋	1t	17.847	8	
4-11-11-20 改	6m³ 内混凝土搅拌运输车运 2km	100m³	3.070	3	+21×2
607	通信和电力管道与预埋（预留）基础				
607-1	人（手）孔				
- a	直通人孔	个	75		
5-3-13-1 改	现浇混凝土人孔 2.2m×1.4m×2.17m	个	75	8	普 C25-32.5-2,-3.08,普 C30-42.5-2,+3.08
4-11-5-6	混凝土垫层	10m³	2.925	8	
- b	分歧人孔	个	42		
5-3-13-1 改	现浇混凝土人孔 2.2m×1.4m×2.17m	个	42	8	普 C25-32.5-2,-3.08,普 C30-42.5-2,+3.08

（续）

编号	名　称	单位	工程量	费率编号	备注
4-11-5-6	混凝土垫层	10m³	1.638	8	
-c	三（四）通人孔	个	12		
5-3-13-1 改	现浇混凝土人孔 2.2m×1.4m×2.17m	个	12	8	普 C25-32.5-2，-3.08，普 C30-42.5-2，+3.08
4-11-5-6	混凝土垫层	10m³	0.468	8	
-d	手孔	个	124		
5-3-13-1	现浇混凝土人孔 2.2m×1.4m×2.17m	个	124	8	
4-11-5-6	混凝土垫层	10m³	1.860	8	
-e	收费路肩人孔（手井-07SD101-8）	个	6		
5-3-13-1	现浇混凝土人孔 2.2m×1.4m×2.17m	个	6	8	
4-11-5-6	混凝土垫层	10m³	0.090	8	
607-3	管道工程	m	22127.600		
5-3-10-1 改	硅芯孔 12 孔	1000m	22.128	8	+2×4

表 11-45　原始数据表（19）

建设项目名称：山东某高速公路改扩建工程

编制范围：山东某高速公路改扩建工程 A1 合同段

编号	名　称	单位	工程量	费率编号	备注
608	收费设施及地下管道				
608-1	收费亭				
-a	单人收费亭	个	21		
608-2	收费天棚	m²			
-a	C30 混凝土	m³	167		
5-2-13-1 改	收费岛混凝土	10m³	16.700	8	普 C25-32.5-4，-10.2，普 C30-42.5-4，+10.2
4-11-11-20 改	6m³ 内混凝土搅拌运输车运 2km	100m³	1.670	3	+21×2
-b	C15 素混凝土垫层 100mm 厚	m³	22.500		
4-11-5-6 改	混凝土垫层	10m³	2.250	8	普 C10-32.5-4，-10.2，普 C30-42.5-4，+10.2

（续）

编号	名　　称	单位	工程量	费率编号	备注
4-11-11-20 改	6m³ 内混凝土搅拌运输车运 2km	100m³	0.225	3	+21×2
-c	钢筋	1t	14.950		
5-2-13-2	收费岛钢筋	1t	14.950	8	
-d	镀锌钢管	m	150		
5-2-13-8	敷设电线钢套管	1t	2.891	8	
1-1-9-8	2.0m³ 内挖掘机挖装土方普通土	1000m³ 天然密实方	0.018	2	
1-1-7-1	人工夯实填土	1000m³ 压实方	0.017	1	
608-3	收费岛				
-a	单向收费岛	个	9		
5-2-13-1 改	收费岛混凝土	10m³	2.142	8	普 C25-32.5-4，-10.2，普 C40-42.5-4，+10.2
5-2-13-1	收费岛混凝土	10m³	26.150	8	
5-2-13-2	收费岛钢筋	1t	2.327	8	
5-2-13-7 改	控制箱基础预埋镀锌钢管	1t	13.951	8	191 换 183，183 量 1.04
-b	双向收费岛	个	3		
5-2-13-1 改	收费岛混凝土	10m³	1.428	8	普 C25-32.5-4，-10.2，普 C40-42.5-4，+10.2
5-2-13-1	收费岛混凝土	10m³	15.729	8	
5-2-13-2	收费岛钢筋	1t	1.552	8	
5-2-13-7 改	控制箱基础预埋镀锌钢管	1t	8.775	8	191 换 183，183 量 1.04

表 11-46　原始数据表（20）

建设项目名称：山东某高速公路改扩建工程

编制范围：山东某高速公路改扩建工程 A1 合同段

编号	名　　称	单位	工程量	费率编号	备注
	清单　第 700 章　绿化及环境保护设施				
704	种植乔木、灌木和攀缘植物				
704-1	人工种植乔木				
-a	香樟	棵	4232		
6-1-1-2	挖树穴普通土	100m³	211.600	8	
6-1-1-3	乔木栽植带土球（土球直径 30cm 内）	100 株	42.320	8	

（续）

编号	名　　称	单位	工程量	费率编号	备注
6-1-5-7 改	浇水 15kg/株洒水汽车运水 5km	1000 株	4.232	8	+9×4
6-1-6-1	乔木保养胸径 10cm 下	100 株·月	1015.680	8	
704-2	人工种植灌木				
-c	春杜鹃	棵	2563		
6-1-1-2	挖树穴普通土	100m³	33.975	8	
6-1-1-3	乔木栽植带土球（土球直径 30cm 内）	100 株	25.630	8	
6-1-5-7 改	浇水 15kg/株洒水汽车运水 5km	1000 株	2.563	8	+9×4
6-1-6-1	乔木保养胸径 10cm 下	100 株·月	615.120	8	
706	声屏障				
706-1	吸、隔声板声屏障	m			
-a	路基侧声屏障（含基础）	m	1375		
5-1-2-4	打入型钢立柱	t	17.536	15	
5-1-7-3	栏式轮廓标	100 块	2.930	15	
5-1-2-1 改	混凝土基础	10m³	20.510	8	普 C20-32.5-8，−10.2，普 C25-32.5-4，+10.2
5-1-4-5 改	金属标志牌基础钢筋	t	6.349	13	111 换 112，112 量 1.025
1-1-9-8	2.0m³ 内挖掘机挖装土方普通土	1000m³ 天然密实方	0.205	2	
-b	桥梁侧护栏声屏障				
-b-1	波形护栏侧声屏障	m	100		
5-1-2-4	打入型钢立柱	t	2.251	15	
5-1-7-3	栏式轮廓标	100 块	0.410	15	
-b-2	墙式混凝土护栏顶声屏障	m	987		
5-1-2-4	打入型钢立柱	t	15.139	15	
5-1-7-3	栏式轮廓标	100 块	3.970	15	
	已包含在清单合计中的材料、工程设备、专业工程暂估价合计				
	清单合计减去材料、工程设备、专业工程暂估价合计				
	计日工合计				
	劳务				
	材料				
	机械				
	暂列金额（不含计日工总额）				
	投标报价				

参 考 文 献

[1] 雷淑华，陈志君. 公路工程预算与工程量清单计价［M］. 北京：人民交通出版社，2008.

[2] 崔艳梅，申兰丽. 公路施工组织与概预算［M］. 济南：山东大学出版社，2006.

[3] 邢凤岐，徐连铭. 公路工程定额应用与概、预算编制示例［M］. 北京：人民交通出版社，2008.

[4] 陆春其. 公路工程造价［M］. 2版. 北京：人民交通出版社，2007.

[5] 许焕兴. 新编市政与园林工程预算［M］. 北京：中国建材工业出版社，2005.

[6] 王首绪. 公路施工组织及概预算［M］. 3版. 北京：人民交通出版社，2007.

[7] 宋振华，张生录. 土木建筑工程工程量清单计价一点通［M］. 北京：中国水利水电出版社，2006.

[8] 李彦伟. 公路工程项目施工成本管理指南［M］. 北京：人民交通出版社，2004.

[9] 本书编委会. 工程量清单计价编制与典型实例应用图解：公路工程［M］. 2版. 北京：中国建材工业出版社，2010.

[10] 本书编写组. 公路工程造价人员考试复习题库与案例分析［M］. 北京：人民交通出版社，2010.

[11] 邬晓光，陈鄂川. 公路工程工程量清单计量指南［M］. 北京：人民交通出版社，2010.

[12] 孙翰耕. 公路工程施工技术［M］. 济南：山东大学出版社，2010.

[13] 徐琳. 例解公路工程工程量清单计价［M］. 北京：化学工业出版社，2009.

[14] 本书编写组. 公路工程造价员培训教材［M］. 北京：中国建材工业出版社，2010.

[15] 高继伟. 图解公路工程工程量计算手册［M］. 北京：机械工业出版社，2009.

[16] 中华人民共和国交通运输部. 公路工程标准施工招标文件：2018年版［M］. 北京：人民交通出版社股份有限公司，2018.

[17] 中华人民共和国交通运输部. 公路工程预算定额：JTG/T 3832—2018［S］. 北京：人民交通出版社，2018.

[18] 交通公路工程定额站. 公路工程建设项目概算预算编制办法：JTG/T 3830—2018［S］. 北京：人民交通出版社，2018.